Jürgen Hasse
Unbedachtes Wohnen

Jürgen Hasse (Prof. Dr. rer. nat. habil.) lehrt am Institut für Humangeographie der Universität Frankfurt a.M. Seine Forschungsschwerpunkte sind räumliche Vergesellschaftung, Raum und Ästhetik, Mensch-Natur-Verhältnisse sowie phänomenologisch orientierte Stadtforschung.

JÜRGEN HASSE
**Unbedachtes Wohnen.
Lebensformen an verdeckten Rändern
der Gesellschaft**

unter Mitwirkung von JESSICA WITAN, M.A.

[transcript]

So
708
Has

Bibliografische Information der Deutschen Nationalbibliothek
Die Deutsche Nationalbibliothek verzeichnet diese Publikation
in der Deutschen Nationalbibliografie; detaillierte
bibliografische Daten sind im Internet über
http://dnb.d-nb.de abrufbar.

© 2009 transcript Verlag, Bielefeld

Die Verwertung der Texte und Bilder ist ohne Zustimmung des
Verlages urheberrechtswidrig und strafbar. Das gilt auch für
Vervielfältigungen, Übersetzungen, Mikroverfilmungen und für
die Verarbeitung mit elektronischen Systemen.

Umschlaggestaltung: Kordula Röckenhaus, Bielefeld
Umschlagabbildung: © Photocase
Korrektorat: Katrin Dietrich, Freiburg
Satz: tombux, Bielefeld
Druck: Majuskel Medienproduktion GmbH, Wetzlar
ISBN 978-3-8376-1005-5

Gedruckt auf alterungsbeständigem Papier mit chlorfrei
gebleichtem Zellstoff.

Besuchen Sie uns im Internet:
http://www.transcript-verlag.de

Bitte fordern Sie unser Gesamtverzeichnis
und andere Broschüren an unter:
info@transcript-verlag.de

Inhalt

Vorwort 11

1. »ALS OB WIR DAS WOHNEN JE BEDACHT HÄTTEN« (MARTIN HEIDEGGER) 13

2. DAS WOHNEN »OBDUZIEREN« – ANLASS UND AUFBAU DER STUDIE 15

3. WOHNEN – BEGRIFF UND PHÄNOMEN 21

 3.1 Wohnen im Raum 24

 3.2 »Wohnen« – Etymologische Dimensionen 25

 3.3 Wohnen als Kultivierung umfriedender Atmosphären 28

 3.4 Zum Verhältnis von Wohnen und Denken 32

 3.5 Wohnen im »Geviert« 36

 3.6 Eine Ergänzung: Foucaults »Technologien« 40

 3.7 Wohnen als »Situation« 42

4. WOHNWELTEN VER-ORTEN 45

 4.1 Wohnen im Gefängnis? 46

  4.1.1 »Ich möchte gern neu anfangen« 49

  4.1.2 »Das hier ist für mich kein Wohnen« 52

  4.1.3 Das ferne und das sich ankündigende Wohnen – Konturen eines Vergleichs 55

4.1.4 Das Gefängnis als Ort räumlicher Isolierung –
ein historischer Rückblick 58

4.1.4.1 Die qualvolle Einsperrung der »Störer« 58 | 4.1.4.2 Raum der Arbeit und Läuterung 59 | 4.1.4.3 Die Spielräume der »Festungshaft« 60 | 4.1.4.4 Räume der Besserung 61 | 4.1.4.5 Das Gefängnis in der Revolutionsarchitektur 63
4.1.4.6 Das Panopticon 65

4.1.5 Das »Kerkersystem« 67

4.1.6 Retrospektive 68

4.2 Zum »Wohnen« Obdachloser 70

4.2.1 »Die Suite, wo ich übernachte« 71

4.2.2 Die Frankfurter »Übernachtungsstätte Ostpark« 72

4.2.3 Historische Orientierungen –
eine Geschichte der Aus-Räumung 75

4.2.4 Obdachlosigkeit in der Gegenwart 78

4.2.5 »Wohnen« – ein Anspruch im Sinne des Sozialhilferechts? 80

4.2.6 Obdachloses »Wohnen« an den Rändern der Stadt 82
4.2.6.1 »Raumfindung« 83 | 4.2.6.2 Raumgestaltung 86

4.2.7 »Man ist nirgends und doch überall zuhause« 88

4.2.8 »Es ist eine gute Erfahrung« 89

4.2.9 Retrospektive 91

**4.3 »Wir müssen in bescheidenen, einfachen Häusern leben« –
Wohnen im Kloster 93**

4.3.1 »Wir haben Gemeinschaftsräume« 94

4.3.2 »Wohnen« in der Kleidung (der Habit) 98

4.3.3 Das klösterliche Wohnen als Ausdruck 101

4.3.4 »Jeder von uns hat einen Raum …
das ist ein Stück Allerheiligstes für uns Brüder« 104

4.3.5 Das andere Wohnen der Kapuziner 106
4.3.5.1 Wohnen in einer gestimmten Atmosphäre 108

4.3.6 Retrospektive 110

**4.4 Von der Seefahrt ins Seemannsheim –
Schnittstelle alter und neuer Seefahrt 112**

4.4.1 Zur Ontologie des Schiffes 113

4.4.2 »Die Älteren kommen alleine gar nicht gut zurecht« 114

4.4.3 »So ist es gut.« 118

4.4.4 Seefahrt und Seemannsleben im Wandel der Zeit 121

4.4.5 Retrospektive 123

4.5 Wohnen im Alter 126

4.5.1 Wohnen im Altenwohnzentrum 127
4.5.1.1 »Es ist mein Zuhause« 128 | 4.5.1.2 »Dies ist meine letzte Wohnung« 129

4.5.2 Wohnen im Seniorendomizil: »Assisted Living« 131
4.5.2.1 »Die Freiheit, die man hier hat« 132 | 4.5.2.2 »... eine Mischung zwischen hier und meinem Haus« 134

4.5.3 Die gesellschaftliche Dimension des
Wohnen-Machens alter Menschen 137

4.5.4 Retrospektive 144

4.6 Das (in Grenzen) fraglos gegebene Wohnen 147

4.6.1 »Und so sind wir hier wohnen geblieben« 147

4.6.2 »An allererster Stelle muss ich mich
ja wo aufhalten und niederlegen können« 150

4.6.3 Sozialer Wohnungsbau in Deutschland 152

4.6.4 Retrospektive 156

4.6.5 Zukunft des »sozialen« Wohnens 159

4.7 Wohnen auf der Belle Etage 160

4.7.1 »Alles, was mir wichtig ist, ist da.« 161

4.7.2 »Eine Wohnung ist wie eine Liebe.
Etwas, was man spürt.« 163

4.7.3 »Nichts ist für ewig!« 165

4.7.4 »Ich bin ein Ästhet« 167

4.7.5 Man trifft »auch immer Leute und trinkt einen Cocktail –
da ist Leben« 169

4.7.6 Das Neue am Alten –
die postmoderne Aktualität gründerzeitlicher Bebauung 171

4.7.7 Anonymität und Vertrautheit 174

4.7.8 Die sinnliche Stadt 177

4.7.9 Retrospektive 179

4.8 Wohnen am Rand bürgerlicher Duldung – die »Wagenburg« 181

4.8.1 »Ich habe auch schon in Wohnungen gewohnt ...« 181

4.8.2 »Ich würde nicht mehr zurück wollen – in das Normale« 183

4.8.3 »Wegen der Natur und der Gemeinschaft« 185

4.8.4 Alternatives Wohnen 186

4.8.5 Wohnen in der Wagenburg 188
4.8.5.1 Gemeinschaft und individuelle Freiheit 189 | 4.8.5.2 Netzunabhängigkeit 192
4.8.5.3 Alternatives Leben 192 | 4.8.5.4 Zwischen Duldung und Vertreibung 194

4.8.6 Retrospektive 197

4.9 Kreatives Wohnen 201

4.9.1 Zur Bedeutung von »Kreativität« 202

4.9.2 »Selbstinszenierung, die gehört [...] ein bisschen dazu« 204

4.9.3 Die Idee der Gemeinschaft in der Post-Kommune 207
    4.9.3.1 »Alle zwei Wochen haben wir ein Plenum« 208

4.9.4 Die Idee der »Kommune« als Urform anderen Wohnens 213

    4.9.5 Retrospektive 216

5. WOHNEN UND MACHT 221

5.1 Zum Begriff spürbarer Macht 223

5.2 Macht über und durch Atmosphären 226

5.3 Die Macht der Dinge 229

5.4 Die Macht des Denkens 231

5.5 Die Macht des Ordnungsstaates 232

5.6 »Heterotopien« 233

6. LITERATURVERZEICHNIS 241

Vorwort

Die vorliegende Studie ist das Ergebnis eines Forschungsprojekts zur geisteswissenschaftlichen Neubestimmung der Frage nach dem Wohnen. Die Arbeit wurde durch die Beobachtung angeregt, dass die Diskussion menschlichen Wohnens in den Sozialwissenschaften heute nahezu keine Rolle mehr spielt, bzw. durch technizistische und rationalistische Perspektiven auf partielle Aspekte der Verräumlichung menschlichen Lebens ersetzt worden ist. Das entstandene Buch versteht sich deshalb nicht zuletzt auch als Veto gegen die Verarmung des Nachdenkens über einen existenziellen Daseins- und Ausdrucksbereich menschlichen Lebens.

Das Zustandekommen des Buches verdankt sich in besonderer Weise der freundlichen Mitwirkung zahlreicher Gesprächpartnerinnen und Gesprächspartner, mit denen ausführliche Interviews über ihre Wohn- und damit auch ihre Lebenssituation geführt wurden. Nur so waren konkrete Einblicke in subjektive Lebenswelten möglich, die die empirische Grundlage der vorliegenden Studie bilden. Diesen »Hintergrundautoren und -autorinnen« gilt ein besonderer Dank! Für ihre aktive Begleitung der Studie danke ich Frau Jessica Witan M.A. Sie hat sich u.a. um die zeitaufwendige Vorbereitung der zahlreichen Interviewtermine gekümmert, die Tonbandmitschnitte transkribiert und war mit großem Engagement für viele nicht zuletzt formale Arbeiten am Text verantwortlich.

Einen ganz besonderen Dank schulde ich Frau Dr. Christiane Sell-Greiser, mit der ich im Verlauf der rund einjährigen Forschungsarbeiten in einem engen Gedankenaustausch gestanden habe. Die Erarbeitung der Teilstudien, deren theoretische Verfugung zu einem Gesamtzusammenhang sowie theoretisch weiterführende Diskussionen haben von ihren kritischen, anregenden wie intellektuell inspirierenden Hinweisen und Ideen profitiert.

1. »Als ob wir das Wohnen je bedacht hätten« (Martin Heidegger)

Diese halb fragend, halb erklärende Bemerkung Heideggers stiftet Nachdenklichkeit. Zugleich löst sie Irritationen aus – als hätte man etwas so Selbstverständliches und Allgegenwärtiges wie das Wohnen tatsächlich noch nicht bedacht! In dem Satz steckt der Imperativ, dem eigenen Ausharren im Nicht-Denken des Gewöhnlichsten mit dem Beginn eigenen Nach-Denkens ein produktives Ende zu setzen. Martin Heidegger trifft diese Aussage nicht in seinem viel zitierten Vortrag »Bauen Wohnen Denken«, sondern in seinem Buch »Was heißt denken?«. Darin denkt er das Wohnen nicht als Aufgabe der *Einrichtung*. Heidegger pointiert mit seinem Begriff des Wohnens vielmehr eine Selbstbeziehung des Menschen, die sich im Wohnen Gestalt gibt. Wer sein Wohnen nicht bedenkt, *lebt* zwar an einem oder mehreren Orten, in einer Gegend und in einem Land – aber er *wohnt* nicht zugleich auch hier und dort. *Wohnen* ist das selbstreferentielle Redigieren eigenen Lebens an Orten vorübergehender oder dauernder Verwurzelung.

Das Denken gehört in einer Weise zum Wohnen, die sich von jenem Denken unterscheidet, das sich auf einen *rationalistischen* Weg macht. Wenn Heidegger das Denken zu einer Aufgabe des Wohnens erklärt, dann impliziert dieser Gedanke einen ganzheitlichen Reflexionsanspruch. Das reklamierte *Denken* des Wohnens unterscheidet sich von Grund auf vom lebensweltlichen *Reden* über das Wohnen, das einen beiläufigen Charakter hat und nicht das Wohnen selbst bedenkt, sondern das Sich-Einrichten mit Möbeln, die Finanzierung des Wohnens in einer größeren Wohnung oder einem eigenen Haus, die angenehme oder schwierige Beziehung zu Nachbarn u.v.a.m.

Das Wohnen wird – sobald wir uns in eine Wohnung eingelebt haben – schnell zu etwas *Gewohntem*. Wir kommen und gehen, richten die Räume mit Dingen ein, erholen uns in ihrem umfriedeten Schutzraum von dem Fremden, Ent- und Befremdenden, dessen wir in Welten gewahr werden, in die wir *außerhalb* unserer Wohnung eintreten. »Als ob wir das Wohnen je bedacht hätten«! Die Welt bezweckter Verrichtungen fordert eine Präsenz unter den Menschen wie den Dingen und beansprucht damit die Energie einer gerichteten Aufmerksamkeit. Die Welt der Wohnung ist dagegen eine Ausgleichswelt, die wir weniger *denkend* problematisieren, als in einem Gefühl der Behaglichkeit erleben. Die Wohnung ist zwar auch ein dinglicher Raum der *Konsistenz;* aber mehr noch ein atmosphärischer Raum der *Insistenz*. Zwar erfüllt der Raum der Wohnung praktische Zwecke, indem uns die Dinge in ihm zu Diensten sind und der ganze Raum uns Platz gibt, den die täglichen Verrichtungen des Lebens beanspruchen. Gleichwohl ist derselbe Raum zuerst ein mit Vitalqualitäten aufgeladener »Herumraum« – ein zwischen Weite und Enge empfundener leiblicher Raum. Ähnliches gilt im Prinzip für die Dinge des Wohnens: Die Kerze spendet (als materielles *Ding*) Licht, das uns genauer sehen lässt. Dieselbe Kerze lässt in uns (als Medium der Atmosphären) ein Gefühl der Behaglichkeit entstehen und schafft damit einen leiblich spürbaren, emotionalen Schonraum.

Mit dem *Bedenken* des Wohnens dringen wir fragend in eine gewohnte Welt entlastender Seinsweisen ein. Das Fragen zielt vor allem auf den Zusammenhang von *Leben und Wohnen* und folgt so dem Ziel, das Wohnen als *Ausdruck* des Lebens zu verstehen. Das vorliegende Buch will einen Weg in diese Richtung gehen. Es könnte den Anschein machen, als handele es sich dabei um ein antiquiertes Projekt, scheinen wir doch *praktisch* erfolgreich damit leben zu können, die Arbeit der Gedanken auf Entscheidungen zu konzentrieren, die mit dem Wohnen i.S. Heideggers kaum etwas zu tun haben (als »wirklich wichtig« gelten z.B. Immobilien- und Erschließungsfragen, Mobilitätskalküle, Preisvergleiche vor der Anschaffung neuer Möbel u.v.a.m.). Solange die tagtäglich wiederkehrenden *Angelegenheiten* des Wohnens bewältigt werden können, scheint das Wohnen *selbst* nicht bedacht werden zu müssen. Gegen diese Selbstanästhesie eigenen Lebens im Überspringen des Denkens des Wohnens will das vorliegende Buch die Arbeit der kritischen Rekapitulation des eigenen Lebens im Spiegel seiner wohnenden Verräumlichung stellen.

2. Das Wohnen »obduzieren« –
Anlass und Aufbau der Studie

Man kann nicht so tun, als wäre das Wohnen noch nie bedacht worden. Wenn es auch in aktuellen sozialwissenschaftlichen Diskursen (z.B. der Stadtforschung) hinter Abstraktionen wie »Wohnimmobilien«, »Wohnflächen«, »Mobilität«, »Demographie«, »Bevölkerungsverteilung«, »Segregation«, »Migration« oder »Wohnkultur« zum Verschwinden gebracht wird,[1] so war das Wohnen in der ersten Hälfte des 20. Jahrhunderts ein großes Thema der Lebensphilosophie. Dass das Thema »Wohnen« im Hauptstrom sozialwissenschaftlicher Diskurse heute kaum Beachtung findet, dürfte einen Grund darin haben, dass Wohnen erst in *letzter* Hinsicht ein »Handeln« ist und sich in seinem Geschehenscharakter kaum an Kategorien der Verstandesrationalität »messen« lässt. Auf einem existenziellen Niveau ist es *Ausdruck* des Lebens. Funktionale Momente und Segmente des Wohnens werden dagegen planvoll hergestellt und bedacht: die Situation der vertragsrechtlichen Anmietung einer Wohnung oder die Modifizierung des Kaufvertrages für ein Haus. Der Kern dessen, was das Wohnen als Ausdruck eines sich behausenden Lebens ausmacht, *geschieht* – ohne Anfang, ohne Ende und ohne kalkülhafte Veranlassung. Im wissenschaftstheoretisch durch die Theoreme des methodologischen Individualismus und Konstruktivismus gelenkten Blick kommen nur abstraktionistische Derivate des Wohnens ans Licht, sodass sich das Wohnen im anthropologischen Sinne als Folge szientistischer Ausleuchtungsobsessionen im *Wesentlichen* in nichts auflöst.

Diesem Prozess liegen keine programmatisch explizit definierten Gründe voraus. Daher wird man auch nicht von einem *systematischen* Vergessen-*Machen* des Wohnens als Thema der modernen Wissenschaften sprechen können. Sein diskursives Versickern ist vielmehr der Preis

---

1. Ein umfangreiches wissenschaftliches Lexikon zur Geographie weist folgende Begriffe aus: »Wohnumfeldverbesserung«, »Wohnungsleerstand«, »Wohnungsmarkt«, »Wohnungswechsel«; das Stichwort »wohnen« gibt es nicht (vgl. Gebhardt u.a. 2007).

einer paradigmatischen Selbsterneuerung der Sozialwissenschaften, in deren erkenntnistheoretischer Mitte der Mensch als intelligibel handelnder »Akteur« steht. Damit wird ein Menschenbild kultiviert, das nur das »starke« Individuum kennt, ein rationalistisch entworfenes Kunstwesen, das um der Reinheit seines synthetisch-szientistischen Konstruktionscharakters willen um all jene Bereiche seiner Selbstkonstitution bereinigt werden musste, die quer zum Denken des methodologischen Individualismus lagen. Der intelligibel *machende* Mensch bestimmt das mythische Zentrum der modernen Sozialwissenschaften (insbesondere großer Ströme der Soziologie). Der beherrschbar *gedachte* Mensch wird zum Garanten einer Wissenschaft, deren Forschungswelt wissenschaftspsychologisch als beherrschbar illusioniert wird. Der handelnde Akteur ist ein von seinem Verstand (bestenfalls von seiner rationalistischen *Vernunft*) geleitetes Wesen. Es entsteht die Illusion eines Menschen, den Anthony Giddens so entwirft: »Ein menschliches Wesen zu sein, heißt, ein zweckgerichtet Handelnder zu sein, der sowohl Gründe für seine Handlungen hat, als auch fähig ist, diese Gründe auf Befragung hin diskursiv darzulegen (oder auch: sie zu verbergen).« (Giddens 1988: 53) »Kompetente Akteure« sind folglich »normalerweise dazu in der Lage [...], für ihr Handeln in aller Regel eine Erklärung abzugeben, wenn sie danach gefragt werden« (Giddens 1988: 56).

Rüdiger Bittner bestreitet die in den Sozialwissenschaften so ubiquitäre Fiktion eines sich selbst allzeit bewussten Individuums: »Wir haben keine ›poetische‹, im wörtlichen Sinne eine Beziehung des Machens zu unserem Leben. Wir sind die, die es leben, mehr nicht. [...] Dinge aus Gründen tun ist, mit Heideggers Ausdruck, eine Art des in der Welt Seins.« (Bittner 2005: 204) Starken Zweifel an der vollständigen Konstruierbarkeit und Machbarkeit der Welt melden – aus *kulturwissenschaftlicher* Sicht – auch Kathrin Busch und Iris Därmann an, indem sie (in gewisser Weise komplementär zum »Gnostischen« der menschlichen Erkenntnis) das »Pathische« als das empfindende *Mit-Sein* im Leben und Strom der Welt-Geschehnisse, und damit als ontologische Kategorie menschlicher Selbstkonstitution, diskutieren (vgl. Busch/Därmann 2007). Wenn das wissenschaftstheoretisch konstruierte Bild des Menschen in seiner rationalistisch-idealisierenden Verzerrung zugunsten einer imaginierten *Selbstbeherrschung* des Menschen durch sein Verstandesvermögen aber so tief im Zentrum der modernen Sozialwissenschaften verankert ist, wirft sich die Frage auf, wie die Differenz zwischen der abstraktionistischen Fiktion des theoretischen Entwurfs auf der einen Seite und der persönlichen Lebenserfahrung am eigenen Leib auf der anderen Seite im Prozess des individuellen wissenschaftlichen Werkschaffens getilgt wird. Carola Meier-Seethaler liefert eine Erklärung aus psychoanalytischer Sicht. Danach sei die Reduktion selbst ein Moment von Irrationalität *innerhalb* der Hyperrationalität der Wissenschaften.

Letztlich folgt aus der wissenschaftshygienischen Abschottung aller mit den Gefühlen verbundenen Regungen und Motiven des Menschen, dass »die mit den Emotionen abgetrennte Vernunft [...] nicht nur einseitig, sondern zugleich höchst anfällig für irrationale Unterströmungen« ist (Meier-Seethaler 1997: 306f). So kann das sozialwissenschaftlich verklärte Bild einer autonomen *Denkpersönlichkeit* einerseits *selbst* als Ausdruck von Irrationalität verstanden werden, andererseits aber auch als Zeichen einer »erznaiven« (ebd.: 308) szientistischen Selbstsituierung forschender Individuen. Das System »Wissenschaft«, das sich auf derart unkritischen Fundamenten (im Werkschaffen lebendiger Individuen gleichsam selbstreferentiell) hervorbringt, produziert darin seine größte Schwäche. Es handelt seinem eigenen normativen Leitsatz zuwider, indem es in der Generierung von Sätzen keine Transparenz gewährleistet, in abstrakten Prozessen seiner Selbstkonstitution nicht rekonstruierbar gestaltet (Mythos der »Objektivität« im methodologischen Sinne) und sich folglich *strukturell* gegenüber der Analyse (selbst produzierter) affektiver Unterströmungen des Wissenschaftsprozesses verschließt.

Die folgende Studie verfolgt das Ziel, *Situationen* des Wohnens aus der Perspektive der Wohnenden vorzustellen (vgl. 4.1 bis 4.9). Vorangestellt werden theoretische Rekonstruktionen zum Verständnis dessen, was mit dem Begriff des »Wohnens« angesprochen werden soll. Bezugspunkte dieser Suche nach Sinn und Bedeutung werden insbesondere geisteswissenschaftliche Denkfelder aus der ersten Hälfte des 20. Jahrhunderts sein. In den Strömungen der Gegenwartsphilosophie hat vor allem Hermann Schmitz mit seiner »Neuen Phänomenologie« ein Verständnis des Wohnens als atmosphärische *Umfriedung* ausgearbeitet, das zum einen Anschluss an geisteswissenschaftliche Denktraditionen findet, zum anderen aber auch Perspektiven eröffnet, das in der Gegenwart so vielgestaltige Wohnen vom Fraglosen ins Fragwürdige zu verlegen.

Diese für das Denken des Wohnens sensibilisierende theoretische Orientierung mündet in den Umriss eines Suchsystems fokussierender, zugleich aber auch noch unbestimmter Fragen nach dem Wesen des Wohnens. Das noch allgemeine Nachdenken über das Wohnen wird an dieser Stelle durch heterogene Beziehungen zu mitunter schwimmenden Begriffen und Metaphern des Wohnens in Richtungen geführt, deren Tauglichkeit zur Bestimmung von Wesenskernen des Wohnens sich in den empirischen Beispielen bewähren muss. Mit dem geschärften Blick auf eine *nicht* scharf umrissene, sondern zu den Seiten ihrer Bestimmung hin offene Daseinsweise des Menschen werden Einzelbilder konkreten Wohnens vorgestellt. Diese nehmen in qualitativen Interviews ihren Ausgang, die mit Personen geführt worden sind, die in den meisten der dargestellten Fälle abseits bürgerlicher »Normalität« lebten (dies sind die Beispiele des *Wohnens im Gefängnis*, in der Situation der *Obdachlosigkeit*, im *Kloster*, im *Seemannsheim*, in einer ästhetisierten

Loftwohnung, in einer *Wagenburg* und einem den *Kommunen* der 1960er Jahre verwandten gemeinschaftlichen Wohnprojekt). Eher in das Zentrum der Gesellschaft hineinragende Ränder des Wohnens werden an folgenden Beispielfallgruppen veranschaulicht: dem Wohnen im *Alter*, in Wohnungen des *Sozialen Wohnungsbaus* sowie dem *luxurierten Wohnen* auf der *Belle Etage* postmodern-großbürgerlicher Behausungen. Die Konzentration der Interviews auf Wohn- und Lebenssituationen an verdeckten Rändern der Gesellschaft folgt dabei dem Ziel einer methodischen Verfremdung. Um das Wohnen dem *Nach*-Denken (wieder) zugänglich zu machen, bedarf es der Exotisierung. Im Mittelpunkt stehen deshalb nicht Beispiele gewohnten Wohnens, keine »Situationen« des Wohnens, die den Menschen in unserer Zeit selbstverständlich sind. Die empirischen Annäherungen wollen Einblicke in Situationen des Wohnens vermitteln, die es zwar mitten im (zum Teil öffentlichen) Raum der Städte gibt, die aber nicht deshalb schon sichtbar sind. Mitunter werden sie gar als Folge kommunalpolitisch-intentionaler Praktiken der Standortpolitik aktiv verdeckt (z.B. Standorte für Obdachlose) oder sie sind aus systemischen Gründen in einer Weise verborgen (z.B. die »Zellen« in Gefängnissen), die zum Wesen *dieser* Form des Wohnens gehört. An einer Reihe von Beispielen wird sich die Frage aufdrängen, wo die Grenzen des Wohnens verlaufen, mit anderen Worten, wo das Leben den Charakter des *Wohnens* verliert. Damit löst sich aber die Frage nach dem Wesen des Wohnens weniger auf, als dass sie sich intensivieren würde.

Im Mittelpunkt der Studie steht damit ein doppeltes Ziel: Zum ersten die zeitdiagnostische Auseinandersetzung mit heute gelebten Formen gesellschaftlich randlichen Wohnens. Diese Betrachtungsweise vermittelt Einblicke in gegenwärtig gelebte Situationen des Wohnens. Diese weisen indes einen eher größeren als geringeren Abstand zu jenem Wohnen auf, das vom *common sense* als »normal« empfunden wird. Die Fokussierung von Rändern folgt deshalb einem zweiten und übergreifenden Erkenntnisziel. Die Erkundungen in fremd wirkenden Wohnsituationen führen zur Irritation und Verwirrung selbstverständlichen Wissens um »das« Wohnen *der Leute*. Auf diesem aporetischen Hintergrund wird das *Nach*-Denken alltäglichen (insbesondere *eigenen*) Wohnens sensibilisiert. Dieses Vorgehen stellt insofern Ansprüche an die Bearbeitung der Fallstudien, als diese über ihren unmittelbar narrativen Rahmen hinaus in ihrer allgemeinen und darin historischen Werdung (je nach Lage besonderen So-Wohnens) auszuloten sind. Die Aktualität besonderen Wohnens eröffnet zwar einen Horizont des Verstehens und Erklärens. Was in der Gegenwart *ist* und wohnend gelebt wird, hat seine Gründe aber nie allein im Status quo. Deshalb vertiefen die strukturellen und historischen Rekonstruktionen die durch diese Studie programmatisch intendierte Exotisierung des Wohnens im Allgemeinen, um das Wesen des Wohnens fragwürdig zu machen.

Zur Illustration aller Fallgruppenbeispiele werden grundsätzlich je zwei Interviews geführt; nur dem Kapitel über das Wohnen im Alter (vgl. 4.5) liegen vier (bzw. fünf) Interviews zugrunde. Die Mikrologien des Wohnens sollen Einblicke in Lebenssituationen gewähren, die sich im Spiegel des Wohnens zum *Ausdruck* bringen. Ausgangspunkt der fallgruppenspezifischen Beispiele sind die Illustrationen der Wohnenden. Diese werden nach den gängigen Regeln der qualitativen Sozialforschung (vgl. z.B. Mayring 2008 sowie Flick 2007) aus den transkribierten Interviews ausgearbeitet und Leitthemen der Gespräche folgend dargestellt.

Auf die Besonderheit der Beispielfälle bezogen, werden sich orientierende Rekonstruktionen *allgemeiner* Hintergrundbedingungen des jeweiligen Wohnens anschließen. Diese analytischen Rekonstruktionen werden die *besonderen* Formen des Wohnens schon aus Umfangsgründen nur skizzen- und umrisshaft aufarbeiten können; dies aber auch, um i.S. eines Überblicks deutlich zu machen, wie die illustrierten Formen verdeckten Wohnens an gesellschaftlichen Rändern in die weitmaschigen Netze allgemeiner gesellschaftlicher Verhältnisse eingespannt sind. So stehen die subjektiven Beschreibungen in Relation zu einem objektivierten Bild ihrer allgemeinen Struktur zu einer bestimmten Zeit bzw. im dynamischen Fluss der Zeit. Die behandelten Beispiele drücken nicht lediglich *Arten* des So- (oder Anders-)Wohnens aus. Vielmehr repräsentieren sie strukturell bestimmte *Situationen* des Lebens, in bestimmter Weise wohnend zu *sein*. Diese Weisen des Wohnens unterscheiden sich explizit von »Lebensstilen«, verweisen diese doch wegen ihrer prinzipiellen Flüchtigkeit und Ersetzbarkeit durch andere Stile lediglich auf eine Form des So- oder (je nach Lebensstil) Anders-Wohnens. Eine Unterscheidung des Wohnens nach Lebensstilen wird hier für wenig geeignet gehalten, das Wohnen fragwürdig zu machen, weil Lebensstile weniger auf eine persönliche und gesellschaftliche Lebens-*Situation* verweisen, als auf eine mimetische Umgehensweise mit kulturellen Angeboten zur Artikulation eines Empfindens im eigenen Leben. Lebensstile drücken sich zwar *auch* im Wohnen aus, erwachsen indes eher aus Lebenssituationen, als dass sie sich systematisch mit diesen gleichsetzen ließen (zum Begriff der »Situation« vgl. auch 3.7).

Das Kapitel 5 strebt auf dem Hintergrund der Einzelskizzen wie der darauf aufbauenden Rekonstruktionen je *spezifischer* Wohnformen ein strukturierendes Resümee an, dessen kategoriale Struktur dem Nach-Denken des Wohnens Reflexionsangebote machen soll. Es soll die Frage in den Mittelpunkt rücken, wie es bedacht werden kann – nicht im Hinblick auf die möblierende Einrichtung der Wohnung, sondern das Bedenken des eigenen Lebens in seiner wohnenden Verräumlichung. Da sich die Formen, Moden und Stile des Wohnens in der Gegenwart tendenziell ins Endlose pluralisieren und sich damit jedes Selbstverständnis dessen, was man mit dem Begriff *normalen* Wohnens assoziieren könnte, auflöst, gärt zumindest in den großen Städten ein Bedürfnis heran, das Wohnen fragwürdig zu machen. Der weitgehende Verlust einer *bürgerlichen Mitte* wie das Verschwinden *normaler* Wohnkulturen hat längst schon dazu geführt, dass die Rede über »das« Wohnen keine sicheren Orientierungspunkte mehr zu finden vermag. Zum einem wird es vom Tropf der Kulturindustrie und Immobilienwirtschaft getaktet, zum anderen variiert es sich in seinen Formen immer wieder neu.

Die intendierte Revision des Wohnens dient nicht dem Denken um des Denkens willen. Vielmehr treibt sie dessen Noch-nicht-Bedenken über seine Verfremdung durchs Exotische ins Stutzen und schließlich in die Fragwürdigkeit. Das in deren Keim provozierte Nach-Denken des Wohnens läuft auf eine Subjektivierungspraktik[2] hinaus und mündet – jedenfalls idealtypisch – in eine »Technologie des Selbst« i.S. von Michel Foucault (vgl. auch 3.6). Die Erarbeitung von selbstreferentiellem Wissen ist der Rohstoff des Nach-Denkens über das eigene Wohnen. Das Wissen (-Wollen) über den offenen und verborgenen Sinn eigenen Wohnens (als Ausdruck eigenen Lebens) wächst sich bestenfalls in eine »Hermeneutik des Selbst« aus, in eine Sorge um das eigene Leben.

---

2. Ich beziehe den Begriff der Subjektivierungspraktiken auf Andreas Reckwitz, um danach zu fragen, »in welcher Richtung sie [die Praktiken, J.H.] ›subjektivieren‹, d.h. welche Dispositionen eines zugehörigen Subjekts sie nahe legen und über welche Wege ihnen diese Modellierung eines entsprechenden Körpers, eines Wissens und einer Psyche gelingt« (vgl. Reckwitz 2008: 135).

3. Wohnen – Begriff und Phänomen

Im Wohnen kommt ein anthropologischer Zug menschlichen Lebens zur Geltung. Wohnen unterscheidet sich grundlegend von anderen Formen der Raumnahme, die in einem profanen Sinne zweckgerichtet sind. Der Raum des Wohnens steht in mannigfaltigen Beziehungen zur Welt des Wohnenden. Der Raum der Wohnenden ist ein Raum des Menschen, der seine Welt aus der Situation seines Lebens erlebt, entfaltet und gestaltet. Die Lebenswelt bildet den Resonanzrahmen, in dem das eine oder andere Wohnen möglich ist oder unausweichlich wird. Ein Mensch wohnt in verschiedenen räumlichen Maßstabsdimensionen: Wohnung, Haus, Umgebung, Land und Erde. Die Art der Wohnung, ihre Größe, die in ihr befindlichen Dinge, die sich »über« ihnen entfaltenden Atmosphären spiegeln den Geschehenscharakter des Wohnens wider. Im Wohnen drückt sich aber vor allem die Situation eigenen Lebens aus. Graf Dürckheim sprach i.d.S. von »Herumwirklichkeit«[3], die ein Mensch – z.B. in seiner Wohnung – als eine mit ihm verwachsene Wirklichkeit empfindet. Die Metapher Dürckheims macht auf eine die einzelnen Maßstabsdimensionen überspannende Form wohnender Selbstentfaltung aufmerksam, die insbesondere im anthropologischen und lebensphilosophischen Denken für fruchtbare Unterscheidungen im Verständnis des Wohnens zwischen *Haus* und *Erde* sensibilisiert. Wenn Menschen in einer Wohnung, einem Haus, einer Umgebung, einem Land und auf der Erde wohnen, dann gestalten sie in diesen verschiedenen Räumen das Wohnen auf je spezifische Weise.

Die Wohnung

Im Raum der Wohnung befinden sich die symbolisch mit dem eigenen Leben am dichtesten vernetzten Dinge. Hier ist der persönliche Raum,

---

3. Mit dem Begriff der »Herumwirklichkeit« spricht Dürckheim einen WeltRaum im Außen an, der von den Beziehungen aus dem eingehegten Raum des Wohnens durchdrungen ist. Während in sozialwissenschaftlichen Diskursen in diesem Kontext der (systemtheoretische) Begriff der »Umwelt« üblich ist, soll mit Dürckheims Begriff des »gelebten Raumes« die Teilhabe an »herumwirklichem« Geschehen betont werden, das gerade für das Wohnen von grundlegender Bedeutung ist (vgl. Dürckheim 1932).

dehnt sich der *erste* Rückzugsraum aus; es ist der Raum der Privatheit. Die in leiblicher Herumwirklichkeit spürbare Geborgenheit ist durch Vertrautheit und eine dichte Überlagerung symbolisch gelebter und erlebter Bedeutungen gekennzeichnet. Wegen der räumlichen Dichte *persönlicher Situationen* (Schlaf, Sexualität, Erholung, Vertraulichkeit etc.) steht die Wohnung auch unter besonderem Schutz der Verfassung.

Im Wohnkreis eines *ersten* Ringes befinden sich die Dinge des täglichen Lebens; in der Erinnerung kommen an ihnen vergangene Situationen der eigenen Biographie zum Vorschein. Wir räumen aber auch »unseren Raum ein, indem wir Anderem darin einen Platz einräumen« (Guzzoni 1999: 28). Die Dinge sind die Medien, an denen sich die Fäden des Wohnens (atmosphärisch wie durch Taten) *hervorspinnen*, die »ihrerseits die Vernetzungen und Gewebe, die Texturen des Wohnens und damit der Welt als einer bewohnten – ausmachen« (ebd.: 30). An Dingen kann man Gefühle unterbringen. Deshalb ist die Wohnung wie ein Nest, in das man Dinge trägt, mit denen man leben will. Sie dienen Zwecken und sind zugleich Träger von Bedeutungen, die durch Assoziation und Erinnerung geladen werden. Dieselben Objekte sind so auch Träger von Symbolen, die in einer psychoanalytischen Hinsicht *verdeckt* zu Gefühlen in Beziehung stehen: [...] die Arbeit an Wohnungen und Häusern [ist] immer auch eine Weise der Gestaltung und Formung unseres Selbsterlebens und unseres Bewusstseins. Möbel verrücken, aufräumen, renovieren, umgestalten sind Tätigkeiten, die intensiv auf unseren emotionalen Zustand ein- und rückwirken.« (Funke 2006: 20f) Die den Raum der Wohnung gestaltenden Dinge *existieren* als Substanzen und *wirken* als Insistenzen (vgl. Guzzoni 2008: 144).

Die Umgebung

Als Raum der Herumwirklichkeit wird auch jene Umgebung der Wohnung noch erlebt, die als Bereich alltäglicher Bewegungen (gehend wie fahrend mit den verschiedensten Verkehrmitteln) auf distanziertere Weise vertraut ist. Es ist dies ein überwiegend öffentlicher Raum, der zugleich von anderen außerhalb der eigenen sozialen Welt in Anspruch genommen wird. Zwar ist dieser Raum durch die Gravur individueller Spuren täglicher Aneignungspraktiken auch zu einer *eigenen* Herumwirklichkeit geworden; aber er hat doch nur den Charakter einer »dritten« Haut.

Der Wohnkreis des *zweiten* Ringes ist mit einer atmosphärischen Vitalqualität des Wohnens im *Außenraum* von Stadt oder Dorf aufgeladen – so wie das Netz einer Spinne durch die daran vollbrachte Arbeit und die immer wiederkehrende Bewegung auf seinen Fäden zu etwas Eigenem im Draußen wird. Bedingt mag die atmosphärische Ladung von Orten auch Ausschnitte der Region in einen Flickenteppich lebensbedeutsamer Gegenden verwandeln.

Das Land

Auch auf dem territorialen Gebiet des eigenen Landes wohnen wir, wenn dieses auch nicht als Herumwirklichkeit gespürt wird. Ins Niemandsland des nationalen Territoriums reichen die sozialen Bänder aus dem räumlichen Zentrum von Wohnung und Umgebung nur punktuell. Der *ganze* Raum des Landes ist ein disperser Raum, der allein dadurch zum »eigenen« Land wird, dass man auf seinem Territorium geboren wurde.[4] Selbst wenn dieses zufällig *eigene* Land nationalistisch überhöht und als Bezugsrahmen individuellen oder gemeinschaftlichen Selbstverständnisses politisch emotionalisiert wird, ist diese Beziehung in ihrer Abstraktheit (und ideologischen Konstruiertheit) strukturell nicht mit einer raumbezogenen Identifikation vergleichbar, deren generierende Medien neben den gelebten Dingen des Wohnens die leiblichen Bewegungen und schließlich die Tätigkeiten im Herumraum sind, durch deren erlebte Gestaltungsmacht man sich in eine Gegend einwurzelt.

Die Erde

Abermals anderer Art ist das Wohnen auf der Erde. In dieser Dimension bilden sich meist nur auf kleinen Maßstabsebenen eher abstrakte Beziehungen zu anderen Gegenden. Insbesondere dürften es Urlaubssituationen sein, deren Räume idealisierend in die Affektlogik des Wohnens hineingenommen werden. Von viel grundlegenderer Bedeutung für das Wohnen und seine intensionale wie thematische Selbstkonstitution ist aber die existenzielle Rückbindung, die der Mensch in der Gewahrwerdung seines zeitlich limitierten Aufenthalts auf der Erde erfährt. Die Ausdehnung des Bewusstseins vom eigenen Wohnen auf den Maßstab der Erde überspringt im Prinzip die Kategorie des Maßstabs, weil es *auf der Erde* mehr um das Selbst geht und nur beiläufig um fremde Gegenden, von denen man meint, man hätte sie sich zueigen gemacht.[5] So ist das Wohnen *auf der Erde* dem Leben in anderer Weise nahe als das Wohnen im Lieblingszimmer des behaglichen Hauses. Ob beide Weisen des Wohnens auch als solche *erlebt*, im individuellen Leben bedeutsam werden

---

4. Von der Situation des juristisch geregelten »Erwerbs« der Staatsangehörigkeit durch Zuwanderung soll hier abgesehen werden.

5. Hier ist insbesondere an (massen-)touristische Beziehungen zu einer Fremde zu denken, über die nicht zuletzt die Tourismusökonomie – als Teil des Geschäfts – den Reisenden einredet, man könne sie »ent«-fremden und in leichten Schritten der Annäherung »haben«. Derweil bleibt das Fremde in aller Regel fremd oder wird im vermeintlichen »Haben« noch fremder, weil die »verstehenden« Gesten der versuchten Hereinnahme in den Bereich des Wohnens die strukturell lebensweltliche Ent-fernung nur festigen und jede Authentizität auslöschen, anstatt dem Weg auch nur einen Schritt näher zu kommen, sich mimetisch anverwandeln zu können.

und sich gegenseitig berühren, hängt von den Antworten auf Heideggers Frage ab, ob und wie wir das Wohnen bedenken (zum Wohnen *auf der Erde* vgl. in einem weiteren Sinne auch 3.5).

3.1 Wohnen im Raum

Im lebensphilosophischen Rahmen hat Martin Heidegger über das Wohnen gesagt, was insbesondere in der Architekturtheorie Beachtung gefunden hat. Er stellt das Bauen in einen Bezug zum Wohnen und denkt den Raum des Wohnens über die Grenzen der Wohnung hinaus. Das Wohnen bekommt in diesem Verständnis einen existenziellen – und darin räumlichen – Charakter: »Das Wohnen ist die Weise, wie die Sterblichen auf der Erde sind.« (Heidegger 1951: 35) Wohnen ist so aufs Ganze des Lebens bezogen. Darin übersteigt es die moderne Bedeutung des *Eingerichtetseins* in einer Wohnung oder einem Haus. »Der Bezug des Menschen zu Orten und durch Orte zu Räumen beruht im Wohnen. Das Verhältnis von Mensch und Raum ist nichts anderes als das wesentlich gedachte Wohnen.« (Ebd.: 45) Heidegger spricht von Or*ten* und Räu*men*, somit von einem Wohnen, das sich nicht in der Singularität *eines* (Wohn-)Ortes erschöpft. Das Wohnen ist aber nicht nur in räumlicher Hinsicht offen, sondern auch in seiner wesensmäßigen Bestimmung: »Genug wäre gewonnen, wenn Wohnen und Bauen in das *Fragwürdige* gelangten und so etwas *Denkwürdiges* blieben.« (Ebd.: 48)

Bei Otto Friedrich Bollnow wird das Wohnen – wenn auch in Anlehnung an Heidegger – in einen engeren Rahmen des Denkbaren gestellt. »Die Weise, wie der Mensch in seinem Haus lebt, bezeichnen wir als wohnen.« (Bollnow 1963: 125) Damit verortet er das Wohnen *zunächst* im Raum der Wohnung. Er bleibt aber nicht bei dieser räumlichen Beschränkung. Raum des Wohnens ist neben der Wohnung, dem Haus und der Straße auch die Stadt. Sogar Friedhof und Kirche gehören zum Wohnen, entbehren aber der Wohnlichkeit (Bollnow 1963: 149). Wohnen heißt für Bollnow, »eine feste Stelle im Raum haben, an diese Stelle hingehören und in ihr verwurzelt sein« (ebd.: 128). Darin unterscheidet sich Bollnows Verständnis des Wohnens von dem Heideggers, der das Wohnen nicht an einen festen Ort bindet. Durch seine Ortsfixierung kommen für Bollnow mobile Arten des Lebens als Formen des Wohnens nicht in Betracht. Das hängt auch mit seinem Begriff der bergenden bzw. behagenden Wirkung der Umfriedung des Wohnraumes zusammen. Hier denkt Bollnow anscheinend nur an die in unserer westlichen Kultur der Sesshaftigkeit traditionellerweise gebräuchlichen architektonischen Medien *Mauer*, *Dach*, *Zaun* oder *Hecke*, die in einem physischen Sinne gemacht werden (zur Bedeutung der Umfriedung der Wohnung vgl. auch 3.3).

Was Bollnow als »Wohnlichkeit« einer Wohnung anspricht, steht auf dem Boden einer bürgerlichen und geschlechtsspezifischen Vorstellung des Wohnens, deren Bezugspunkt die Idealisierung der »einträchtig darin [in ihrem Haus, Verf.] lebenden Familie« ist. »Dem einzelnen Menschen, dem Junggesellen, ist eine wirkliche Wohnlichkeit seiner Wohnung unerreichbar [...]«.[6] Wie Bollnow Spielräume für gelingende Formen des Wohnens nur in der sozialen Gemeinsamkeit sieht, so kennt er keine Heimat, die nicht soziales Produkt der *Zweisamkeit* wäre.[7] Zwar bleibt er, indem er das Wohnen durch gefühlte Zugehörigkeit an *einer* »festen Stelle im Raum« verwurzelt sieht, in der Beantwortung der Frage undeutlich, inwieweit er sich auch ein räumlich pluralisiertes Wohnen vorstellen kann. Seinen Ausführungen zur Bedeutung des leiblichen Raumes lassen jedoch – wenn auch nur implizit – darauf schließen, denn der Mensch befindet sich wegen seiner a priori *räumlichen* Leiblichkeit nie als Fremder im Raum (vgl. ebd.: 303), sodass er im Prinzip nicht nur an *einem*, sondern auch an mehreren Orten (wenn auch nicht *gleichzeitig*) wohnen kann. Indes ist in seinem Bild des Wohnens eine feste Stelle im Raum unverzichtbar.

Wenn sich Bollnow auch auf Heidegger bezieht, so teilt er doch nicht dessen räumlich entgrenztes Verständnis des Wohnens. Für Bollnow wurzelt das Wohnen an einem *heimatlich* getönten Ort. Ein Wohnen aus der aporetischen oder gar idiosynkratischen Kraft der Heimatlosigkeit gibt es für ihn nicht – und damit kein Wohnen, das sich an Frag- und Denkwürdigkeiten erst entfalten würde: »Wohnen aber heißt, an einem bestimmten Ort zu Hause sein, in ihm verwurzelt sein und an ihn hingehören.« (Ebd.) In etymologischer Sicht lässt sich im Wohnen indes kein Schwerpunkt des Heimatlichen ausmachen. Eher spricht einiges dafür, dass im Zentrum des Begriffes lebensphilosophisch konnotierte Bedeutungen liegen, die den engen räumlichen Rahmen der Wohnung sprengen.

3.2 »Wohnen« – Etymologische Dimensionen

Die Bedeutung des Wohnens lässt sich nicht auf den regelmäßigen Aufenthalt in einem zum Wohnen (mehr oder weniger) geeigneten Raum reduzieren. Im Wohnen gestalten sich vielfältige und strukturverschie-

---

6. Bestenfalls der Frau sei es noch zuzutrauen, eine gewisse Wohnlichkeit leben zu können: »Es mag vielleicht einzelne Ausnahmen, vor allem alleinstehende Frauen, geben, denen die Wohnlichkeit ihrer Wohnung trotzdem gelingt [...].« In diesen Ausführungen bezieht sich Bollnow auf Minkowski (ebd.: 153).

7. Heimat entsteht durch »gemeinsames einträchtiges Wohnen« (ebd.: 267).

dene räumliche Beziehungen, die im melderechtlichen Begriff des »Anwohners« nicht aufgehen. Wohnen ist ein biographisch und kulturell geprägtes Geschehen, in dem sich *das Leben* (individuell, gruppenspezifisch und ethnologisch reich differenziert) verräumlicht. Der Zusammenhang zwischen *Wohnen* und *Leben* ist dicht verwoben und unaufhebbar. Im Unterschied zu dieser lebensphilosophisch ganzheitlichen Perspektive gibt es in den modernen Wissenschaften kein thematisch komplementäres Denken. Der Lebenszusammenhang ist in ihnen vielmehr nach der disziplintheoretischen Logik von Partialrationalitäten segmentiert. Das Denken des Lebens ist dann primär eine Sache der *Biologie, Medizin* und sog. *Lebenswissenschaften;* das des Wohnens eine der *Soziologie, Demographie, Ethnologie, Stadtforschung usw.*

Eine unauflösbare Einheit von Wohnen und Leben belegen dagegen die etymologischen Konnotationskerne zum Begriff »Wohnen«. Nur marginal ist darin der *Raum-* und *Orts*-Bezug des Wohnens *bestimmend*. Dieser Ortsbezug ist (1.) mit all jenen sprachlichen Wendungen gemeint, die mit dem Aufenthalt in einer Wohnung ein Ausharren an einem Ort ansprechen (1206f, 1212).[8] Dies setzt den Aufenthalt an einer Stelle voraus. Wer einen solchen Ort nicht hat, kann nur wohnen wie ein »unstäter sänger, der von ort zu orte ziehend sein brot verdient« (1212). *Wohnend* können aber nicht nur Personen sein, sondern auch Dinge, die durch ihre mystifizierte Bedeutung eine atmosphärische Nähe zu Personen haben: »dunkel in heiliger gefangenschaft die glocken wohnen« (1214). Schließlich kann das Wohnen auch dann mit einem Ort verbunden sein, wenn es sich um das *Erscheinen* einer atmosphärischen Insistenz handelt, die sich von einem leiblichen Ort her ausdrückt: »der schrecken wohnte um seine augen« (1215).

Wer wohnt, hat sich (2.) in einem umfriedeten Bezirk niedergelassen. Neben der festen Mauer des Hauses gibt es andere Formen des Behagens oder Umfriedens: die Umzäunung, die Anpflanzung einer Hecke u.v.a.m. Mit den Begriffen des Behagens und Umfriedens tritt eine Gefühlskomponente des Wohnens hervor. Behagen schafft Behaglichkeit, Umfrieden ein Gefühl des Befriedetseins (1207).

Wohnen findet (3.) auch außerhalb der Wohnung, des Wohnraums und des Hauses statt. Auch der Garten gilt als Raum, der dem Wohnen dient (1210). Er wird als ästhetischer Programmraum und Zone intensiver und dichter symbolischer und atmosphärischer Bedeutungen in engem Verbund mit der Wohnung mit Leben gefüllt. Das Wohnen in einem durch Orte »definierten« Raum (1210) ist in aller Regel durch Gefühlskoordinaten begrenzt (man denke an ortsbezogene, regionale und nationale Identität als maßstäblich differenzierte Formen von Heimat).

---

8. Die folgenden Seitenverweise beziehen sich auf Grimm/Grimm, Bd. 29.

Wie man auf dem Lande, in der Stadt oder in einem Land wohnen kann, so auch (4.) in einer Gegend, am Meer, bei einem Wasser (1211) oder im Gebirge. Das Wohnen wird dann durch einen *ganzheitlichen* Verweis auf eine Landschaft über das Wohnen i.e.S. der Wohnung hinaus gedacht.

Die folgenden drei Bedeutungsfelder haben keinen topographischen Raum- oder Ortsbezug und unterstreichen damit den lebensbezogenen *Ausdruckscharakter* des Wohnens, wonach sich in der wohnenden Gestaltung einer *Herumwirklichkeit* das Leben im Spiegel eines Ortes reflektiert. Wenn es i.d.S. (5.) heißt, man wohne bequem, übel, fürstlich (1212) oder »in aller zucht bey einander« (1213), so ist hier unmissverständlich eine Art *des Lebens*, bzw. eine Frage der Sittlichkeit des Lebens angesprochen, aber auch die Frage der Eigentumsverhältnisse (»zur Miete« wohnen oder in einem eigenen Haus).

Eine metaphysische Art des Wohnens i.S. der numinosen Anwesenheit von Geistern oder nicht erklärbarer Atmosphären klingt (6.) bei Paracelsus an: »so nun der teuffel im selbigen hausz wohnet« (1213). Undefinierbare Anwesenheiten stehen auch in der Mitte religiöser Bedeutungen des Wohnens: »der heylig geist wonet in dir« (1213), die sünde, »die in den stätten wohnet« (1215), oder die Sittlichkeit, die im »kreise froher menschen wohnt« (1215). Geisteshaltungen bzw. Gesinnungen werden in ihrer ortlosen Anwesenheit als wohnend bezeichnet, weil sie auf die Weisen oder Umstände des Lebens in einer bestimmten Gegend des Wohnens aufmerksam machen. Auch mystische Formen von »Existenz« werden (7.) mit Hilfe der Metapher des Wohnens an imaginäre Orte projiziert: Gott wohnt im Himmel (1214). Die vielfältigen sprachlichen Verwendungsformen des Wohnens machen deutlich, dass das Wohnen bis in den heutigen Sprachgebrauch auf strukturell unterschiedliche Formen der Anwesenheit hindeuten kann. Im Wohnen überlagern sich mannigfaltige Bedeutungen des An-Wesens auf ganzheitliche Weise.

Kein Werkzeug wohnt in einer Werkstatt. Über sein bloßes Verweilen an einem Ort hinaus, *wohnt* ein Mensch erst, wenn er einen Raum – es muss nicht *ein* Ort sein – be-wohnt, ihn als etwas ihm Zugehöriges empfindet, in das er eingelassen ist. Ein Moment solchen Eingelassenseins bringt der Begriff des *Einwohners* einer Stadt zum Ausdruck. Ein Einwohner ist jemand, der auf eine am Leben der Stadt teilhabende Weise zur Stadt gehört. Einwohner-Sein ist mehr als Anwohner-Sein. Für den Anwohner kommt es weniger auf das Mitsein im städtischen Leben an, als auf formale Rechte und Pflichten, die aus Eigentum oder Besitz von Wohnraum resultieren und melderechtlich relevant sind. Im Wohnen lebt der Mensch *seinen* Raum mehr auf dem Boden gefühlsmäßiger Disponiertheit, denn dem verstandesrationaler Zweckgerichtetheit seines Handelns. Deshalb verweisen auch so viele etymologisch vom Wohnen abgeleitete Begriffe auf ganzheitliche, synästhetische und situative

Bedeutungen. Im Wohnen überlagern sich zwei Formen des Welt- und Selbstbezuges: eine *geistig denkende* und eine *leiblich befindliche*.

Eine oft übersehene Bedeutung kommt der leiblichen Dimension des Wohnens zu. Dieser Hintergrund ist es auch, auf dem Lenelis Kruse mit Merleau Ponty das Wohnen als »ursprüngliche Vertrautheit mit der Welt durch das Medium des Leibes« (Kruse 1974: 47) beschreibt. Als Wohnender ist der Mensch neben seiner körperlich andauernden Verortung vor allem ein den Raum *Be*-Wohnender. Das Be-Wohnen einer Umgebung konstituiert mehr einen leiblichen (Weite-)Raum, als dass es einen mathematischen Raum besetzen oder ein Grundstück eigentumsrechtlich beanspruchen würde.

Heidegger hatte das Wohnen, gleichsam als »Anwesen« zwischen leiblich-gefühlsmäßiger Disponiertheit und geistiger Orientiertheit – bzw. in seiner ganzheitlichen Situiertheit – mit der Pflicht beladen, ihm in seiner Bedenklichkeit darin gerecht zu werden, dass die Menschen es auch tatsächlich bedenken. Deshalb ist Wohnen für Heidegger weniger eine *räumliche* als eine *lebensphilosophische* Frage. Bedenklich ist das Wohnen für ihn schon darin, dass es insofern »den größten Reichtum des Denkwürdigen bei sich aufspart« (Heidegger 1951/52: 59), als wir es ästhetisierend *als Form* (nach Moden und schnell wechselnden Stilen) gestalten, als ortsgebundenes wie raumbezogenes Leben *geschehen* lassen, aber nicht danach fragen, was es uns über uns selbst sagt.

3.3 Wohnen als Kultivierung umfriedender Atmosphären

Alle etymologischen Wurzeln, die im geisteswissenschaftlichen Denken des Wohnens lebendig geblieben sind, machen auf die Regulation einer Beziehung zwischen Innen und Außen aufmerksam. Diese Regulation erfolgt weniger in einem materiellen, juristischen oder institutionalisierten Sinne, sondern vielmehr als eine lebensweltliche Kultivierung von Atmosphären. Hermann Schmitz versteht (ähnlich wie Heidegger und Bollnow) Wohnen im allgemeinsten Sinn als »Verfügen über Atmosphärisches [...] sofern ihm durch eine Umfriedung ein Spielraum gewährt wird« (Schmitz 1977: 213). An das Wohnen knüpft Schmitz die Bedingung, »mit ergreifenden Atmosphären« in der Weise vertraut werden zu können, dass die Wohnenden »sich unter ihnen zurechtfinden und mehr oder weniger über sie verfügen« (ebd.) können. Schmitz beschreibt das Wohnen deshalb auch als »die Kunst, Atmosphären, die Gefühle sind, so einzufangen und auszubilden, dass der Mensch sich mit seinem leiblichen Befinden harmonisch auf sie einstimmen [...] kann« (Schmitz 2007.1: 277). Das setzt ein gewisses Maß an Macht über Atmosphären voraus. Die Praktiken der Umfriedung (das Hereinnehmen und Herauslassen von Eindrücken und Einwirkungen) sind Ausdruck solchen Verfügen-Könnens.[9] Die Umfriedung einer Wohnung folgt bis heute besonders zwei Zielen: Zum einen soll sie Handlungen und Einwirkungen vorbeugen, die das ungestörte Leben in einem inneren Kreis stören könnten – darin lag auch ein wesentlicher Zweck der mittelalterlichen Stadtmauer. Die Umfriedung dient der Unversehrtheit von Leib und Leben ebenso wie der Schonung der eigenen Habe. Zum anderen soll sie solche atmosphärischen Einflüsse des Draußen abschirmen, die der Gemeinschaft im Inneren das Erleben ihrer Selbstvergewisserung im gleichsam stummen Umgang mit den Atmosphären des Wohnens verwirren und das bergende Gefühl des Wohnens verderben würden.

Nach Schmitz handelt es sich »beim Wohnen im ernstesten Sinn um ein Einsammeln von Ergreifendem [...], das sich als ortlos ergossene Atmosphäre nicht antreffen läßt wie etwas, zu dem man hingehen kann [...]« (Schmitz 1977: 223). Eine Wohnung gewährt jenen *Spielraum des Wohnens*, in dem man sich in der Uferlosigkeit bergender Gefühle bewegen und orientieren kann. In der Psychoanalyse gibt es die Metapher der Wohnung als »Dritter Haut«. Solche Bilder treffen ihren Kern aber mitunter nur ungenau. Das illustriert Schmitz im Blick auf die Metapher vom Wohnen der Schalentiere, deren Kruste sich mit dem Wachstum ausdehnt, bzw. nach scheinbaren Wachstumsschüben im Draußen zurückgelassen und durch ein neues gewachsenes Haus ersetzt wird. Die Begrenztheit solcher Metaphern liegt schon darin, dass Menschen weder so statisch, noch in einem so biologistischen Sinne wohnen. Außerdem gilt unter der Bedingung gesteigerter Mobilität mehr denn je, dass viele Menschen mehrere Wohnungen haben.[10]

Die Umfriedung organisiert die Beziehung zwischen Drinnen und Draußen, indem sie eingrenzt, was zusammengehören soll und ausgrenzt, was sich der Ordnung des Drinnen nicht fügt. Solches Umfrieden setzt pathisches Wissen um die soziale Zumutbarkeit atmosphärisch kommunizierter Ausschlüsse voraus. Wo ein in seiner Struktur offener Zaun als Grenze auch gefühlsmäßig noch akzeptiert wird, könnte eine Betonmauer den Konflikt heraufbeschwören.[11] Eine Umfriedung muss aber nicht lückenlos sein. Zwar ist das Haus im Ideal-

---

9. Aus diesem Grunde werden Stätten wichtiger Entscheidungen bis in unsere Tage von der Außenwelt abgeschirmt, um störende Einflüsse jeder Art fernzuhalten.
10. Schmitz spricht hier die Villen der reichen Römer ebenso an, wie den Umstand »doppelten« Wohnens in der Stadt und auf dem Lande (vgl. Schmitz 1977: 220).
11. Schmitz illustriert die Problematik der Zumutbarkeit einer Umfriedung an diesem Beispiel (vgl. ebd.: 226). Es sind diverse andere Formen vorstellbar (z.B. Stacheldraht oder Glasscherben auf einer niedrigen Mauer etc.), die als aggressive Form der Ausgrenzung und nicht als behagende Form der Umfriedung gedeutet werden.

fall ganz umschlossen, von planmäßigen Öffnungen wie Fenstern und Türen abgesehen. Oft genügt in der praktischen Raumgestaltung eine symbolische Andeutung.[12] Solche eher verdeckten als baulich voll ausgeführten Umfriedungen kommen in den verschiedenen Räumen des Wohnens häufig vor – auf dem Friedhof, dessen Rückseite meistens (für künftige Erweiterungen) offen ist, in den englischen Gärten, die an einer peripheren Stelle harmonisch in die Landschaft übergehen oder dem kirchlichen Altarbereich, der an zentraler Stelle über kurze Distanz mit einer Kette oder Kordel vom übrigen Kirchenraum getrennt ist.

Ob sich auch dispers im Raum Verstreutes als Medium der Umfriedung anbietet, hängt von dem Vermögen der wohnenden Menschen ab, Einzelnes zu einem *erlebten* Ganzen zusammenfügen zu können, das ein Gefühl des Drinnen zu stiften vermag. Im Prinzip ist das über den unmittelbaren Wohnraum hinausgreifende Umfrieden durch affektives Einrahmen von Dingen und Szenen im Draußen aber keine Errungenschaft postmoderner Lebensstile, das eigene Leben als Collage anzulegen. Schon das Erleben des englischen Gartens im 19. Jahrhundert setzte das rahmende bzw. ausschneidende Sehen voraus. Zu dessen Erleichterung wurden räumliche Szenen mit Anpflanzungen und Staffagebauten für das atmosphärische Raum- und Selbsterleben ästhetisiert. Im kleinräumlichen Maßstab sind solche Szenen auch im Innenraum des englischen Gartens durch Umfriedungen mit Hecken, Alleen, Lauben etc. von einem anderen Herum abgegrenzt worden, um den häufigen Wechsel zwischen verschiedenen (begehbaren) Bildern zu ermöglichen. Oft sind gerade große und beeindruckende Szenen unterschiedlicher Art und Bedeutung *gegenüberliegend* in die künstliche Landschaft gebaut worden. Zu einem Konflikt konkurrierender Blicke und Gefühle kommt es nicht, weil der Wechsel zwischen den Szenen der drehenden Bewegung des Körpers bedarf, also nur die eine *oder* andere gebaute bzw. gepflanzte Situation der aktuellen Wahrnehmung zugänglich ist.

Zu bestimmten kulturellen Formen des Hausbaus gehörte stets die architektonische Anbahnung bild-generierender Blicke in die Umgebung des Hauses. Der einwohnend-umfriedende Blick macht dann das gefühlsmäßige Draußen durch oft wiederholtes und vertrautheitstiftendes Sehen zu einem Teil des Drinnen (vgl. i.d.S. Schmitz 1977: 296 sowie Bollnow 1963: 162). In Kulturen, in denen das Fenster nicht nur Licht-,

---

12. Schmitz weist auf das ethnologische Beispiel europäischer Russen hin, die in ihren sibirischen Siedlungen im 18. Jahrhundert im Raum der Wohnung mit einem Balken eine imaginäre Trennlinie markierten, die von Fremden (z.B. Kosaken) nicht übertreten werden durfte (vgl. ebd.: 254).

sondern auch Schauöffnung war,[13] fungierte es als Medium der Idealisierung wie der ästhetisierenden Einbeziehung eines Äußeren in den atmosphärischen Gefühlsraum des Wohnens. Ein bestimmtes leibliches Erleben (i.d.R. der Weite) beim Blick aus dem Fenster in die Landschaft schließt sich dabei mit einer komplementären symbolischen Bedeutung kurz. Bollnow beschreibt das Fenster mit Rilke als *Maß der Erwartung*, »das nur einen für uns angemessenen Ausschnitt aus der Welt heraushebt« oder als »Griff, durch den das große Zuviel des Draußen sich uns angleicht« (Bollnow 1963: 162). So werden dem realräumlichen Draußen imaginäre Binnenräume für das Wohnen »entnommen« (vgl. Schmitz 1977: 297). Der Grundriß der pompejanischen Villa des Arrius Diomedes liefert ein überzeugendes Beispiel für die frühe Ästhetisierung des Wohnens in der Konstruktion des Wohnerlebnisses durch die Einbeziehung von Blickachsen. So wies die Villa ein halbkreisförmiges Schlafzimmer mit drei Fenstern auf, die von der Position des Bettes aus einen panoramaartigen Ausblick in die Landschaft boten (vgl. Neuburger 1919: 331 sowie Abb. 1).

Zahlreiche Landsitze, von denen Plinius berichtet, hatten Ausstattungsmerkmale, die die Behaglichkeit des Wohnens steigerten, darüber hinaus aber auch repräsentative Bedeutung haben sollten.[14] Die Kultur des Wohnens war durch ein ästhetisierendes Moment gekennzeichnet, dem nach innen wie nach außen Gestalt gegeben wurde. Innen waren es am Beispiel von Beleuchtungsgegenständen Ton- oder Bronzelampen, Ringlampen, Lampenfüße, Kronleuchter oder Fackelgriffe, die über das funktional Nötige hinaus zu ästhetischen Gegenständen veredelt wurden. Draußen waren es umgebende Räume, die durch den einwohnenden Blick als landschaftliche Bilder gerahmt und atmosphärisch in die Situation des Wohnens hineingenommen wurden.

Mit der postmodernen Transformation der Massenkultur hat sich die Bedeutung der Ästhetisierung des Wohnens erhöht. Über die Produktion einer repräsentativen Sichtseite dinglicher Wohnarrangements wird das

---

13. Das Haus der alten Griechen war weitgehend gegen seine Umgebung abgeschottet; die Fenster waren nur Lichtöffnungen. Das Leben spielte sich überwiegend draußen in der Öffentlichkeit ab, sodass dem Haus andere Funktionen zufielen als in Italien. Das griechische Haus diente vornehmlich dem Schlafen, der Zubereitung der Speisen, der Lagerung von Dingen u.a. zweckmäßigen Aufgaben. Das italienische Haus war dagegen ein Wohn-Haus und sollte das Gefühl der Geborgenheit vermitteln. So waren auch die Fenster nicht nur Licht-, sondern auch Schauöffnungen, was eine Art landschaftliche Beziehung zum Umraum präjudizierte (vgl. Neuburger 1919: 318ff).

14. Zu solchem luxurierenden und zugleich repräsentativen Wohnen gehörten Einrichtungen wie Schwimmbassins, mehrfenstrige Zimmer, Gärten, Brunnen u.a. (vgl. Neuburger 1919: 330).

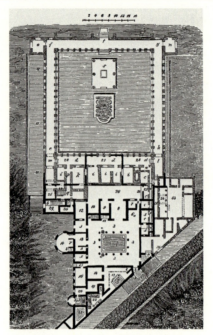

Abb. 1: Pompejanische Villa des Arius Diomedes (aus: Neuburger 1919: 331).

Wohnen als Alltagspraxis und Subjektivierungspraktik in den Bereich einer anonymen Öffentlichkeit ausgedehnt. Derartige Veröffentlichungen inszenierter Sichtbarkeit dokumentieren aber nicht nur individuelle Wohnbilder, sondern vor allem sich über das Wohnen ausdrückende Lebensbilder. Das Ästhetische erweist sich damit als prädestiniertes Dispositiv der Macht, das sich über die subtilen Kräfte sozialer Ein- und Ausgrenzung realisiert. Im Wohnen erkennen sich die Menschen untereinander und gegeneinander. In Zeiten sich verschärfender sozioökonomischer Spaltungen der Gesellschaft fungiert das Ästhetische auch als Medium der Segregation. Medien der Umfriedung sind nicht mehr nur *begrenzende* Dinge, sondern vermehrt Praktiken der Ästhetisierung, die sich ihrerseits der Dinge bedienen, um in besonderer Weise emotionalisierte Grenzen der Insistenz zu markieren. Die Kultur der Umfriedung ist damit in einem ihrer essentiellen Medien ortlos geworden.

3.4 Zum Verhältnis von Wohnen und Denken

Der verdeckten sozialen Komplexität des Wohnens sitzen die Wohnenden in aller Regel insofern auf, als sie ihr Wohnen leben, ohne es zu bedenken. Erst im redigierenden Nach-Denken des Wohnens vermöchten sie *ihr* Wohnen als Ausdruck des eigenen Lebens begreifen, um damit Macht über ihr Leben zu gewinnen. Das gewöhnliche Denken begreift das Wohnen in einem einfachen Sinne. Dann heißt Wohnen, sich im Raum einer Wohnung oder eines Hauses mehr oder weniger dauerhaft aufzuhalten. Dieses Denken führt jedoch in die Irre. Deshalb stellte Heidegger das Wohnen in einen Kontext, der den mathematischen Raum der Orte, an denen man wohnt, zwar *einschloss,* nicht aber allein stellte.

Wohnen ist nicht jede Art räumlich-leiblichen In-der-Welt-Seins. Es ist vielmehr durch Vertrautheit und ein Gefühl des Hingehörens an einen Ort und dessen Gegend gekennzeichnet. Im *gelebten Raum* des Wohnens wächst Vertrautheit durch die Verknüpfung der Orte mit Bedeutung. Leibliche Kommunikation wohnt Raum letztlich ein. Von »leiblicher Kommunikation« ist hier und im Folgenden die Rede, »wenn jemand von etwas in einer für ihn leiblich spürbaren Weise so betroffen und heimgesucht wird, daß er mehr oder weniger in dessen Bann gerät und mindestens in Versuchung ist, sich unwillkürlich danach zu richten und sich davon für sein Befinden und Verhalten in Erleiden und Reaktion Maß geben zu lassen« (Schmitz 1978: 31f). Die Routine des Lebens dagegen lässt die den Dingen und Situationen der eingewohnten Herumwirklichkeit angehefteten Bedeutungen aber auch wieder ausbleiben. So konstituiert sich im Ein-Wohnen des noch Ungewohnten stets aufs Neue. Das Vertraute und Bergende wächst in Schritten wiederkehrend begegnender Aneignung. Solche Art der Begegnung ist aber kein Medium für reflexive Unterscheidungen, denn wohnende (Selbst-)Begegnung hat den Charakter beiläufiger Aneignung; sie vereinnahmt und trennt nicht nach Maßgabe differenzfreudigen *Denkens.* Nach dem Gefühl pathischer Nähe- und Ferne-Verhältnisse bezieht sie eher Bestimmtes und Bezwecktes in das eigene Leben ein. Im Gefühl der Vertrautheit, Gewohnheit und Behaglichkeit zieht sich der *denkbare* Charakter der Wohn-Dinge dann hinter ihrem Erscheinen zurück. Die Bedeutungen sind durch ihren nicht mehr oder noch nicht *bedachten* Gebrauch versiegelt. »Es ist, als ob gerade das Wohnen der Gefahr des Gewöhnlichen am leichtesten erliege.« (Heidegger 1951/52: 83)

Heidegger sah das Wohnen als ein Schonen dessen, was der Mensch zum Leben braucht, ohne es unmittelbar zu benötigen (zur Metapher der »Schonung« vgl. 3.5). Wohnen, das im Gewöhnlichen erstarrt, büßt seinen *schonenden* Charakter ein, denn Schonung setzt *bewusste* Vernetzung orts- wie raumbezogener Lebenstätigkeiten voraus. Gewöhnlich gewordenes Wohnen, das selbstverständlich und aus seiner Routinisierung dahinlebt, *denkt* sich nicht. Der Grundhabitus schonenden Wohnens ist ein Sein-Lassen – eine Haltung, die sich von der Kultur einer alle Lebensbereiche durchdringenden Wachstumsideologie unterscheidet. Wohnen, das sich einer Verpflichtung zur Schonung bewusst ist, setzt die programmatische und praktische Unterscheidung von jeder Form gewöhnlich gewordenen Wohnens voraus. Deshalb fordert Heidegger, das Wohnen möge in das *Fragwürdige* gelangen und etwas *Denkwürdiges* bleiben.

Wie kann das Wohnen denkwürdig bleiben? Eine Antwort findet man in Heideggers Vorlesung »Was heißt denken?« In die Denkwürdigkeit gelangt das Wohnen durch eine progressive Regression, eine Rückführung des Gewöhnlichen in den bewussten Gebrauch von Bedeutungen. Die nach Bedeutung suchende Frage bahnt die Möglichkeit neuen Bewohnens an (vgl. ebd.: 83). In der Rückkehr zu einer *Arbeit* des Wohnens durch den Gebrauch lebendiger Bedeutungen, die Herstellung von Vernetzungen der Orte, in und bei denen wir wohnen, geht es nicht darum, i.S. von Wiederholungen – gleichsam *seriell* – zu leben. Die sich stellende Aufgabe ist vielmehr, das schon einmal Gelebte durch dessen aporetische Brechung in ein noch nicht Gelebtes zu überschreiten. Das *Ungewohnte* i.S. eines Noch-nicht-Gewohnten soll dabei Heideggers Ungedachtem gleichgesetzt werden. »Das Ungedachte ist sein höchstes Geschenk, das ein Denken zu vergeben hat. Für die Selbstverständlichkeit des gesunden Menschenverstandes aber bleibt das Ungedachte eines Denkens lediglich das Unverständliche« und »für den gewöhnlichen Verstand immer nur das Anstößige« (ebd.: 72). Das Bedenken des Wohnens bedeutet insofern eine *Arbeit des Wohnens*, als nur die Anstrengung der Überwindung des Widerstandes des Unverständlichen die Überschreitung ins noch Ungewohnte verbürgen kann.

Denken des Wohnens, das sich am *Plötzlichen* entzündet, ist etwas anderes als das (wissenschaftliche) Abarbeiten disziplintheoretischer und diskursiv geordneter *Themen* des Wohnens. Indem das Denken im Plötzlichen einer Betroffenheit seinen Ausgang nimmt, ist es in erster Linie ein »Andenken dessen, was uns angeht« (Heidegger 1951/52: 159). Deshalb dient das Denken des Wohnens in einem lebensphilosophischen Sinne auch keiner Problemlösung im alltagsweltlichen Verständnis. Es untersteht keinem Anspruch, ist vielmehr selber ein *Prinzip* der Schonung. Das Denken des Wohnens führt auch zu keinem Wissen von der Art wissenschaftlichen Wissens, und es »verleiht unmittelbar keine Kräfte zum Handeln« (ebd.: 161). Aber es ist eine Umfriedung von Neuem durch Einwohnen von Angedachtem. Es vermehrt Vertrautheit im umfriedeten Bezirk, der sich über den relationalen Ort hinaus im Denken entfaltet. Für Heidegger gehört das Denken (des Wohnens) zum Wohnen.

Zu den grundlegendsten Fragen nach dem unverzichtbaren Kernbestand des Wohnens gehört die Frage, ob das Wohnen in seiner zweifachen Räumlichkeit (Aneignung eines physischen Raums und eines gefühlsmäßig atmosphärischen Herumraumes) eines festen Ortsbezuges bedarf. Nicht erst in der Gegenwart hypermobil gewordener Gesellschaften drängt sich die Frage nach dem Charakter ortsgebundenen Wohnens auf. Aber schon die traditionellen Lebensformen der Nomaden, wie Beruf *und*

WOHNEN – BEGRIFF UND PHÄNOMEN

Lebensformen der Seeleute, legen die Frage nahe, ob das Wohnen nur in einem ortsfesten und singulären Charakter gedacht werden kann. Der Architekturtheoretiker Achim Hahn spricht dem Leben der Nomaden das *Wohnen* ab: »Ein Nomadenvolk braucht keine Bauten, allenfalls Zelte für den kurzfristigen Aufenthalt. Bleibend gewöhnen wir uns an den Ort, werden vertraut mit seinen Menschen, seiner Umgebung, und richten unser Leben darin ein.« (Hahn 2008: 157) Hahn sieht im Wohnen in aller erster Linie ein »Bleiben«: »Man *wohnt*, um zu *bleiben*.« (Ebd.: 168) Dem Wandern kommt somit nur eine vermittelnde Funktion zu. Gegenüber einem auf Dauer oder in seinem Wesenszug sich unterwegs befindenden Wohnen verschließt sich Hahn. Im Vergleich zum Wohnhaus sieht er auch die Höhle und das Zelt nicht als komplementäre Gebilde des dauernden und/oder vorübergehenden Aufenthalts, sondern als zivilisationshistorische Vorgänger fester Wohnbauten (vgl. ebd.: 164). Schon Bollnows Verständnis des Wohnens war durch diesen Gedanken geprägt. So macht er darauf aufmerksam, »daß der Mensch überhaupt *nur im Bleiben ein wirkliches Sein* verwirklichen könne« (Bollnow 1955: 167). Das Wohnen knüpft er damit an einen »*festen Ort*«, an dem der Mensch verweilt (ebd.).

Einen ganz anderen Blick wirft Ute Guzzoni (vgl. 1999) auf das Wohnen. Sie stellt es in eine unmittelbare Beziehung zum Wandern. Ohne Bewegung kein Bedürfnis nach räumlicher Verankerung. Damit wird sie auch dem Umstand gerecht, dass mit der Geschichte der Sesshaftwerdung die Geschichte der Mobilität nicht zu Ende ging, vielmehr von da an ihren eigenen Verlauf nahm. Das immerwährend sich wiederholende *Ankommen* im Raum der Wohnung setzt ein ebenso häufiges *Weggehen* voraus. Ohne Weggehen und Wiederkommen gäbe es auch keine »Heimat« im eigenen Haus, denn das Gefühl des Mangels räumlich-atmosphärischer Geborgenheit im eigenen Raum wäre uns ohne den Kontrast zum unbehaglichen (i.S. von »unbehagten«) Leben in der weiten Ferne fremd. Guzzoni sieht im Wohnen einen Aufenthalt im Raum, der weniger auf einen *fixen* Ort bezogen ist, sondern sich an Bedürfnissen des Menschen orientiert. Diese haben zu einem Teil anthropologische Wurzeln, sind zu ihrem größeren Teil aber kulturell geprägt. Das im Mittelpunkt des Wohnverständnisses von Hahn stehende Bleiben relativiert sich nun zu einem Bleiben in der Bereitschaft und dem Willen zum Weggehen und Wiederkommen. Wohnen, das in einem radikalen Sinne im (gleichsam *finalen*) Bleiben aufginge, gibt es letztlich nur jenseits des Lebens – in einer unbewohnbaren Sphäre. Sinnvoll lässt sich das Bleiben im Wohnen deshalb nur aus einer permanent wechselnden Perspektive des Zwischen (*hier* und *dort*, *jetzt* und *später* etc.) denken.

Es gibt kein Ver-*Weilen* oder *Bleiben* an einem Ort, dessen essentielles Merkmal nicht einen historischen Bezugshorizont hätte. Alles mit dem Menschen Verbundene verändert sich in der Zeit. »Indem wir wohnen, verweilen wir eine Zeit lang an einem Ort, wie wir uns wandernd durch die Zeit begeben.« (Guzzoni 1999: 20) Im Wohnen gestaltet sich nach Guzzoni ein komplexes »Zwischen«, das mehr ist als nur eine Relation zwischen Hier und Dort. Das gelebte »Zwischen« des Wohnens denkt Guzzoni aus der Mitte des Wohnverständnisses, wie es Heidegger beschreibt. Dabei geht sie auf Heideggers Vortrag »Bauen Wohnen Denken« (vgl. Heidegger 1951) zurück, dessen hinter Verschachtelung und Verzifferung versteckte Bedeutungen oft vereinfachend, verfälschend und unsicher interpretiert worden sind. Auch bei Heidegger spielt das Bleiben und Sein-Wollen an einem Ort im Denken des Wohnens eine unverzichtbare Rolle. Gleichwohl schließt sein Bild des Wohnens aber solche Seinsweisen ein, die nicht schon deshalb außerhalb des Wohnens liegen, weil sie keinen festen Ort dauerhaften Bleibens suchen. Wie die vertrauten Plätze der Nomaden *mit* den Nomaden wandern, indem die Menschen ihre Zelte wie ihre Dinge so lange von Ort zu Ort mitnehmen, bis sie eine Gegend gefunden haben, die aufgrund ihrer Eigenart mit den Vorstellungen einer *guten Gegend* als vertraut angenommen wird. Sie kommen dann *im Wandern* zuhause an. Ihr (flüchtiger) Ort des Wohnens zieht in gewisser Weise mit ihnen durch den Raum. Die Nomaden haben keine festen Häuser, aber sie wohnen i.S. Heideggers *auf der Erde* (vgl. 3.5).

3.5 Wohnen im »Geviert«

Heidegger beschreibt das Wohnen als die Weise, »wie die Sterblichen auf der Erde sind« (1951: 35). In der Mitte dieses Gedankens steht der Gang des *Lebens*, und erst danach der Wandel des *Wohnens*. Das Sich-Aufhalten auf der Erde ist hier nicht im profanen Sinne des (Wohn-)Räumlichen zu verstehen. Um das auszudrücken, bediente sich Heidegger der Metapher des »Gevierts« (Himmel und Erde, die Göttlichen und die Sterblichen). Damit sprach er existenzielle Grundstrukturen an, zu denen sich der Mensch in seinem Leben in Beziehung setzt – zu den zwei Seiten der Natur (*natura naturans* und *natura naturata*), dem Unerklärbaren und dem endlichen eigenen Selbst.[15]

Einen utopischen Wesenszug des Wohnens sieht Heidegger deshalb auch nicht in Stilen oder Moden, sich in seiner Wohnung *einzurichten*. Vielmehr ist das Wohnen für ihn ein Grundzug des Seins, mit anderen Worten: eine Entfaltung des Selbst. I.d.S. begreift Heidegger das Wohnen als eine Aufgabe der Lebens-*Führung*. »Die eigene Not des Wohnens beruht darin, dass die Sterblichen das Wesen des Wohnens immer erst wieder suchen, dass sie das *Wohnen erst lernen* müssen.« (1951: 48) Deshalb

---

15. Zur Metapher des Gevierts vgl. Biella 2000.

geht es auch nie im Anwohnen auf. Wirkliches Wohnen ist *Ein*-Wohnen, das sich sowohl der (handelnd-)aktiven Raumaneignung verdankt, zugleich aber auch der *pathischen* Teilhabe am mitweltlichen Geschehen. Der Begriff des Anwohners bezeichnet im Unterschied dazu nur das (vorübergehende) Verortetsein eines Menschen an einer im Prinzip beliebigen Stelle im besiedelten Ordnungsraum. Einwohnen verlangt vom Wohnenden mehr, als nur an einer Stelle (postalisch) erreichbar und (polizeibehördlich) auffindbar zu sein. Im *Ein*-Wohnen werden mannigfaltige Beziehungen zu Menschen, Dingen, Orten und Räumen auf eine in der Regel nicht reflexive Weise aufgebaut. Da das eigene Wohnen aber auch Dinge, Kräfte, Verpflichtungen, Gefühle etc. aus der nicht eigenen Welt beanspruchen muss, hat es sich im Verhältnis zu seiner Mitwelt schonend zu entfalten. Mit anderen Worten: Es stellt sich als rechtfertigungsbedürftig dar, sodass es der *nach*-denkenden und nach- wie *voraus*sinnenden Reflexion seiner mannigfaltigen Beziehungen bedarf. Leitlinie dieser kritischen Revision spricht Heidegger in der Metapher des »Gevierts« an.

Mit der »Schonung« kommt in Heideggers Argumentation ein *normatives* Gelenkstück zur Geltung. Kein Wohnen soll einfach nur sein. Es soll durch sein Fragwürdig-Werden zu einem Bedenken seiner Gründe, Folgen und Bedeutungen für das Leben im Allgemeinen (aller Lebenden) wie im Besonderen (eigenen Lebens) gelangen. Die Bezugspunkte dieses an der Schonung orientierten Denkens liegen in der Metapher des »Gevierts«. Dessen Dimensionen sind Himmel und Erde, die Göttlichen und die Sterblichen. Das Schonen der Vier gelingt aber in keinem *einzelnen* Bereich. Sie verwirklicht sich im wohnenden »Aufenthalt bei den Dingen« (Heidegger 1951: 38), d.h., die »wachstümlichen« Dinge werden gehegt und gepflegt, und die »Dinge, die nicht wachsen, eigens« errichtet (ebd.). Das Wohnen ist an den Dingen orientiert, die in ihrem (mit Bedeutung geladenen) Vorkommen »die jeweilige Welt erst eigentlich zuhanden« machen (Heidegger 1927: 106). Es gibt kein Wohnen ohne Dinge; man hat sie, bringt sie in das Wohnen mit oder findet sie – als Dinge der Natur – vor, um sie in das Wohnen hineinzunehmen. Die Zentralposition der Dinge verbürgt letztlich das Denken des Wohnens als ein *konkretes* Geschehen, das nie ohne Wirkungen und Rückwirkungen bleiben kann.

Zugleich schont das Wohnen die Orte, die als Wohnorte angenommen, eingerichtet und *bauend* den Bedürfnissen wohnender Menschen angepasst werden. Von den Orten her erschließt sich der Raum – als Raum *zwischen* Orten, *zu* einem Ort und *weg von* einem Ort. Das Bauen ist ein »Stiften und Fügen von Räumen« (Heidegger 1951: 45), die auf einer Beziehung der Menschen zu Orten beruhen. Auch das Bauen geschieht so – als *Ermöglichung* des Wohnens – aus einer Haltung der Schonung. Mehr noch: Bauen ist eine Weise dieser Schonung. An den Dingen (wie den durch sie gemachten oder existierenden Orten) vollzieht sich das Wohnen als Schonen des Gevierts. »Das Wohnen schont das Geviert, indem es dessen Wesen in die Dinge bringt.« (Ebd.: 38) Schonen ist gnostischer und pathischer Art, ebenso sensibel (das Neue) prüfend wie organisierend: »Das Geviert zu schonen, die Erde zu retten, den Himmel zu empfangen, die Göttlichen zu erwarten, die Sterblichen zu geleiten, dieses vierfältige Schonen ist das einfache Wesen des Schonens.« (Ebd.: 46)

Angelpunkt in diesem Verständnis des Wohnens sind Bedeutungen, die der Begriff des Gevierts impliziert und die deshalb nur bedingt *für sich* verstanden werden können. So stellt die kritische Rezeption des »Gevierts« das Denken vor eine dialektische Aufgabe. Die *einzelnen* Dimensionen des Gevierts bedürfen eines vagen Verständnisses, um sein Ganzes annäherungsweise fassen zu können. Zugleich ist dieses aufs Ganze gehende Verständnis aber auch Voraussetzung für ein gelingendes Nach-Denken über die einzelnen Dimensionen. »Erde« und »Himmel« können als zwei Seiten der Natur verstanden werden, wobei die »Erde« (Gestein, Gewässer, Gewächs u.a.) auf die *natura naturata*, und der »Himmel« (Licht, Dämmerung, Tiefe des Äthers u.a.) auf die *natura naturans* verweisen. Indem wir die Dimensionen des Gevierts einzeln zu verstehen suchen, »bedenken wir nicht die Einfalt der Vier« (ebd.: 36). Und so changieren die Bedeutungen der einzelnen Dimensionen. Am Beispiel des Himmels heißt dies: Heidegger nennt nicht nur Erscheinungsweisen oder bewegende Kräfte der Natur; er stellt auch eine Verbindung zum ästhetischen Erscheinen der äußeren Natur und deren sinnlicher Wahrnehmung durch den Menschen her, wenn er zum Beispiel vom »Glanz der Gestirne« spricht. Das Wetter legt er sogar ganz in das subjektive Natur*erleben*: »das Wirtliche und Unwirtliche der Wetter« (ebd.).

Im zweiten dimensionalen Begriffspaar der »Göttlichen« und der »Sterblichen« spricht Heidegger nicht von Gott, sondern *den* Göttlichen. Darin kommt kein polytheistisches Denken zum Ausdruck; vielmehr stehen die Göttlichen für das Numinose, das sich dem Erleben als Erhabenes z.B. in zudringlichen Naturatmosphären aufdrängt. Mit dem Numinosen verbinden sich Phänomene und Eindrücke, die Rätsel aufgeben, Respekt gebieten und sich der menschlichen Verfügung entziehen (Tod, Geburt, Glück etc.). Das Numinose kommt aus »Erde« und »Himmel«; von den Sterblichen aber wird es (im leiblichen Erleben des eigenen Selbst) *als* Numinoses empfunden sowie in seiner numinosen Bedeutung kulturell bewältigt.

Die »Sterblichen« schließlich sind die Menschen, die im Fluss ihrer Lebenszeit mit Dingen Orte bauen und dabei selbst vergehen. »Das Geviert in seinem Wesen hüten« (Heidegger 1951: 37), verlangt einen um das Wesen der Dimension des Gevierts wissenden Umgang mit den Dingen und ihren Orten. Dieser kann nur als schonender einer Zukunft des Gevierts entgegenkommen. Deshalb gestaltet sich im Wohnen ein

Verhältnis von Mensch und Raum, das durch einen Bezug zu Orten und Räumen in einer doppelten Weise gelebt wird – als ein Bauen aus dem Wohnen (als Gestalten) und ein Denken des Wohnens (als Redigieren des Wohnens) (vgl. ebd.: 49).

In Heideggers Norm der Schonung drückt sich auch eine allgemeine Antwort auf die Stellung der modernen Menschen in seinem unaufhebbaren Verhältnis zur Technik aus, das den Menschen zu einem Menschen-mit-*seiner*-Technik gemacht hat. Er reproduziert sich (im Gang der Zivilisation) stets auf dem Hintergrund vorhandener und möglicher Technik. Das Wesen der Technik »als Gestell« liegt darin, dass sich der Mensch erst i.S. seiner technischen Produkte herstellt, man könnte auch sagen *für* seine technischen Produkte (vgl. Baruzzi 1999: 57). Technik, die unverzichtbare Medien des Bauens bereitstellt, gilt Heidegger nicht nur als *Mittel*. »Die Technik ist eine Weise des Entbergens« (Heidegger 1954: 12), eine Gewinnung von Aufschluss i.S. erweiterter Erkenntnis. Mit dem steigenden Grad des Technischen wird der Mensch technizistisch – und entfernt sich von der Möglichkeit des Erlebens »einfacher« Wirklichkeit: »Aber der Zuspruch des Feldweges spricht nur so lange, als Menschen sind, die, in seiner Luft geboren, ihn hören können.« (Heidegger 1956: 4) Im »Feldweg« wird das Erleben des *Einfachen* der Gefahr gegenübergestellt, »daß die Heutigen schwerhörig für seine Sprache bleiben« (ebd.: 4). Die Technik, die die Essenz der Wohndinge immer mehr ausmacht, ist im gesellschaftlichen Leben irreversibel präsent. Das wusste Heidegger, weshalb er kein esoterisches Zurück zur Natur empfahl, sondern über das Denken (der Umstände des Lebens, der Dinge und unserer Beziehungen zu ihnen) zu einem schonenden Umgang mit der Welt und dem eigenen Selbst gelangen wollte (vgl. auch Schönherr 1988).

Indem sich im Wohnen das eigene Leben als Verräumlichungspraxis ausdrückt, hängt es auch am Wohnen, wie der Mensch schonend (im Geviert) sein Leben führt, die Dinge (und über sie die Natur) *be*-handelt und im Zugriff auf die Dinge mit anderen Menschen *handelt*. Heideggers Metapher des Wohnens als *Schonen des Gevierts* kann auch als Formel für das kritische Redigieren des eigenen Lebens interpretiert werden, das sich noch auf einem individuellen und gesellschaftlichen Weg *befindet*. Jeder dieser Wege ist durch die Option der Umkehr, der Korrektur einer eingeschlagenen Richtung ebenso gekennzeichnet wie durch die Wahl, den einen oder anderen Weg *anders zu gehen*. Im Wohnen drücken sich – insbesondere im normativen Rahmen der Schonung – individuelle wie gesellschaftlich-systemische – Praktiken des Lebens *an Ort und Stelle* aus. Kein Leben wird ohne Orts- und Raumbezug geführt. Deshalb spiegeln sich in Heideggers Denken des Wohnens auch in besonderer Weise die Spuren, die das Leben auf der Erde hinterlässt, wider. *Auf der Erde* heißt in der Logik des Gevierts, *zwischen Himmel und Erde, unter den Sterblichen* und *bei den Göttlichen*. Das Denken des *Wohnens* steht stellvertretend für ein Denken des *Lebens*, wie es sich zu einer Zeit und angesichts der sich aus ihr heraus anbietenden (u.a. technischen) Optionen führen lässt.

Von zentraler Bedeutung für das Verständnis der Metapher des Gevierts ist der Gedanke und normative Anspruch der Schonung. Schonung hat – vereinfacht zusammengefasst – zwei kategoriale Bezugshorizonte: einen außerhalb des Menschen und einen innerhalb des Menschen, bezogen auf das, was ihn ausmacht. Es muss nicht betont werden, dass diese Grenze prekär ist. Je mehr sich die technischen Megastrukturen als *immersive* Medien erweisen, desto mehr verwischt das Trennende; auch wenn die technischen Kreationen als Interventionen des Menschen *gegen* seine Natur gerichtet sind, um ein »menschenwürdiges« Leben zu führen. Auch hatte Heidegger den Menschen in seiner Wandlung zum Mischwesen kommen sehen. Nicht zuletzt im Wohnen lebt der Mensch als ein hybrides Wesen, das der Technik bedarf, um sein tägliches Leben in Bahnen zu halten. Der moderne Zeitgenosse hat sich *technisch* situiert, oder aber – meist als Resultat einer bewusst *nach*-denkenden Gegenentscheidung – in einem Milieu der einfachsten Dinge.

»*Als ob wir das Wohnen je bedacht hätten*«*!* (Heidegger 1951/52: 59) Wir müssen diesen in seiner sprachlichen Intention zwischen Skeptizismus, Imperativ, Frage und zugleich Antwort flottierenden Satz als Anregung verstehen, das Wohnen zu bedenken, um uns unserer Selbst gewahr zu werden. An dieser Stelle sei ein weiter Bogen zu Michel Foucault geschlagen, der mit den »Technologien des Selbst« (Foucault 1993) bzw. einer »Hermeneutik des Selbst« (Foucault 1981/82) in anderer Weise die Menschen über ein Denken ihrer Selbst für sich selbst öffnen wollte.

3.6 Eine Ergänzung: Foucaults »Technologien«

Der Mythos des Orakels von Delphi hat in seiner narrativen Verstrickung mit dem westlich-christlichen Menschenbild einen obsessiven Anspruch nach Selbsterkenntnis genährt und damit eine Spur im Selbstverständnis der Kultur hinterlassen. Der Imperativ »*Erkenne dich selbst!*« hat einen *gnostischen* Kern. Er zielt auf die kognitive und rationale Selbstanalyse, gleichsam eine »Biopsie« subjektiver Weltverwicklungen, Denkmuster, Handlungsoptionen, Mittel, Zwecke usw. Mit den »Technologien des Selbst« schlägt Foucault einen weiteren Bogen als das Programm des Orakels von Delphi. Die *Sorge* um sich ist der Horizont, auf den Foucault sein Denken bezieht (Foucault 1993: 23), nicht die kognitive Rekonstruktion eines im intellektualistischen Sinne *Analysierbaren*. Sorge um das Selbst zielt auf keine gnostische Selbst-Erkenntnis, sondern die Entfaltung einer Kultur des Auf-sich-selbst-Achtens. In deren Dienst werden bestimmte Techniken gestellt (weiche Techniken wie man heute sagen würde)[16]: Selbstbesinnung, Erinnerung, Katharsis sowie Formen des (Nach-)Denkens (Foucault 1981/82: 27), die eine gewisse Nähe zu Heideggers »Schonung« des Wohnens haben. Sie folgen dem Ziel der Entfaltung von Selbstkultur (auf sich selbst achten können, Scham sich selbst gegenüber empfinden können, Herr seiner Selbst sein können im Hinblick auf Selbstbeherrschung wie Souveränität, Empfindungen gegenüber erlebnisfähig sein können, sich selbst genügen können u.a.) (vgl. Foucault 1981/82: 116). Die Sorge um sich läuft darauf hinaus, in *jedem* Lebensabschnitt Glück empfinden zu können. Im Unterschied zum Delphi'schen »*erkenne dich selbst*« gibt es in der *Sorge um sich selbst* keinen äußeren Zweck, der schon (s)einen gesellschaftlichen Ort hätte. Zweck ist das Selbst und sein Vermögen, sich von den Dingen der umgebenden Welt abwenden zu können (vgl. Foucault 1993: 260), um den Blick von außen nach »innen« auf die Seite des *gelebten Lebens*[17] wenden zu können (vgl. Foucault 1981/82: 27).

Das Ziel der *Technologien des Selbst* (bzw. der Selbstpraktiken) ist das Gegenteil dessen, was im immerwährenden Sog des *linguistic turn* unter »lesen« verstanden wird. In der Selbstsorge geht es »nicht darum, sich selbst zu dechiffrieren, sondern um die Übung der Konzentration auf sich selbst [...] Es geht auf keinen Fall darum, das Subjekt als ein Feld der Erkenntnis zu eröffnen und dessen Exegese und Entzifferung zu betreiben.« (Foucault 1981/82: 279) Ziel ist der Aufbau eines Bewusstseins vom eigenen Selbst, die Entfaltung von Wachsamkeit und Aufmerksamkeit, der Aufbau einer Haltung zum eigenen Selbst, die eines Abstandes zu diesem bedarf (vgl. ebd.: 280).

Foucaults Programm einer »Hermeneutik des Selbst« ist nicht mit Heideggers Überführung des Gewöhnlichen ins Fragwürdige identisch. Aber das Ziel Foucaults geht auf etwas Ähnliches, was Heidegger mit einer Erweiterung des Denkens anstrebte; jeweils steht das Selbst in seinem Mit-Sein im weltlichen Geschehensfluss im Mittelpunkt des einen wie des anderen Denkens. Während Heidegger das Schonen des Wohnens am Verhältnis zu den Dingen auslotete, um von hier aus die Lebensvernetzungen des Menschen fragwürdig zu machen, bildet bei Foucault das *empfindende* Selbst jenen Schnittpunkt, an dem sich Fragen nach dem (pathischen) Leben des Selbst überschneiden, aber letztlich auch die Dinge ihr »Leben« in menschlichen Welten haben.

---

16. Foucault nennt sie an anderer Stelle auch »Technologien des Selbst«.

17. Diese Metapher charakterisiert die Arbeits- und Denkweise des Wengener Kreises phänomenologisch-anthropologisch orientierter Psychiater und Psychologen (bes. zu nennen sind i.d.S. Minkowski, Binswanger, Gebsattel und Straus; vgl. auch Passie 1995).

3.7 Wohnen als »Situation«

Auf dem Hintergrund der Heidegger'schen Metapher des Wohnens im Geviert soll im Folgenden in gebotener Kürze die Bedeutung des Begriffes der »Situation«[18] von Hermann Schmitz für ein Denken des Wohnens erschlossen werden. Die Verbindung vom »alten« Phänomenologen Heidegger zum »neuen« Phänomenologen Schmitz verspricht insofern einen Ertrag, weil die Perspektive der »Ganzheitlichkeit«, die die Heidegger'sche Metapher des Gevierts impliziert, bei Schmitz systematisch entfaltet wird. Schmitz führt den Begriff der »Situation« auf einem elementaren Niveau der Erkenntnistheorie ein, um auf die Fundierung aller Ontologien durch eine Tiefenschicht der Bedeutungen aufmerksam zu machen, die auf einer subjektiven und einer objektiven Ebene wirksam sind. »Aller menschlicher Umgang mit einzelnen Sachen und Themen beruht demnach auf einem Verhältnis zu Bedeutungen, die in chaotischer Mannigfaltigkeit der Einzelheit von etwas zu Grunde liegen.« (Schmitz 2003: 91) In Situationen sind Sachen und Themen ganzheitlich – in »chaotischer Mannigfaltigkeit« – eingewickelt. Der Begriff der »Mannigfaltigkeit« ist nur sehr bedingt mit dem der »Vielfalt« verwandt, die man sich noch als eine übersichtliche Ordnung vorstellen könnte. Mannigfaltigkeit hebt vielmehr auf die »Unentschiedenheit hinsichtlich Identität und Verschiedenheit« ab (Schmitz 1994: 68). Mannigfaltige Bedeutsamkeit changiert also in ihrem intensionalen Bereich.

Nach Schmitz sind »Situationen [...] die primären Heimstätten, Quellen und Partner allen menschlichen und tierischen Verhaltens« (Schmitz 2003: 91). Bedeutungen kommen in dieser Perspektive auf drei Ebenen vor: der »Sachverhalte (daß etwas ist, überhaupt oder irgendwie), der Programme (daß etwas sein soll oder möge) und der Probleme (ob etwas ist)« (ebd.: 89). Sachverhalte, Programme (und oft, aber nicht immer auch Probleme) konstituieren eine Situation. Da es nicht *einen* Sachverhalt, nicht *ein* Programm und nicht (nur) *ein* Problem gibt, das sich jeweils mit dem Wohnen eines Menschen verbindet, kann Wohnen erkenntnistheoretisch als eine Gemengelage verschiedener Situationen aufgefasst werden. Was in der Gemengelage situativen Wohnens in bestimmter Weise (fraglich) *ist*, drückt sich daher auch nie in einem singulär identifizierbaren Sinne aus, sondern allein in *Sichtweisen* auf konkretes Wohnen. Nichts vom situationsspezifischen Charakter des Wohnens kommt im Augenblick der Zuwendung von Aufmerksamkeit mit allen integralen Bedeutsamkeiten *ganz* zum Vorschein. Dazu sind die Bedeutungsverschachtelungen zu differenziert und mannigfaltig. Schmitz spricht für diese Fälle von *segmentierten* Situationen (ebd.: 91f). Gleichwohl mag es

---

18. Zum Begriff der »Situation« bei Schmitz vgl. zusammenfassend Ders. 1994: 67ff.

Fälle der Wahrnehmung geben, in denen Formen »ganzen« Wohnens bedeutsam sind; so etwa die Assoziation eigenen Wohnens aus räumlicher oder sozialer Ferne. Es handelt sich aber dann um ein Ganzes, das erst durch große Distanz als fiktive Einheit empfunden wird. Ein solcher (kontingenter) Blick auf das eigene Wohnen abstrahiert dann von vielem, was das eigene wirkliche Wohnen im Einzelnen ausmacht.

Von grundlegender Bedeutung in der Frage des Wohnens ist der Unterschied zwischen der *persönlichen* und der *gemeinsamen Situation*. Jedes individuelle Leben steht im Rahmen einer persönlichen, aber auch im Rahmen einer gemeinsamen Situation. Auf welche Weise beide ineinander verwoben sind, hängt auf der Subjektseite von individuellen Präferenzen der Lebensführung ab und auf der Objektseite gesellschaftlicher Verhältnisse nicht zuletzt von institutionellen Mächten, die eine bestimmte gemeinsame Situation auch erzwingen können (Leben im Gefängnis oder in anderen halb oder ganz geschlossenen Institutionen, vgl. z.B. 4.1 und 4.5). Angesichts der Evidenz der Bedeutsamkeit des Situations-Begriffs für ein erweitertes Verständnis des Wohnens muss es verwundern, dass sich diese Perspektive, außer bei Martin Heidegger, der mit dem Begriff der »Situiertheit« *implizit* den Situationscharakter des Wohnens schon angesprochen hatte, im wissenschaftlichen Wohn-Diskurs bis jetzt nicht durchsetzen konnte.

Wenn Ute Guzzoni anmerkt, dass man weder in einem Gefängnis, noch in einem Krankenhaus – und schon gar nicht in einem Arbeitslager – *wohnen* könne, dann schwingt darin ein Denken des Wohnens als Ausdruck einer individuellen aber auch von außen determinierten bis vage beeinflussten gemeinsamen Lebens-Situation mit (vgl. Guzzoni 1999: 27). Wenn sie sich den Obdachlosen noch unter einer Brücke *wohnend* vorstellen kann oder den Seemann – gleichsam ortlos – in der offenen und rauen See auf dem Schiff (vgl. ebd.: 26), dann sind es die jeweils besonderen Lebens-Situationen, die einen hin- oder auch unzureichenden Spielraum persönlicher Freiheit zur »wohnenden« Entfaltung des eigenen Lebens an Orten bieten.

Wohnen ist immer auf Horizonte bezogen. Die Umfriedung des Wohnraumes schafft einen persönlich als entlastend empfundenen Schonraum, eine Welt individueller Verweisungszusammenhänge. Vorausgesetzt ist die Freiheit für die Lebbarkeit einer Kultur der Umfriedung. Aufgrund der existenziellen Bedeutung des Wohnens (»Geviert«) beansprucht *gelingendes* Wohnen einen Raum, aus dessen herumwirklicher Atmosphäre sich die eigene Lebenssituation in eine individuell und/oder gemeinsam lebbare Zukunft empfinden und denken lässt.

4. Wohnwelten ver-Orten

Auf dem Hintergrund der Entfaltung geisteswissenschaftlicher Begriffe und Bedeutungen des Wohnens werden im Folgenden neun beispielhafte Formen des Wohnens illustriert und annotiert. In Einzelbildern stellen sie Ausdrucksformen von Lebenssituationen vor, die ihren sozialen Ort an verdeckten Rändern der Gesellschaft haben. Solche Ränder gibt es nicht nur i.S. von *Problem*-Rändern, die durch soziale Randgruppen gebildet werden. Sie können an allen Seiten einer Gesellschaft verortet werden: als Ränder sozialer Ausgrenzung (z.B. in Gestalt von Obdachlosenasylen), als ästhetisierte Ränder (z.B. in Gestalt von repräsentationsorientierten Quartieren des Luxuswohnens), als »innere« Ränder (Zentren) der Macht (z.B. in Gestalt von Gefängnissen), als sozialgruppenspezifische Ränder (z.B. in Gestalt von Heimen für alte Seeleute). Ränder werden an tatsächlich existierenden Orten des Wohnens identifiziert, die sich einer auf »Normalitäten« getrimmten lebensweltlichen Wahrnehmung jedoch weitgehend entziehen. Dabei haben diese *Orte* nicht tatsächlich den Charakter eines Randes. Vielmehr sind die tatsächlichen Orte »Ränder« der *Thematisierung* des Wohnens, Ränder der Aufmerksamkeit, der Wahrnehmung – Schärferänder.

Die Studie widmet sich der Frage, unter welchen besonderen und außergewöhnlichen sozialräumlichen Arrangements Wohnen gelingen kann bzw. vom Scheitern bedroht ist. Dabei geht es nicht um die illustrative Addition beliebiger und im Prinzip endlos variierbarer Einzelfälle, sondern um die Diskussion strukturell *verschiedener* Bedingungen individuell wie gesellschaftlich vermittelten Wohnens. So läuft die Arbeit an grundverschiedenen Einzelbildern darauf hinaus, eine Kraft aporetischen Denkens zu entfalten, die das im Allgemeinen *unbedachte* Wohnen in die Bedenklichkeit zu treiben vermöchte. Der zwangsläufig in dieser Studie imaginär bleibende Bezugspunkt dieses Bedenkens ist das *eigene* Wohnen, dessen Ausdrucksgestalten auf die Wirkungskräfte eines allgemeinen Leben-Sollens wie eines individuellen Leben-Wollens zurückverweisen.

Empirische Ansprüche der Repräsentativität werden mit der Darstellung der Fallstudien nicht verbunden. Sie sollen in einem narrativen Sinne Einblicke in Lebenssituationen vermitteln, um aus *ungewohnten* Perspektiven des Wohnens das eigene Wohnen fragwürdig zu machen.

4.1 Wohnen im Gefängnis?

Am Beginn der folgenden neun Fallstudien stehen zwei Interviews, die das Wohnen im Gefängnis thematisieren. Beide Interviews machen deutlich, dass sich die Frage nach dem Wohnen einfacher Antworten entzieht. In der Illustration und Diskussion der Interviews kommen immer wieder Situationen in den Blick, die in einem eher antinomischen Verhältnis zum alltagsweltlichen Verständnis des Wohnens stehen. Zugleich sind Häftlinge, die langjährige Gefängnisstrafen verbüßen, aber auch gezwungen, sich *wohnend* im Raum ihrer Zelle und ihres Gefängnisses einzurichten. Die Frage nach dem Wohnen im Gefängnis steht aber auch deshalb am Anfang der empirischen Studien, weil es aus seiner Sache heraus – wie kaum ein anderes Thema – Betroffenheit von Situationen des Wohnens an übersehenen Rändern der Gesellschaft evoziert. So begünstigt das oszillierende Denken in besonderer Weise die Sensibilisierung für das »Wohnen« im Allgemeinen.

Über die Illustration und Diskussion zweier Fälle langjährigen Lebens in einer Justizvollzugsanstalt (JVA) hinaus werden in diesem Kapitel – umfangreicher als in den anderen Fallstudien – historische Wandlungen spezieller Formen des »Wohnens« in der Haft dargestellt. Diese Skizzen sollen zum einen die Empathie gegenüber der Situation von Menschen fördern, die unter Extrembedingungen leben, zum anderen aber auch die Notwendigkeit des *Bedenkens* des Wohnens im Allgemeinen unterstreichen. Aufgrund des *besonderen* Lebens im Gefängnis werden besonders in der historischen Rekonstruktion von Grundlinien der Geschichte des Strafvollzuges humanitäre Fragen des Wohnens unausweichlich. Die Frage nach dem Wohnen erscheint nun nicht als *reine* Sachfrage; vielmehr ist die Form, in der sie bedenklich wird, von einer *betroffen* denkend-nachvollziehenden Teilhabe nicht zu trennen. Auf diesem Hintergrund werden insbesondere die historischen Abschnitte in 4.1.4 die leiblich-existenzielle Dimension des Wohnens nachhaltig deutlich und nachvollziehbar machen. Zu allen Zeiten war das Leben in der Haft mit keinem Leben in Freiheit vergleichbar. Die allgemeine Frage nach dem Wohnen wird daher nicht nur durch die fallbezogenen Illustrationen provoziert, sondern auch durch die skizzenhaften Rekonstruktionen zur Geschichte des Strafvollzugs – gewissermaßen aus der Perspektive des Anderen des Wohnens. Angesichts dieser Ausrichtung der Aufmerksamkeit können sich die weiteren acht Annotierungen randlichen Wohnens stärker an ihrer idiographischen Struktur orientieren.

In Deutschland befanden sich am 31.08.2008 mehr als 75.000 Personen in 195 Haftanstalten.[19] Der Anteil der lebenslänglich Inhaftierten lag bei knapp 2.000 Personen[20] zuzüglich 400, die sich in Sicherungsverwahrung befanden[21]. Das Leben im Gefängnis stellt eine Ausnahmesituation dar, von der in Deutschland statistisch weniger als eine Person auf 1.000 Einwohner betroffen ist.[22] Somit thematisiert das folgende Kapitel *persönliche* Situationen, die durch eine sie einklammernde *gemeinsame* Situation des Wohnens (hier weiblicher Häftlinge) charakterisiert ist und aus der Perspektive bürgerlichen Wohnens an einem beinahe gänzlich übersehenen gesellschaftlichen Rand liegt. Wenn es auch strittig sein mag, ob Menschen in Gefängnissen *wohnen* können, soll gerade der langfristige Aufenthalt in einer JVA aus der Erlebnisperspektive zweier inhaftierter Frauen unter dieser Leitfrage thematisiert werden.

Nach § 1 Strafvollzugsgesetz (StVollzG[23]) dient der Vollzug der Freiheitsstrafe der Besserung und Sicherung. Der Gefangene soll durch den »Vollzug der Freiheitsstrafe fähig werden, künftig in sozialer Verantwortung ein Leben ohne Straftaten zu führen (Vollzugsziel). Der Vollzug der Freiheitsstrafe dient auch dem Schutz der Allgemeinheit vor weiteren Straftaten.« (§ 2) Schon aus diesen Aufgaben des Strafvollzugs ergeben sich Konsequenzen für die Unterbringung wie den Aufenthalt in einem Gefängnis, auch wenn nach § 3 Abs. 1 »das Leben im Vollzug [...] den allgemeinen Lebensverhältnissen soweit als möglich angeglichen werden« soll. Nach § 144 sollen die Haftäume »wohnlich oder sonst ihrem Zweck entsprechend« ausgestaltet sein. »Sie müssen hinreichend Luftinhalt haben und für eine gesunde Lebensführung ausreichend mit Heizung und Lüftung, Boden- und Fensterfläche ausgestattet sein.« Näheres regelt eine Rechtsverordnung. Die engen individuellen Gestaltungsspielräume in der Einrichtung des »Haftraumes«

---

19. www.destatis.de/jetspeed/portal/cms/Sites/destatis/Internet/DE/Content/ Statistiken/Rechtspflege/Justizvollzug/Tabellen/Content75/Belegungskapazitaet ,templateId=renderPrint.psml; Abruf: 13.11.2008.

20. www.destatis.de/jetspeed/portal/cms/Sites/destatis/Internet/DE/Naviga tion/Statistiken/Rechtspflege/Rechtspflege.psml; Abruf: 13.11.2008.

21. www.destatis.de/jetspeed/portal/cms/Sites/destatis/Internet/DE/Con tent/Statistiken/Rechtspflege/Justizvollzug/Tabellen/Content50/Strafgefangene,te mplateId=renderPrint.psml; Abruf: 13.11.2008.

22. www.destatis.de/jetspeed/portal/cms/Sites/destatis/Internet/DE/Presse/ pm/2008/08/PD08__299__243,templateId=renderPrint.psml; Abruf: 13.11.2008. In den USA ist dagegen jeder 143. Einwohner inhaftiert (ebd.).

23. Gesetz über den Vollzug der Freiheitsstrafe und der freiheitsentziehenden Maßregeln, zuletzt geändert durch Artikel 10 des Gesetzes vom 19. Dezember 2007 (BGBl. I S. 3024).

(wie die Gefängniszelle offiziell heißt) definiert § 19 des Gesetzes (Ausstattung des Haftraumes durch den Gefangenen und sein persönlicher Besitz). Danach darf der Gefangene seinen Raum in angemessenem Umfang mit eigenen Sachen ausstatten. »Lichtbilder nahestehender Personen und Erinnerungsstücke von persönlichem Wert werden ihm belassen.« Dennoch schränken die Sicherheits- und Kontrollerwägungen die Spielräume stark ein: »Vorkehrungen und Gegenstände, die die Übersichtlichkeit des Haftraumes behindern oder in anderer Weise Sicherheit oder Ordnung der Anstalt gefährden, können ausgeschlossen werden.«

Die beiden Interviewpartnerinnen stehen innerhalb der sogenannten »Haftbevölkerung« für eine Minderheit; der Anteil weiblicher Gefangener liegt nur bei <5 Prozent aller Gefangenen. Ende 2006 befanden sich knapp 4.100 weibliche Gefangene[24] in 57 JVA, von denen nur die wenigsten speziell für den Strafvollzug an Frauen konzipiert sind (vgl. Kux 2002: 2); im gesamten Bundesgebiet gibt es nur fünf dieser Anstalten. Die Situation von Frauen im Strafvollzug wirft eine Reihe geschlechts- und familienspezifischer Probleme auf, die sich in einer JVA für Frauen zwar wirksamer bewältigen lassen als in Abteilungen für Frauen, die in den Männervollzug integriert sind. Dennoch müssen besondere Problemlagen als prinzipiell unüberwindbar angesehen werden, wozu die Unterbringung kleiner Kinder bei ihren inhaftierten Müttern ebenso gehört wie die soziale Isolation von der Familie mit zuhause lebenden Kindern (vgl. Kux 2002: 3). Schon auf diesem sozialen Hintergrund berührt die Frage nach dem Wohnen »im Knast« eine Grenze dessen, was aus der Perspektive in Freiheit lebender Menschen vorstellbar ist. Auch deshalb eignen sich die Gespräche mit den inhaftierten Frauen für die Pointierung der Frage nach essentiellen Wohnansprüchen. So musste eine der Befragten (Frau I.) beim Antritt ihrer lebenslänglichen Inhaftierung eine Familie mit Kindern »zurücklassen«. Die andere Inhaftierte (Frau T.) ist seit mehr als fünf Jahren in derselben JVA. Beide gehören damit zu dem äußerst kleinen Personenkreis von Frauen, die wegen schwerer Straftaten zu langen Haftstrafen verurteilt sind.[25]

---

24. www.destatis.de/jetspeed/portal/cms/Sites/destatis/Internet/DE/Presse/pm/zdw/2007/PD07__009__p002,templateId=renderPrint.psml; Abruf: 13.11.2008.

25. Insgesamt verbüßten 2007 knapp 2.000 Personen eine lebenslängliche und knapp 6.000 eine mehr als fünfjährige Haftstrafe (vgl. Fußnote 20). Der Frauenanteil an dieser Gruppe von Inhaftierten ist angesichts des Umstandes, dass Frauen durchschnittlich leichtere Straftaten als Männer begehen, äußerst gering (vgl. Fußnote 24). (www.destatis.de/jetspeed/portal/cms/Sites/destatis/Internet/DE/Navigation/Statistiken/Rechtspflege/Rechtspflege.psml; Abruf: 13.11.2008)

Die folgenden beiden Interviews fanden in der JVA Frankfurt III (Preungesheim) statt. Sie ist eine jener Anstalten, in denen nach § 140 StVollG nur Frauen untergebracht sind – im gegebenen Fall etwa 300 Inhaftierte.[26]

4.1.1 »Ich möchte gern neu anfangen«

Frau T. kommt aus Kasachstan und lebte vor ihrer Verurteilung einige Jahre in Deutschland.[27] Sie ist Anfang 30 Jahre alt, wirkt sympathisch, freundlich, gepflegt und optimistisch. Sie hat eine Lehre als Köchin begonnen, die noch zwei Jahre dauern wird. Ihre Zelle liegt im panoptischen Gefängnistrakt aus dem 19. Jahrhundert. Dessen Eindruck entspricht eher dem Filmklischee eines Gefängnisses, als dass er zu den Vorstellungen eines modernen Strafvollzugs passen würde. T. verbringt ihre Haft in einer Einzelzelle. Die Raumdecke ist gewölbt, ein kleines vergittertes Fenster befindet sich fast unter der Decke. Durch die kleine Öffnung fällt ein eher fahles Licht, obwohl draußen die Sonne an einem wolkenfreien und klaren Himmel strahlt. Die Position des Fensters – gewissermaßen sein architektonisches Programm – vereitelt jeden Blick nach *draußen*. Das Fenster reduziert nicht nur den (ohnehin schon spärlichen) Lichteinfall, es ist auch Symbol eines isolierenden Strafvollzugs, denn die Herrschaft über die Häftlinge drückt sich nicht zuletzt in einer Körperpolitik aus – in einer Macht über den Blick. Für die anachronistisch anmutende Inneneinrichtung der Zelle ist der eiserne Tisch charakteristisch, auf dem Frau T. persönliche Dinge sehr geordnet abgelegt hat. Für jeden Gegenstand scheint es einen bestimmten Platz zu geben. Trinkglas und TV-Fernbedienung liegen auf gehäkelten Unterlagen (zum Grundriss der Zelle vgl. auch Abb. 2).

Die Gefangene relativiert die räumlichen Bedingungen ihrer Unterbringung: »*Im Vergleich mit Russland oder Kasachstan – ich war dort nicht im Knast – aber ich habe viel Schlimmeres gesehen.*« Zwar lebt sie im »Knast«

---

26. Die Interviews im Gefängnis müssen aus rechtlichen Gründen in Gegenwart der Gefängnisdirektorin geführt werden. Wir danken an dieser Stelle ausdrücklich der Unterstützung des Projektes durch die Verwaltung der JVA Frankfurt III. Zur räumlichen Trennung weiblicher Gefangener in eigenen Haftanstalten kommt es erstmals 1863 in Vechta durch einen eigenen Neubau für Frauen (vgl. Krause 1999: 78). In der gegenwärtigen Praxis des Strafvollzugs werden weibliche Gefangene aber meistens nicht in getrennten Anstalten untergebracht, sondern nur in getrennten Abteilungen allgemeiner Haftanstalten (vgl. ebd.: 97).

27. Frau T. sitzt eine mehrjährige Gefängnisstrafe ab. Art und Schwere der Straftat sind aus Gründen des Persönlichkeitsschutzes nicht bekannt.

und hat keine Freiheit, »*aber ich habe viel Zeit, um über meine Fehler nachzudenken.*«

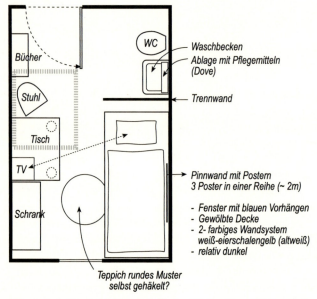

Abb. 2: Grundriss der Zelle von T. in der JVA Frankfurt III (Entwurf: Jessica Witan, Graphik: U. Pareik).

Die Frage nach dem Wohnen nimmt Frau T. nur bedingt an. Auf die Frage nach ihrer derzeitigen Wohnsituation antwortet sie mit einer Relativierung ihrer Haftbedingungen durch Erfahrungen, die sie früher in Russland gemacht hat. Trotzdem macht sie den Eindruck, als würde sie die Beschränkungen durch die Haftbedingungen nicht leidvoll ertragen, ihre Situation vielmehr konstruktiv annehmen. Sie habe viel Schlimmes getan und deswegen diese Strafe bekommen. Sie schäme sich gegenüber ihrer Familie für ihre Tat, denn sie sei das einzige Mädchen in ihrer Verwandtschaft »*und so kriminell*«. Ihre persönliche Lage im Gefängnis ist für sie insbesondere durch *soziale* Situationen bestimmt. Fragen der räumlichen und sächlichen Ausstattung ihres Aufenthaltsortes kommen ihr erst danach in den Blick. Es besteht aber ein Zusammenhang zwischen beiden Wirkungsfeldern.

Wenn Wohnen auf einer höchst allgemeinen Ebene als eine Form des Heimisch-Seins an einem Ort aufgefasst werden kann, so nimmt Heimisch-Sein für sie eine dem Ort ihres mehrjährigen Aufenthalts angepasste Form an. Sie stellt ihren Aufenthalt in der Haft nicht in Frage. Vielmehr richtet sie sich in den Restspielräumen von Zelle und Trakt ein, der aufgrund seiner Architektur (vgl. Darstellung eines panoptischen Gefängnisbaus in Abb. 3) weniger Spielräume der Bewegung und Tätigkeit eröffnet als determiniert. Die Qualitäten des Zellenraumes – wie die des gesamten Gefängnisses –

betrachtet T. als Brücke in ein anderes Leben. Zwar fehlt ihr im Knast die Freiheit, »*aber ich habe viel Zeit, um über meine Fehler nachzudenken*«.

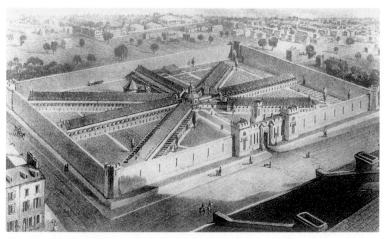

Abb. 3: Darstellung eines panoptischen Gefängnisses: Eastern State Penitentiary, Philadelphia 1821-1836 (aus: Winkelmann/Förster 2007.2: 79).

Die Haltung der Läuterung relativiert die leiblich spürbar beengenden und die Menschenwürde einschränkenden Raumverhältnisse zugunsten einer perspektivischen Lebensorientierung: »*Ich möchte gerne neu anfangen. [...] Eine Familie, ein Kind und eine Wohnung. Waschen, putzen, kochen. Das wünsche ich mir.*« Das Wohnen bzw. die Qualität des Aufenthalts ist dem Leben untergeordnet. Sie scheint weniger in einem Kerker zu sitzen als in einem Denk- und Besinnungsraum, der über bestimmte Eigenschaften verfügen sollte, damit die Katharsis gelingen möge. Was üblicherweise als *wohnen* angesprochen wird, kann hier nicht gelingen, weil schon die (historische) Zelle nur minimale individuelle Gestaltungsspielräume eröffnet. Gleichwohl sieht sie in ihrer Einzelzelle, die sie als »Zimmer« beschreibt, einen Vorteil: »*Für mich ist es wichtig, dass ich in einem Einzelzimmer bin. Ich bin alleine mit meinen Problemen und Gedanken. [...] Die Ruhe. Das ist für mich wichtig.*«[28] Die Ruhe ist aber ambivalent. Einerseits wird sie als Bedingung der Besinnung geschätzt, andererseits fühlt sich Frau T. aber auch mit ihren Problemen allein: »*Das Schlimmste ist für mich hier ... manchmal habe ich auch Probleme. Ich möchte gerne reden, aber ich habe keine Person,*

---

28. Die Gefängnisdirektorin erläutert: »Hier sind ja 35 andere Gefangene auf der Station. Die Türen sind offen und sie können sich austauschen. Die streiten sich, unterhalten sich, die machen was zusammen ... sie können raus- und reingehen. Aber, man kann eben die Tür zumachen. Und früher waren sie in diesen Zellen doppelt untergebracht. Hier stand noch ein zweites Bett drin.«

mit der ich mich unterhalten kann. Ich bin alleine mit meinen Problemen und Gedanken.« Zwar komme ihre Mutter, um sie zu besuchen, aber ihr will sie nicht alles erzählen, *»denn ich will sie ja nicht enttäuschen!«*

Den ihr persönlich wichtigsten Bereich ihrer Zelle soll Frau T. – anstelle einer rechtlich im Gefängnis nicht zugelassenen fotografischen Aufnahme – zeigen oder beschreiben. So weist sie auf *»den Stuhl und den Tisch. Ich verbringe dort viel Zeit. [...] Ich schreibe und lese.«* Die Szene symbolisiert eine aktive und selbstreferentielle Seite ihres Aufenthaltes, einen Nischenraum im *anderen Raum* (vgl. Foucault 1967) des Gefängnisses.

Das Leben im Gefängnis wird von T. nicht unter dem Aspekt des Wohnens angesprochen, obwohl es der explizit erklärte Anlass des Gespräches war. Im Verlauf des Interviews spricht sie über sich, ihre Reue und ihren Traum von einem neuen Leben in Freiheit: »*Ich möchte gerne ein kleines Café aufmachen, in dem ich dann auch Klavier spiele. In Fulda, in Deutschland.«* Alles Nach- und Voraus-Denken ist nicht auf materielle Werte oder abstrakte Ziele, sondern das eigene Leben bezogen – das zurückliegende durch eine Straftat belastete Leben, wie das noch vor ihr liegende in der Hoffnung aufscheinende Leben. Das Gefängnis kommt ihr als Sphäre des *Wohnens* nicht in den Sinn. Das Dasein im »feindlich« umfriedeten Raum ihrer Zelle hat einen transversalen Charakter. Im Gefängnis befindet sie sich auf einer kathartischen »Durchreise« – in einer Sphäre, in der es kein Wohnen, sondern nur einen Aufenthalt zu geben scheint, eine erzwungene aber letztlich doch hingenommene Situation, ein beinahe akzeptiertes, verweilendes Warten. Das Wohnen ist in der Zeit der Haft *eingeklammert*, und doch findet es statt.

Frau T. stellt Reue und Scham ins Sinnzentrum ihrer Aussagen. Diese mit dem Wohnen zunächst in keiner Beziehung stehende moralische Selbstverortung hat insofern Rückwirkungen auf das subjektive Erleben des Aufenthalts im Gefängnis, dessen schlechte Bedingungen auf dem Hintergrund dieser Bewertungen relativiert werden. Offen muss an dieser Stelle die Frage bleiben, inwieweit T. – aus einer ehemaligen Sowjet-Republik kommend und zumindest über das Hörensagen mit dem *Klima* von Überwachungs- und Verhörsituationen möglicherweise auch persönlich vertraut – die Anwesenheit der Gefängnisdirektorin oder/und des Interviewerteams (mit zwei Mikrophonen) zur Demonstration eines Reue-Eindrucks instrumentalisiert hat. Reue und Scham werden zumindest leicht relativiert in der Bemerkung, sie sei aber *»nicht so schlimm, wie der Staatsanwalt oder Richter denken.«*

4.1.2 »Das hier ist für mich kein Wohnen«

Frau I. hat bereits sieben Jahre von ihrer lebenslänglichen Haftstrafe verbüßt. Selbst bei guter Führung könnte sie frühestens nach weiteren acht

Jahren entlassen werden. Sie befindet sich in einem Neubau der JVA, der im Februar 2001 in Betrieb genommen worden ist. Die »Abteilung der Lebenslänglichen« wirkt trotz üblicher Sicherheits- und Überwachungstechnik offen, licht und freundlich. Die Einzelzellen der Station, auf der sich auch Frau I.'s Haftraum befindet, sind geöffnet und die Frauen bewegen sich in einem Flurbereich, in dessen Mitte sich hinter einem Tresen eine Teeküche befindet. Der protoöffentliche Gemeinschaftsraum ist hell mit Tageslicht durchflutet. Alle Wände sind (wie auch die der Zellen) weiß gestrichen, wodurch ein monotoner Eindruck entsteht, den I. immer wieder problematisieren wird. Die überall sichtbaren Gitterstäbe hinter den Fenstern bekräftigen trotz aller Maßnahmen der Humanisierung des Strafvollzugs, dass dieser Innenraum ein doppelter ist. In ihrer Freizeit können sich die Frauen zum Hofgang abmelden; sie werden dann von einer Wärterin ins Treppenhaus ausgeschlossen und im Erdgeschoss von einer weiteren Justizangestellten in den Außenbereich des Hofes übernommen. Dort erfolgt die Beobachtung durch Wärterinnen, die sich an den Rändern des Innenhofs aufhalten oder den Hof vom Wachturm aus kontrollieren.

Frau I.'s Einzelzelle hat einen räumlich separaten Sanitärbereich (WC, Waschbecken und Dusche). I. ist ca. 30 Jahre alt, macht einen gepflegten Eindruck, ist sportlich, aufgeschlossen und wirkt sympathisch. Sie arbeitet täglich von 06:00 bis 11:30 Uhr. Die Zelle ist mit hellen Holzmöbeln eingerichtet und wirkt beinahe freundlich (vgl. Abb. 4). Ein relativ großes (vergittertes) Fenster, das den Raum gut belichtet, geht zum Innenhof des Gefängnisses. Hinter der Gefängnismauer, seitlich vom Wachturm, ist in wenigen hundert Metern Entfernung die angrenzende Wohnbebauung (dreigeschossiger sozialer Wohnungsbau der 1950er/60er Jahre) zu sehen.

Frau I. antwortet auf die Frage nach dem Wohnen inhaltlich ablehnend: »*Ich wohne ja nicht hier, sondern ich muss hier leben. [...] Das hier ist ein Knast, das wird niemals mein Zuhause sein.*« Wohnen macht sie an einem *Zuhause* fest: »*Viele sagen zum Beispiel: ›Ich gehe jetzt nach Hause!‹ Aber was heißt denn ›nach Hause‹. [...] Ich denke, Zuhause bedeutet, dass ich frei gestalten kann, was ich ja hier nicht kann ... und wo ich entscheiden kann, wann ich die Tür zumachen will – und ich bekomme sie nicht hinter mir zugeschlossen.*«

Die individuelle Freiheit der Lebensführung, das Gehen von hier nach da, momentanen Bedürfnissen nachgehen können und die Wahl des Zeitpunktes einer Handlung macht für Frau I. Wohnen aus. Wohnen drückt sich für sie in einer lebbaren Freiheit aus. Aufgrund ihrer langen Haftzeit scheint sie keine lebensrelevanten Perspektiven zu sehen, die ihr die Kraft geben könnte, sich an einem Leben in Freiheit zu orientieren. So kommt für sie auch der Horizont des Wohnens nicht in den Blick: »*Ich bin zwar noch einen Moment hier, aber ich wohne hier nicht und es wird nie mein Zuhause.*« *Zuhause sein* ist für sie trotz bzw. wegen ihrer mindestens weitere

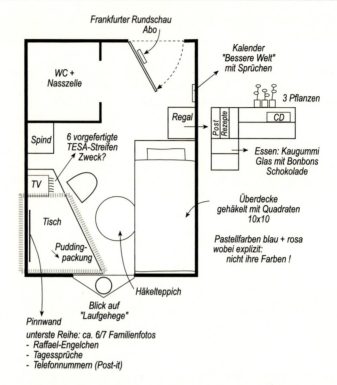

Abb. 4: Grundriss der Zelle von I. in der JVA Frankfurt III (Entwurf: Jessica Witan, Graphik: U. Pareik).

acht Jahre währenden Haftzeit nicht vorstellbar. Die Einschränkungen der Bewegungs- und Entscheidungsfreiheit machen ihr ein mögliches Gefühl des Heimischwerdens unmöglich: »*Ich habe nicht die Entscheidung zu treffen, ob ich nun die Stunde rausgehe oder nicht. Oder ob ich die Stunde zum Sport gehe, weil, das fällt genau in die Stunde, wo ich in den Hof muss. Wenn ich zuhause bin, kann ich frei entscheiden. Da gehe ich erst in den Sport und dann raus.*«

Die Umgebung ihrer Zelle (wie des Gefängnisses) erlebt sie als »*beengend ... karg – einfach gestrickt – das Nötigste vom Nötigsten [...] wohlfühlen würde ich jetzt nicht unbedingt sagen. Es ist schon eher Mittel zum Zweck. Man versucht zwar, es sich so gemütlich zu machen wie möglich, aber das Persönliche fehlt! Man kann es nicht so gestalten, wie man möchte [...] nichts was einem Ruhe und Wohlgefühl gibt [...] Es wäre anders, wenn man ein bisschen was Grünes hat.*« Der Wunsch nach Farben ist stark und steht in einem krassen Kontrast zum Erleben ihrer Gefangenensituation. Um der Farbmonotonie im Rahmen der geringen Gestaltungsspielräume, die ihr zur Verfügung stehen, etwas entgegenzusetzen, hat sie eine farbige Decke gehäkelt, die auf ihrem Bett liegt – ein runder Häkelteppich liegt davor auf dem Boden: »*Ansonsten habe ich hier eine Flickendecke – es muss ja Farbe reinkommen. Es sind zwar nicht meine Farben, aber es ist farbiger! Ja, das macht man hier, weil man Beschäftigung braucht!*«

Der Mangel an Farben spiegelt in einem synästhetischen Sinne das Leben in Unfreiheit wider, das sich im Blick aus dem Fenster »*in unser Auslaufgehege*« symbolisch verdichtet. Die Sehnsucht nach Farbe drückt also weniger ein lebensweltliches Bedürfnis nach Farben i.e.S. aus; es steht nicht für den Wunsch nach Buntem in einem visuellen Sinne. Das Weiß ist schwer zu ertragen, weil es ein Gefühl der (sozialen) Kälte und Sterilität *im Ganzen* zum Ausdruck bringt. Umgekehrt stehen erwünschte Farben (besonders grün) für ein *freies* Leben: »*Es ist trostlos, hellhörig und nichts Buntes – alleine Blumen machen so viel aus. Etwas Farbliches, alles ist hier weiß.*« An der derzeitigen »Wohn«-Situation ist ihr besonders wichtig, »*dass ich alleine hier wohne, na ja, lebe [...] dass ich hinter mir die Tür zumachen kann.*« Unter der Bedingung des Eingesperrtseins wird ein im *normalen Leben* nur schwer vorstellbarer Spielraum individueller Freiheit zu einem hohen Wert der Selbstbestimmung.

Ein alle relativen »Freiheiten« gleichsam erdrückendes existenzielles Gefühl des Mangels spitzt sich zu, als I. beschreiben soll, welches Bild sie von einem Bereich ihrer Zelle machen würde, wenn sie das ihr Wichtigste fotografieren dürfte. Es wäre ein Bild »*von meiner Pinnwand. Da ist nämlich meine ganze Familie drauf.*« Die Art und Weise dieser beinahe kargen Antwort verbietet die Fortführung des Interviews aus Gründen der Rücksichtnahme auf die Gefühle von Frau I. – Sie zieht sich einen warmen Kapuzenpulli über, verlässt ihre Zelle und meldet sich zum Hofgang an, obwohl sie zuvor am Rande anmerkte, nicht mehr raus zu wollen.

Was im Interview mit Frau T. unsicher bleibt, scheint sich im Gespräch mit Frau I. ausräumen zu lassen. Offensichtlich hat die Anwesenheit der Gefängnisdirektorin nicht zu Selbstzensur oder Gefälligkeitsaussagen geführt, sonst hätte I. ihre Kritik an den Bedingungen der Haft nicht so offen ausgesprochen.

4.1.3 Das ferne und das sich ankündigende Wohnen – Konturen eines Vergleichs

Frau T., die noch eine »überschaubare« Zeit von ca. zwei bis drei Jahren in der JVA sein wird, hat ein Bild möglichen Wohnens als Form eines Lebens vor Augen, das sie »neu anfangen« will. Im Unterschied dazu ist für Frau I. dieser Horizont noch so fern, dass sich keine Rückwirkungen auf eine *gefühlte* Lebensperspektive daraus ergeben. Sie lebt unter dem atmosphärischen Druck der disziplinierenden Regulierung eines noch auf sehr lange Sicht *festgesetzten* Lebens.

Von beiden Frauen wird Wohnen zu einer persönlichen, frei gewählten und emotional positiv besetzten *Lebensform* in Beziehung gesetzt. Frau T. findet – nicht zuletzt aufgrund der kürzeren Dauer ihrer noch zu verbüßenden Haft – die Kraft für eine Utopie, in der eine Vorstellung künftigen Wohnens als Ausdruck eines ersehnten Lebens auch eine räumliche Konkretisierung findet. Frau I. verharrt in der Jetztzeit, die sie als sozialen und räumlichen Zwang erlebt – in einer Umgebung, in der alles »*eher Mittel zum Zweck*« ist. Das Weiße und Farblose ist für sie das Andere des Wohnens. Auf die Frage nach einer erwünschten Form des Wohnens sagt I. spontan, »*wie ich gerne wohnen würde ... ein anderes Bett!*« Erst als die Gefängnisdirektorin anmerkt[29] »*nicht hier, sondern draußen!*«, denkt sie (beinahe irritiert) um: »*Draußen! So wie vorher – ich hatte meine Wohnung. Vier Zimmer, Küche und Bad. Mit einem richtigen Bad mit Badewanne, in die man sich mal reinlegen kann. Das gibt es hier ja auch nicht. Offen, farbiger gestaltet, meinen Wünschen entsprechend [...]*«. Angesichts einer noch vor ihr liegenden achtjährigen Haft sieht sie ihr Leben ganz aus dem Rahmen der räumlichen, sozialen und disziplinierenden Ordnung der JVA. Der Spielraum ihrer Gegenwart, aus dem heraus sie ihr Leben entfalten kann, gibt ihr (noch) keinen Anlass, sich über die Mauern der Anstalt hinaus in ein neu beginnendes Leben einzufühlen und es in Visionen des Wohnens zu denken. Im Unterschied dazu äußert Frau T. zur Frage, wie sie gerne wohnen würde, nach einer knappen Rückversicherung: »*Draußen?*«, die Vision einer *Lebens*-Form: »*... ich habe viel in meinem Leben gemacht. Jetzt wünsche ich mir eine Familie, ein Kind und eine Wohnung. Waschen, putzen, kochen. Das wünsche ich mir.*« Das Wohnen im üblichen Sinne spielt auch hier eine nachgeordnete Rolle. Es wird mit einer Form sozialen *Lebens* assoziiert. Erst auf Nachfrage ergänzt sie: »*Ja, eine normale Wohnung*«, fügt jedoch abermals ohne Unterbrechung an: »*arbeiten, kochen, jemanden pflegen – ich will ein Kind und eine kleine Familie*«.

Die Architektur von Zelle und Trakt hat in beiden Beispielen nur einen bedingten Einfluss auf die Fähigkeit zur Vision, über die Grenzen der Haft hinaus zu denken. T. relativiert die schlechten Bedingungen ihrer Unterbringung im panoptischen Trakt (vgl. Abb. 3) an Erfahrungen aus ihrem Heimatland (»*ich habe viel Schlimmeres gesehen*«). Im Unterschied dazu sieht es zunächst so aus, als leide I. unter den räumlich-architektonischen Bedingungen des nach neuesten Gesichtspunkten der Resozialisierung geplanten Neubaus. Beide Gespräche lassen aber erkennen, dass es vielmehr jeweils die *aktuelle Situation* eigenen Lebens ist, die die Kraft zur Vorstellung *möglichen* Wohnens fördert oder blockiert. Das Wohnen

---

29. Von dieser Ausnahme abgesehen, hat die Gefängnisdirektorin in die Interviews nicht eingegriffen.

ist – auch das zeigen beide Interviews auf unterschiedliche Weise – kein Wert an sich, sondern eine *abgeleitete* Form, ein *Ausdruck* und Spiegel eigenen Lebens.

Die Modalitäten der erzwungenen Zeit im erzwungenen Raum des Gefängnisses konstituieren eine subjektive Wirklichkeit, aus deren Perspektive und Situation die Haftstrafe gefühlsmäßig erlebt wird. So lassen beide Interviews erkennen, dass die Freiheitsstrafe zwei zeitliche und zwei räumliche Dimensionen hat: Auf der zeitlichen Achse ist die (Z/a) strafrechtlich *definierte Sühnezeit* von der subjektiv *erlebten Leidenszeit* (Z/b) zu unterscheiden. Ein gesellschaftlich kollektives Gefühl *verlangt* in gewisser Weise – vollzogen über die Macht der Justiz – das individuelle Leiden an einem Gefühl gestohlener Lebenszeit. Auf der räumlichen Achse wird der Verurteilte für die Dauer seiner Haftstrafe (R/a) in einer Strafanstalt untergebracht und in einer Zelle *verortet*. Davon zu unterscheiden ist (R/b) das *Gefühl der Enge* im leiblichen und atmosphärischen Raum begrenzter Bewegungsfreiheit.

Für die Dauer der Haftstrafe ist der Lebensstrom Inhaftierter »umgelenkt«. Der biographische Hintergrund des gelebten Lebens steht nur noch bedingt als Ganzheit zur Verfügung. Er ist nun thematisch auf die Straftat bzw. den Rechtsbruch verdichtet. Die Zeit im Gefängnis führt zu einer Gerinnung des bisherigen Lebens am Ereignis der Straftat. Die Perspektive des Wohnens kann erst dann an einer Zukunft orientiert werden, wenn die Dauer der verbleibenden Inhaftierung relativ kurz (geworden) ist. Aber auch dann bleibt durch die Isolierung des Gefängnislebens vom Draußen die Vorstellung einer lebbaren Zukunft eher undeutlich. Es scheint kein Wohnen zu geben, das ins Draußen hinüberreichen würde, sieht man von den auf Verzahnung mit dem bevorstehenden Leben in Freiheit ausgelegten Freigängen in der Schlussphase der Haftzeit ab. Die JVA bildet mit ihren unterschiedlichen Innenräumen eine in sich verschachtelte hermetische Enklave, die dem Wohnen kaum Spielräume der Schonung gewährt. Ein Wohnen im Geviert, wie Heidegger es als ein Leben verstanden hat, welches einer Mitwelt gegenüber verantwortlich zu gestalten sei, ist allein auf kleinsten Schwundstufen vorstellbar. Die massive Einschränkung der Freiheit ist in ihrer pathischen Dimension dagegen »Sinn« der Festsetzung. Dieser Sinn soll auch als *Gefühl* der Beengung im Gefängnisraum erlebt werden – und als Gefühl abgeschnittener Lebenszeit, die gleichsam ohne das eigene Selbst zerrinnt. Der Entzug der Freiheit klammert, geradezu als Moment des Strafvollzugsverständnisses (Sicherheit, Sühne, Besserung, Resozialisation in Isolation von der Gesellschaft), das Wohnen im allgemeinverständlichen Sinn für die Zeit der Haft ein. Die verbleibenden (Rest-)Spielräume der Selbst- und Lebensgestaltung sind so begrenzt, dass sie nur noch bedingt als Form des Wohnens beschrieben werden können. In diesem eher engen Rahmen persönlicher Entfaltung vermag auch jene Foucault'sche Sorge um sich selbst (mit Heidegger wäre sie als eine Facette von »Schonung« anzusprechen) nur schwer gelingen.

4.1.4 Das Gefängnis als Ort räumlicher Isolierung – ein historischer Rückblick

Die folgende historische Skizze soll die Spielräume möglichen Wohnens unter je spezifischen, sich historisch verändernden Haftbedingungen konkretisieren. Stets waren die Räume der Gefangenen Ausdruck zeitgemäßer Vorstellungen von Strafe und Sühne. Aber auch die Vorstellungen und gelebten Formen des Wohnens standen unter dem Einfluss der Werte und Normen einer jeweiligen Zeit, sodass sich einfache Analogien des Wohnens innerhalb und außerhalb von Gefängnissen aus der Perspektive der Gegenwart ausschließen.

4.1.4.1 Die qualvolle Einsperrung der »Störer«

Bis ins 16. Jahrhundert wurde die weltliche Strafhaft nicht in Gefängnissen im heutigen Verständnis vollstreckt, sondern in Klöstern. Dort waren die Insassen räumlich aber von den Klerikern getrennt, die sich eines Vergehens i.S. des Kirchenrechts schuldig gemacht hatten (vgl. Krause 1999: 17). In den Klöstern gab es Gefängnisräume, die nur über eine Leiter von oben zugänglich waren. »In anderen Klöstern diente ein kleiner fensterloser Raum« (vgl. Winkelmann/Förster 2007.2: 45) als Kerker. *Dunkelheit* und *Enge* der Zelle waren von alters her feste programmatische Bestandteile der räumlichen Organisation des Strafvollzugs. Systematisch »durchgestaltete Handlungs- und Bewegungsschemata, die auf die Einhaltung von Geboten und Reglements« (vgl. ebd.: 45) beruhten, sicherten die leiblich-qualvolle Spürbarkeit der Strafe. Der Strafvollzug diente und dient vor allem der Festsetzung, »die mit den massiven Steinquadern und mächtigen Mauern den dicken Eisenstäben und -ketten visualisiert wird« (ebd.: 44). Die Brechung der delinquenten Persönlichkeit wird aber nicht nur visualisiert, sondern auch synästhetisch kommuniziert und im *Erleben* der Gefangenschaft leiblich spürbar gemacht.

Für die von den Städten vollzogene Strafhaft erwiesen sich solche Orte als geeignet, die den Ausstoß der Inhaftierten aus der Gesellschaft nach außen symbolisierten und zugleich im Erleben der Gefangenen leiblich zur Geltung bringen konnten. Besonders geeignet waren hierfür die Türme der Stadtbefestigung, Kellerräume des Rathauses oder primitive Löcher (sog. »Lochgefängnisse«), in die man die Gefangenen hinab warf (»einlochte«). Dort wurden sie unter qualvollen Bedingungen oft angekettet »gehalten«. Die Strafe sollte peinigen und zugleich *peinlich* sein. Einen Besserungsgedanken gab es nicht.

Die ersten Zuchthäuser entstanden in der Mitte des 16. Jahrhunderts in England und den Niederlanden. Nun spielte auch allmählich der Besserungsgedanke eine gewisse Rolle; der Arbeitszwang war als Medium der Erziehung gedacht. Nicht selten nutzte man zur Einrichtung solcher Arbeitshäuser alte Schlösser oder Klöster um; die räumliche Struktur dieser Bauwerke bot sich für den neuen Zweck an. Als bekanntes Beispiel soll auf das Gefängnis von Vincennes bei Paris verwiesen werden, dessen Turm vor seiner Nutzung als Kerker zum königlichen Schloss gehörte (vgl. Abb. 5). Nicht zuletzt darin kommt zum Ausdruck, dass die Prinzipien der kirchlichen Strafhaft auf die Organisation der weltlichen Haft übertragen wurden (vgl. Krause 1999: 18). Zumindest zu Beginn waren die neu errichteten Häuser aber nicht in erster Linie Haftanstalten, sondern Orte, die der Entfernung störender Personen aus dem öffentlichen Raum dienten. Bettler und Vaganten stellten zunächst einen immens großen Anteil der Insassen. Weil die Einsitzenden im juristischen Sinne keine Straftat begangen hatten, galten Zuchthäuser auch als »ehrliche Häuser«.

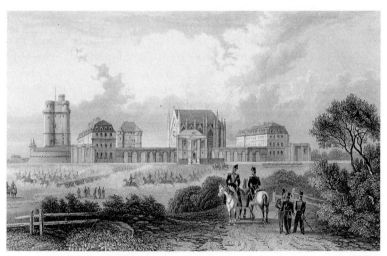

Abb. 5: Schloss und Staatsgefängnis Vincennes bei Paris (zeitgenössischer Stich).

4.1.4.2 Raum der Arbeit und Läuterung

Um die Mitte des 18. Jahrhunderts kam es in Deutschland zu einem Boom an Zuchthausgründungen. Über lange Zeit war das Zuchthaus ein Ort der Isolierung von Menschen, die sich aus verschiedenen Gründen der Normalität eines bürgerlichen Lebens nicht fügen wollten oder konnten. Das drückt sich auch darin aus, dass die Neugründungen in dieser Zeit oft »Zucht, Armen- und Waysenhäuser« oder »Zucht- und Tollhäuser« waren (vgl. ebd.: 45).

Erst in der zweiten Hälfte des 17. Jahrhunderts wurden im Unterschied zu den »ehrlichen Häusern« (den Zuchthäusern) Arbeitshäuser zu ausgewiesenen Stätten des Strafvollzugs (Krause 1999: 34). In ihnen wurde den Inhaftierten eine Arbeitsstrafe auferlegt, die z.B. im legendären Spinnen oder Raspeln von Holzspänen bestand. »Spinnhäuser« waren die ersten Zuchthäuser, die den reinen Charakter einer Strafanstalt hatten. Hier saßen Personen ein, die schon einmal »in der Hand des Henkers« waren (ebd.: 42), weil eine bereits verbüßte Strafe in einem Arbeitshaus zu keiner Besserung geführt hatte. Das erste dieser Häuser entstand in Amsterdam, das zweite in Hamburg (1665).[30] Wer sich im Arbeitshaus der Arbeit verweigerte, musste härteste Repressalien befürchten. Im Amsterdamer Zuchthaus gab es einen flutbaren Kellerraum; dem Ertrinken konnte nur entkommen, wer mit einer hinunter geworfenen Pumpe die nötige Kraft und Ausdauer aufbrachte, das Wasser wieder abzupumpen (vgl. Winkelmann/Förster 2007: 46).[31]

Die Unterbringung Gefangener erfolgte zu keiner Zeit an neutralen Orten. Die Räume der Gefangenen sollten immer peinigende Orte sein, die die Inhaftierten quälten. Auch darin bestand die Strafe, die man so in den Leib der Gefangenen hineintrieb. Nach außen, in den öffentlichen Raum der Gesellschaft, waren die Orte der Gefangenen *symbolische* Orte. Dies wird in den um die Mitte des 18. Jahrhunderts in Deutschland errichteten Neubauten deutlich, die von großen Barockbaumeistern in repräsentativen Stilen errichtet worden sind (vgl. Krause 1999: 47). In der zweiten Hälfte des 18. Jahrhunderts gab es etwa 70 Zuchthäuser in Deutschland. In ihnen saßen vor allem Diebe ein. Die zweitgrößte Gruppe stellten Frauen, die wegen Kindsmord inhaftiert waren (vgl. ebd.: 50). Beide Gruppen von Inhaftierten weisen durch die Art der Straftaten (deren viele auch nur verdächtigt wurden) auf eine große Not in der Bewältigung des täglichen Lebens hin.

4.1.4.3 Die Spielräume der »Festungshaft«

Bis Ende des 19. Jahrhunderts gab es als Sonderform der Festsetzung in einigen deutschen Territorien die »Festungshaft«. Es handelte sich dabei

---

30. Der Anteil der Frauen, die meist wegen Hurerei einsaßen, überwog deutlich. Es galt auch zu jener Zeit der Grundsatz der räumlich getrennten Unterbringung der Frauen von den Männern (vgl. ebd.: 43).

31. In der in den USA neuerdings legalisierten »Verhör«-Methode des Waterboarding lebt diese historische Methode der Folter auf zynische Weise wieder auf.

im juristischen Sinne um einen nicht entehrenden Freiheitsentzug, der auf privilegierte Häftlinge angewendet wurde. Dies waren im Allgemeinen Personen aus höheren Schichten (Offiziere, Aristokraten und politische Gefangene). Ihnen wurde in der Haft nicht selten eine komfortable Behandlung zuteil (vgl. ebd.: 58). Von Fall zu Fall konnte die Bestrafung aber auch sehr hart sein, und die Häftlinge wurden in Ketten gelegt. In vielen Fällen gab es aber auch allen nur erdenklichen Komfort, wie im Falle der Gräfin Cosel[32] oder der hannoverschen Kurprinzessin Sophie Dorothea[33].

»Erstere bewohnte mehrere Räume, durfte Besuch empfangen und sich innerhalb der Festung frei bewegen, letztere hatte sogar ein ganzes Schloss mit entsprechendem Personal für sich und durfte überdies ausfahren und ausreiten (wenn auch unter Bewachung).« (Krause 1999: 65)

Unter solchen Sonderbedingungen privilegierter Festungshaft mag mehr *Wohnen* möglich gewesen sein als im Rahmen der Restriktionen eines freien Lebens in Armut. Wer dagegen in Ketten liegt, kann kaum ein Wohnender sein. Wem jede Bewegungs- und Entscheidungsfreiheit zur Gestaltung seines Lebens genommen ist, muss das Leben oft mehr aushalten, als dass er es *führen* könnte. Wer sich aber in den Grenzen der Restriktionen seines erzwungenen Aufenthaltes in einem weiten und großen Innen- und Außenraum (der Landschaft) nach Belieben bewegen kann, vermag in relativ weiten Grenzen sein Leben auch *wohnend* zu gestalten. Wenn die Festungshaft auch eine rare Sonderform der Haft darstellte, die nur auf einen kleinen Kreis *spezifisch* »gefährlicher« Personen angewandt wurde, so macht sie doch darauf aufmerksam, dass *Freiheit in Haft* einer differenzierten Betrachtung bedarf. Das Spektrum der individuell gestaltbaren Lebenswege war und ist von den konkreten Bedingungen der persönlichen und gemeinsamen Situation in der Haft abhängig. So lässt sich auch nicht im Allgemeinen sagen, dass man im Gefängnis *nicht* wohnen kann.

4.1.4.4 Räume der Besserung

In England werden im 18. Jahrhundert durchgreifende Reformen des Strafvollzugs eingeleitet. John Howard bewirkte 1779 die Verabschiedung eines Gesetzes, um wenigstens die elendsten Zustände in den Zuchthäusern abzuschaffen. Es sollten Haftbedingungen gewährleistet werden, die bessere hygienische Bedingungen sowie die Versorgung mit Frischluft

---

32. Sie war einst langjährige Mätresse Augusts des Starken, fiel dann aber in Ungnade und wurde »komfortabel« eingekerkert (vgl. Krause 1999: 59).

33. Sie wurde wegen (angeblichen) Ehebruchs bis zum Ende ihres Lebens gefangen gehalten (vgl. ebd.).

und Licht sicherstellen konnten (vgl. Winkelmann/Förster 2007: 49). Es ist abermals das Licht, das sich in Entzug und Gewährung als Medium der Disziplinierung erweist.

Zu einer Reform des Strafvollzugs kam es Ende des 18. Jahrhunderts auch in Deutschland. Innovationskern des neuen Straf-Denkens waren die in Pennsylvania (USA) eingeleiteten Strafvollzugsreformen. Dort sollte die strenge Einzelhaft bei Tag und Nacht wie der Verzicht auf die Arbeitspflicht innere Einkehr und Besserung vermitteln.[34] Der *verräumlichende* Charakter der Strafe tritt als Medium der Kommunikation zwischen Gesellschaft und Delinquent deutlich hervor. Die leiblichen Zumutungen, die dem Sträfling auferlegt werden, drücken die gesellschaftlichen Vorstellungen darüber aus, wie die Strafe gestaltet und das individuelle Leiden empfunden werden soll. Die aus der Vereinzelung der Häftlinge resultierende Raum-Ordnung folgte dem Prinzip des Klosters. Die Klosterorden entwickelten selbst – lange vor Gründung der ersten weltlichen Institutionen des Strafvollzugs – die Idee der strafenden Isolierung durch die Art der Architektur des Klosters. Die Raumordnung des Klosters »formatierte« die architektonische Gestalt der Strafvollzugsanstalt bis in die Gegenwart.

Die Logik der Vereinzelung, die in der Architektur der Einzelzelle zum Ausdruck kommt, folgt einer mehrfachen Programmatik: Der Vergemeinschaftung des Missetäters tritt die Isolierung entgegen, um zu vereiteln, dass sich ein neues Kollektiv der Macht herausbildet. Die Einsamkeit soll aber auch eine Atmosphäre der Besinnung und der Selbsteinkehr sein, denn: »Die Strafe muss nicht nur individuell sein, sondern auch individualisierend.« (Foucault 1975: 302) Die Einzelzelle ist aber weder Gnadenakt noch Weg zur Selbstbestimmung, sondern ein Mittel der »totalen Unterwerfung« (ebd.: 304). Deshalb werden die Vorzüge bedingter Individualisierbarkeit des Lebens in der Einzelhaft von den Inhaftierten auch in einer Weise geschätzt, wie es aus der lebensweltlichen Perspektive »freien Wohnens« kaum vorstellbar ist (vgl. entspr. Anm. in beiden Interviews). Die Einzelhaft bietet aus der Sicht des Gefangenen einen Raum des Rückzugs und der Pseudoprivatheit, der in Ansätzen gelebt werden kann. Es wäre aber euphemistisch, die Einzelhaft nicht in erster Linie als Disziplinierungsmaßnahme anzusehen. Als solche setzt sie auf die bohrende Kraft des Gewissens: »Allein in seiner Zelle ist der Gefangene sich selbst ausgeliefert; im Schweigen seiner Leidenschaften und der ihn umgebenden Welt steigt er in sein Gewissen hinunter [...]« (ebd.: 305f) – so eine von Foucault zitierte Programmschrift zur Einzelhaft aus dem 19. Jahrhundert. Die Zelle ist das »schauervolle Grab, in welchem anstelle von Wür-

---

34. Ähnliche Akzente setzt das 1823 in New York eingeführte »silent system«, wonach die Inhaftierten während der Arbeit einem Schweigegebot unterlagen und nachts in Einzelzellen untergebracht waren (vgl. Krause 1999: 69).

mern Gewissensbisse und Verzweiflung euch zukriechen« (Abbé Petigny, zit. bei Foucault 1975: 306). Diese Metapher aus dem 19. Jahrhundert ist nahezu zeitlos noch in die Architektur des modernsten Gefängnisses eingeschrieben. Deshalb muss nicht nur aus Gründen der Sicherheit des *einzelnen* Häftlings die Doppel- oder gar Mehrfachbelegung der Zellen als Provisorium gelten. Von besonderen psychischen Beanspruchungen durch die Einzelhaft berichtet auch Frau I. in Bezug auf Sonn- und Feiertage, an denen die Zellen nur für kurze Zeit geöffnet sind, sodass die Gefangenen untereinander kaum Kontakt aufnehmen können.

4.1.4.5 Das Gefängnis in der Revolutionsarchitektur

Vom Ende des 18. bis Anfang des 19. Jahrhunderts spielte der Bau von Gefängnissen in der Revolutionsarchitektur eine wichtige Rolle. Der Gefängnisbau bot sich zur symbolischen Machtdemonstration an. Diese war nach der Französischen Revolution nicht mehr Ausdruck aristokratischer Machtinteressen. Vielmehr sollte sich darin nun die Macht der durch das Volk legitimierten Institutionen ausdrücken. Die neue Ästhetik der Revolutionsarchitektur repräsentierte insgesamt einen Willen zur Macht, der nun vom Volk ausging. Dieser Logik folgten in besonderer Weise Entwürfe für den Neubau von Gefängnissen. Sie sollten starke Gesten der Macht zum Ausdruck bringen.

Wenn es sich bei Zeichnungen von Boullée und Ledoux auch nur um Entwürfe bzw. unvollendete Bauten handelt, dokumentieren sie doch den politischen Geist der Zeit und das auf diesem ideologischen Boden heranwachsende Bedürfnis, den Akt der Bestrafung mit politischen Bedeutungen zu beladen. Der nicht fertig gestellte Bau von Ledoux (vgl. Abb. 6) verkörpert mit seinen mächtigen Türmen und einem massiven Portikus eine Macht des Staates, die den straffällig gewordenen Körper der Inhaftierten gleichsam umschloss. Wie eine mittelalterliche Burg symbolisiert der Bau, allen Angriffen von außen widerstehen zu können. Zugleich suggeriert er den Glauben an die Unmöglichkeit, der Macht des Staates durch Gefängnisflucht entkommen zu können. Die Verbindung zur äußeren Welt ist für die Gefangenen auf den Blick durch schlitzartige Maueröffnungen reduziert. Damit wird das Gefängnis von Ledoux in seiner Symbolsprache zu einer Allegorie der Staatsmacht schlechthin. Der Aufenthalt in einem solchen Mega-Verließ widerspricht jeder Möglichkeit des Wohnens bereits im Ansatz. Was nach außen schwer und machtvoll wirkt, korrespondiert im Inneren einer gefühlten Schwere, die jeder Freiheit widerspricht.

Die Ästhetik im Entwurf eines Justizpalastes von Boullée (vgl. Abb. 7) ist noch eindrucksvoller als die Architektursprache von Ledoux. Die Gefangenen werden in ihrem erzwungenen Aufenthalt im Inneren des Bauwerks

Abb. 6: Entwurf für ein Gefängnis (Ledoux); nicht realisiert (aus: Kunsthalle Bielefeld 1971: 121).

zu Medien eines politisch Erhabenen, das den Gefangenen zum abschreckenden Medium der Macht herabsetzt. In seiner kolossalen Ausdehnung strahlt der Justizpalast schon eine architektonische Erhabenheit aus. Der weitläufige, flache Bau ist so riesig, dass er sich einer Umschreitung gar nicht erst anbietet. Dabei verbindet sich die überbaute Fläche nicht zufällig mit der Symbolik und sinnlichen Eindrucksmacht des Himmels. Der Justizpalast fungiert wie ein Scharnier zwischen Himmel und Erde. Dabei bedient er sich der theologischen Mystik des Himmels, um dessen numinosen Charakter in die Autorität gebietende und disziplinierende Politik des Bauwerkes einzuschreiben. Der Eindruck der Erhabenheit potenziert sich noch einmal dadurch, dass Boullée das Gefängnis *unter* den Justizpalast platziert: »Indem ich dies erhabene Gebäude auf die finsteren Höhlen des Verbrechens gestellt zeigte, konnte ich nicht nur durch den entstehenden Gegensatz die Vornehmheit der Architektur herausarbeiten, sondern auch in einem eindrucksvollen Bild darstellen, wie das Laster vom Gewicht der Justiz erdrückt wird.«[35] Bereits der Eingang zum Gefängnis liegt unter dem Justizpalast. Das garantiert, dass sich jeder Häftling, der in die Kerkerkeller geführt wird, des über ihm lastenden Gewichtes (in symbolischer, physischer wie leiblicher Hinsicht) gewahr wird. Die auf die Zellen drückende Macht beseitigt jeden freien Gedanken, bevor er hätte keimen können.

Abb. 7: Entwurf für einen Justizpalast mit unterirdischem Gefängnis (Boullée); nicht realisiert (aus: Kunsthalle Bielefeld 1971: 60).

Was für die Architektur von Gefängnissen zu allen Zeiten gilt, tritt in der Revolutionsarchitektur mit größter Klarheit ans Licht: Gefängnisarchitektur konstituiert eine symbolische *und* eine leiblich spürbare Wirklichkeit.

---

35. So Boullée über seinen Entwurf (vgl. ebd.: 60).

Die Symbolik der mächtigen Bauten strahlt vor allem nach außen in den kommunikativen Raum der Gesellschaft. Dieser Bedeutung ist eine pathische Kehrseite komplementär, wonach der leiblich spürbare Druck des Eingesperrtseins dieser Bedeutung entsprechend auf dem Häftling lasten soll. Der Inhaftierte soll weder in der Außenwahrnehmung wohnen, sich noch nicht einmal aus kleinsten persönlichen Spielräumen heraus ein residuelles Wohnen ermöglichen können.

4.1.4.6 Das Panopticon

Das Panopticon wird ab Ende des 18. Jahrhunderts zum Paradigma des Gefängnisses. Jeremy Bentham schuf ein bauliches System totaler Überwachung – die ideale Gefängnis-Architektur. Grundlegend war die zentrale Anordnung einer Überwachungsanlage, von der aus die zentrifugal angelegten Zellentrakte eingesehen werden konnten. »Jeder Käfig ist ein kleines Theater, in dem jeder Akteur allein ist, vollkommen individualisiert und ständig sichtbar.« (Foucault 1975: 257) Noch die Bauten des späten 19. Jahrhunderts folgen der in ihrem theoretischen Idealentwurf nie realisierten Idee der maximalen Einsehbarkeit der Zellentrakte und Gänge von einem zentralen Beobachtungspunkt aus. Der Trakt, in dem die Interviewpartnerin Frau T. untergebracht ist, entspricht in seiner architektonischen Anlage noch ganz diesem Modell.

Erst in der Gegenwart muss das panoptische System nicht mehr auf visuelle Ein-SEH-barkeit durch das menschliche Auge bauen. Moderne Videoüberwachungssysteme haben den ermüdungsanfälligen Blick des Wächters ersetzt (vgl. Winkelmann/Förster 2007.2: 67ff). Zentraler Ort des Panoptismus ist aber immer weniger der Spion, durch den der Wärter ins Innere der Zelle sehen kann. Vor allem in der Gegenwart relativiert sich der sporadische Blick ins Innere der Zelle angesichts einer maschinistischen Dauerüberwachung, die in den quasi-öffentlichen Räumen des Gefängnisses immer unsichtbarer in die Programmatik der Architektur einsickert. Das *Wissen* um eine gleichsam zeitlose Transluzens eigenen Lebens erschwert das Wohnen nicht mehr nur innerhalb, sondern vor allem in den Räumen außerhalb der Zelle. Was der Inhaftierte tut, ist nicht nur unfrei, weil er inhaftiert ist. Es ist auch unfrei, weil alle seine Bewegungen im Raum von einer imaginären Kartographie erfasst werden.

Das »kompakte Modell einer Disziplinierungsanlage« (Foucault 1975: 253) schafft für den Aufseher ein gläsernes Haus. Von seinem Standpunkt aus bietet sich »eine abzählbare und kontrollierbare Vielfalt; vom Standpunkt der Gefangenen aus [handelt es sich um] eine erzwungene und beobachtete Einsamkeit« (ebd.: 258). Der architektonische Apparat des Gefängnisses sichert seit Bentham die Sichtbarkeit einer Macht, die sich besonders dort machtvoll entfalten kann, wo sie uneinsehbar ist (vgl.

Foucault 1975: 258). Der Häftling sieht die Wachtürme, die über dem Hof hängen und die Vogelperspektive verkörpern, aber er sieht nicht, ob und wann er beobachtete wird. Dasselbe gilt für den Spion in der Mitte der Tür seiner Zelle und noch mehr für die High-Tech-Überwachungssysteme, die oft noch nicht einmal in ihrer Materialität sichtbar sind. Deshalb sagt Foucault: »Das Panopticon ist eine Maschine zur Scheidung des Paares Sehen/Gesehenwerden ...« (ebd.: 259). Was Lucas 1836 über die Logik der Architektur des Gefängnisses sagte, gilt bis in die Gegenwart. Die Architektur des Panopticons ist die direkteste Methode, »die Intelligenz der Disziplin in den Stein zu übertragen« (ebd.: 320).

Erst in der Weimarer Republik kommt der Resozialisierungsgedanke auf. Er ergänzt die Sicherheits-, Sühne-, Abschreckungs- und Besserungsprogrammatik. Die räumliche Gestaltung des Aufenthalts in den Haftanstalten musste bis in die Gegenwart in geeigneter Weise diesen noch heute im Prinzip gültigen Vorstellungen angepasst werden. Da sich das Ziel der Resozialisierung selbst noch auf Häftlinge erstreckt, die zu lebenslanger Haftstrafe verurteilt sind[36], muss die Haft Bedingungen bieten, die einen Übergang in ein selbstbestimmtes Leben in Freiheit vorzubereiten in der Lage sind.[37] Deshalb muss ein Gefangener in der Haft in gewisser Weise auch lernen können, als *Wohnender* sein Leben zu führen. Es müssen Gestaltungsspielräume geschaffen werden, die in der Herrichtung einer Zelle ebenso in Anspruch genommen werden können, wie in der Ausfüllung der »freien« Zeit. In § 2 StVollzG heißt es u.a.: »Im Vollzug der Freiheitsstrafe soll der Gefangene fähig werden, künftig in sozialer Verantwortung ein Leben ohne Straftaten zu führen (Vollzugsziel).«

Der zeitgemäße Strafvollzug kann zunehmend auf physische Mittel der Unterwerfung unter die Macht verzichten, weil er die isolierende Wirkung der Ketten durch immersive Formen der Überwachung und Disziplinierung ersetzt hat. Auch gilt bis heute, was Foucault über das Panopticon als politische Technologie sagte: Es kann seine Funktion in jedes System integrieren und seine Funktion steigern, »indem es sich mit ihr innig vereinigt« (Foucault 1975: 265). Der Verzicht auf die barbarische Wirkung des Entzuges von Licht wie der Unterbindung der Bewegung taugt im modernen Strafvollzug dazu, seine Effizienz im Bau »freundlicher« Zellen zu erhöhen, weil das technische und sozialpsychologische System der Beherrschung der Häftlinge immersiv geworden ist.

---

36. Häftlinge, die zu einer lebenslangen Haftstrafe verurteilt sind, werden bei guter Führung nach 15 Jahren entlassen, sofern keine besondere Schwere der Tat festgestellt worden ist (wie z.B. bei mehrfachem Mord).

37. Bei lebenslanger Freiheitsstrafe wird der Strafrest nach § 57a StGB vom Gericht zur Bewährung ausgesetzt, wenn fünfzehn Jahre der Strafe verbüßt sind.

4.1.5 Das »Kerkersystem«

Foucault lässt in seiner Argumentation erkennen, dass sich die Disziplin »entsperren« lässt, wenn sie in den gesamten Gesellschaftskörper aufgenommen wird bzw. in ihn einsickern kann (ebd.: 268). Deshalb spricht er vom Kerker-*System*, das nicht auf das Gefängnis begrenzt ist. In dieses Kerkersystem bezieht er alle *disziplinierenden* Diskurse einer Gesellschaft ein (von den Erziehungs- und Bildungspraktiken des allgemeinbildenden öffentlichen Schulwesens bis zur »Information« der Massenmedien oder die tourismusindustriell-unterhaltsame Darstellung des Anderen in der Fremde). Während das Gefängnis in seiner Materialität, Symbolik und Organisationsstruktur ein *anderer Raum* (i.S. einer Heterotopie, vgl. 5) ist, stellt sich das Kerkersystem als ein zwischen Fühlen und Denken vermittelndes Dispositiv von ubiquitärem Charakter dar.

Der *Ort* des Gefängnisses – so äußerte sich auch Ute Guzzoni – scheint für das Wohnen nicht in Frage zu kommen. Es ist indes bemerkenswert, dass wir im krassen Unterschied dazu der Vielfalt subtil disziplinierender Medien und Institutionen die Unterstützung und Förderung des Wohnens nicht im mindesten absprechen, obwohl die dissuasiven Formen der mit ihrer »Emission« einhergehenden »Gefangennahme« ein disperses Muster immersiver Disziplinierungen in unserer Alltagskultur bildet. Die Selbstverständlichkeit, mit der wir das eine *wie* das andere denken, dürfte auf einen unserem Denken vorausgesetzten verkürzten Begriff von Freiheit auf *äußerliche* Freiheit – ohne Ketten und Mauern – zurückgehen. Damit verbunden ist die ebenso selbstverständliche wie nicht reflektierte Vorstellung, dass schon die (scheinbare) Wahl zwischen Alternativen dem Wohnen ein hinreichend freies Milieu garantiert.

Für Foucault hört das Kerkernetz nicht hinter den Mauern des Gefängnisses auf. Das Kerkernetz hat kein »Außen«. »Wen es auf der einen Seite auszuschließen scheint, dessen nimmt es sich auf der anderen Seite wieder an.« (Foucault 1975: 388) Die unsichtbare Radikalisierung des Gefängnis-*Prinzips* geschieht in der maschinellen Zuspitzung des panoptischen Systems in den unterschiedlichsten gesellschaftlichen Bereichen (vgl. ebd.: 394). Der Kerker durchdringt in einer kaum wahrnehmbaren Form als *systemisches* Gelenk die Lebenswelt, um sie in eine »weiße« und eine »schwarze« Seite zu trennen. Diese alltägliche Präsenz des Kerkers hat flottierenden Charakter. Als System durchstreift der Kerker die Lebensbahnen und vor allem die Wohnwelten der Menschen im Allgemeinen. Das Leben in komplexen Gesellschaften garantiert bereits den Effekt des Kerkers in systemischer Hinsicht. Zuhören – in der Schule, bei den Nachrichten, bei der Fernseh-Show usw. – genügt und die Disziplin dringt ein. Und die Medien gefallen, weil sie nicht als Zumutungen, sondern als dissuasive Gesten wahrgenommen werden. Die *erkennbare* Strafe diszipliniert den Rechtsbrecher. Die Quote der Rechtsbrecher bleibt umso niedriger, desto wirkungsvoller sich das System des Kerkers der Medien der Verführung zu bedienen vermag. So drohen die immersiven Instanzen der Disziplin wenig mit dem Verbot; sie treiben vielmehr mit der Lust am Genießen, mit der Suggestion des Guten und Schönen ihr Spiel der Verführung.

Nur wo die freien Bewegungsvollzüge durch Formen der Einsperrung unterbunden sind, sehen wir das Wohnen in Gefahr. Nicht aber in der lustvollen Mitwirkung an den pluralen Formen von Selbsteinsperrung in Disziplinen des Denkens und Fühlens. Es ist bemerkenswert, dass sich die Frage nach dem Wohnen nicht an den inneren Spielräumen entzündet, die das Leben dem Wohnen bietet, gibt es doch nicht nur die Einsperrung durch das Gefängnis, sondern auch die durch die Verheißungen der Kulturindustrie (von denen der Mode bis zu denen der »neuen Heimaten« in Video- und Bilderwelten). Wo die Disziplin als solche gar nicht empfunden und begriffen, sondern als kulturelle Errungenschaft und Synonym für Freiheit genossen wird, kommt sie als eine die Freiheit einschränkende Macht nicht in den Blick.

Das Kerkersystem spricht durch das Andere des Kerkers und wirkt auf unser Wohnen wie unsere Wohnwünsche ein – in Gestalt der regelmäßigen Heimkehr an den Ort des (melderechtlich dokumentierten) »festen« Wohnsitzes, in Gestalt der täglichen Information durch die »objektiven« Nachrichten der TV- und Radiostationen, in Gestalt unserer (wenn auch nur passiv-hörender) Teilhabe an den normativ vorgestanzten Diskursen über das Politische und nicht zuletzt in Gestalt organisierter Reisen in fremde Länder. Die »Einwirkung auf das Individuum duldet keine Unterbrechung: unaufhörliche Disziplin« (Foucault 1975: 302). In dieser »freien« Kerkerwelt wohnen wir lustvoll. Wir reisen in die Massenhotels und unterwerfen uns einer hermetischen Beaufsichtigungsmaschinerie und Besorgung des lustvollen und erlebnisreichen Ausnahmezustandes »Freizeit«. Niemand würde auch nur im Ansatz bezweifeln, dass diese Welt ein Idealmilieu des Wohnens darstellt, fungiert die Urlaubsreise doch gleichsam paradigmatisch als realisierte Utopie guten Lebens.

4.1.6 Retrospektive

Wohnen setzt »eine gewisse Selbständigkeit der Lebensführung« voraus, merkt Ute Guzzoni an. Weil diese Bedingung in der Haftanstalt nicht erfüllt ist, könne man in einem Gefängnis nicht wohnen (vgl. Guzzoni 1999: 27). Im Blick auf die historische Entwicklung des Strafvollzugswesens wie die Vielfalt der Strafvollzugsformen zeigte sich aber, dass es auch innerhalb der restriktiven Grenzen von Strafanstalten eine große Variationsbreite der Grade der Steuerung der eigenen Lebensführung gab und gibt. Die Festungshaft wies für bestimmte Kreise bzw. Gruppen von Häftlingen sogar geradezu luxuriöse Haftbedingungen auf.

Der Aufenthalt im Gefängnis wirft die Gefangenen in sich selbst. Das räumliche Arrangement (Einzelzelle, Innenhof, Architektur des Gefängnisses insgesamt) präjudiziert eine soziale Situation der Kontrolle und Überwachung (Schließzeiten, feste Regelung des Tagesablaufes, struktureller Zwang zum Selbstgespräch, Kontingentierung gemeinschaftlicher Kommunikation). Darin aktualisieren sich noch heute Prinzipien des Strafvollzugs, die auf das 19. Jahrhundert zurückgehen (die Zelle als *schauervolles Grab*, vgl. 4.1.4.4). Frau T. akzeptiert diese erzwungene Katharsis, die ihr zugleich als Brücke des Denkens in die nahende Zukunft in Freiheit dient. Ob sich für sie darin aber eine Subform des Wohnens ausdrückt, muss offen bleiben. Frau I. legt zwar Wert darauf, als Ausdruck eines Selbstbestimmungsbedürfnisses ihre Zellentür nach eigenem Ermessen (in der offenen Zeit!) schließen zu können. Der explizierte Mangel an Freiheit lässt in ihr auch nach sieben Jahren Haft keine Assoziation relativierten Wohnens aufkommen. In der Zelle von I. wie in der von T. gibt es aber – als Ausdruck individueller Gestaltungsspielräume – persönliche Dinge. Zeichen *freier* Lebensführung sind sie indes nicht; der Mangel ist stets größer als das Machbare.[38] Aber sie weisen doch auf ein Sich-Einrichten im beengten und überwachten Raum hin.

Auch im Raum des Gefängnisses werden von den Gefangenen Spielräume erschlossen, die die Frage nach dem Wohnen in der Haft in einen besonderen Rahmen stellen, der zwar mit dem *normalen* Wohnen in Freiheit nicht verglichen werden kann, gerade deshalb aber auf minimale Lebensäußerungen Wohnender aufmerksam machen. »Wohnen« unter Extrembedingungen der Überwachung und systematischen Disziplinierung drückt sich u.a. aus in: (a) Territorialisierungen (in mehrfach belegten Zellen konzentriert auf Bett und Spint); (b) der Konstituierung ritualisierter Ordnungsstrukturen im unmittelbar persönlichen Raum (vgl. auch die diesbezüglich vielsagenden Hinweise zur »ästhetisierenden« Gestaltung des Zellenraumes bei I. und T., vgl. auch Abb. 2 und 4); (c) der Aneignung des Zellenraumes, aber auch des gesamten Gefängnisterritoriums (Wissen um Wege sowie die Nutzung spezifischer Gelände- und Gebäudegegebenheiten für Verstecke); (d) der Herstellung sozialer Beziehungen zu Mitgefangenen (d.h. Bildung einer *gemeinsamen* Situation und *in* der Haft); (e) der Bildung einer Subsprache, die eine Sonderterminologie für die (verdeckte) Benennung beinahe zahlloser Gefängnissituationen bereitstellt; (f) der Abgeschnittenheit des Wohnens vom Wandern u.v.a.[39]

---

38. Der § 19 Strafvollzugsgesetz definiert relativ genau, in welchem Umfange private Dinge mit in die Zelle genommen werden dürfen (vgl. auch 4.1).
39. Die hier skizzierten Praktiken wohnenden Überlebens im Gefängnis verdanke ich L.F., der in der ehemaligen DDR mehrer Jahre als politisch Verfolgter inhaftiert war.

Die Situation der Einklammerung des Wohnens im Gefängnis schließt die Frage nach systemisch diffus virulenten Einkerkerungen ein, die Foucault mit dem Begriff des »Kerkersystems« ansprach. Es sei die These formuliert, dass die Menschen sog. postindustrieller Gesellschaften in diesem Kerkersystem *wohnen*. Die Perspektive der Metapher vom »Wohnen im Geviert« legt daher eine Relativierung hoch geschätzter Freiheitsgrade tagtäglichen Lebens und Wohnens nahe. Wenn die Einschränkung der Bewegungs- und Entscheidungsfreiheit sowie die Unterbindung des Wanderns im Gefängnis das Wohnen auch einklammert, so öffnet die Maximierung von Bewegungs- und Entscheidungsfreiheit in den Lebensformen spätmoderner Kulturen doch nur scheinbar ein großes Tor zum selbstbestimmten Wohnen. Wohnen als (dem eigenen Selbst wie anderen gegenüber) zu verantwortende Lebenspraxis verlangt nach Heidegger die denkende Praxis der Schonung. Wenn mit der Ausdehnung expressiver Praktiken des Wohnens die Spielräume des *Nach*-Denkens jener Freiheit verheißenden Formen des Wohnens im Leben aber nicht wachsen, steht das Wohnen in der Gefahr, auf die Stufe eines sich nur *verortenden* Lebens herabzufallen. Damit rücken die scheinbar freien Lebensformen der bürgerlichen Gesellschaft in ein pointierteres Verhältnis zu den »objektiv« eingekerkerten Lebensformen. Die Kapitel 4.5 bis 4.7 sowie 4.9 werden unter diesem Gesichtspunkt auch ein Licht auf normierende Stile des Lebens im Wohnen werfen, die im Allgemeinen als Ausdruck von Freiheit empfunden werden.

4.2 Zum »Wohnen« Obdachloser

»Obdachlosigkeit« ist ein soziales Phänomen und nur bedingt objektivierbar. Man ist nie *im Allgemeinen* obdachlos. Obdachlosigkeit gilt in der bürgerlichen Welt oft als selbst verschuldete Problemlage. Obdachlos wird man in diesem Blickwinkel, wenn man (schuldhaft) das eigene Leben nicht in den Griff bekommen hat. Im Folgenden sollen aber nicht die soziologischen Bedingungen der *Konstruktion* des sozialen Bildes vom bemitleidenswerten bis ignorierten, emotional aber meist abgelehnten »Obdachlosen« rekonstruiert werden. Die Lebenssituation Obdachloser soll vielmehr aus der subjektiven Sicht der Betroffenheit eine spezifische Wohnwirklichkeit thematisieren, der es am Elementarsten mangelt. In einem zweiten Schritt wird der Frage nachgegangen, wie eine moderne, sich *sozial* definierende Gesellschaft das Wohnen Obdachloser organisiert und kulturell kommuniziert.

Das Interview mit einer ca. 50-jährigen Obdachlosen soll für die erlebte Situation gleichsam *entterritorialisierten* Wohnens sensibilisieren. Maximale soziale Zumutungen wie räumlich-dingliche Entbehrungen werfen die Frage auf, inwieweit im Mangel des Nötigsten Wohnen überhaupt noch denk- und lebbar ist. Ein zweites Beispiel wird sich nicht unmittelbar anschließen, sondern unter 4.2.7 einen in der Sache anderen Blick auf die Situation »Obdachlosigkeit« werfen.

4.2.1 »DIE SUITE, WO ICH ÜBERNACHTE«

Frau O. lebt seit rund zwei Jahren (mit kurzen Unterbrechungen) in der Frankfurter »Übernachtungsstätte Ostpark«. Mit zwei anderen Frauen teilt sie sich einen Container, der offiziell Wohnbereich heißt. Zu ihrer aktuellen Wohnsituation sagt sie »*mit einem Wort: schlecht*«. Ihre Situation empfindet sie nicht in erster Linie über die Beschaffenheit von Räumen und das Vorhandensein von Dingen des Wohnens, als durch das Wirken von Menschen in ihrer Herumwirklichkeit. Auf einer positiv erlebten Seite stehen die Sozialarbeiterinnen und Mitarbeiter der Einrichtung, die »*wirklich alles (tun), damit es einem ... in dieser Situation gut gehen kann. [...] Die Sozialarbeiterinnen sind unwahrscheinlich nett. ... also ich bewundere die Frauen.*« Das Personal der Übernachtungsstätte sichert den reibungslosen Betrieb der Institution, nicht nur in funktionaler Hinsicht, sondern auch i.S. empathischer Betreuung. Im persönlichen Erleben einer Bewohnerin wird die Arbeit der alltäglichen Organisation und Aufrechterhaltung der Unterkunft als lebenserleichternd und verdienstvoll angesehen.

Auf einer problembeladenen Seite werden die Mitbewohnerinnen und -bewohner der Übernachtungsstätte gesehen. Sie werden – beinahe generalisierend – für eine schlechte Aufenthaltsqualität verantwortlich gemacht. Das Gespräch wird von Themen geradezu eingerahmt, die sich dem »Fehlverhalten« der Mitbewohner/-innen zuwenden: »*[...] die Leute, die hier wohnen müssen [...] muss ich momentan auch [...] die tun wenig dafür, dass es einfach angenehmer ist.*« Immer wieder thematisiert Frau O. das ihr missfallende Verhalten anderer, die entweder ihre Zigarettenkippen und schmutzige Papiertaschentücher auf den Weg oder den Müll aus dem Fenster werfen und die Sanitäranlagen nicht putzen. Der soziale Stress beanspruche sie mitunter so nachhaltig, dass sie sich an den nahen Weiher setze, eine Zigarette rauche und den Enten zugucke.

Besonderen Anforderungen sieht sie sich auch in der räumlichen Situation ihres Containers gegenüber, den sie gelegentlich ironisierend als *Suite* bezeichnet. Zum Begriff des »Wohnens« bezieht Frau O. Distanz: »*Wohnen ist das auch nicht*«, aber dennoch müsse sie es wohl so bezeichnen: »*was will ich denn im Moment machen?*«

So ist ihr an der derzeitigen (Wohn-)Situation auch nichts Äußerliches i.S. ihrer räumlichen oder dinglichen Ausstattung am wichtigsten, sondern »*dass die Leute, die mit mir in dieser Situation leben [...] einfach Rück-*

sicht nehmen.« Frau O. lebt schon allein wegen der Dreifachbelegung *ihres* Containers unter räumlichen Extrembedingungen. Die Art, Robustheit und Reduziertheit der Gemeinschaftseinrichtungen (z.B. Küche) macht deutlich, dass der Ort für extreme Belastungen geschaffen worden ist und das Andere einer wohnlichen, behaglichen und bergenden Wohnumgebung ist. Dennoch stellt sie nicht in erster Linie räumliche und dingliche Ansprüche an ihr Wohnen, sondern soziale.

Typisch für die Situation Obdachloser ist auch für Frau O. die Gratstellung, in der sie sich räumlich und situativ in ihrem Leben befindet. Zum einen will sie nicht länger bleiben, lebt aber schon einige Jahre in der Unterkunft. Zum anderen sieht sie trotz einer minimalistischen Ausstattung *keinen* Mangel an Grundlegendem, dessen man zum Wohnen bedürfte. Auf die Frage, was ihr zum Wohnen fehle, antwortet sie *»fehlen tut im Grunde gar nichts. Wenn jeder miteinander gescheit umgehen könnte.«* Pragmatisch und *wohntechnisch* fehlt nichts und doch fehlt wohnatmosphärisch alles. Erst als sie gebeten wird, ein Bildmotiv zu nennen, in dem etwas von dem sichtbar würde, was ihr besonders wichtig sei, nennt sie zwei *Orte* und betont explizit deren gute Ausstattung und die Wichtigkeit ihrer Funktionen – das Café und die Anmeldung (vgl. Abb. 8 und 9). Ihre Vorstellung einer *erwünschten* Form des Wohnens begnügt sich mit minimalen Raumansprüchen. Eine kleine Ein-Zimmer-Wohnung mit Bad und Dusche und einer kleinen Küche, *»das würde mir schon reichen«*. Der Wunsch nach einem *wohnenden* Leben ist wach geblieben.

Abb. 8: Café innerhalb der Obdachlosenunterkunft (Frankfurt).

Abb. 9: Anmeldepavillon im Eingangsbereich der Obdachlosenunterkunft (Frankfurt).

4.2.2 Die Frankfurter »Übernachtungsstätte Ostpark«

Die Frankfurter »Übernachtungsstätte Ostpark«, in der Frau O. lebt, befindet sich am Rande der Stadt. Die Anlage besteht seit rund 20 Jahren und ist heute für die ganze Stadt von zentraler Bedeutung.[40] Die Verköstigung erfolgt regelmäßig über die lokale »Tafel«. Träger der Einrichtung ist der stadtnahe Frankfurter Verein (eine Kooperation von Stadt und Landeswohlfahrtsverband). Der Vereinszweck ergibt sich nur scheinbar aus dem Namen der »Übernachtungs«-Stätte. Wenn die offizielle Aufgabe auch darin besteht, *vorübergehender* Obdachlosigkeit helfend entgegenzutreten, so zeigt die Praxis, dass sich ein nicht unbeträchtlicher Teil der Bewohner/-innen auf einen dauerhaften Aufenthalt eingerichtet hat, die Einrichtung also auch Aufgaben der *dauerhaften* Obdachgewährung erfüllt. Diese Abweichung der tatsächlichen Leistungen zahlreicher Obdachlosenunterkünfte vom offiziellen, sozialstaatlich geregelten Auftrag veranlasst die »Bundesarbeitsgemeinschaft Wohnungslosenhilfe e.V.« zu der Forderung, die vorhandenen Notunterkünfte in den allgemeinen Sozialwohnungsbestand einzugliedern (vgl. BAG W 2007: 19).

Das Asyl befindet sich auf einem ca. 2,5 ha großen Gelände. Es liegt rund 150 Meter hinter einer wenig befahrenen Straße im Osten der Stadt Frankfurt, innerhalb der Parkanlage und vor dem Gleisgelände eines Güterbahnhofs. Aufgrund der historisch gewachsenen Struktur des Geländes, der Vielgestaltigkeit der Baukörper und eines verwinkelten Wegesystems zwischen den einzelnen Bauelementen weist das Container-Dorf einen relativ geschlossenen räumlichen Charakter auf, wenn die Anlage auch nach Norden zum Ostpark hin offen ist. Das Gelände ist ein geschlossener und zugleich offener Raum. Zum einen machen Zweck und Gebrauch der Stätte diesen ambivalenten Charakter erforderlich. Zum anderen verschwindet der Ort in dieser räumlichen Abseitslage – gegenüber seiner öffentlichen Wahrnehmbarkeit weitgehend abgeschottet – auf der anästhetischen Seite der Stadt.

Trotz freien Zugangs entfaltet das räumlich-bauliche Arrangement ein Gefühl der Abgeschlossenheit. Dass man sich in einer Sonderwelt, in gewisser Weise in einer »Unter«-Welt befindet, drückt sich durch eine spezifische Atmosphäre aus, die insbesondere den Wohn-Containern anhaftet. Diese sind aufgrund gestalterischer Um- und Anbauten z.T. als solche nicht mehr erkennbar, machen vielmehr den Eindruck serieller Hütten (vgl. auch Bild des Empfangsgebäudes in Abb. 9). Es gibt auf dem Gelände 15 Zwei-Bett-Wohnbereiche, 36 Wohnbereiche mit je vier Betten und zwei Wohnbereiche mit je drei Betten, von denen einer als Krankenquartier genutzt wird. Das Areal ist in seinem inneren Bereich ebenso begrünt, wie an den Rändern. Vor allem dort fungiert die Begrünung als Puffer bzw. Isolator zum anderen städtischen Raum. Die Vegetation integriert das Container-Dorf in den Park und trennt es zugleich vom öffentlichen Raum (vgl. Abb. 10).

---

40. Vorher gab es im Winter nur ein Zelt.

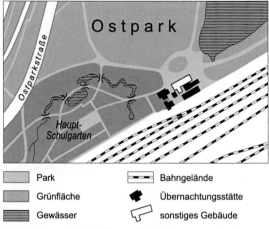

Abb. 10: Lage der Frankfurter Obdachlosenunterkunft (Graphik: U. Pareik).

Die kleinräumliche Struktur der Siedlung bietet ein Maximum von 175 Übernachtungsplätzen. Im Februar 2008 waren 150 davon tatsächlich belegt. Die vorhandenen Plätze werden zu zwei Dritteln von Männern und zu einem Drittel von Frauen bewohnt (unter den Frauen ist der Anteil der psychisch Kranken besonders hoch). Die aus der Obdachlosigkeit resultierende Notlage begründet eine soziale Situation, die in aller Regel am Ende einer Eskalation vorausgegangener sozialer oder/und ökonomischer Krisen steht. Deshalb gibt es im Container-Dorf von Frau O. im Prinzip auch keine »Übernachter« i.e.S., wie der Personenkreis offiziell genannt wird. Die meisten aufgenommenen Obdachlosen sind drogen- oder alkoholabhängig, viele (zusätzlich) psychisch gestört. Die wenigen Personen, die in ihrer Persönlichkeit *nicht* tief beeinträchtigt sind, bleiben meistens nicht lange. Die Übernachtungsstätte ist eine Anlaufstelle für Menschen, die aus sozialen Systemen herausgefallen sind – in aller Regel eher endgültig als nur vorübergehend. Deshalb »wohnen« viele Menschen hier seit Jahren, obwohl die »Übernachtungsstätte« nur sporadischer und nicht dauerhafter Not beggenen sollte. Einen besonderen Personenkreis bilden mit ca. einem Drittel der Insassen die sog. »Geduldeten«; das sind Antragsteller von Asylverfahren, deren Verfahren oft über Jahre läuft.

Die älteren Container aus der ersten Bauphase, die als Reaktion auf einen sechsfachen Mord an Obdachlosen im August 1990 errichtet worden sind, haben vier Betten; dort gibt es keine integrierten sanitären Anlagen. Die Bewohner dieser Einheiten müssen zentrale Einrichtungen innerhalb der Anlagen aufsuchen. Die mit je zwei Personen belegten neueren Wohnbereiche sind dagegen mit einem WC ausgestattet. Um im Bedarfsfalle auch ganze Familien aufnehmen zu können, gibt es einen Familien-Wohnbereich mit sechs Betten. Die Aufrechterhaltung der Übernachtungsstätte erfordert aber nicht nur materielle und räumliche Infrastrukturen (wozu ein Drogengebrauchsraum mit zwei Plätzen gehört). Sie muss auch ein adäquates Dienstleistungspotential sicherstellen (z.B. vernetzte Leistungen, wie eine ärztliche Obdachlosenambulanz, die zweimal pro Woche zur Wundbehandlung, Entlausung etc. kommt).

Der Sicherung eines reibungslosen Ablaufs steht nach Aussagen des Personals mitunter eine Vielfalt schwer vorhersehbarer und beherrschbarer Schwierigkeiten entgegen. Die Störung der Nachtruhe sei ein wiederkehrendes Problem. Allein die psychische Situation der Bewohner und die räumlich dichte Unterbringung evoziere Konflikte, deren Austragung die Nachtruhe der Bewohner beeinträchtigen und eine Problemeskalation zur Folge haben könne. Sobald das Personal in solchen Situationen keine Schlichtung erreichen könne, müsse die Polizei um Hilfe gebeten werden, die dann je nach Lage der Dinge einen Hausverweis ausspricht und die betreffende Person im öffentlichen Straßenraum außerhalb der Anlage wieder absetzt. Solche Einsätze seien in ihrer Wirkung aber meistens begrenzt, weil die Verwiesenen umstandslos zu Fuß wieder in die Einrichtung zurückkehren können. Die gesellschaftliche Randlage der Übernachtungsstätte wird auch darin deutlich, dass sie sich an einem »Rand« der Gesellschaft befindet, an dem der Ordnungsstaat nur noch improvisierend-auffangende Institutionen vorgesehen hat.

Die Schaffung von Obdachlosenunterkünften ist eine freiwillige sozialstaatliche Leistung, die teilweise oder ganz von sog. Freien Trägern wahrgenommen wird. Um möglichst viele Plätze zu schaffen, werden diese nur mit dem Mindesten ausgestattet. Vor allem durch die Art der Inanspruchnahme gemeinschaftlicher Einrichtungen entstehen Umstände, die die Grenze des der Menschenwürde noch Zumutbaren mitunter überschreiten. Das sich in subjektiv erlebter Hoffnungslosigkeit täglich wiederholende Leben stellt hohe Ansprüche an das psychische Vermögen, sich mit der offensichtlichen Not auf Dauer zu *arrangieren*. I.d.S. pointiert Frau O. die Ausführungen zu ihrem Leben in der Obdachlosenunterkunft mit der Nachbemerkung »... *ich meine, ich, ich trinke gerne einen ... anders geht es ja auch gar nicht ... momentan für mich.*«

4.2.3 HISTORISCHE ORIENTIERUNGEN – EINE GESCHICHTE DER AUS-RÄUMUNG

Der besondere Charakter des Lebens Obdachloser offenbart selbst im Blick auf eine nur singuläre Geschichte einen allgemeinen gesellschaftlichen Hintergrund, der ein Licht auf das mögliche Verstehen dessen wirft, was man »Wohnen unter Extrembedingungen« nennen mag. Die Situation »Obdachlosigkeit« wird auch in den heutigen Formen nur auf dem historischen Hintergrund sich verändernder Praktiken ihrer »Bewältigung« verständlich. Umrisse zur Geschichte des gesellschaftlichen Umgangs mit Obdachlosen und Obdachlosigkeit werden daher im Folgenden skizziert.

Die Armenfürsorge, innerhalb derer die Hilfe bei der Überwindung von Obdachlosigkeit angesiedelt war, beginnt in Deutschland im späten Mittelalter. Sie teilt ihre Geschichte mit den Anfängen des Strafvollzugs (vgl. auch 4.1). Vor allem steht sie in einem unmittelbaren Zusammenhang mit dem schnellen Wachstum der Städte. Die Schaffung von Wohnraum konnte der Geschwindigkeit des Zuzuges von Menschen vom Lande nicht gerecht werden. Die Nachfrage nach städtischem Wohnraum war über lange Zeit bedeutend größer als das tatsächliche Angebot. Obdachlosigkeit war in der Zeit der Stadtgründungen daher auch keine Not, derentwegen man diskriminiert worden wäre. Die schnelle Ausdehnung der Städte war *ein* Gesicht einer mobil gewordenen Gesellschaft, zu der die allgemeine Akzeptanz vorübergehender, wanderungsbedingter Obdachlosigkeit gehörte. Erst im 16. Jahrhundert wird Obdachlosigkeit kulturell negativ bewertet (vgl. Schenk 2004: 10). Bemerkenswert ist dieser Umstand, weil zur selben Zeit das Wanderleben zu einem festen Bestandteil einer guten Berufsausbildung gehörte (»Wanderjahre« in bestimmten Zünften). Obdachlosigkeit war in einem anderen lebensweltlichen Sinne Nebeneffekt einer guten Ausbildung. Der er-*fahrene* Handwerker galt dank seiner *Wanderschaft* als gut ausgebildet. »Erfahrung«, die damit erworben wurde, steht etymologisch für eine Form verarbeiteten, durchdachten und einverleibten Könnens (vgl. Hasse 2005, Kapitel 3). Da die Formen des Unterwegs-Seins ohne bergendes Obdach höchst verschiedene Gründe hatten (von bitterer Armut über die Suche nach Orten handwerklicher Ausbildung), traf die Ächtung nur den Armen. Das »heimatlose« Dasein galt als ein »elendes« (vgl. Schenk 2004: 9). »Wer unbehaust ist, ist heimatlos.« (Ebd.) Unter das Stigma »elender Heimatlosigkeit« fiel nur der Arme, dem nichts blieb, als zu betteln. Als Ausdruck christlicher Ethik entstand ein mächtiger Ausgrenzungsdruck. Das neutestamentarische Menschenbild adelt auf verschiedene Weise den Arbeitenden und mindert den, der nichts tut. Dieses Deutungsklischee dürfte sich in der »gemeinen« Wahrnehmung bis in die Gegenwart gehalten haben.

Es beginnt eine lange Ausgrenzungs-, Verfolgungs- und Einkerkerungsgeschichte. Im 17. Jahrhundert werden überall in Europa »Armenhäuser« errichtet, deren Insassen zur Zwangsarbeit herangezogen werden und als billiges Arbeiterheer eine wichtige Voraussetzung in der Entwicklung des Manufakturwesens bilden (vgl. Schenk 2004: 20). Im Absolutismus sind es die »Zucht- und Arbeitshäuser«, die die obdachlosen Armen von der Straße holen, um sie durch Zwangsarbeit zu »bessern«. In ihrer historischen Rekonstruktion des gesellschaftlichen Umgangs mit Obdachlosen sieht Liane Schenk das Zucht- und Arbeitshaus als den institutionellen Vorläufer des heutigen Obdachlosenasyls (vgl. ebd.: 22).[41]

In Hamburg wurde 1618 das dritte Zuchthaus auf dem Gebiet des Heiligen Römischen Reiches errichtet. Es war eine Kombination mit einem Armenhaus, in dem zwei Gruppen von Menschen Obdach fanden, deren Gemeinsamkeit man darin zu sehen meinte, dass beide durch Arbeit zu züchtigen seien: zum einen die unverschuldet in Armut Gefallenen, die im Werkhaus ihren Unterhalt verdienen konnten und sollten, und zum andern die sog. »Züchtlinge«, die »von Natur zu aller Bossheit und Untugend geneigt« (zit. bei Krause 1999: 39[42]). Das Zuchthaus war eine Institution der Armen- und Bettelpflege und weniger eine Strafanstalt (vgl. auch 4.1). Um 1700 kam es dann zu einem regelrechten Boom im Bau von Zuchthäusern, die nach wie vor in ihrer Funktion mehreren Zwecken folgten. Die Namen weisen darauf hin: Armen- und Waisenhaus, Zucht- und Tollhaus. Die Armen und Obdachlosen waren damit den Ver-rückten gleichgesetzt, d.h. allen, die nicht dem herrschenden Bild von »Normalität« entsprachen. Deshalb sieht Michel Foucault auch alle Einrichtungen, die seit dieser Zeit ihre erste (wenngleich verdeckte) Aufgabe darin hatten, die Disziplinierung all jener zu vollstrecken, die sich von der Normalisierungsmacht der Gesellschaft nicht erfassen ließen, als Moment eines großen Kerkernetzes (vgl. Foucault 1975: 385). Das Obdachlosenheim war in all seinen historischen Varianten stets auch ein Ort der Disziplinierung, einer subtilen Disziplinierung, die sich nicht der üblichen Strafmedien bediente, sondern den Entzug des Nötigsten organisierte, das man sich zu einem gedeihlichen Wohnen wünschte.

Das Arbeitshaus galt als »Kehrrichtwinkel«. Es vollzog keine Trennung der Armen von anderen Marginalisierten, sondern praktizierte das Prinzip der räumlichen *Zusammenfassung* aller Unerwünschten, derer man sich in der Stadt entledigen wollte. So kasernierte man an diesen Orten auch Verurteilte – neben »sittenlosen Vagabunden«, »aufmüpfigen Dienstboten«, Prostituierten, hinfälligen Alten oder verarmten Witwen (vgl. Schenk 2004: 22). Angesichts der unklaren Abgrenzung der Arbeitshäuser von den erst später formal eingeführten Gefängnissen verwischte die Grenze zwischen einem Ort der Armenfürsorge und einem des Strafvollzugs.

Im 18. und 19. Jahrhundert wurde eine Fülle von Institutionen der tatsächlichen Armenfürsorge neu gegründet. Diese befanden sich z.T. in der Trägerschaft von Kommunen, z.T. von Kirchen und anderen Institutionen der Sozialfürsorge. Aber auch sie fungierten als Kontrollinstanzen

---

41. Im Jahre 1786 gibt es in Deutschland 60 Zucht- und Arbeitshäuser; das letzte wird erst 1967 geschlossen.

42. Aus einer Zuchthausordnung.

und Sozialisationsagenturen. Erst die Wanderarmenhilfe rückte im 19. Jahrhundert schrittweise den *helfenden* und nicht den strafenden Gedanken in den Mittelpunkt. Obdachlose gerieten aber immer wieder unter moralisierenden Druck und das erlittene Schicksal wurde in ein selbst verschuldetes Scheitern der eigenen Lebens-Führung umgedeutet. Soziale Konstruktionen dieser Art waren bis ins 20. Jahrhundert üblich. Im Dritten Reich eskalierten die Diskriminierungen in der Unwert-Erklärung Obdachloser, deren Konsequenz die Vernichtung Tausender in Konzentrationslagern war. In der Nachkriegszeit hatten sich zwar die politischen Verhältnisse von Grund auf verändert. Der anhebende Boom der Volkswirtschaft ließ den Obdachlosen aber erneut (angesichts vorhandener Arbeit in der Gesellschaft) als Faulpelz und Taugenichts dastehen. Eine staatliche Lenkung der Wohnungsvergabe nach Aspekten sozialer und ökonomischer Bedürftigkeit sorgte kurze Zeit für eine Berücksichtigung der Nachfrage nach Wohnraum durch Obdachlose. Nachdem der Staat in den frühen 1960er Jahren jedoch seinen steuernden Einfluss auf die Wohnungsvergabe zurücknahm (Aufhebung des amtlichen Belegungsrechts und Rücknahme des Kündigungsschutzes), nahm die Obdachlosigkeit schnell zu (vgl. ebd.: 63).

4.2.4 Obdachlosigkeit in der Gegenwart

Der Begriff der »Wohnungs- und Obdachlosigkeit« ist zu kontingent, um der inneren Differenziertheit gerecht werden zu können, die sich mit der sozialen *Situation* »Obdachlosigkeit« verbindet. Schenk unterscheidet in ihrer empirischen Studie zur Obdachlosigkeit in Berlin zwischen *vorübergehender, phasenweiser* und *dauerhafter* Obdachlosigkeit (vgl. Schenk 2004: 92). Thorsten Schaak trennt in seiner im Auftrag der Hansestadt Hamburg durchgeführten Untersuchung die *Kurzzeit-* von den *Langzeitobdachlosen* (letztere leben mindestens zwei Jahre auf der Straße, manche über 40 Jahre, vgl. Freie und Hansestadt Hamburg 2002.1: 99). Diese Studien machen deutlich, dass der Anteil der längerfristig Obdachlosen auffällig groß ist. Unter den von Schenk befragten Obdachlosen sind 50 Prozent länger als zwei Jahre ohne Wohnung. Die Ergebnisse der Hamburger Studie belegen sogar einen noch höheren Wert (vgl. ebd.: 83). Oft handelt es sich bei den Langzeitobdachlosen um junge und alleinstehende Personen. Mehr als ein Drittel der Befragten sind zwischen 28 und 39 Jahre alt, 85 Prozent sind alleinstehende Männer und Frauen (vgl. Schenk 2004: 90).

Die »Bundesarbeitsgemeinschaft Wohnungslosenhilfe e.V.« (BAG W) stellt die Situation der Obdachlosigkeit in einen politischen und ökonomischen Rahmen. Das zentrale Problem der Wohnungspolitik liege in Deutschland nicht in der Wohnungsnot, sondern im Leerstand von Wohnungen, also einem Überfluss an Wohnungen (vgl. BAG W 2007:1).

Damit wird eine Verteilungsfrage in den unmittelbaren Zusammenhang mit aktuell ablaufenden Prozessen der Globalisierung und »gesellschaftlichen Neuentwicklung« (ebd.: 3) gestellt. Als Folge makroökonomischer Umstrukturierungsprozesse der Gesellschaft sei nicht nur eine verschärfte Gleichzeitigkeit von Leerstand und Wohnungsdefizit zu beobachten, sondern vor allem ein erhöhtes Verarmungsrisiko mit der immer häufigeren Folge der Wohnungslosigkeit. Die Situation verschärft sich dadurch, dass »der preiswerte Wohnungsbestand laufend abnimmt«, während die Zahl einkommensarmer Nachfragegruppen steigt (ebd.: 17). Die BAG W präsentiert sich mit dem (in postkritischen Zeiten unzeitgemäßen) Slogan »Die Stadt gehört allen!« Auf diesem Hintergrund plädiert sie für ein »bundesweites Auflösungsprogramm aller Schlichtunterkünfte, so auch im Rahmen des Programms ›Soziale Stadt‹.«

Menschen, die mehr oder weniger plötzlich wohnungslos werden, sind in aller Regel von einer Verkettung sozialer und ökonomischer Krisen betroffen. Die Gründe gehen fast immer mit zunehmender Verarmung einher. In beinahe allen Fällen sind Wohnungslose sozial entwurzelt und desintegriert. Wenn ihre geschätzte Zahl von 1995 bis 2006 auch stark zurückgegangen ist[43], spiegelt das sozialstatistische Profil doch eine sich verändernde ökonomische Situation Wohnungsloser wider. So steigt die Zahl der jungen wohnungslosen Männer und Frauen, die direkt aus der elterlichen Familie in eine Verelendungsgefahr geraten. Neben jungen Menschen sind insbesondere *ältere Männer* in der Gefahr, »der sozialen Ausgrenzung für den Rest ihres Lebens zu erliegen« (ebd.).

Bemerkenswert ist der Umstand, dass Wohnungslosigkeit nicht mehr ausschließlich auf soziale Randgruppen beschränkt ist. Von den zuständigen Behörden wird vermehrt auf Menschen hingewiesen, die trotz akademischer Bildung und scheinbar sicherer Lebensperspektiven kurzfristig mit einer Obdachloseneinrichtung in Berührung kamen (vgl. z.B. Reimann 2006). Mit der kulturellen Heterogenisierung der Gruppe Obdachloser kommt eine zusätzliche Aufgabe der sozialen Integration auf die Sozialarbeiter/-innen zu, weil sich mit der steigenden Unterschiedlichkeit sozialer Herkünfte die Differenz der Wohnerfahrungen vergrößert und Enttäuschungen wie Traumatisierungen strukturell auf höchst verschiedene Gründe zurückgehen. Die tagtägliche Arbeit mit den »Übernachtern« fordert von den betreuenden Sozialarbeiterinnen und Sozialarbeitern eine hohe Sensibilität für die psychische Situation der von Obdachlosigkeit Betroffenen.

Hilfsbedürftigkeit und subjektive Bereitschaft zur Annahme von Hilfe fallen nicht selten auseinander. Gefährdete bzw. wohnungslose Personen müssen oft zur Hilfe gedrängt werden. Das dokumentiert auch die o.g. Ham-

---

43. Eine Tabelle der BAG W nennt für 1995 rund 920.000 und für 2006 noch 265.000 Personen (s. BAG W 2007).

burger Studie (vgl. Freie und Hansestadt Hamburg 2002.2).[44] Auf diesem Hintergrund kann auch ein in den meisten Großstädten von sozialen Einrichtungen unterhaltener Kältebus im Winter für den Transport Obdachloser von bekannten Übernachtungsplätzen zu freien Übernachtungsstätten nur erfolgreich eingesetzt werden, wenn das Angebot akzeptiert wird.

Was der *common sense* nicht selten als *Gegenindikator* für existenzielle Hilfsbedürftigkeit interpretiert, drückt in der vitalen Situation Betroffener deren erlittene Not mit Nachdruck aus: Das Eintreffen Obdachsuchender mit einem Haustier (Hund oder Katze), das oft der letzte Knoten in einem ansonsten zerrissenen sozialen Netz ist. Soziale Verwurzelung hängt dann allein noch an der residuellen Beziehung »Mensch – Tier«. Deshalb bringt die Bindung an Hund oder Katze in der Obdachlosigkeit auch keinen Luxus zum Ausdruck, sondern einen letzten sozialen Halt am Rande der menschlichen Gesellschaft. Aus sozialpsychologischen Gründen werden die Obdachsuchenden deshalb von vielen Einrichtungen *mit* ihrem Tier aufgenommen.[45]

4.2.5 »Wohnen« – ein Anspruch im Sinne des Sozialhilferechts?

Obdachlosigkeit bedeutet soziale und materielle Not, die vermehrt die sozioökonomische Realität einer Facette insbesondere großer Städte kennzeichnet. Die kommunalen Ausgaben für Sozialhilfeleistungen nach dem SGB sind in den drei Stadtstaaten Berlin, Bremen und Hamburg im Vergleich zu den sog. Flächenstaaten am höchsten.[46] Die Berliner Wohlfahrtsverbände rechnen mit mindestens 10.000 Wohnungslosen, von denen 7.000 bis 8.000 in Obdachlosenunterkünften oder sog. Billigpensionen untergebracht sind. In Berlin gibt es rund 70 Einrichtungen, die sich der Hilfe für Obdachlose widmen (N.N. 2007). In Hamburg nennt der Senat für Soziales, Familie, Gesundheit und Verbraucherschutz 117 Anlaufstellen. Nach den Ergebnissen der Hamburger Studie leben im

---

44. Eine aktualisierte Studie soll nach mündlicher Auskunft der Behörde für Soziales, Familie, Gesundheit und Verbraucherschutz im Jahre 2009 realisiert werden (telefon. Auskunft vom 10.03.2008).

45. Auch unter den Notunterkünften für Obdachlose, die in der Freien und Hansestadt Hamburg vom Senat für Soziales, Familie, Gesundheit und Verbraucherschutz, Freien Trägern und den Kirchen bereitgestellt werden, gibt es 15 Einzelzimmer für Obdachlose mit Hunden (s. http://fhh.hamburg.de/stadt/Aktuell/pressemeldungen/2008/januar/03/2008-01-03-bsg-winternotprogramm2.html; Abruf: 10.03.2008).

46. In Euro je Einwohner beliefen sich die Ausgaben für Sozialhilfeleistungen im Jahre 2006 in Berlin auf 331, in Bremen auf 363 und in Hamburg auf 346 Euro; die Vergleichswerte liegen z.B. in Sachsen (höchster Wert der Bundesländer, die keine Stadtstaaten sind) nur bei 110 Euro; vgl. Statistisches Bundesamt 2008: 1259; Tab. 7.

Jahre 2001 fast 1.300 Menschen auf den Straßen (Behörde für Soziales und Familie 2002). Für die gesamte Bundesrepublik rechnet die Bundesarbeitsgemeinschaft Wohnungslosenhilfe e.V. für das Jahr 2006 mit 250.000 Menschen ohne festen Wohnsitz (vgl. BAG W 2007).

Nach dem SGB leisten Übernachtungsstätten für Obdachlose eine Aufgabe der Sozialhilfe. Diese besteht nach § 1 SGB XII darin, »den Leistungsberechtigten die Führung eines Lebens zu ermöglichen, das der Würde des Menschen entspricht. Die Leistung soll sie so weit wie möglich befähigen, unabhängig von ihr zu leben; darauf haben auch die Leistungsberechtigten nach ihren Kräften hinzuarbeiten.« Die §§ 67-69 regeln Art und Umfang der Hilfen, die auch für den Personenkreis in Übernachtungsstätten von Belang sind. Nach § 67 SGB sind für »Personen, bei denen besondere Lebensverhältnisse mit sozialen Schwierigkeiten verbunden sind, [sind] Leistungen zur Überwindung dieser Schwierigkeiten zu erbringen, wenn sie aus eigener Kraft hierzu nicht fähig sind.« Als hilfebedürftig gelten *innerhalb* der Gruppe der Obdachlosen auch Landfahrer (wie Roma und Sinti), Suchtkranke sowie verhaltensgestörte junge Menschen ohne festen Wohnsitz.

Der Umfang der Leistungen ist in § 68 SGB geregelt. Darin heißt es in Absatz 1:

> »Die Leistungen umfassen alle Maßnahmen, die notwendig sind, um die Schwierigkeiten abzuwenden, zu beseitigen, zu mildern oder ihre Verschlimmerung zu verhüten, insbesondere Beratung und persönliche Betreuung für die Leistungsberechtigten und ihre Angehörigen, Hilfen zur Ausbildung, Erlangung und Sicherung eines Arbeitsplatzes sowie Maßnahmen bei der Erhaltung und Beschaffung einer Wohnung. Zur Durchführung der erforderlichen Maßnahmen ist in geeigneten Fällen ein Gesamtplan zu erstellen.«

Es ist danach nicht Aufgabe der Sozialhilfe, den *dauerhaften* Aufenthalt in einer Obdachloseneinrichtung sicherzustellen oder anzubahnen. Deshalb werden nur Ansprüche anerkannt, die man an ein Provisorium stellen muss, denn in einer Obdachlosenunterkunft *wohnt* niemand (offiziell) auf Dauer. Deshalb dient die Unterbringung nur der Hilfe zur Überwindung einer äußerst defizitären – offiziell zeitlich begrenzten – *Lebens*-Situation. Die meisten Übernachtungsstätten werden für eine nicht kleine Zahl von »Übernachtern« faktisch zu (Obdachlosen-)Stätten des dauerhaften Aufenthalts – zunächst ungeachtet der Frage, ob dieser Aufenthalt als eine Form des *Wohnens* angesehen werden kann. Tatsächlich verbringen bundesweit rund 20 Prozent der Wohnungslosen für die Zeit von mehr als fünf Jahren ihr Leben in provisorischen Unterkünften oder auf der Straße; diese Gruppe verringert sich trotz insgesamt sinkender Wohnungslosenzahlen nicht (vgl. BAG W 2005).

4.2.6 Obdachloses »Wohnen« an den Rändern der Stadt

Die meisten Notunterkünfte für Obdachlose liegen an Rändern der Stadt, in der Nähe von Industriegebieten und Brachen. Aber auch, wenn eine Obdachlosenstätte im Herzen der Stadt gelegen ist, so gehört sie doch zu einem ihrer *symbolischen* Ränder. Oft sind es absterbende Orte und solche, die sich in einem noch nicht geregelten Übergang in eine andere Nutzung befinden. Im einen Falle ist es ein ehemaliger Bahnhof, im anderen eine Baulücke zwischen Klärwerk und Güterbahnhof. In den meisten Fällen werden seitens der Kommunen Lagen bevorzugt, die eine anästhetische Nische im öffentlichen Raum bilden. Wo es keinen physiognomischen Rand in Gestalt von Mauern, Kanälen oder Gleiskörpern gibt, kann er bei Bedarf planvoll hergestellt werden.

Dass der Sozialstaat manche seiner Aufgaben am wirkungsvollsten – und bevorzugt – *nicht* im Lichte der Öffentlichkeit erfüllt, ist ein Umstand, der auf eine Kluft zwischen offiziell-politischer und verdeckt-administrativer Bewertung sozialstaatlicher Aufgaben hinweist. Dies umso mehr, als die »örtliche Betäubung« des öffentlichen Blicks nicht nur der Bewahrung der Öffentlichkeit vor Bildern sozialen Unglücks dient, sondern auch, um die sozial Gestrandeten vor der Öffentlichkeit zu schützen, denn gerade auf dem klebrigen Boden populistisch-rudimentärer Deutungsroutinen gärt ein bedrohliches Potential offenen Zweifels bis zynischer Verhöhnung sozialstaatlicher Leistungen der Obdachlosenfürsorge. Auf der Grenze eines rechtlich definierten sozialstaatlichen Engagements auf der einen Seite und einer in Zeiten wirtschaftlicher Krisen unsicher werdenden öffentlichen Akzeptanz dieses Engagements entsteht ein scheinbarer Widerspruch, der sich in einem räumlichen Schisma ausdrückt. Die (Stand-)Orte der Obdachlosenfürsorge liegen im öffentlichen Raum und *zugleich* in einem Niemandsland.

Mit dem Aufbrechen sozialer und ökonomischer Differenzen in der postfordistischen Gesellschaft vermehren sich die *sozialen* Randgruppen[47], die an *räumlichen* Rändern der Stadt »beheimatet« werden müssen, um den Glanz der Zentren nicht zu schmälern. Nobilitierende Stadtsanierung und Ghettoisierung stehen sich als zwei Seiten einer Medaille

---

47. Eine wachsende Volkswirtschaft führt aber nicht nur zu einer Zunahme an privatem Wohlstand; sie generiert auch vermehrte Steuereinkommen des (lokalen) Staates. Dieser muss sich in seiner Haushaltspolitik in disparaten politischen Zielfeldern bewähren – zum einen zunehmend als neoliberaler Akteur im Feld der Volkswirtschaft und zum anderen als helfender Sozialstaat. Daraus entsteht ein Dilemma der Werte und Normen, auf dessen einer Seite die Modalitäten unternehmerischer Vermögensvermehrung optimiert und auf dessen anderer Seite die humanitären Grundsätze der Sicherung eines individuell menschenwürdigen Lebens aufrechterhalten werden sollen.

gegenüber. Eine Enklave beschreibt Peter Marcuse als ein Gebiet, »in dem Mitglieder einer bestimmten Bevölkerungsgruppe, definiert nach Ethnizität, Religion oder anderen Merkmalen, auf einem bestimmten Raum zusammenkommen, um ihre ökonomische, soziale, politische und/oder kulturelle Entwicklung zu fördern« (Marcuse 1998: 186). Der Unterschied zum Ghetto liegt in der Freiwilligkeit, denn die in der Enklave Anwesenden können »frei« entscheiden, ob sie bleiben oder gehen wollen (vgl. ebd.: 189). Dennoch haftet der Freiwilligkeit unter bestimmten Umständen ein verdeckter Zwangscharakter an, haben Obdachlose in frostigen Winternächten doch nur scheinbar eine gleichwertige Alternative zur Notunterkunft.

Die Desensibilisierung der »öffentlichen Problemwahrnehmung« gegenüber der latent konfliktträchtigen Finanzierung von Obdachloseneinrichtungen kommt politischen Kalkülen besonders dann entgegen, wenn die Orte der Obdachlosen *im Verborgenen* liegen, dort aber einen »freundlichen Eindruck« machen. Mit der Schaffung einer städtischen Obdachlosenunterkunft verbinden sich zwei Fragen nach der Qualität des Raumes. Die eine betrifft die *Raumfindung* i.S. der Verortung im physischen Raum der Stadt und die andere die *Raumgestaltung* eines Gebäudes/Ensembles im Hinblick auf seine »inneren« Erlebnisqualitäten durch architektonische Sachverhalte und ästhetische »Überschreibungen« dessen, was vorhanden ist. Beide Verräumlichungsformen haben unmittelbare und mittelbare Rückwirkungen auf das Selbst- und Welterleben der Betroffenen.

4.2.6.1 »Raumfindung«

Die kommunale »Standortpolitik« verortet die *Institution* der Obdachlosenunterkunft im physischen Raum der Stadt. Sie positioniert damit zugleich einen *sozialen* Ort in einem (lebensweltlich selbstverständlichen) Werte- und Normen-System. Räumliche Verortung und soziale Disponierung wirken auf die sog. »öffentliche Wahrnehmung«, ebenso aber auf die Selbstwahrnehmung Obdachloser zurück. Vor allem disponiert die Allokation einer Einrichtung die »Bewohner« bzw. »Übernachter« in ihrem aktuellen Leben wie für ihr mögliches zukünftiges Wohnen-Wollen und Wohnen-Können. Ein Betroffener, der von einer Institution aufgenommen wird, muss sich tatsächlich in die »Wohn«-Situation eines *Containers* einleben. Was dagegen die Bürger der Stadt vom *konkreten* Ort wissen und sehen können, ist abstrakt, solange individuelle Schicksale nicht öffentlich werden. So wirkt der (heimlich) *versteckte* Ort in einer generalisierten Symbolhaftigkeit auf das gesellschaftliche Bild »des Obdachlosen« ein, das in seiner Abstraktheit *über* der krisenhaften Geschichte stets besonderer Biographien steht.

Die Standortfindung und -entscheidung impliziert eine doppelte Zuschreibung von Identität. Auf dem Wege der *Fremdzuschreibung* wird mit der Verortung einer Unterkunft eine Obdachlosen-Identität »von außen« konstruiert, deren klischeehafte Schablonenelemente sich assoziativ leichter mit abseitig gelegenen Brachen verbinden lassen als mit »hochwertigen« Immobilien in zentraler Lage. Im Unterschied dazu sind die Bewohner aus ihrer Betroffenheit heraus zu einer Selbst-Orientierung gezwungen, die eine aktualisierende Selbstzuschreibung von Identität einschließt. Dieser Prozess mag für »erfahrene« Obdachlose mit mehrjähriger Institutionen- und Straßen-»Karriere« lange abgeschlossen sein. Bei *neuen* Obdachlosen dürfte er dagegen noch höchst vital und schmerzhaft verlaufen. Der Weg der Selbstzuschreibung von Identität ist mit dem der Fremdzuschreibung verzahnt, denn Selbstzuschreibung von Identität vollzieht sich auf keinem individualistischen Weg. Die Betroffenen wissen, wie über sie gedacht, gesprochen und geredet wird. Sie kennen den sie ein-*ordnenden* gesellschaftlichen Diskurs, der im Medium des Wortes, des Bildes wie der leiblichen Kommunikation (Mimik, Gestik) geführt wird. Dieses soziale Wissen sickert im tatsächlichen Raum der Unterkunft in das Befinden der Betroffenen ein.

Die *räumliche* Marginalisierung von Obdachlosenunterkünften im physischen Raum der Stadt spiegelt die *soziale* Marginalisierung von Menschen in Armut und Not im sozialen Wertesysteme einer Stadtgesellschaft wider. Dass die professionellen Standortentscheider in den Kommunalverwaltungen im Allgemeinen weder Genaues über spezifische Einstellungswelten des common sense wissen, noch detaillierte Kenntnisse über das *konkrete* Leben Obdachloser in kommunalen Einrichtungen haben, wirkt sich indes nicht prozessschädlich auf die Effektivität einer Standortentscheidung aus. In aller Regel erweist sich die Anlehnung legitimationsbedürftiger Entscheidungen an einen klischeehaft vorausgesetzten und daher diffusen einstellungsspezifischen Assoziationshintergrund als ausreichend. Das Eis der Standort-Legitimation kann in der Frage der Raumfindung deshalb so dünn sein, weil eine Legitimation von Standortentscheidungen je obsoleter wird, desto größer der räumliche Abstand von bürgerlichen Wohnvierteln ist.

Aus einer solchen Politik der Aus-Räumung resultieren Standortentscheidungen, die dem Prinzip folgen, Menschen vom *sozialen* Rand der Gesellschaft auch am *räumlichen* Rand der Stadt anzusiedeln. Die Beispiele vier hessischer Großstädte (Frankfurt, Offenbach, Wiesbaden und Gießen) dokumentieren diese funktionale, visuelle und ästhetische Abschottung von Obdachlosenunterkünften durch die Schaffung von Sonder-Wohngebieten (vgl. Abb. 11, vgl. auch Schuler-Wallner/Greiff 1986), die zwar baurechtlich in gemischte oder reine Wohngebieten eingegliedert werden *könnten*, aus Gründen der Konfliktvermeidung aber bevor-

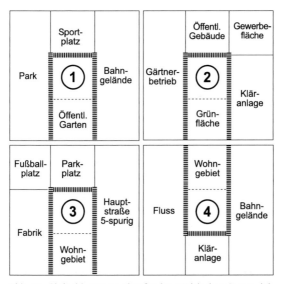

Abb. 11: Obdachlosenunterkünfte im städtischen Raum: (1) Frankfurt a.M., (2) Wiesbaden, (3) Offenbach, (4) Gießen; vgl. auch Schuler-Wallner/Greiff 1986; (Entwurf: J. Hasse; Graphik: U. Pareik).

zugt in Gewerbegebiete ausgegliedert oder neben Kläranlagen, Müllaufbereitungsanlagen, großflächige Gleisanlagen, an die Ränder von Parks und Sondergebieten gelegt werden. Kleinere Städte halten »heruntergekommene« Gebäude, die sich (vor Sanierung oder Abriss) für eine Zwischennutzung anbieten, für ebenso geeignet wie Kleinwohngebiete sozial Schwacher in Quartieren mit »asozialem« Milieu. Die Standorte für die Unterbringung Obdachloser werden insbesondere zur Vermeidung von Nachbarschaftsklagen von gutbürgerlichen Wohngebieten ferngehalten. Rudolf Kretschmer wies in einer Studie aus den 1970er Jahren auf die Begründung einer Gerichtsentscheidung hin, in der es hieß, dass die Bewohner von Obdachlosenunterkünften (auch »Schlichtwohnungen«) »meist nicht gewillt [seien], sich in die innerhalb eines reines Wohngebietes in begrenztem Umfang vorherrschende Wohngemeinschaft mit gegenseitiger Rücksichtnahme einzuordnen« (Kretschmer 1978: 135f). Damit wird eine Trennlinie gezogen zwischen Wohnenden und solchen, denen zugeschrieben wird, sie seien nicht zum Wohnen fähig oder bereit. Das Leben in einer Notunterkunft wird damit praktisch aus dem Bereich des Wohnens herausgenommen. Implizit wird mit Hilfe juristischer Konstruktionen eine Form des Aufenthalts im Raum der Stadt konstituiert, der der Charakter eines »Prä-« oder »Proto-Wohnens« zugeschrieben wird. Qua Askription entsteht eine *Lebensform*, die aus dem Wohnen herausfällt.

4.2.6.2 Raumgestaltung

Im Unterschied zur Raumfindung »temperiert« die Gestaltung von Obdachlosenunterkünften das individuelle wie gemeinsame[48] Selbsterleben der »Bewohner« bzw. Übernachter. Für die erlebte Aufenthaltsqualität in einer Notunterkunft sind Innenraumqualitäten besonders bedeutsam, die über die eher dekorative Ebene nur ästhetisierender »Ornament«-Qualität (z.B. via Kunstgewerbe) hinausgehen. Über ästhetizistischen Kriterien bloßer Verschönerungen steht deshalb auch der Anspruch nach Unversehrtheit der Menschenwürde, der von vielen Einrichtungen als Folge begrenzter ökonomischer Mittel aber nur schwer eingelöst werden kann. Von besonderer Relevanz sind i.d.S. Raum- und Infrastrukturen, die in der gegenwärtigen Gesellschaft im Allgemeinen als selbstverständlich gelten: bauliche Qualität eines Hauses, die die Unversehrtheit der Gesundheit garantiert, Einzelbelegung der Quartiere, gute Erreichbarkeit sanitärer Anlagen, ausreichende Verfügbarkeit von Infrastrukturen (z.B. Küche) etc. In der praktischen Gestaltung der Nutz- und Aufenthaltsräume bedeutet dies aber, dass die Anbahnung einer behaglichen *Wohn-Atmosphäre* nachrangig behandelt wird, weil die Sicherung basaler Bedürfnisse der Ruhe, des Schutzes vor Aggressionen oder der Versorgung mit Nahrung Vorrang hat.

Individuelle Freiheiten, die ein bestimmter Kreis Obdachloser *auf der Straße* empfindet (Platte schieben[49]), werden dann höher bewertet, wenn eine defizitär ausgestattete Unterkunft als bedrohlich, beengend und gefährlich erlebt wird. Wo Ansprüche nach Entfaltung der Persönlichkeit, Intimität und Rückzug in einen eigenen (persönlichen) Raum nicht einlösbar sind, werden »die vorhandenen Übernachtungsstätten nicht in Anspruch« genommen (vgl. Freie und Hansestadt Hamburg 2002.2). Nur aus solchen Erfahrungen erklärt sich der Befund der Hamburger Studie über das Leben Obdachloser, wonach 52 Prozent der auf der Straße lebenden Menschen angeben, in den letzten drei Monaten keine Übernachtungsangebote genutzt zu haben, weil »zu viele Menschen auf engem Raum leben, keine Einzelzimmer zur Verfügung stehen« oder »Angst vor Diebstahl oder Gewalt« (vgl. ebd.) als Grund

---

48. Hier soll nur von »gemeinsam« und nicht von »gemeinschaftlich« die Rede sein, weil in der Situation existenzieller Betroffenheit von Armut und Wohnungslosigkeit die psychische Situation eher eine der Verfangenheit in einem individuellen Schicksal darstellt, sodass kaum Kraft zur Entfaltung eines Gemeinschaftsgedankens aufgebracht werden kann.

49. Die Bezeichnung kommt aus der Gaunersprache und bedeutete soviel wie »eine platte Penne machen«, d.h. im Freien flach auf dem Erdboden schlafen (vgl. Röhrich 2004: 1188).

der Meidung geäußert wird. Aus diesen und weiteren Gründen gibt es »einen Teil obdachloser Menschen, der trotz vorhandener Hilfsangebote ein Leben auf der Straße jeder anderen Lebensform vorzieht« (ebd. Kurzfassung). Wie in dem Gespräch mit Frau O. treten auch in diesen Hinweisen aus der empirischen Sozialforschung zwischenmenschliche Beziehungen innerhalb einer Einrichtung als Probleme hervor, die von zentraler Bedeutung für das Erleben der Gesamtsituation »Obdachlosenunterkunft« sind.

In einem Nebeneffekt bewirkt die Raumgestaltung aber auch eine Neigung zum längeren bis dauernden Aufenthalt. Umgebungsqualitäten, die positiv erlebt werden, federn den meist schroffen und schmerzvollen Übergang in eine gesellschaftlich marginalisierte Welt ab. Frau O. nennt auf die Frage nach den ihr wichtigsten Orten zwei Bereiche, die sich durch ihre Gestaltung vom kalten Funktionalismus und Minimalismus vor allem der Wohnbereiche unterscheiden (vgl. Abb. 8 und 9). Das macht auch deutlich, dass »ästhetische« Merkmale der Raumgestaltung einer Obdachlosenunterkunft nichts mit allgemein gesellschaftlich kursierenden Vorstellungen einer »schönen« oder behaglichen Wohnumgebung zu tun haben.

Die synästhetische Sprache der materiellen Gestaltung einer Notunterkunft macht unmissverständlich (symbolisch) deutlich und (leiblich) spürbar, dass diese Orte in einem gesellschaftlichen Niemandsland liegen. Mit dem Ziel der Überwindung offensichtlicher Defizitsituationen wurde in einem Obdachlosenheim in Berlin-Brandenburg ein halböffentlicher Innenraum künstlerisch und damit vor allem atmosphärisch aufgewertet. »Miriam Kiliali [die Künstlerin, Vf.] will einen Ort schaffen, der Obdachlosen ein Gefühl von Würde und Respekt vermittelt und ihnen die Beklemmung von Armut nimmt. Eine schöne Wohnatmosphäre könne den Menschen Mut machen, sich von Schicksalsschlägen zu erholen und ins Leben zurückzufinden [...].« (Kalms 2007)

Indes haben die Sozialbehörden mitunter ein distanziertes Verhältnis zu derartigen Maßnahmen, weil sie die Begünstigung diffuser Übergänge von einer aktuellen Notsituation der Wohnungslosigkeit in eine Dauersituation des »Not-Wohnens« befürchten. Jedes dauerhafte Sich-Einrichten liefe den Zielen des § 1 SGB XII zuwider. Der im Management von Obdachloseneinrichtungen zu praktizierende Weg zwischen Tolerieren und Insistieren bzw. ästhetischer Gestaltung einer Unterkunft und Vergellung ihrer Übernachter verläuft auf einem prekären Grat der Respektierung der Menschenwürde. Dass sich die (oft kommunalen) Betreiber von Notunterkünften für Obdachlose der »Ambivalenz« von Ausstattungsqualitäten, die von den Bewohnern positiv erlebt werden, bewusst sind, zeigt das Beispiel der Stadt Illertissen bei Augsburg, deren Erste Bürgermeisterin Marita Kaiser weiß: »Je gemütlicher es ist, desto länger bleiben die Leute.« (N.N. 2008.1)

4.2.7 »Man ist nirgends und doch überall zuhause«

Das folgende Interview vollzieht einen Perspektivenwechsel. Es richtet die Aufmerksamkeit auf jenen Personenkreis Obdachloser, der auf der Platte lebt und keine Notunterkünfte, sondern lediglich die sozialen Dienste spezifischer Hilfeeinrichtungen in Anspruch nimmt.

Frank lebt als Obdachloser seit ein paar Wochen in Hamburg. Nachdem der Schweizer in seinem Heimatland obdachlos wurde, kam er nach Berlin. »*Dort wurde mir alles gestohlen.*« Nach Gewalterfahrungen (»*das war mit Schlägen, Drohungen und, und, und*«) setzte er sich aus Berlin ab und kam nach Hamburg. Dort lebt er mit seiner Habe *auf der Straße*. Frank ist sympathisch, aufgeschlossen und artikuliert sich klar und in der Sache differenziert. Frank ist etwa 50 Jahre alt und hat vor seiner Obdachlosigkeit in der Schweiz ein Restaurant betrieben. Nun lebt er vom Verkauf der Obdachlosenzeitung »Hinz & Kunzt«[50] an einem zentralen Platz in der Hamburger Innenstadt. »*Im Moment geht es mir relativ gut. Ich habe hier Möglichkeiten, mein Geld zu verdienen. Essen – wobei essen [...] aber so, dass ich mir mal ein paar Hosen kaufen kann, dass ich mal weggehen kann und irgendwo ein Bier oder einen Kaffee trinken kann.*« Auf die Frage, wie er seine Wohnsituation beschreiben würde, relativiert er den Begriff des Wohnens im Unterschied zu Frau O. nicht. Vielmehr betrachtet er seine aktuelle Situation als eine spezielle, zeitlich limitierte *Form* des Wohnens: »*Unter freiem Himmel! Freilicht! Es ist O.K. Ich habe jetzt noch Glück mit dem Wetter. Das muss man schon so sehen. Es ist dann wie campen. Vor dreißig Jahren habe ich den Rucksack unter den Arm gepackt, und so komme ich mir heute eigentlich noch vor.*«

Obwohl er nicht wie ein im üblichen Sinne Wohnender ein »Dach über dem Kopf« hat, pflegt Frank ein gleichsam »wohnendes« Verhältnis zu Plätzen im öffentlichen Raum: »*Man kann überall einen Schlafsack ... ich schaue mir mittlerweile wie eine Wohnung die Plätze an, wenn ich durch die Stadt oder ein Gebiet gehe. Ich sehe eine Wiese, einen Park und denke: Ach, da könnte es auch mal schön sein. So, wie andere sich Wohnungen anschauen, schaue ich im Moment solche Plätze an. Schaue, wo ich in den nächsten paar Tagen übernachten könnte.*« Eine Bedingung müssen die in Frage kommenden Plätze gleichwohl erfüllen. Am wichtigsten ist Frank an seiner momentanen Wohnsituation, dass ein Platz »*sicher ist. Wie gesagt, seit rund zweieinhalb Wochen schlafe ich jetzt auf der Straße und ich muss beruhigt einschlafen können.*« Die Sorge um die Unversehrtheit, eine der ersten Maximen des Wohnens auf einem anthropologischen Niveau, wird auf

---

[50] »Hinz & Kunzt« ist ein Hamburger Straßenmagazin, das von obdach- und wohnungslosen Menschen auf der Straße verkauft wird (s. auch www.hinzundkunzt.de/hk/).

der Platte aktuell. Im Bewusstsein »normal« Wohnender hat sich diese Sorge weitestgehend zurückgezogen. Der Schutz der Intimität vor öffentlicher Introspektion – ein im Allgemeinen selbstverständlicher Grundwert in modernen, westlich geprägten Gesellschaften – stellt sich für Frank als immer wiederkehrende Aufgabe der Findung eines geeigneten Ortes: »*Also, das ist mir wichtig. Dass ich mich dort wohlfühle. Ich gehe auch nicht erst nachts hin. Mache nur den Schlafsack auf und gehe rein und schlafe. Meistens bin ich ... gerade, wenn es ein neuer Platz ist ... wach und beobachte die Leute. Was kommt hier durch?*« So bekommt er ein Gefühl für die dem vorübergehenden Wohnen zu- oder abträgliche Atmosphäre eines Ortes. Frank »wohnt« im *öffentlichen Raum*, und deshalb *wohnt* er nicht i.e.S. Sein »Wohnen« ist eine *Raumnahme* unter der Bedingung des Provisorischen und in der Beschränkung auf Dinge, die in einen Rucksack passen. Dennoch entfaltet er ein dem Wohnen ähnliches Verhältnis zu den flüchtigen Orten halbwegs gesicherten Aufenthalts. Er fühlt sich für den Platz seines Wohnens verantwortlich – in gewisser Weise mehr als der in einer Wohnung Wohnende für seine Räume, die er mit einer Tür *für sich* verschließen kann und niemandem Rechenschaft über den Zustand der Wohnung schuldig ist. »*Ich kann mich nicht ausbreiten und ein Saufgelage machen! Alles liegen lassen. Ich räume meinen Platz auf, wie auch zuhause meine Wohnung. Die Zigarettenstummel, die Flaschen und Bierdeckel kommen weg – auf das möchte ich schon achten. Wenn du den Platz sauber verlässt, dann sagen die Leute auch nichts. Aber wenn du die Leute anpöbelst und dann so von weitem: ›Hey, haste mal en Euro?‹ Das sind dann so Sachen, die die Leute nerven!*« Wenn dieser sorgsame Umgang mit der Umgebung eines vorübergehenden Aufenthalts auch Ausdruck des Willens zur Vermeidung von Konflikten mit der Polizei oder wachsamen Bürgern sein mag, so drückt er dennoch eine Sorge um die Sicherung einer (kurzen) Zukunft des Wohnens an Plätzen aus, die keine *Wohnorte* sind.

4.2.8 »Es ist eine gute Erfahrung«

Frank ist sich seiner Situation aber nicht nur deshalb bewusst, weil er Konflikte vermeiden will. Zur gesamten Situation seines derzeitigen Lebens steht er in einem selbstreflexiven Verhältnis. So gelangt er auch zu einer Aussage, die aus der Perspektive gesicherten bürgerlichen Lebens irritierend wirkt: »*Ich möchte die Zeit nicht missen. Es ist eine gute Erfahrung. Ich sehe gewisse Dinge auch anders. Ich kann mich noch gut erinnern, als ich den Schlafsack bekommen habe – ich war zwei Nächte ohne Schlafsack – und dann mit Schlafsack ... ich habe mich wie ein Kind gefreut! Früher war das alles selbstverständlich!*« Wenn er auch in seine Obdachlosigkeit »*reingerutscht*« ist, so betrachtet er die entstandene Situation doch weder fatalistisch, noch als ausweglos oder schicksalhaft, sondern als eine lebenspraktische Erfahrungs- und Denkaufgabe, an deren offenem Ausgang die Idee eines Lebens steht, das zu einer Form räumlich und ökonomisch (minimal) gesicherten Wohnens zurückfindet. »*Es liegt ja an mir, wie weit komme ich. Wie komme ich wieder raus. Ich verkaufe von den Stunden her lange die Zeitungen am Tag, dass ich auch Geld habe. Denn wenn du mit der Schweiz telefonierst, dann kostet das. ... Und dort kostete auch wieder etwas. Und es liegt an mir, das zu machen!*«

Frank würde gern wieder wohnen »*wie früher; Zwei-Zimmer Wohnung. Bad, Dusche. Das ist wichtig.*« Aber eine solche Ausstattung erscheint ihm heute als Luxus. Die Wohnung steht vielmehr in ihrer Lebensbedeutsamkeit *als Zuhause* im Mittelpunkt. Als Hort des Zuhause-Seins steht ihre Bedeutung noch über der der täglichen Nahrung, deren Beschaffung ihm vergleichsweise einfach erscheint. »*Wenn alles reißt und du kein Geld hast – du hast ein Zuhause. Irgendetwas zu essen hast du da immer.*« Die Wohnung als bergendes und behagendes Lebenszentrum tritt in ihrer anthropologischen Bedeutsamkeit in den Vordergrund. Nicht Luxus will er, sondern eine Idee minimalen Behaust-Seins wirklich werden lassen: »*Ich möchte wieder eine Wohnung. Die muss nicht Luxus sein! Wie gesagt, heute wäre ich schon an einem Zimmer mit der Toilette auf dem Gang – das wäre wie Weihnachten. Früher hätte ich das nicht genommen. Wie soll ich sagen, man kommt vom verwöhnten Leben ab!*« Frank ist sich seiner Lebens- und der daraus resultierenden Wohnsituation bewusst. Diese macht er deshalb auch wiederholt zum Thema des Gesprächs: »*früher war alles selbstverständlich. Und heute freust du dich wieder auf frische Socken und frische Unterwäsche.*« Das Nachdenken über die momentane Situation »*beginnt ja schon dort, wo ich mit der Zeitung angefangen habe. [...] Ich habe nie eine Straßenzeitung – in Basel – nie gekauft! Nicht, dass ich gesagt habe:* ›*Das Pack!*‹ *Oder so. Nein, ich habe mir darüber keine Gedanken gemacht!*« Die Aufmerksamkeit anderer gegenüber dem Thema »Obdachlosigkeit« betrachtet er im Spiegel früherer Lebensroutinen, zu denen die Ausblendung sozialer Krisensituationen wie Obdachlosigkeit gehörte. Aus dem Wissen um die Situationsabhängigkeit eigenen Denkens und Empfindens ist er auch tolerant gegenüber den an ihm vorbeiströmenden Menschen, die kein Interesse an »Hinz & Kuntz« haben: »*Wenn Leute* ›*Nein*‹ *sagen, dann ist es für mich vollkommen O.K. [...] du kannst nicht überall geben! [...] Die Leute müssen sich auch Grenzen setzen. Dann sollen sie auch zu mir Nein zur Zeitung sagen. Mit dem kann ich leben.*« So ist der wichtigste Ort seines momentanen Lebens auch ein Platz in der Innenstadt, an dem er täglich die Obdachlosenzeitung verkauft (vgl. Abb. 12).

Ob er aus der Zeit seines Proto-Wohnens trotz aller Bewusstwerdung wird Schlüsse ziehen können, die ihn seinem Wunsch realistisch näher bringen, wieder in einer Wohnung leben zu können, weiß er trotz aller Selbstreflexion selbst (noch) nicht. »*Ich weiß nicht, wenn sich die Situation wieder ändert und so weit ist wie früher, ob ich daraus etwas gelernt habe oder*

Abb. 12: Herr F. beim Verkauf von »Hinz & Kuntz« in der Hamburger Innenstadt.

ob ich in das alte Fahrwasser wieder reinfalle. [...] Das wird sich dann zeigen! Wir können uns ja in einem oder zwei Jahren treffen, dann sehen Sie es ...«.

4.2.9 Retrospektive

Schon im letzten Kapitel führte die Frage, ob man unter restriktiven Bedingungen eines erzwungenen und längerfristigen Aufenthalts in einem Gefängnis *überhaupt* wohnen könne, an Grenzen, deren Diskussion Facetten menschlichen Wohnens sichtbar machten, die sich als wichtige Bezugspunkte für ein Bedenken des Wohnens im Allgemeinen erwiesen. Im Unterschied zum Gefängnis muss der Aufenthalt in einem Containerdorf für Obdachlose unter speziellen Denkvoraussetzungen betrachtet werden. Der Aufenthalt an einem Ort für Obdachlose wird nicht durch die Disziplinarmacht des Staates erzwungen. Aber er wird – insbesondere unter widrigen Wetterbedingungen – situativ oft *unausweichlich*. In kalten Winternächten gibt es kaum Alternativen zur Zuflucht in ein Asyl, allzumal in Zeiten, in denen repräsentationsorientierte Unternehmen wie die Deutsche Bahn damit werben, auch in dieser Hinsicht »sauber« zu sein.

Die Beschreibung einer Einrichtung der Obdachlosenfürsorge sowie die Aussagen einer (Dauer-)Übernachterin haben deutlich gemacht, dass die Art der dort üblichen Ausstattung der Entfaltung der Person im Prinzip weniger Spielräume bietet als eine moderne Gefängniszelle. Zwar klammert die Institution »Gefängnis« das Wohnen ein, dennoch kann es in den engen Grenzen minimaler Spielräume als reduzierte Selbstentfaltung gelebt werden. Angesichts der minimalistischen Ausstattung von Wohn-Containern stellt sich nun umso mehr die Frage, wie und ob sich ein Mensch auch im Verzicht auf das der Menschenwürde Nötigste noch wohnend finden kann. Der Begriff des Wohnbereichs soll zumindest suggerieren, dass in Containern – die für den Gütertransport entwickelt worden sind – das Wohnen prinzipiell gelingen kann.

Obdachlosigkeit beginnt in aller Regel mit einer sozialen Krise, die weitere nach sich zieht (besonders Konflikte mit dem Ordnungsstaat und ökonomische Not). Armut *allein* führt wegen der gesetzlich geregelten Absicherung minimaler Lebensansprüche (wozu auch die Finanzierung einer Wohnung [»Wohngeld«] gehört) nicht zur Obdachlosigkeit. Risse in den sozialen Netzen des Lebens initiieren die Zersetzung des Wohnens in seinem *schonenden* Charakter. Was Heidegger mit Schonung *als Prinzip des Wohnens* ansprach, lässt sich auch als Sorge um das eigene Selbst wie das anderer verstehen. Soziale Entwurzelung drückt in dieser Sicht den Verzicht auf die *eigene* Schonung aus, aber auch eine Distanzierung von der Schonung anderer, in das eigene Leben verwickelter Menschen. Der Frage, ob ein Betroffener *in einem Container-Dorf* wohnen kann, kommt der Umstand zuvor, dass der Rahmen des Wohnen-*Könnens* schon zerfallen sein musste, bevor der Container zum Ort letzter Zuflucht wurde.

Die Menschen müssen *das Wesen* des Wohnens immer erst wieder suchen; sie müssen das *Wohnen erst lernen* (Heidegger). Damit ist nicht das Einrichten mit Möbeln gemeint: Das *Wesen* des Wohnens gerinnt vielmehr im kultivierenden *Geschehen*-Machen des Wohnens, in einer gelebten Ausdruckspraxis des eigenen Lebens. Wer das Wohnen wie ein Obdachloser verlernt, verlernt aber nicht das *Wesen* des Wohnens, sondern nur sein *persönlich-aktuelles* Wohnen-Können. In diesem Verlernen geschieht eine andere Art der *Einklammerung* des Wohnens, als sie am Beispiel des Lebens im Gefängnis angesprochen wurde. Das Einklammern betrifft nun nicht die Folgen eingeschränkter äußerer (z.B. erzwungener) *Möglichkeiten* aktuellen Wohnen-Könnens, sondern die aktuelle (mitunter aber auch zuständliche) *persönliche Situation,* die das Wohnen-Können unterbrochen hat. Obdachlos Gewordene haben zwar die materiellen *Medien* des Wohnens verloren. Vergessen können sie das *pathische Wissen* um Wege in die Behaglichkeit des Wohnens nicht; aber sie können aus biographischen Gründen diesen Weg – für eine Zeit oder auch dauerhaft – nicht mehr beschreiten. Ein Grund mag darin liegen, dass sie sich der Verwundbarkeit der eigenen Person in keinem persönlichen Raum mehr preisgeben wollen. Die hohe Zahl von alkohol- und drogenabhängigen sowie psychisch gestörten Personen macht auf gravierende Beschädigungen am eigenen Leib aufmerksam, die auf ein früheres Leben und Wohnen zurückgehen und künftigem Wohnen-Wollen entgegenstehen.

In der Obdachlosigkeit, die auf der Platte gelebt wird, fällt das Wohnen aus seiner Verflechtung mit dem Wandern heraus. Es entsteht ein Wandern ohne *Wohnen* i.S. eines lebensweltlich selbstverständlichen Wohn-Begriffes. Das Gespräch mit Frank hat gezeigt, dass sein *Wandern* für ihn eine Form des *Wohnens* bedeutet; dies schon deshalb, weil *dieses* Wohnen der vorübergehenden Raumnahme bedarf, deren Charakter das Bewohnen von Plätzen ist. Auf der einen Seite wohnen Obdachlose wie Frank nicht mehr, weil sie keinen festen und eigenen Wohn-Ort mehr haben. Auf der anderen Seite wohnen sie *gerade* in diesem Fließen der improvisiert bewohnbar gemachten Orte in einem radikalen Sinne. Obdachlose auf der Platte, die sich ihrer selbst bewusst sind wie Frank, flottieren in einem Netz von Orten, an denen immer wieder aufs Neue Beziehungen zu anderen Menschen, Orten und Dingen (im Unterschied vom Wohnen in Wohnungen auch zu frei lebenden Tieren) aufgenommen werden; auch werden Dinge an diese Orte mitgenommen, die im klein gewordenen Lebensalltag ihre besondere Bedeutung haben. Solches Flottieren drückt zwar ein Herausgefallensein aus einer bürgerlichen Wohnform (mit »festem« Wohnsitz) aus; zugleich drückt es aber selbst ein Wohnen aus.

Heidegger sah im Wohnen ein Schonen des Gevierts, das in Franks Lebensalltag implizit zur Geltung kommt, weil er – ohne schützende Wände – im öffentlichen Raum wohnt. Er kann sein Wohnen im Wandern für sich und andere in seiner potentiellen Problemhaltigkeit nur konfliktarm gestalten, wenn er sich und andere *schont*, d.h. selbst nur beansprucht, woran es anderen als Folge seines So-Wohnens nicht mangeln wird. Frank *baut* sein Wohnen auch (bewusst), indem er den Ort für eine Übernachtung mit Bedacht wählt und die an ihn mitgenommenen Dinge absichtsvoll (aus Vorsicht wie aus Rücksicht) wieder mitnimmt, wenn er den Ort verlässt. Der letztlich höchste Anspruch, den Heidegger an das Wohnen stellt, das *Bedenken* des Wohnens, bildet in Franks Leben sogar einen existenziellen Angelpunkt für die Rekonstitution eines erhofften Wohnens in einer Wohnung. Nach dem Herausfallen aus selbstverständlichen Wohnroutinen gibt es für ihn keinen Weg »zurück« ins Wohnen, der sich von selbst ergäbe oder der ihm gleichsam von außen eröffnet würde. Es ist ein offener Weg, auf dem zunächst Aufgaben der Selbstgewahrwerdung gelöst werden müssen. Nachdem er aus dem Wohnen herausfiel, begann er es zu bedenken, um den Versuch zu machen, die Kräfte für einen *neuen* Weg ins Wohnen zu sammeln. Mit der Gratstellung seines Lebens an einem Rand der Gesellschaft verbindet sich aber auch die Gefahr diesem behagenden Wohnen auf Dauer fernbleiben zu müssen.

4.3 »Wir müssen in bescheidenen, einfachen Häusern leben« – Wohnen im Kloster

Jenseits bürgerlich tradierter Lebensformen verliert der Begriff des Wohnens seine Selbstverständlichkeit. Im Blick auf das Leben im Gefängnis wurde es auf eine andere Weise fragwürdig als aus der Perspektive des

Not-Wohnens in einer Obdachlosenunterkunft. Das folgende Kapitel wird sich mit dem Wohnen im Kloster auseinander setzen und dabei die Perspektive zweier Kapuziner einnehmen. Auch dieses Beispiel wird zeigen, dass jede Praxis des Wohnens die Situation konkreten individuellen Lebens ausdrückt. Wenn das Leben im Gefängnis auch darin dem Leben im Kloster ähnlich ist, dass einzelne Menschen hier wie dort in getrennten Räumen (Zellen bzw. Klausen) leben und einer disziplinierenden Ordnung unterworfen sind, so verbietet sich der Vergleich doch angesichts grundverschiedener Lebenssituationen.

Das folgende Kapitel beruht in seinem empirischen Teil auf einem Interview mit zwei Mönchen der Frankfurter Ordensgemeinschaft der Kapuziner. Pater R. ist ca. 45 Jahre und Pater E. ca. 70 Jahre alt. Beide leben seit mehreren Jahren in den Räumen des Frankfurter Klosters. Pater E. hat früher an einer theologischen Hochschule gelehrt. Das Kloster der Kapuziner befindet sich im Unterschied zu vielen Klosteranlagen im Zentrum der Innenstadt, keine 100 Meter von der Einkaufmeile »Zeil« entfernt. Die Gemeinschaft der Kapuziner kam 1917 an die Liebfrauenkirche, wo ihr von der Diözese Räumlichkeiten überlassen wurden (vgl. Atzert 1954). Heute lebt dort eine Gemeinschaft von kaum mehr als zehn Ordensbrüdern.

Der Orden der »Minderbrüder« wurde auf der Grundlage des Testaments des Hl. Franziskus von Assisi im 16. Jahrhundert als Zweig der franziskanischen Gefolgschaft gegründet. Die Kapuziner bekannten sich zur Armut und zum »völligen Verzicht auf die irdischen Dinge« (Kloster der Kapuziner 1955: 2, künftig: Kloster) – zu einem Leben als »Bettelmönchen«. »Auch die kleinen Häuser, in denen sie wohnen, gehören ihnen nicht zu eigen.« (Ebd.: 2) Ihre Klöster sind nur »Gemeinschaftshäuser« (ebd.).

Die Regeln und Prinzipien der verschiedenen Ordensgemeinschaften unterscheiden sich z.T. stark. Die Abweichungen im theologischen Selbstverständnis führen zu je besonderen klösterlichen Lebens- und Wohnformen. Die im Rahmen des Gesprächs mit Repräsentanten des Kapuzinerordens getroffenen Aussagen können daher nicht auf andere Ordensgemeinschaften übertragen werden.

4.3.1 »Wir haben Gemeinschaftsräume«

Pater R. und Pater E. skizzieren ihre Wohnsituation mit einem Hinweis auf das gemeinschaftliche Leben im Kloster: »*Wir haben Gemeinschaftsräume, das Refektorium, das Recreatorium, das eine ist der Essensraum und das andere der Raum, wo wir abends zusammensitzen und diskutieren. [...] Die Räume sind natürlich alle auch geprägt durch wichtige Zeichen unseres Glaubens.*« Erst nach ausführlichen Bemerkungen über Art und Bedeutung der Gemeinschaftsräume weist Pater R. darauf hin, dass jeder Bruder auch sein eigenes Zimmer hat. Die Fenster der Zimmer der Brüder gehen zu einem kleinen Innenhof und nicht zur Straße. Noch heute gilt für die Anlage der Klausen ein Prinzip, das seit dem mittelalterlichen Klosterbau seine Gültigkeit hat: »die Brüder (sollen) keinen Störungen von außen ausgesetzt (sein)« (Hümmerich 1987: 133).

Die Zimmer sind weder groß, noch komfortabel ausgestattet; in jedem »*befindet sich ein Schrank, ein Bett, ein Schreibtisch, und es sind noch Dusche und WC angeschlossen.*« Der je individuell verfügbare Sanitärbereich ist beiden Patern rechtfertigungsbedürftig. Sie sprechen von »*Frankfurter Luxus*«. Das Haus ist vor zehn Jahren aus statischen Gründen komplett saniert worden; in diesem Zuge habe man auch diese für Kapuziner keineswegs übliche Annehmlichkeit geschaffen.[51] Pater E.: »*Die meisten haben Jahrzehnte mit einem Gemeinschaftswaschraum gewohnt.*« Die Räume der Brüder seien im Frankfurter Kloster auch deshalb besser als bei den Kapuzinern im Allgemeinen üblich ausgestattet worden, weil das innerstädtisch gelegene Kloster weder über einen Garten noch einen Kreuzgang oder Hof verfügt. Pater E., der aufgrund seines Lebensalters länger im Orden ist als der jüngere Bruder R., kann sich gut an weit einfachere Zellenausstattungen erinnern: »*Als ich damals in den Orden eingetreten bin [...] gab es Zimmer mit Bohlen – geschrubbte Holzbohlen drin – keine Vorhänge, keine Blumen ... aber ein Bett mit Stroh.*«

Die Frage der Zimmergestaltung ist für Kapuziner generell ein diskussionswürdiges Thema. Pater E.: »*Franziskus war ja total dagegen, Häuser zu bauen [...], die Brüder sollen arm bleiben und unterwegs sein [...] wie Pilger und Fremdlinge ... sich nicht festsetzen.*« Die Frage des Lebens in Armut habe den Orden deshalb bis in die Gegenwart beschäftigt. Es gebe (Pater E.) »*sagenhafte Neuanfänge [...] in Italien in abgestellten Eisenbahnwagons und so weiter.*« Das Gebot des Lebens in Armut bildet in den Regeln des Ordens ein thematisches Zentrum. Diese Regeln stützen sich auf das Testament des Hl. Franziskus. In einer Bulle des Papstes Honorius III wurden sie bekräftigt. Umgesetzt werden sie über eine an Detailregelungen reiche Satzung (vgl. Konferenz der deutschsprachigen Provinzialminister 1992, künftig: KDP). Diese Satzungen enthalten auch zahlreiche Aussagen über die Gestaltung der Wohnräume. »*Wir müssen in bescheidenen, einfachen Häusern leben, dort wie Pilger und Fremde wohnen. [...] Die Häuser sind ein Raum, wo wir hingehören, aber eben ein Raum, der sich einteilt in die Verantwortung der Brüder, Gebet, Kirche ... Gebetsraum, das ist ganz wichtig, mit eigenen Vorschriften.*« (Pater E.) Das Haus werde von der Lebensform bestimmt, »*dem Gebet und der Beziehung zu Gott und zueinander wie den

---

51. Pater E. merkt zu Erläuterung an, dass das Kloster der Diözese gehöre. Da man ein solches Gebäude flexibel für verschiedene mögliche Nutzungen in der Zukunft (um-)bauen müsse, habe man auch an andere Verwendungsformen gedacht; ein Zimmer ohne eigenen Sanitärbereich sei von daher nicht in Betracht gezogen worden.

Aufgaben.« Von herausragender Bedeutung sind daher nicht die eigenen Zimmer, sondern die Räume, die gemeinschaftlich genutzt werden; dies zum einen, weil die Erfüllung der Aufgabe einer *gelebten* Gemeinsamkeit im Kloster bedürfe, aber auch, weil die gelebte Gemeinsamkeit jeden Einzelnen in die *gemeinsame Situation* des Glaubens einbette. Auch die beiden Kapuziner sahen im Refectorium und Recreatorium zwei für ihr Wohnen in besonderer Weise bedeutsame Räume (vgl. Abb. 13 und 14).

Die Gemeinschaftsräume sind zum einen wichtig, weil sie evidenten Zwecken des Lebens in der Gemeinschaft dienen – dem gemeinsamen Essen, dem Gespräch, dem gedanklichen Austausch und der Diskussion von Glaubensfragen. Zum anderen sind sie aber auch deshalb so wichtig, weil sie sich als (räumliche) Medien der Herstellung einer implantierenden Situation vorzüglich eignen. Dies auch deshalb, weil der Kapuziner in seiner Klause allein ist und sich des Fortbestandes wie der Weiterentwicklung eines *gemeinsamen* Denkens, Fühlens und Wollens dort nur abstrakt und imaginativ vergewissern kann – im Selbstgespräch, aber ohne die leibliche Gegenwart der Ordensbrüder. Umso mehr stiften die Gemeinschaftsräume eine Identität des klösterlichen Lebens, die in der Gestaltung der Räume zum Ausdruck kommt.

Konstitution und Bekräftigung von Identität werden daneben durch Rituale, die Kleiderordnung des Ordens, institutionalisierte Tagesabläufe etc. befördert. Die institutionelle Aufgabe solcher z.T. in einer Ordnung festgehaltenen Regeln liegt in der symbolischen Verknüpfung glaubensspezifischer Geltungsansprüche (vgl. Sonntag 2004: 114). Jörg Sonntag betrachtet das Kloster als symbolische Ordnung, die sich nicht im Bereich der Liturgie erschöpft. Von tragender Bedeutung ist auch die Körpersymbolik, die Sonntag am Beispiel von »Habitusformierungen und gestischen Formen« (vgl. ebd.: 101) anspricht, wenngleich sie eher in den Bereich der (symbolisch codierten) »leiblichen Kommunikation« i.S. von Hermann Schmitz gehören dürften. Das Kloster wird als besonderer Ort gedeutet (vgl. ebd.: 102), als isolierender und überbrückender Raum (gegenüber den Fluten der Sünde isolierend und in den Raum Gottes überbrückend). Von fundamentaler Bedeutung sind die »heiligen Symbole« (vgl. ebd.: 104f), die die imaginative, vergemeinschaftende Verklammerung der Mönche untereinander leisten. Eine wichtige Rolle spielt der Ordenshabit, der Identitätssymbol wie Identifikationsmittel zugleich ist (vgl. ebd.: 106), aber auch die Gleichförmigkeit täglich sich wiederholender zeitlicher Schemata ritueller Abläufe sowie die hierarchische Ordnung innerhalb der Ordensgemeinschaft. All diese symbolischen Felder verfugen die gemeinsame Situation der Brüder und stärken sie durch die implantierende Kraft der eindringlich wirkenden symbolischen Suggestionen. Die Kraft der Vergemeinschaftung verdankt sich aber nicht nur eines (kognitiven) Wissens der Brüder über Sinn und Bedeutung der von ihnen nach innen wie nach außen demonstrierten Symbole; von letztlich implantierender, d.h. gemeinschaftsbildender Kraft ist das *Gefühl* der gemeinsamen Teilhabe an »etwas Höherem« (ebd.: 105). Die Identifikation der Brüder mit ihrer Aufgabe, ihrem Glauben und ihrer Ordensgemeinschaft lässt sich deshalb auch erst dann als vollzogen, i.s. der Festigung einer stabilen Ordnung der Zugehörigkeit auffassen, wenn ein hoher emotionaler Grad der Persönlichkeitsbildung erreicht ist. Das zeigt auch das Gespräch mit Pater R. und Pater E.

Wie die Regeln, die im Kloster gelten, nicht auf einen organisatorischen Charakter reduziert werden können, weil sie religiöse Geltungsansprüche verkörpern, so ist das Wohnen der Kapuziner keine äußerliche Raumnahme, sondern Selbstsituierung in einem Lebensprogramm, zu dessen Grundstruktur es gehört, dass das Wohnen im bürgerlichen Sinne samt aller sich mit ihm verbindenden Merkmale (Ansammlung wertvoller, ästhetischer Dinge etc.) nicht in dieses Relevanzsystem passt. Die Frage nach dem Wohnen stellt sich auf dem Hintergrund einer von religiösen Werten und Gefühlen überwölbten Lebenssituation. Das Wohnen der Mönche ist ebenso ein Ausdruck ihres Denkens und Empfindens, wie es deren Denken und Empfinden einen gemäßen Raum gibt.

Der *Sinn* des Wohnens erschließt sich bei den Kapuzinern aus einer Maßstabsperspektive, die säkularen Lebensformen fremd ist. Zunächst ist die räumliche und systemische Perspektive des *Klosters* von Belang und erst danach die Perspektive *individuellen* Wohnens in einem eigenen Raum. Der Gemeinschaftssinn der Brüder verdichtet sich in den gemeinschaftlich genutzten Räumen. Deshalb kommt im klösterlichen Wohnen der Gestaltung dieser Räume mit identitätsstiftenden Symbolen besondere Bedeutung zu. Die Interviewpartner weisen auch auf die Wichtigkeit symbolischer Verkörperungen ihres Glaubens hin (das Kreuz, geschnitzte Figuren von Heiligen, ein großformatiges Wandgemälde im Refectorium). Bilder – aber auch allegorische Dinge – dienen in besonderer Weise der Repräsentation von Leitideen der Glaubensgemeinschaft zum Zwecke der Stärkung des Gemeinschaftssinns (vgl. Markert 2004: 245). Die Aussagen der beiden Gesprächspartner illustrieren ihr Wohnen im Geiste des Hl. Franziskus. Wie die Liebe »im« Kleriker wohnt (vgl. o.), so der Kleriker im Welt- und Menschenbild des Ordensgründers. Die Satzungen der Kapuziner geben eine Vorstellung davon, wie das religiöse Selbstverständnis des Ordens seinen Ausdruck im Leben und Wohnen der Brüder finden soll.

Der *Gemeinschaftssinn* ist ein empathischer Empfindungs-Sinn und zugleich ein Programm-Sinn, damit also ein (sinnlich) fühlender und ein (abstrakt) denkender Sinn. Die Verschränkung der Sinndimensionen konstituiert ein Gefühl, das Menschen spüren, die sich einen identitätsspezifischen Zusammenhalt schaffen. Medium der Implantierung einer gemeinsamen Situation ist weniger ein abstrakter Sinn, als dessen leibliche Spürbarkeit in Gestalt atmosphärischer Räume. Auf Atmosphären des Gefühls bezieht Hermann Schmitz auch die nachhaltige Eindruckswirkung bildlicher Symbole des Christentums, die eine »überschattende Mächtigkeit des heiligen Geistes« vermitteln (Schmitz 1977: 21). Der Gemeinschaftssinn steht insofern in einer engen Beziehung zu einem teleologischen *Sinn* sinnlicher Eindrücke, als ein gemeinsames Gefühlsfundament der Zusammengehörigkeit als Kraftquelle für ein Handlungsprogramm fungiert, das seinen gleichsam *argumentativen* Ausdruck in einem hoch differenzierten System von Bedeutungen (des Christentums i.S. des Hl. Franziskus) findet. Der Gemeinschaftssinn ist als atmosphärisches Gefühl schließlich als Ergriffensein vom Heiligen Geist zu verstehen, als ein Gefühl, das nicht auf die Kraft eines figürlichen Dämons zurückgeht, sondern auf eine *zwischenmenschliche* Macht mimetischer Imagination: durch das »Hineingeraten in eine enthusiastische Atmosphäre, ein eigenartiges Hochgefühl mit vielen charakteristischen Zügen, die sich schon an den Erfahrungen der frühesten Christen vom Heiligen Geist abzeichnen« (ebd.: 26). In diesem direkten Sinne ist der Gemeinschaftssinn ein besonders starkes Medium des Wohnens der Mönche. Es ereignet sich in erster Linie in Praktiken des Glaubens; als solches nimmt es in einem physischen Wohnraum Platz. Das Wohnen wird nicht – wie bei Bollnow – aus der Perspektive der Wohnung gedacht; die »Wohnung« ergibt sich aus dem Wohnen im Glauben.

4.3.2 »Wohnen« in der Kleidung (der Habit)

Die Kapuziner bekennen sich, den Lebensgrundsätzen des Hl. Franziskus (Franz von Assisi) folgend, zu einem klösterlichen Leben in Armut, um denen empathisch nahe zu sein, denen sie ihre Aufgabe gewidmet haben. »Und jene, die kamen, um dieses Leben anzunehmen, gaben alles, was sie haben mochten, den Armen. Und sie waren zufrieden mit einem Habit, innen und außen verstärkt, mit Zingulum und Hosen. Mehr wollten sie nicht haben.« (KDP: 18[52]) Die Bestimmung zu einer Lebenspraxis, die dem Grundsatz »spontaner brüderlicher Liebe« im Umgang miteinander wie im helfenden Zusammensein »mit Armen, Schwachen und Kranken« (KDP: 4,4[53]) folgt, erwächst aus einer Glaubenshaltung, die aufgrund der Freiwilligkeit des Beitritts zum Kloster den Charakter einer Selbst-Bestimmung hat. Äußeres Zeichen dieser Lebensformen ist die Wahl einer entsprechenden Kleidung und die Selbstbeschränkung in der Ausstattung des Klosters wie der Klausen.

---

52. Seiten aus dem Testament des Heiligen Vater Franziskus = KDP: 17-20.
53. Textstellen aus den Satzungen der Kapuziner = KDP: 4,4 (4 = Nummer, 4 = Absatz).

Die Kleidung der Menschen wird mitunter als *zweite Haut* bezeichnet. Man »wohnt« dann in einem Nebensinn auch in seiner Kleidung, die Schutz (vor Kälte z.B.) bietet, aber auch der symbolischen Selbstzuschreibung von Identität dient. Die symbolisierende Funktion erklärt das Aussehen eines jeden Ordenshabit in erster Linie. Seine Schutz bietende Funktion ist abgeleitet. Ein Kapuziner will in seiner Kleidung nicht nur als Ordensbruder im Allgemeinen sichtbar werden; dann könnten Mitglieder aller Orden dieselbe Kleidung tragen. Was für das Selbstverständnis eines Ordens im Allgemeinen kennzeichnend ist, gilt auch für den Kapuziner. Er will in seinem Mönch-Sein als Mitglied eines Bettelordens erkannt werden können. Deshalb ist die Kleidung der Brüder auch nicht aus Zweckmäßigkeit oder anderen pragmatischen Gründen (etwa der Billigkeit) so schlicht und einfach; die Gestalt ist vielmehr Ausdruck einer *Haltung*, die aber keine individuelle Einstellung ausdrückt, sondern das *Programm* des Ordens. Der Eindruck, den die Menschen vom Bild des Kapuziners im öffentlichen Raum erhalten, ist Ausdruck eines Bekenntnisses, nach den Grundsätzen eines Bettelordens zu leben und sich in den Dienst des Testaments des Heiligen Franziskus zu stellen. »Wir wollen uns mit dem gütigen und demütigen Christus bekleiden und Mindere sein, nicht zum Schein, sondern wirklich, in Gesinnung, Wort und Tat.« (KDP: 33,2)

Der intendierte Ausdruck eines religiösen Selbstverständnisses durch eine uniforme Kleidung wird auf zwei Wegen kommuniziert: zum einen auf symbolischem Wege. Die Einfachheit des Habit[54] *bedeutet* den Entschluss zum Leben in Armut[55]; die Kleidung gibt *symbolisch* zu erkennen, dass sich ihr Träger als Zugehöriger des Ordens auf der Seite derer sieht, die nichts haben. Diesem symbolischen Verstehen liegt aber zum anderen auch ein ganzheitliches Gestaltverstehen zugrunde, das sich mit Hermann Schmitz am Situationscharakter des Erscheinens der Person des Mönchs festmachen lässt. In dieser Sichtweise ist es weniger ein von der Kleidung ausgehendes zeichenhaftes Signal, das rational *verstanden* wird, sondern der habituell-ganzheitliche Ausdruck und dessen synästhetische Übertragung in ein leibliches und damit spürbares *Empfinden*, das der *Symbolik* der Kleidung entspricht. Das schlichte Kleidungsstück bedarf zu seiner beeindruckenden Wirkung der authentischen Person des Mönchs. Die Bedeutung des Wortes »Habit« beschränkt sich in der alten Sprache deshalb auch nicht auf

---

54. Zum Habit der Kapuziner gehören neben der charakteristischen rostbraunen Kutte mit Kapuze ein einfacher geflochtener Gürtel (Zingulum) und Sandalen.

55. Zur Kleidung gehören nach den Satzungen neben dem kastanienbraunen Habit mit Kapuze ein Gürtel und Sandalen. Ergänzend heißt es: »Aus einem guten Grund können wir auch Schuhe tragen.« (KDP: 33,5).

Worte wie »Umhang« oder »Kutte«. Der Name steht nicht für eine den Mönch gegen Wind und Wetter schützende Kleidung. Im Begriff des (klösterlichen) Habit hat die Gestalt des Mönchs zentrales Gewicht.[56] Im Begriff des »Habitus« kommen – auf einer *sinnlichen* und einer *symbolischen* Ebene – Bild und Bedeutung zu einer Einheit. Der Habitus muss – seiner Glaubwürdigkeit halber – zum Habit passen. Erst die Einheit von Habit und Habitus verweist auf das Selbstverständnis eines jeden Ordens. Die Bekleidungsordnung bündelt und reguliert die Ausdrucksmittel der Bekleidung entsprechend der Programmatik des Ordens.

Man könnte auch sagen, dass das Verstehen des Habit auf dem Wege *leiblicher Kommunikation* verläuft. Darunter versteht Hermann Schmitz die einleibende Wahrnehmung sinnlicher Eindrücke, die nie allein mit singulären Bedeutungen verbunden sind, sondern in chaotisch mannigfaltigen Bedeutungshöfen lagern. Auf dem Wege der synästhetischen Wahrnehmung überträgt sich ein sinnlicher Eindruck über die leibliche Dynamik in ein Empfinden, das der Bedeutung des Symbols entspricht (vgl. i.d.S. Schmitz 1998). Im Habit überlagern sich somit eine Ausdruck gebende Sprache von Bekleidungsstücken und eine diese Sprache mit Bedeutung füllende, wahrnehmbare und glaubhafte Haltung einer Person. Mit Wilhelm Worringer ließe sich dieses Oszillieren zwischen semiotischer *Dekodierung* und mimetischleiblicher Anverwandlung an ein Ausdrucksgeschehen auch als Synthese von »Einfühlung« und »Abstraktion« auffassen (vgl. Worringer 1918). Der Habit wird in seiner gestalthaften Erscheinung als Ausdruck eines Habitus erlebt, d.h. als *Bild* einer programmatisch begründeten Teilhabe *So*-Bekleideter am Leben Armer, Schwacher und Kranker. In derselben Wahrnehmungssituation wird der Habit aber zugleich auch als abstraktes Symbol des Bekenntnisses zu einem Leben in Armut und Demut *verstanden*.

---

56. »Habit« nannte man aber nicht nur das klösterliche Gewand, sondern auch andere typische Berufskleidungen, die fest mit dem Bild einer Profession verbunden waren und zugleich auf den Habitus des Trägers verwiesen (richterlicher Habit oder Professorenhabit). Der Begriff »Habit« machte aber auch auf die Situation einer typischen Bekleidung aufmerksam und damit implizit auf den habituellen Rahmen, an den man bei dieser bestimmten Kleidung denken musste (so gab es z.B. den kostbaren Jagdhabit, den Nachthabit oder den Haushabit). Einen seinem Habitus im unmittelbarsten Verständnis gemäßen Habit trug der Narr: einen »kälbernen habit mit einem paar hasenohren, vorn mit schellen geziert«. Im 17. Jahrhundert nannte man generell das Hauptstück der Kleidung Habit, womit ein Zusammenhang zwischen der Erscheinung einer Person und ihrer Kleidung eindrucksvoll zur Geltung kam (vgl. Grimm/Grimm, Bd. 10: 94f).

4.3.3 Das klösterliche Wohnen als Ausdruck

Der Habit ist *ein* Ausdruck der gemeinsamen *Lebens*-Situation der Kapuziner. Diese spiegelt sich auch im klösterlichen Wohnen wider. Wie die Wahl der Bekleidung, in der man in einem abgeleiteten Sinne (wie in einer zweiten Haut) wohnt, ist auch die Wahl der Wohnung nichts i.e.S. *Eigenständiges*. Während sich im bürgerlichen Wohnen individuelle Vereinzelung in aller Regel im Spiegel einer *persönlichen* Situation des Wohnens – und nicht im Spiegel einer gemeinsamen durch Zugehörigkeit geregelten gesellschaftlichen Situation – ausdrückt, so ist dieses Verhältnis im Falle der Mönche umgekehrt. Im Kloster bestimmt kein individueller Plan die Art des So-Wohnens, sondern das Selbstverständnis des Ordens. Die persönliche Situation des Wohnens fällt deshalb weitgehend mit der gemeinsamen Situation des Lebens im Orden zusammen bzw. kann sich entfalten, wo die Regeln des Ordens einen hierfür nutzbaren Spielraum definiert haben.

Das Gebäude des Klosters zieht eine räumliche Grenze zwischen Drinnen und Draußen, die keinen privatistischen Wohnbedürfnissen folgt. Catherine Baker zitiert eine Zisterzienserin, die in Klöstern »Friedensinseln« sieht (vgl. Baker 1979: 242). Das Kloster sei eine Insel, weil das Leben in ihm nach einem anderen Rhythmus gelebt werde als außerhalb seiner Mauern, wenn es auch auf dieses »äußere« Leben der Menschen bezogen ist. Der Innenraum des Klosters spielt eine große Rolle bei der Konstitution *gemeinsamer* wie *persönlicher* Situationen. Ein festes Haus ist ein wirksames Medium der architektonischen Durchführung dieser Trennung, die in ihrem Effekt noch dadurch unterstützt wird, dass die Klausen der Mönche (bzw. Nonnen) in aller Regel um einen Innenhof herum angelegt sind, wodurch die visuelle und akustische Präsenz des städtischen Lebens zurückgedrängt wird. Die sprichwörtlichen *Klostermauern*, die im Mittelalter insbesondere zur Umfriedung von Nonnenklöstern zum Schutz vor Entführung errichtet wurden, dienen heute – wo sie je nach örtlicher Situation noch vorhanden sind – allein der Symbolisierung »der Trennung von der Welt« (so eine Zisterzienserin, Antier/Antier 1982: 117). Ihre Schutzfunktion ist »umgeschrieben« worden.

»Armut verlangt einen anspruchslosen, einfachen Lebensstil, zumal in der Kleidung, Nahrung und Wohnung, sowie den Verzicht auf jegliche Form von Herrschaft im sozialen, politischen und kirchlichen Bereich.« (KDP: 60,4) Das Wohnen im Kloster hat auf dem Hintergrund seines Charakters als gemeinsamer Situation mehrere Maßstabsebenen. Auf kleinstem Maßstab hebt sich das Kloster als besonderes Bauwerk durch seine Abgeschlossenheit vom übrigen Raum der Stadt oder einer ländlichen Umgebung ab. Der Verschluss (lat. *claustrum*) des Hauses (vgl. Grimm/Grimm, Bd. 11: 1235) gibt dem Kloster nicht umsonst seinen Namen. Aber das Charakteristische dieses Merkmals ist nicht nur die räumlich-äußerliche Raumgestalt in Form von Mauern und Toren, die das Wohn-Innere des Klosters umgeben. Die baulich-architektonische Form steht vielmehr für ein *Verschlossensein* vom Charakter eines *produktiven* Aus-schlusses. Das Kloster drückt in seiner baulichen Form einen *Typ* Architektur aus, der sich auch in anderen Religionen für den wohnenden Aufenthalt in der Gemeinschaft geradezu idealtypisch bewährt hat.[57]

Die Grundlagen des Kapuzinischen Klosterbaus regeln seit Jahrhunderten die Details, über deren symbolische und erlebnismäßige Wirkung sichergestellt werden soll, dass das Leben dem Gebot der Armut auch in der Praxis des Wohnens folgt. So durfte ein Kloster nach spätmittelalterlichen Vorschriften nur angenommen werden, wenn es »nach der Armut gebaut« war. Die Zellentüren durften nicht höher als sieben Spannen sein (und dreieinhalb breit) und die »andern Gemäch sollen klein/demütig/arm/schlecht vnd niederträchtig seyn« (Hümmerich 1987: 8). Die Selbstbeschränkung erstreckte sich aber nicht nur auf die unmittelbaren Bedingungen des Wohnens in Klause und Klostergebäude; sie betraf auch die Gestaltung der nicht i.e.S. dem Wohnen dienenden Kircheneinrichtung. So durfte die *einzige* Glocke nicht mehr als 150 Pfund wiegen und »die Kertzenstöck sollen geträhet seyn von gemeinem Holtz« (ebd.). Alle Ausstattungsstücke der Gebäude (das gilt auch für den Hausrat) mussten der höchsten Armut entsprechen (vgl. ebd.).[58]

Innerhalb der Formen christlicher Klosterbauten machen Unterschiede in der Architektur darauf aufmerksam, dass die Art, ein Haus für Mönche zu bauen, Rückschlüsse auf das Leben und Selbstverständnis des jeweiligen Ordens zulässt. Mit anderen Worten: Die innere Raumordnung eines Klosters drückt auf einer mittleren Maßstabsebene die Prinzipien des Lebens im Orden aus (Anlage von Kreuzgang, Innenhof und Nebengebäuden, Anlage des Traktes mit den Klausen für das individuelle Leben sowie die Gestaltung der Räume für das gemeinschaftliche Leben: Refektorium, Recreatorium, gegebenenfalls ein Calefactorium, Dormitorium im Ostflügel, wo die Mönche gemeinsam schliefen, solange einzelne Räume für die Ordensmitglieder nicht üblich waren, bei großen Anlagen eine Infirmeria und eine Schule.

Auch die äußere Gestaltung der baulichen Anlage drückte in ihrer räumlichen Beziehung zur Stadt oder Umgebung das religiöse Selbst-

---

57. So z.B. das Felsenvihara, ein in den Felsen geschlagenes, buddhistisches Kloster (z.B. im indischen Ajanta) (vgl. Koepf 1974: 405).

58. Zu Zeiten des Ordensgründers schliefen die Brüder in einem Dormitorium, das z.B. im Kloster von St. Gallen 72 Mönchen Platz bot. Aber schon im 16. Jahrhundert wurden Einzelzellen gebaut (vgl. Hümmerich 1987: 133).

verständnis der Mönche aus. So steht das Kloster der Kartäuser mit seinen umgebenden Mauern für eine Abgeschlossenheit, die den Lebensgrundsätzen wie Praktiken des Glaubens entspricht. Das Eremitentum dieses Ordens spiegelt sich im Inneren noch einmal darin wider, dass jeder Mönch ein eigenes Haus am Kreuzgang bewohnt (vgl. Koepf 1974: 230). Der Abschluss vom weltlichen Leben wird hier im Namen des Glaubens und einer mit ihm verbundenen Lebensweise unmissverständlich, wirksam und sichtbar vollzogen. Im Unterschied dazu sind die Klöster der Franziskaner oder anderer Bettelorden unbefestigt. Die Anlage des Bauwerkes drückt Offenheit aus, denn die Armen, Schwachen und Kranken, denen Teilhabe und Hilfe gelten sollen, leben außerhalb des Klosters in der Stadt oder auf dem Dorf. Eine Klosteranlage, die sich vom Leben der Leute hermetisch trennt, würde das Gegenteil (über die Einfühlung) *spürbar* machen und (im Wege der Abstraktion) symbolisch »falsch« verstanden werden.

In den Regeln und Satzungen der Kapuziner finden sich zahlreiche Hinweise, die das Wohnen betreffen. In der Mitte des täglichen Ablaufs steht ein Rhythmus von »Gebet, Betrachtung, Arbeit und Zusammenleben« (KDP: 43,3). Im Testament des Franziskus heißt es: »Die Brüder sollen sich hüten, Kirchen, ärmliche Wohnungen und alles, was man für sie baut, anzunehmen, wenn sie nicht der Heiligen Armut entsprechen, die wir in der Regel versprochen haben; nur wie Pilger und Fremde dürfen sie dort Herberge nehmen.« (KDP: 19) Bemerkenswert ist die im Testament des Franziskus ausgeführte Unterscheidung zwischen *ärmlicher Wohnung* und *heiliger Armut*. Danach kann eine Wohnung *ärmlich* sein, wenn sie schlecht oder unzureichend ausgestattet ist; ein Leben in *heiliger Armut* dagegen erfordert eine Art der Ausstattung, die die Erfahrung der Gegenwart des Numinosen ermöglicht. Eine Wohnung, die nur *ärmlich* ist, mag vieles in schlechter Qualität bieten, aber keinen Rahmen für die Entstehung göttlicher Atmosphären. Klöster sind aber reine Räume der Atmosphären.

Der gebotene Verzicht auf privates Eigentum erstreckt sich auch auf die Frage nach dem Besitz eines eigenen Hauses. Kein Kapuziner hat ein eigenes Haus. Die Vorschrift geht aber weiter und schließt ausdrücklich auch den *Ort* von der Aneignung aus. »Die Brüder sollen sich nichts aneignen, weder ein Haus noch einen Ort noch irgend etwas anderes.« (KDP: 62,1) Indem der Verzicht auf jedwede Aneignung von Gütern auch auf Orte ausgedehnt wird, kommt eine Kultur des Wohnens zum Ausdruck, zu der das Heimischwerden an einem Ort *nicht* gehört. Wer darauf verzichtet, sich einen Ort als »Herumwirklichkeit« (Dürckheim) anzueignen, legt das gesamte Gewicht seines Lebens auf dessen ideell begründete Praxis. Der Grundsatz der »Armut beim Gebrauch von Gütern und Geld« (vgl. KDP, II. Artikel) gilt ebenso für die Gestaltung der Wohnung – i.e.S. der Klause – des einzelnen Mönchs wie der gesamten Klosteranlage.

4.3.4 »Jeder von uns hat einen Raum ... das ist ein Stück Allerheiligstes für uns Brüder«

Wenn die Gemeinschaftsräume, und nicht die individuellen Klausen, auch das Zentrum des Lebens und Wohnens im Kloster bilden, so haben die persönlichen Räume der Mönche dennoch eine wichtige, wenn auch nachgeordnete Funktion. *»Das ist einfach schön, dass wir sehr gute Räume haben mit viel Holz. Jeder von uns hat einen Raum, der Gott sei Dank eine Tür hat, die man zumachen kann und wo ich sein darf ... ich darf es auch einrichten und schmücken. Das ist ein Stück Allerheiligstes für uns Brüder. Es dient unserer Seele. Wir haben ein Dach über dem Kopf und wir haben ein Dach über unserer Seele, wie man so schön sagt. Das ist so etwas, wo wir auch persönlich etwas Kraft schöpfen. Und dann natürlich die Gemeinschaft, im Gebet«* (Pater E.). Der persönliche Wohnraum ist nicht mehr *eigener* Wohnraum als der Gemeinschaftsraum *persönlicher* Raum ist. Dennoch spielt er im Gefüge der Räume und der sich mit ihnen verbindenden Aufgaben eine besondere Rolle. Er ist Raum der Kontemplation und der Katharsis. Eine Tür, die man schließen kann, umfriedet den persönlichen Raum und gibt ihm eine »Vitalqualität« (Dürckheim), die der Regeneration verbrauchter Kräfte entgegenkommt. Der Sinn der Regeneration ist nicht auf privatistische Ziele ausgerichtet, sondern auf die Regeneration für die gemeinsame Idee und Verpflichtung. Deshalb wird der eigene Raum auch nicht als Hort persönlicher Dinge angesehen. Da es zu den Regeln der Kapuziner gehört, an keinem *Ort*, sondern im Glauben heimisch zu sein, versteht es sich von selbst, dass sie schon von sich aus keine Güter anhäufen wollen. Diese würden sie rein lebenspraktisch beim Umzug in ein anderes Kloster letztlich auch nur behindern. Das Gebot des weitgehenden Verzichts auf persönliche Gegenstände erstreckte sich traditionellerweise sogar auf Bücher (Pater E.): *»Die Brüder sollen eben nicht die Bücher haben, weil es sie ablenken könnte ... alles zu tun, was nicht Geist und Leben widerspricht.«* Das sei in der Gegenwart aber nicht mehr so. Für Pater E. seien Bücher sehr wichtig, weil er es von seiner Arbeit an der Hochschule gewohnt sei, damit zu arbeiten. Was ein Bruder brauche, bekomme er, merkt Pater E. an: *»Das muss er sich auch nicht schenken lassen. Das wird besprochen. Wir haben hier in Frankfurt unsere Lebensform und unsere Kommunikation ... die sind wirklich gut. Da sind wir auch stolz drauf.«*

Das Zentrum der Identität der Ordensbrüder ist nicht etwas Persönliches im bürgerlichen Sinne, sondern das Gemeinsame im religiösen Denken und Fühlen. Deshalb spielt sich das Wohnen auch nicht in erster Linie in der eigenen Klause, sondern in den Räumen der Gemeinschaft ab. Dies ist ein Wohnen, das mit den üblichen *raumbezogenen* Vorstellungen des Wohnens (in einer Wohnung oder einem Haus) nur bedingt zu vergleichen ist. Das Kloster ist ein *»geschützter Raum. Das ist einfach wichtig«*, denn die Klostergemeinschaft besteht aus verschiedenen Menschen.

»*Was uns hier [...] verbindet, ist ein geistiges Band. Nämlich, dass wir alle einen Prozess gemacht haben, [...] das auch schätzen, dass wir berufen sind. Sonst geht es nicht [...] das ist wichtig, wir sind eine Gemeinschaft, die zusammengesetzt ist.*« (Pater E.)

Papst Benedikt XII. (1334-1342) soll für den Bau aller Klöster angeordnet haben, dass die Brüder in Einzelzellen schlafen (Hümmerich 1987: 133). Darin dürfte weniger eine Sorge um einen nicht ausreichenden Wohnkomfort der Mönche zum Ausdruck gekommen sein, als ein doppeltes strategisches Kalkül, wonach die räumliche Vereinzelung der Mönche zwei Ziele zu verwirklichen half. Zum einen die Stärkung der Kontemplation im Gebet und damit die Intensivierung des *individuellen* Gefühls, in einem *gemeinsamen* Glauben zuhause zu sein; zum anderen konnte die Unterbringung der Mönche in Einzelzellen aber auch (schwer kontrollierbaren) Tendenzen informeller bis privatistischer Vergemeinschaftung einen Riegel vorschieben. So wurde die Vergemeinschaftung der Mönche beinahe ausschließlich auf institutionalisierte und regulierte Gruppensituationen konzentriert.

Mönche empfinden keine Wohnwünsche, wie sie tagtäglich durch die Massenmedien, die Werbe- und Wohnmöbelindustrie verbreitet werden. Pater R. kennt von längeren versetzungsbedingten Aufenthalten in anderen Häusern neben dem Frankfurter Ordensgebäude drei andere Klöster. Die Art und Weise, jeweils in einem »eigenen« Zimmer zu wohnen, erscheint ihm dabei von sekundärer Bedeutung: »*Für mich ist wichtig, dass ich mich darauf einlasse, so wie die Situation es will. Mein Zimmer kann ich mir entsprechend gestalten, aber ich bin nicht festgelegt [...].*« Der Freiraum, den ein Zimmer biete, sei wichtig, aber es dürfe keine Ansprüche an eine bestimmte Ausstattung der Zimmer geben. Das verbiete sich schon aus der Regel, dass der Kapuziner ein Pilger sei und damit rechnen müsse, alle drei Jahre versetzt werden zu können. Der wiederholte Verweis auf die Herkunft der Kapuziner aus der Armutsbewegung schließt eine Fußnote zur Selbstverortung der Brüder im realen Stadtraum ein: »*Wir Kapuziner waren immer am Rande der Städte angesiedelt. Dort, wo die Armen gewohnt haben. Das ist etwas ganz Wichtiges. Heute hat sich das manchmal ein wenig gewandelt, weil am Rande eher die reicheren Leute wohnen ... während die Benediktiner eher abgelegen wohnen und die Gottesburg, die Gottesstadt darstellen wollen, ist das bei uns anders.*« (Pater R.) Der Vergleich mit den Benediktinern illustriert aus einer externen Perspektive die Bedeutung des Räumlichen und Materiellen im Wohnen in der Glaubensordnung eines Ordens. Die Kapuziner leben für die Linderung der Not Armer. Deshalb sind ihnen große (in baulicher wie in atmosphärischer Hinsicht) Räume in Symbolik und Empfinden nicht gemäß, während es zum Selbstverständnis der Benediktiner passe, wenn sie große und Würde ausstrahlende Räume suchten.

Auf die Frage nach dem Wichtigsten der eigenen Wohnsituation nimmt Pater R. zunächst einen gefühlsmäßigen Abstand zum eigenen Zimmer ein: »*In meinem Zimmer bin ich eigentlich relativ wenig. Von der*

Zeit her. [...] Mein eigenes Zimmer ist mir persönlich nicht so ..., die Gemeinschaftsräume und der Gebetsraum sind dem vorgeschaltet.« Die Gemeinschaft der Ordensbrüder ist eine Gemeinschaft Vieler und Verschiedener und so schränkt Pater E. ein: »*Das Zimmer hat für mich einen etwas anderen Stellenwert. Ich bin auch von der Hochschule her mehr am Zimmer orientiert.*« Aber auch für Pater E. sind die Gemeinschaftsräume in ihrer Wichtigkeit unbestreitbar: »*Und eben die Gemeinschaft, die in den Gemeinschaftsräumen stattfindet. Die Räume sind für uns da und sie sind wichtig. Deswegen schützen wir sie auch.*« Die große Bedeutung der Gemeinschaftsräume im Wohnverständnis der Mönche spiegelt sich auch darin wieder, dass beide ein Bild vom Refectorium und vom Recreatorium machen wollen, um das ihnen in ihrer Wohnsituation Wichtigste auszudrücken (vgl. Abb. 13 und 14).

Abb. 13: Refectorium im Frankfurter Kapuzinerkloster.

Abb. 14: Recreatorium im Frankfurter Kapuzinerkloster.

Das Leben der Mönche drückt sich in ihrem Wohnen ebenso aus, wie das anderer Menschen. Das Beispiel der Kapuziner hebt indes einen fundamentalen Unterschied zum Leben »normaler Leute« hervor. Während wir im Alltag die Bezugspunkte des Lebens an Offerten der Kulturindustrie und Konsumgewohnheiten ausrichten, gleichsam – bis auf weiteres – für unser Wohnen nehmen, was uns gefällt, sind die Kapuziner nicht nur äußerlich und auf Zeit in ihrem Denken einer Idee verpflichtet. Sie *fühlen* sich ihrer religiös begründeten Aufgabe verpflichtet und leben in ihren alltäglichen Praktiken nach Regeln, die sich in ihrem Welt-, Selbst und Menschenbild widerspiegeln.

4.3.5 Das andere Wohnen der Kapuziner

Das gesamte räumlich-architektonische Kloster-Arrangement dient in einer anderen Weise dem Wohnen, als die bürgerliche Vorstellungswelt das

Wohnen denkt. Was im Wohnen des säkularen Lebens als Folge kulturindustrieller Appelle, Verführungen und Suggestionen in seinem Selbstbezug einen starken luxurierenden Akzent und in seinem Weltbezug einen repräsentativen Akzent aufweist, ist das klösterliche Wohnen gleichsam von innen heraus disponiert. Das eigene Wohlergehen ist nicht über Güter und ökonomische Werte definiert, sondern über die praktische Erfüllung der Glaubensidee; die Einrichtung der Wohnung folgt diesem Leitziel. Die Gestaltung der Räume drückt nicht einen Grundsatz des Wohnens aus, sondern des Lebens *im* Glauben, worin das kontemplative Gebetsleben eine besondere Rolle spielt. Dazu gehört es auch, persönlich und gemeinschaftlich »echte Armut und den Geist des Minderseins zu pflegen« (KDP: 4,3). Die Räume des Wohnens müssen dem Einzelnen dienen, damit er seiner Idee dienen kann. Die ganze Aufmerksamkeit der Lebensführung liegt im Immateriellen, weshalb »wir also auch bei den zum Leben notwendigen Gütern keine übertriebene Vorsorge treffen« (KDP: 63,2). Daher sind auch die Gebäude – außen wie innen – einfach und ein Ausdruck gelebter Armut. »Wir müssen in bescheidenen und einfachen Häusern leben und dort stets wie Pilger und Fremde wohnen.« (KDP: 68,1). Wer wie ein Pilger und Fremder wohnt, eignet sich keinen Ort an, weder materiell noch territorial oder emotional, denn die Dauer seines Aufenthalts an *diesem* Ort ist begrenzt. Die Offenheit für jeden Ort ist Bedingung des Pilgerlebens, mit der Folge, dass »Heimat« weniger an einem (topographischen) Ort sein kann, als in einem *ortlosen* Denken und Fühlen eigenen (Mit-)Seins.

Die Häuser der Mönche sollen nach innen wirken, d.h. »für die Bedürfnisse und Aufgaben der Brüdergemeinschaft geeignet sein und das Gebet, die Arbeit und das brüderliche Zusammensein fördern« (KDP: 68,3). Diese Ansprüche kennen keinen altersbedingten Ruhestand mit entsprechenden (Wohn-)Raumvorstellungen, denn »jeder Bruder soll das ganze Leben lang in seinem Tätigkeitsbereich die geistige, wissenschaftliche und praktische Ausbildung vervollkommnen und seine Begabung weiter entfalten, damit unser Orden seiner Berufung in der Kirche stets gewachsen ist« (KDP: 78,1). So *ortlos* das Leben im Orden ist, so *zeitlos* ist es; es kennt keinen heimatlichen Nullpunkt räumlicher Identifikation und ebenso wenig ein äußeren Zwängen und Fremdbestimmungen folgendes Arbeitsleben, das tagtäglich einen Anfang und ein Ende hätte – und darüber hinaus mit der Erreichung des Rentenalters einen biographischen Schlusspunkt fände. Was im säkularen Leben »Arbeit« heißt, geht im Kloster in einer Praxis des Lebens auf, die zwischen Arbeit und Nicht-Arbeit keinen Unterschied kennt.

Wie die Klöster für das Leben der Mönche eine Form *sind* und eine Form *ausdrücken*, in der sich das Leben nach den Grundsätzen des Franziskus führen lässt, so muss für die Wahrnehmung der Menschen nach außen dasselbe – wenn auch mit anderen Mitteln – deutlich werden: »Unsere Wohnungen seien so gebaut und eingerichtet, dass sie niemandem, zumal nicht den einfachen Leuten, unzugänglich vorkommen.« (KDP: 68,2) Das Verhältnis zwischen Innen-Raum (des Klosters) und Außen-Raum (der Stadt) bedarf als Folge der Offenheit und Ausrichtung des Ordens am Leben der Armen in der wirklichen Stadt aber auch seiner Sicherung »für« die Wahrung eines Innen bzw. der Abschirmung von Einflüssen »gegen« ein Außen. Es muss eine Grenze zum Außen gezogen werden, die das Leben im Inneren des Klosters und die Erfüllung der klösterlichen Aufgaben stärkt und nicht schwächt. Wenngleich dem Franziskanischen Kloster auch die Mauer fehlt, die bei den Anlagen der Kartäuser gleichsam festungsartig ausgeprägt ist, so kennt doch auch das Kloster der Franziskaner eine Umfriedung, wenn diese auch einen allein symbolischen Charakter hat und in täglich geübten Praktiken der Kommunikation mit den Menschen »draußen« in der Stadt immer wieder aufs Neue als eine imaginäre Grenze gezogen werden muss: »Der Zugang für Außenstehende sei klug und diskret geregelt, damit die Atmosphäre, die der Geborgenheit, dem Gebet und dem Studium angemessen ist, gewahrt werden kann.« (KDP: 88,3) Alle Erwägungen des Wohnens, einschließlich der Kultur der Umfriedung, dienen der lebendigen Gestaltung einer Grenze zwischen zwei Welten – einer christlich-klösterlichen und einer säkularen Welt. Zur Qualität des klösterlichen Wohnraumes gehört eine die Aufgaben des Klosters gleichsam rahmende Atmosphäre von doppeltem räumlichem Charakter. Sie *ist* im Raum und sie *stimmt* den Raum für eine Form seines *Er*-Lebens, das Bedingung gelingenden Lebens im und für das Kloster ist.

4.3.5.1 Wohnen in einer gestimmten Atmosphäre

»Jeder Kapuziner hat eine kleine, bescheidene Zelle, die stille Klausur, in der er arbeitet und betet, wohnt und schläft.« (Kloster 1955: 4) Das Wohnen in den Zellen der Klöster ist mit dem bürgerlichen Wohnen nicht vergleichbar. Die wechselnden Stilen folgende Gestaltung des Wohnraumes gibt es hier nicht. Im Wohnen der Kapuziner steht das Heidegger'sche Schonen ganz unter dem Vorzeichen der Mitmenschlichkeit und des Umgangs mit dem eigenen Selbst. Der Kapuziner wohnt zwar in seiner Zelle, aber er wohnt im weiteren Sinne mehr in seinem Glauben als im Gebäude des Klosters. Die Aussagen der beiden Brüder sahen ganz i.d.S. die Mitte ihres räumlichen Wohnens stets in den Gemeinschaftsräumen, deren Zweck den Pflichten aus dem Glauben folgt. Das Verständnis des Wohnens ist neben seinem auf die *Räume* des Klosters bezogenen Verständnis vor allem ein metaphysisches.

Mit einem Wort des Bernardin von Asti (General der Kapuziner im 16. Jahrhundert) heißt es: »Die Liebe kann niemals in uns wohnen ohne die anderen Tugenden; ganz besonders verlangt sie nach Gebet und Armut.« (Ebd.: 15) In diesem Gedanken wohnt kein »fleischliches Wesen« in einem Haus, sondern ein Gefühl in einem Wertesystem, das theologisches Programm ist. Das diesem Denken zugrunde liegende Verständnis des Wohnens entspricht einer Gestimmtheit für eine ganzheitliche Disposition als Lebenshaltung.[59] Auch das Christentum stellt sich Gott als einen Wohnenden ohne Haus vor, als »jemanden«, der – im Franziskanischen bzw. Kapuzinischen Sinne – »bei denen, die zerschlagen und demütigen Geistes sind« (Jesaja 57,15) wohnt. Dieses Verständnis metaphysischen Wohnens eines transzendenten Gottes spiegelt sich im Wohnverständnis der Kapuziner wider. Auch sie wohnen in ihrem Glauben, in ihren sozialen Taten, in der Gemeinschaft der Brüder, wie im Geiste des Hl. Franziskus. Zwar haben sie seit dem Spätmittelalter in aller Regel ein eigenes Zimmer, in dem sie auch wohnen; aber dieses Wohnen ist nur ein »einfaches« Wohnen im Vergleich zum wohnenden Geborgensein in der geistigen Welt heiliger Atmosphären.

Der Kapuziner wohnt in seiner Zelle nicht wie ein bürgerlich Wohnender. Und er schafft sein Wohnen nicht aus dem Bauen und Raumgestalten im üblichen Sinne. Seine Zelle weist auch nicht die Dinge des Wohnens auf, derer man für das Arrangement modischer Wohnlichkeit im Allgemeinen bedürfte. »Ein Pult mit einigen Büchern, ein Bett, ein Stuhl, ein Kreuz und vielleicht ein Bild an der Wand, das ist die ganze Einrichtung einer solchen Kapuzinerzelle.« (Kloster 1955: 4) Diese Aufzählung ist der ganz ähnlich, die Pater R. von der Zelle eines Mönches im Interview abgab. Das Wohnen der Kapuziner *bedient* sich nur der Dinge, die sich im eigenen Wohnraum befinden, aber es *zentriert* sich nicht am atmosphärischen Milieu dieser Dinge. Eine andere Rolle spielen die »Glaubensdinge« (Kreuz, Bilder, Heiligenfiguren etc.), die das Wohnen für ein Leben im Glauben *umfrieden*.[60] Der Kapuziner wohnt weniger in seinem Raum als in der gemeinsamen Situation mit seinen Ordensbrüdern. Man könnte auch sagen, er lebt durch seine von ihm selbst angenommene Aufgabe der Mission des Hl. Franziskus. Er identifiziert sich mit ihr in einem alle Lebensbereiche umfassenden Sinne, sodass er in gewisser Weise in seinem Glauben *wohnt*. Darin spitzt sich das Heidegger'sche Verständnis des Wohnens als Schonen des Gevierts zu. Der Kapuziner wohnt aus der Situation eines Lebens für die Schonung der anderen, indem er sein eigenes Wohnen seinem Wirken für Hilfsbedürftige hintanstellt. Damit die Liebe (verstanden als mitmenschliche Liebe i.S. von »Agape«) im Leben des Kapuziners wohnen kann, muss dieser sein Leben nicht für den eige-

---

59. Im selben kommt das Wohnen im Neuen Testament zur Geltung: »Das Wort war Fleisch und wohnte unter uns, und wir sahen seine Herrlichkeit.« (Johannes 1,14) Das Wort wohnt nun in einer Weise, dass es unser Befinden aktiv stimmt und eine Disposition des Glaubens formt.
60. Zur Umfriedung des Wohnens durch Ästhetisierungen vgl. Hasse 2008.

nen Wohngenuss, sondern als implantierenden Beitrag für die Begründung und Stärkung einer *gemeinsamen* Situation des Ordens leben.

Die gemeinsame Situation stiftet die Kraft einer ge- und erlebten Gemeinschaft der Ordensbrüder, in der das *eigene* Leben die Kraft zur Wahrnehmung der übernommenen Aufgaben findet. So wohnt der Kapuziner zwar in seiner Zelle, wie jeder Mensch in einem Raum wohnt. Nur *entfaltet* er sich nicht in seinem Wohnraum nach (Medien-)Konsumklischees oder durch soziale Kommunikation, deren sinnstiftende Sättigung in einen Zirkeleffekt einträte (wonach das Gespräch dem Gespräch diente, die Schau der Wohnung der Lust am Schauen usw.). Was die Mönche *nicht* »Entfaltung der Persönlichkeit« nennen, beinhaltet tatsächlich ein weit größeres Maß dessen. Wenn Pater E. das persönliche Zimmer als »*ein Stück Allerheiligstes für uns Brüder*« bezeichnet, so, weil die Brüder in ihren Klausen ein »Dach über dem Kopf« haben, dank dessen sie das »Dach über ihrer Seele« pflegen und entfalten können.

4.3.6 Retrospektive

Eingangs wurde die These formuliert, das schonungsorientierte Verständnis des Wohnens beinhalte bei Heidegger einen selbstreferentiellen Imperativ und bedeute damit eine Fundierung des Wohnens in einer Selbstkultur, die Foucault im Rückgriff auf Alkibiades als *Sorge um sich selbst* oder als *Technologie des Selbst* anspricht. Wenn sich im Wohnen das Leben – in persönlichen Geschichten *gelebtes* Leben – ausdrückt, dann bietet dieses Spiegelbild zugleich einen Blick auf jene Praktiken im Umgang mit dem eigenen Selbst, die sich in räumlichen Arrangements auf der Mikro- und Makroebene ausdrücken (Klause und Gemeinschaftsräume). Die Sorge um das eigene Selbst dient den Mönchen keinem egozentrisch-narzißtischen Selbstbezug. Sie folgt vielmehr einer i.e.S. des Wortes »ver-geistigten« und zugleich gemeinwesenorientierten Lebensweise, die sich darin ausdrückt, dass die Kapuziner in einer individuellen wie gemeinschaftlichen Selbstkultur leben, die einem doppelten Ziel folgt: der Findung und Reifung eines (zwischen Gebet und gemeinwesenorientierter Arbeit) »gemischten Lebens« (Kloster 1955: 6) in Besinnung und Arbeit. Der Ausgleich zwischen religiöser Kontemplation und Hilfe Bedürftiger konnte und kann nur in der reflexiven Entfaltung beider Bereiche gelingen – getrennt und doch ineinander gespiegelt. In der gelingenden Entfaltung dieser Selbstkompetenz verwirklicht sich das zweite Ziel, die Erreichung der personalen Kompetenz, dem Auftrag des Hl. Franziskus folgen zu können. In der Selbstsorge entfaltet sich insbesondere im Leben der Mönche ein rahmendes Vermögen des Wohnens i.S. einer sinngebenden *Ausrichtung* eigenen Lebens. So offenbart sich im Leben der Kleriker ein Sinn des *So*-Wohnens. Das von Heidegger reklamierte Bedenken des Wohnens ist damit Moment des Lebensprinzips der Kapuziner. Es gehört zu ihrem Selbstverständnis, zwischen Gebet und sozialer Praxis orientiert zu wechseln und zu vermitteln. Ihr Wohnen folgt nicht sprunghaften Impulsen gerade herrschender Moden, sondern einem Plan, dessen Ordnung nur auf dem Niveau abgeleiteter Ziele weltlichen Regeln gehorcht.

Eine i.w.S. säkulare Zweiheit des Wohnens sah auch Heidegger, indem er das Wohnen in einer Wohnung von jenem im metaphysischen Sinne *schonenden* Wohnen auf der Erde unterschied. Wer sein So-Wohnen als eine Praxis der Schonung lebt, wohnt in einer Verantwortung gegenüber anderen Wohnenden, und darin in einem ethisch begründeten Mitdenken des Lebens und Wohnens anderer. Deshalb ist das Wohnen der Mönche auch nicht auf die einfache Ausstattung der Klausen zu reduzieren. Dies schon deshalb nicht, weil die Kapuziner in erster Linie als Schonende und *darin* als Bauende in der Welt sind. Die gelingende Einwohnung ihrer individuellen wie gemeinschaftlich genutzten Räume setzt dieses denkende Fühlen wie fühlende Denken voraus. Im Wohnen drückt sich das Leben in seiner individuellen oder aber, wie am Beispiel der Kapuziner gezeigt werden konnte, gemeinschaftlichen Lebensführung aus. Für die Mönche gilt Heideggers Memento »*Als ob wir das Wohnen je bedacht hätten*« am wenigsten. Ihr Denken über das, was Heidegger mit dem Geviert anspricht (Himmel und Erde, die Sterblichen und die Göttlichen) führt sie zu *ihrem* Wohnen im Orden und aus diesem wiederum zu einer bestimmten Lebensweise in der Gesellschaft außerhalb des Klosters.

Im Wohnen der Mönche spielt die Erfahrung des Heiligen eine wichtige Rolle. Schmitz macht darauf aufmerksam, dass die biblische Rede vom »Heiligen« wie vom »Heiligen Geist« in verschiedener Weise erfolgt. Das Heilige ist der atmosphärisch wahrgenommene Spiegel des Guten, in dessen Genuss in einem metaphysischen Sinne kommt, wer sich dem Göttlichen zu öffnen vermag. Das Heilige ist also eine Atmosphäre und als solche eine *spürbare* Konkretisierung Gottes. Gott ist i.d.S. aber »keine umrissene Figur [...], der man begegnen könnte, wie jemandem, den man sieht, sondern ein von sich her mächtiges, mehr als subjektives Gefühl, in dem man sich aufhält [...]« (Schmitz 1977: 120). Die artikellose Redeweise steht einer artikelbestimmten (mask.) gegenüber. Die eine wie die andere Rede hat ihren je eigenen Sinn (vgl. Schmitz 1977: 15). Das Wort von »dem« Heiligen Geist impliziert eine Tendenz zur Personalisierung, während die Rede »vom« Heiligen Geist (gewissermaßen »im Allgemeinen«) auf eine unpersönliche atmosphärische Macht des Göttlichen abhebt. Ergriffen von einer solchen atmosphärischen Macht ist aber nur, wer sich dem Numinosen in seinem Erleben und Empfinden zu öffnen in der Lage ist. Betroffen kann also nur werden, für wen die ergreifende Macht (des Heiligen) unbedingten Ernst besitzt (vgl. ebd.: 91). Vorausgesetzt ist dabei ein so hohes Maß der Identifikation mit den Fundamenten des Glaubens, dass die Existenz und Virulenz einer göttlichen Macht im (Selbst-)Erleben mehr Autorität hat als die personale Emanzipation (das Selbstbewusstsein). Ein solches Maß der Identifikation darf bei Mönchen vorausgesetzt werden.

Die Bedeutung des Heiligen im Wohnen der Kapuziner drückt sich in sprachlichen Wendungen aus, die illustrieren, dass das Wohnen der Mönche mit dem »normalen« Wohnen der Menschen wenig gemeinsam hat. Das Erfülltsein vom »Heiligen Geist« macht auf jene stimmungsmäßige Atmosphäre aufmerksam, die in einer vitalen Weise im Habitus der Mönche lebendig ist. Als *Stimmung* ist sie die Basis ihres Wohnens in der Welt ihrer Zeit. Sie entspricht jener göttlichen Atmosphäre, die Schmitz als Gefühl anspricht, »in dem man sich aufhält« wie ein *über* allen irdisch-profanen Räumen Wohnender. Das Durchdrungensein vom Heiligen entspricht ganz dem, was der General der Kapuziner aus dem 16. Jahrhundert als eine ganzheitliche Gefühlsdisposition ansprach, wonach die Liebe »niemals in uns wohnen [könne], ohne die anderen Tugenden [...]« (vgl. o.). So folgt der Kapuziner dem Gebot der »Heiligen Armut«, das als Gefühl in ihm *wohnt*, wie er in diesem Gefühl und dem davon getragenen Tun zur Linderung der Armut hilfsbedürftiger Menschen wohnt. Der Kapuziner wohnt in einem doppelten heiligen Raum. Zum einen in einem existenziellen, durch den »Heiligen Geist« geprägten Stimmungsraum, der programmatischen Charakter hat, und zum anderen in einem symbolischen Raum, den er als *Ausdruck* seiner Gestimmtheit in den Klöstern und Klausen mit *heiligen Symbolen* ausstattet.

4.4 Von der Seefahrt ins Seemannsheim – Schnittstelle alter und neuer Seefahrt

Seeleute leben und arbeiten in einem fahrenden Raum. Alle festen Bezugspunkte auf Schiffen sind relativ. Es gibt keinen Blick aus dem Fenster, wie man ihn aus einer Wohnung in die als Heimat erlebte Umgebung schweifen lassen kann. Schiffe sind schwimmend-fahrende Gebäude mit Stockwerken, Treppenhäusern und Innenräumen, die die Bewegungen *begrenzen*. Nach langjähriger Arbeit auf See wird das Leben am Festland vor allem dann oft prekär bis unmöglich, wenn die sich im Ruhestand befindenden ehemaligen Seeleute keine sozialen Anbindungen haben und über keine eigene Wohnung verfügen. Eine gleichsam institutionalisierte »Not-Heimat« finden sie dann in den Seemannsheimen der deutschen Seemannsmission.

Bevor sie aber in den Heimen Aufnahme finden, fuhren sie meist ein Berufsleben lang zur See. Damit haben sie auch Ihr Wohnen auf Schiffen gelernt. Um die durch zwei Interviewpartner geäußerten Gedanken zu ihrem Wohnen in einem Seemannsheim auf dem Hintergrund ihrer räum-

4.4.1 Zur Ontologie des Schiffes

Wer sich längere Zeit auf Schiffen befindet, lebt in einem »Raum im Raum«. Die Ontologie des Schiffes konstituiert eine Beziehung zu Räumen (vor allem der Bewegung und des Aufenthalts), die es in dieser Form *an Land* nicht gibt. So ist die erlebte Beziehung zwischen dem Raum des Schiffes und dem Raum der *offenen* (d.h. visuell unbegrenzt über den Horizont gleichsam hinauslaufenden) See nicht durch Umfriedungen *des Wohnens* begrenzt. Gleichwohl fungiert die Außenhaut des Schiffes wie eine physische Grenze, die als Umfriedung *empfunden* werden kann. Dagegen mag der Blick auf die offene See eher mit der Enttäuschung des Bedürfnisses nach Umfriedung ringen, als dass ihm (im Mangel begrenzender und bedeutender Dinge) eine solche gelingen könnte.

Der Matrose *lebt* eher in einem neutralen und unpersönlichen Behälter, als dass er in einem schwimmenden Raum *wohnen* würde, denn zum Wohnen gehört zumindest die *Möglichkeit* des Einwohnens einer »Herumwirklichkeit« (Dürckheim), die durch eine dispers umfriedete Grenze von einem inneren Raum des Wohnens abgehoben werden kann. Aus dem Schiff gibt es keinen Blick *hinaus* wie durch das Fenster einer Wohnung. Auf alten Schiffen bot sich zwar der Blick durch eine Luke, sofern die Kammer über eine solche verfügte. Aber dies war – und daran hat sich bis in die modernste Schiffsarchitektur nicht viel geändert – kein Blick, der im Außen etwas Beständig-Vertrautes in das Gefühl des Wohnens hinein nehmen konnte; draußen war nur eine flüchtige wie imaginäre Stelle im Meer, ein neutraler, vor allem aber ein *fiktiver* Ort. Der Blick nach draußen verliert sich in einem ortlosen Raum der *offenen* See. Der Seemann fährt in einem schwimmenden Kasten, der geschlossner ist als jeder terrestrische Raum. Nicht der Seemann *wandert*, sondern das Schiff. Gerstenberger und Welke bezeichnen Schiffe vielleicht auch deshalb als *Niemandsland*. Sie sind fahrende Werkzeuge der Ökonomie, reedereilogistische Gegenstände, die den Gefahren des Meeres ausgesetzt sind; i.e.S. kennen sie keine *Verortung*. Ihre Bestimmung ist es nicht, dem Seemann ein Zuhause zu bieten, sondern unterwegs zu sein, um Dinge von einem Ort zum anderen zu bringen. Schiffe sind Erwartungs-Dinge. Deshalb werden sie auch so metaphern- und allegorienreich mit Mythen beladen.[61]

---

61. Für Foucault ist das Schiff »die Heterotopie« par Excellence (Foucault 1966.1: 21f).

Die Kammer des Matrosen war in Schiffen der Handels- und Fischereiflotten der 1960er und 70er Jahre, die z.T. noch heute unter Billigflaggen fahren, ein Raum für einen x-beliebigen Matrosen. Sie war keine Kammer für diesen oder jenen *individuellen* Matrosen. Die Konstruktion von Handels- oder Fischereischiffen räumte dem einfachen Besatzungsmitglied keine individuellen Spielräume der Gestaltung ein. Orte wie diese sind nicht als atmosphärisch behagliche *Wohnräume* entworfen. Dass das vom Reeder gebaute Schiff dagegen in einem entfernten Sinne dem Wohnen anderer Menschen dient, indem diese mit Waren aus aller Welt versorgt werden, bedeutet dem Seemann keinen Wohnwert. Er muss das Schiff (an-)nehmen wie es ist, wenn er eine Heuer akzeptiert. An Bord kann er nur mitnehmen, was in einen Seesack passt – das Nötigste zum Leben, zu wenig zum »Bauen« i.S. von Heidegger. Im Falle der Doppelt- und Mehrfachbelegung einer Kammer, was bei Schiffen vorkam, mangelt es beinahe gänzlich an einem persönlichen Raum. Private Lebenssituationen können unter solchen Bedingungen kaum aufkeimen. Während das Schiff ein Raum ist, der nur dank *gemeinsamer* Anstrengungen Kurs halten und sein Ziel erreichen kann, ist der Raum des Seemanns ein unpersönlicher Raum der Isolation. Die Gemeinschaftsräume, die auf alten Schiffen noch eine gemeinschaftsbildende Funktion hatten, fungieren auf modernen Schiffen meist nur noch als funktionale Weichen in einem maschinistisch-ökonomistischen Medium, dessen »Vorwärts« nur noch der Arbeit weniger Menschen bedarf.

4.4.2 »Die Älteren kommen alleine gar nicht gut zurecht«

Seit ein paar Jahren ist der ehemalige Seemann F. im Hamburger Seemannsheim neben der Kirche St. Michaelis (Am Krayenkamp) mit seinem ersten (und einzigen) Wohnsitz gemeldet. Sein Leben im Hause der Seemannsmission sieht er als Kompromiss: *»Ich betrachte die Seemannsheime nur als letzten Ort vor der Asozialität oder der Verwahrlosung sozusagen. Das ist nicht das Gelbe vom Ei.«* Er hat über 30 Jahre in Mannschaften auf Hochseeschiffen gearbeitet und bekommt eine geringfügige Rente von 400 Euro. Er könne zwar auch auf dem freien Wohnungsmarkt eine billige Unterkunft finden, aber »draußen« müsste er dann in einem Milieu wohnen, in das er nicht wolle.

Für viele im Ruhestand lebende Seeleute ist das Seemannsheim die einzige Wohnstätte, die sie sich finanziell leisten können. Dies ist aber nur ein eher pragmatisches Motiv für die dauerhafte Unterkunft in einem Zimmer, das keinen Luxus zu bieten hat (sanitäre Einrichtungen befinden sich nicht im individuellen Wohnbereich, sondern werden gemeinschaftlich genutzt). Oft gibt es nach vielen Jahren der Seefahrt keine sozialen Netze mehr an Land, in denen sich ein ehemaliger Seefahrer beheimaten könnte, falls er sie zu Zeiten der aktiven Seefahrt je hatte.[62] Die alten Dauerbewohner der Seemannsheime leben dann (im Erzählen ihrer Geschichten) mehr in der Vergangenheit ihrer Seefahrerei als in der Gegenwart ihres Lebens in der Mission. Die verklärende Rückwendung in die narrative Heimat einer erinnerten Gemeinschaft auf See wird dadurch verstärkt, dass die Heime hauptsächlich von aktiven Seeleuten genutzt werden, die aus verschiedenen – heute eher außerplanmäßigen[63] – Gründen für eine oder mehrere Wochen nicht auf ihren Schiffen sind. In den Häusern der Mission geben sie den *Alten* dann durch ihre Anwesenheit wie durch das Gespräch Gelegenheit, sich auf ihre vergangene Seefahrer-Biografie zurückzubesinnen und sich ex post immer wieder aufs Neue einer (zunehmend fiktional werdenden) Seemannsidentität zu vergewissern.

Diese soziale Einbindung ist für F. das Wichtigste an seiner aktuellen Wohnsituation. Deshalb hofft er auch, »*dass es so lange wie es geht, so bestehen bleibt. Dass man die Möglichkeit hat, hier anzuklopfen. [...] Gemeinschaft.*« Die Gemeinschaft erscheint in doppelter Hinsicht als soziales Bindemittel – als eine Art Überlebenskitt. Zum einen wird sie als eine *tatsächliche* Gemeinschaft mit denen empfunden, die mit ihm im Ruhestand sind und die Seefahrt biografisch »hinter sich« haben. Im Seemannheim bilden diese *alten* Seeleute nun eine fragile Gemeinschaft. Sie leben aus einer geteilten *Erinnerung* an eine (historische) Gemeinschaft, die im Dauerwohnsitz des Seemannsheims aber ihre lebensweltlich vitale Bindungskraft verliert, sodass sich die soziale Vereinzelung zuspitzt. Zum anderen wird eine Gemeinschaft mit und bei aktiven Seeleuten gesucht, die kommen, eine Zeit bleiben und wieder gehen. Aber auch diese Gemeinschaft ist fragil, denn die aktiven Seeleute kommen aus einer neuen[64] und modernen Seefahrt, in es

---

62. Für Hinweise zur Arbeit der deutschen Seemannsmission wie zur sozialen Situation aktiver wie im Ruhestand befindlicher Seeleute dankt der Vf. der Geschäftsführerin des Seemannsheims Hamburg Krayenkamp (Frau Gisela Weber) und dem Leiter des Seemannsheims Emden (Seemannspastor Mennke Sandersfeld).

63. Manche Seeleute sind zu einem längeren Landaufenthalt gezwungen, wenn ihr Schiff zum Auflieger wird, d.h. wegen nicht gezahlter Hafengebühren von der Hafenbehörde an die Kette gelegt wird, bis die Rechnung beglichen ist (Beispiele dazu finden sich in Gerstenberger/Welke 2004: 65f). Mitunter müssen die Seeleute während dieser Zeit auch auf dem Schiff bleiben, was für die Seemannsmission deren Versorgung von Land aus bedeutet.

64. Als neue Seefahrt wird im Folgenden die seit den 1970er Jahren durch die Globalisierung revolutionierte Seefahrt angesprochen, die sich durch eine Reihe von Merkmalen von jener alten Seefahrt unterscheidet, die bis in die 1970er Jahre betrieben wurde. Aus der Welt der alten Seefahrt i.d.S. berichten die interviewten Seeleute F. und E.

die Gemeinschaft nicht mehr gibt, die für die *alten* Seeleute so prägend war. Indes wissen die *Alten* um die größer werdende Differenz zwischen dem einen und dem anderen Seemannsleben, und so schwimmen sie auf dem Boden einer zunehmend fiktional werdenden Selbstvergewisserung ihrer Seemannsidentität.

Das Erleben der *gemeinsamen* Situation mit aktiven Seeleuten spielt für F. eine wichtige Rolle. Sie ist ihm »*eine große Hilfe ... psychologisch ... wenn ich das so werten darf. Ich bin so ein Typ. Ich muss jeden Tag ein paar Minuten gesprochen haben [...]. Dann reicht das.*« Die Möglichkeit der Kommunikation unter Seeleuten bietet ihm die Mission: »*Die Kommunikation ... die ist wichtig und ist hier vorhanden.*« Die Vorteile des Seemannsheims weiß er auch aus seiner Zeit als aktiver Seemann zu schätzen: »*Vor allen Dingen, wenn unterwegs sich was ereignet, dann bekommen die hier kurz Bescheid und die Sache ist erledigt. Du hast dann keine Wohnung, die monatelang leer steht und keinen hast, der sich darum kümmert.*« Verdeckt und versachlicht spricht F. die mit einer (alten) Seemannsbiographie verbundene Gefahr des nassen Todes an. »Die Sache« sei dann eben durch einen kurzen Bescheid erledigt. Es gebe für einen solchen Fall keine Wohnung, die monatelang leer stehe. Die Bindung an das Heim ist somit schon zu Zeiten der aktiven Berufszeit gewachsen und Ausdruck einer berufsbedingt gebotenen Sorge um die Erledigung persönlicher Angelegenheiten während der Zeit einer langen Fahrt, die durchaus ein ganzes Jahr oder länger dauern konnte.

Wer weder Frau noch Familie hatte, wollte oft auch keine eigene Wohnung haben. Die aus dem berufsbedingten Flottieren im Raum ohne einen im lebensweltlichen Sinne »festen Wohnsitz« (außer dem Seemannsheim) entstandene soziale Vereinzelung hatte auch für F. eine über die Jahre angewachsene Hilflosigkeit zur Folge, die täglichen Dinge (vor allem *nach* dem Berufsleben) selbständig in die Hand nehmen zu können: »*Die Älteren, die ewig gefahren sind, die sind gezeichnet für das Leben. Die kommen alleine gar nicht gut zurecht.*« Die soziale Welt des Heims helfe, über diese persönlichen Probleme hinweg kommen zu können: »*Und das hier ist der Vorteil. Dass hier immer, wenn jemand mal moralisch einknickt oder was, dass man dann runtergehen kann. Dort hat man jemanden zum Unterhalten.*« Besonders diese biographischen Aussagen zeigen, dass F.'s Wohnen in der Mission weniger mit der Beheimatung an einer behaglichen Wohnung i.e.S. zu tun hat, als mit der Rücksicherung seines Lebens in einer sozialen Situation, die ihm hilft, sein Leben zu führen.

Früher hatte F. nur einen Teil des Jahres im Seemannsheim gewohnt. Sobald er konnte, sei er nach Thailand gereist. Heute tue er das eher selten: »*Ja, das ist so ... noch ... Vergnügen, aber man wird immer fauler. Ich jedenfalls. Früher, da war ich hier drei Tage, dann war ich verschwunden. Ich habe es immer so hingedeichselt, dass ich die Winter-Monate weg war und dann wieder hier. [...] Die Freiheit hat man sich genommen ... aber man hat nichts Festes hier. Da ist der Zug dann abgefahren.«* Grund für den Mangel an sozialen Bindungen war sein mobiler Lebensstil, den er auch dann geführt hatte, wenn er nicht mit einem Schiff unterwegs war. Das Seemannsheim war somit für ihn auch zu früheren Zeiten kein Ort der ersten Wahl; das habe auch an der Wohnsituation im Heim gelegen. Diese relativiert er – nicht ohne fatalistischen Grundton – am Leben auf Schiffen, wie er es zu seiner Zeit kennen gelernt hat: *»Man wohnt schon besser* [auf einem Schiff, Vf.] *wie hier. Besser ausgestattet ...«*. Dabei spricht F. nicht von modernen Schiffen, in denen es für jeden Schiffsmechaniker (Matrosen im alten Sinne gibt es heute kaum noch) einen eigenen Wohn- und Schlafraum mit separatem WC und Bad gibt, sondern von Schiffen aus einer Zeit, in der der persönliche Aufenthaltsraum an Bord sehr begrenzt war und meist mit mehreren Mitgliedern der Besatzung geteilt werden musste. Dass F. das beengte Leben auf einem Schiff mit dem Begriff des »Wohnens« anspricht, mag zum einen bedeuten, dass die Rede selbst Ausdruck unbedachten Wohnens ist, zum anderen aber auch darauf hinweisen, dass mit dem Begriff des Wohnens Erlebnisqualitäten assoziiert werden, die im Prozess der Identitätsbildung eine wichtige Rolle spielen.

Das Seemannsheim ist für F. keine Wahlheimat. Auf seinem biographischen Erfahrungshintergrund sieht er sich im Heim *»am letzten Ort angelangt [...] die normale Durchgangsbetreuung.«* Seine aktuelle Lebenssituation sieht er als Resultat einer *»natürliche(n) Auslese. [...] Die einen haben es geschafft, die anderen nicht. [...] Das haben wir davon! Ich betrachte es als Strafe.«* Orientierung in seinem Leben sucht er so auch nicht in Momenten seiner persönlichen Situation (wie »privaten« Dingen aus seinem Zimmer), sondern an Stützen einer gemeinsamen seemannsspezifischen Identität. Das wichtigste, das er mit seinem Wohnen verbindet, will er deshalb in einem Bild der Wand über dem Tresen des Gemeinschaftsraumes darstellen, deren Gestaltung durch aufgehängte Rettungsringe und Schiffsflaggen charakterisiert ist (vgl. Abb. 15). Damit kehrt auf einem reifizierten Niveau von Schiffsdingen der Gemeinschaftsgedanke wieder. Die an den Dingen aufsteigende Atmosphäre der Seefahrerei weckt ein biographisch verwurzeltes Gefühl der Gemeinschaft, wenn er diese zu aktiven Zeiten auch als *»Zwangsgemeinschaft«* – aber nicht deshalb als negativ – erlebt hat. Der Gemeinschaftsraum – so die Geschäftsführerin der Mission – sei *»das Wohnzimmer der Seeleute«*, die in der Mission leben. Wenn ein *Gemeinschafts*-Raum auch kein persönlicher Raum im üblichen Sinne ist, so hat er unter den Lebensbedingungen der Seeleute des Hamburger Hauses dennoch eine Wohn-Funktion i.e.S.: Er verfugt das *isolierte* Leben Einzelner zu einer *gemeinsamen Situation*, die in der Atmosphäre des Gemeinschaftsraums erlebt werden kann.

Abb. 15: Gemeinschaftsraum im Hamburger Seemannsheim.

4.4.3 »So ist es gut.«

Auf ein hohes Maß an Vereinzelung im Alter lässt das Interview mit einem ehemaligen Matrosen (E.) schließen, der seit 22 Jahren im Emder Seemannsheim lebt. Über viele Jahre war er auf großer Fahrt, »*auch in der Karibik*«. Nun wohnt er in einem etwa zwölf m² großen Zimmer, das einfach ausgestattet ist und über keine eigenen sanitären Anlagen verfügt: ein kleiner Tisch, ein einfacher Stuhl, ein schlichter Sessel, ein (aufgeschlagenes) Bett, ein kleines TV-Gerät (das zunächst während des Interviews weiterläuft), ein Waschbecken, ein Schrank, ein Spiegel an der Wand. Am Fenster hängt ein mehrfarbiger, halb durchscheinender Vorhang, der ein Stück zugezogen ist. Die lange nicht gestrichenen Wände sind mit Raufaser tapeziert. Die Sichtbetondecke ist beinahe weiß und der Fußboden mit Teppichboden ausgelegt. Über dem Kopfende des Bettes hängt der verblasste Druck einer Südseelandschaft in einem schlichten Rahmen. Die meiste Zeit des Tages verbringt E. allein auf seinem Zimmer.

Auf die Frage, wie er seine Wohnsituation beschreiben würde, antwortet er – vor seinem Schrank stehend – intuitiv mit einer Metapher: »*Der Schrank ist wie das Haus.*« Wie der Schrank ist auch das Haus, in dem er lebt – nach innen bzw. außen wie ein Gehäuse abgeschlossen; die Fächer entsprechen den Räumen der (ehemaligen) Seeleute. Damit hat jedenfalls im Bild vom *Schrank als Haus* alles und jeder seinen Platz – es herrscht Ordnung, und das im Schrank wie im Haus Untergebrachte wird geschützt. Für E. ist die Welt »draußen« eine Wirklichkeit, die nicht nur außerhalb des Hauses, sondern auch außerhalb seines Lebens ist. Die Isolation seiner Lebenssituation in der Seemannsmission stellt sich als zugespitzt dar. Dennoch zeigt sich E. mit seiner Wohnsituation zufrieden. Er würde nicht anders wohnen wollen: »*So ist es gut.*« Das Wichtigste ist für E. leicht benannt: »*Die Möbel, das Bild – das ist genug.*« An den Möbeln haftet sein gegenwärtiges Leben, am Bild scheinen nicht nur die Erinnerungen an die Zeit als Matrose auf; seine Platzierung im Raum und die Art, in der er es erwähnt, lassen erkennen, dass es darüber hinaus für Vieles steht, das gleichwohl im Dunkeln bleibt.

Auf die Frage, was er von dem Wichtigsten seines Wohnens in einem Bild darstellen würde, zeigt er zunächst auf die Südseeszene über seinem Bett. Wo das sei, wisse er nicht. – Nach einem nachdenklichen Zögern gibt er zu verstehen, ich möge mit ihm in den Gemeinschaftsraum hinunter gehen, um dort ein Bild des ihm Wichtigsten zu machen. Dann führt er mich zu einer Vogelvoliere, in der ein Papagei auf der Stange sitzt: »*Der Papagei ist mir am wichtigsten. Es ist mein Job, ihn zu füttern.*« (Vgl. Abb. 16) Die Bindung an den Vogel ist für ihn angesichts der untätigen tagtäglichen Leere seines Lebens in der Einsamkeit der Mission von sinnstiftender Bedeutung.

Abb. 16: Herr E. neben seinem Papageien im Emder Seemannsheim.

Die interviewten Seeleute leben in einem Heim, das sich durch eine spezifische institutionelle Verortung sowie eine eigene Geschichte auszeichnet. Geschichte wie Institution sind untrennbar mit dem Seemannswesen verknüpft. Deshalb sind die Häuser der Deutschen Seemannsmission auch nicht mit helfenden Institutionen des Sozialstaats vergleichbar, sondern Ausdruck eines kirchlichen Auftrages, Seeleuten in prekären Lebenssituationen (an Bord von Schiffen wie an Land) helfend entgegenzukommen. Deshalb sind Seemannsheime auch keine Häuser, die allen Hilfsbedürftigen wie »offene Häuser« des Not-Wohnens zur Verfügung stehen. Sie sind vielmehr auf den Berufsstand des Seemanns beschränkt und sollen in aller erster Linie aktiven Seeleuten dienen. I.S. einer marginalen Nutzung stehen sie einer insgesamt eher kleinen Gruppe ehemaliger Seeleute, die keine eigene Wohnung haben, zur Verfügung.

Im Mittelpunkt der Arbeit der Seemannsmissionen stand und steht bis in die Gegenwart eine umfassende Hilfe für den Seemann (vgl. Harms 1912, Münchmeyer 1912.1 und 1912.2); heute würde man von *sozialer Arbeit* sprechen. Diese wurde ihm in unterschiedlichster Art gewährt; in der Einrichtung neutraler Heuerbüros, der Bereitstellung kommunikativer Treffpunkte oder der Schaffung kultureller Angebote in Seemannsheimen, vor allem aber in der vorübergehenden Gewährung einer Wohnstätte. Noch heute bestehen in über 35 Hafenstädten der Welt Einrichtungen der Seemannsmission.

Im Leben ehemaliger Seeleute ist der Ort der Missionsheime von identitätsstiftender Bedeutung. Hier können sie ihr eigenes (vergangenes wie aktuelles) Leben mit der Gegenwart der Seefahrt verknüpfen. Dazu bedürfen sie wiederkehrender gemeinsamer Situationen mit aktiven Seeleuten, die sie in den Seemannsheimen antreffen. Indes erschwert sich die verstehende Begegnung aus der Sicht der Alten dadurch sukzessive, dass die *neue* Seefahrt heute eine Welt darstellt, die immer weniger mit der Welt jener Seeleute vergleichbar ist, die in ihrem Alter in Seemannsheimen wohnen – wie F. in Hamburg und E. in Emden. Das Handelsschiff ist zu einem schwimmenden Ort der Ökonomie geworden. In der Folge der Umgestaltung des *technischen* Schiffskörpers veränderten sich die Lebens- und Aufenthaltsbedingungen auf den Schiffen.[65]

---

65. Die Sozialstruktur an Bord wird u.a. durch folgende Merkmale bestimmt: a) die Verwendung des Schiffes; b) die Struktur der Besatzung; c) die Regulierung der Arbeitsbedingungen; d) die Anforderungen aus der Organisation des Seetransportes und e) die soziale Praxis, die sich zwischen Seeleuten an Bord entwickelt hat (vgl. Gerstenberger/Welke 2004: 19).

4.4.4 Seefahrt und Seemannsleben im Wandel der Zeit

Als Folge eines globalisierungsbedingten Kostendrucks im weltweiten Wettbewerb der Seespediteure sehen sich die Reedereien gezwungen, radikale Maßnahmen der Kosteneinsparung durchzuführen, die schon beim Bau der Schiffe greifen. So kommen nicht selten im Innenausbau einfachste bzw. billigste Baustoffe zum Einsatz, womit schlechte Aufenthaltsbedingungen für die Mannschaft verbunden sind (vgl. Gerstenberger/Welke 2004: 36). Auf vielen Schiffen, die unter Billigflaggen fahren, sind diese Bedingungen als Folge jahrelangen Verschleißes gänzlich unzumutbar geworden. Gerstenberger und Welke sprechen mit Blick auf die Restnutzer verbrauchter Flotten von Schiffen, »die eher in den Hochofen als auf das Wasser gehören« (ebd.: 54). Während große und modern organisierte deutsche Reedereien fast ausschließlich Flotten unterhalten, deren Schiffe kaum älter als fünf Jahre sind und schon nach wenigen Jahren intensiver Nutzung wieder verkauft werden, stehen auf der untersten Stufe der Maklerei mit gebrauchten Schiffen Seelenverkäufer, die sich einer angeheuerten Mannschaft gegenüber in keiner ethischen Verantwortung fühlen, sodass sich solche Seeleute mit Zuständen an Bord arrangieren müssen, die selbst residuellem Wohnen entgegenstehen. Auf modernen Schiffen werden die an Bord anfallenden Arbeiten von stark verkleinerten Mannschaften verrichtet. Das in den Gesprächen mit F. und E. tendenziell mystifizierte Gemeinschaftsgefühl kann sich deshalb heute schon nur noch eingeschränkt entwickeln (vgl. ebd.: 264ff). Zudem sind die Besatzungen unterhalb der Offiziersebene oft multikulturell zusammengesetzt, sodass die sprachliche Verständigung untereinander schwierig ist. Während der Seemann heute in fremden Häfen sein Schiff kaum noch verlassen kann, war das Leben der Seeleute bis in die 1960er Jahre noch fester Bestandteil im (vor allem touristisch langlebigen) Bild großer Hafenstädte. Aufgrund seiner in den Hafenstädten sichtbar werdenden Lebens- und Arbeitsbedingungen wurde der Seemann in früheren Jahrhunderten als schillernde Persönlichkeit angesehen. Das Klischee des ausgelassenen Matrosen, der – kaum an Land – sein Geld verjubelte und einem ekstatischen Lebensstil verfiel, ist zu Hochzeiten der Seefahrt entstanden. Aus dieser Zeit stammt auch eine Vielzahl folkloristischer Seemannsklischees.

Einen (wenn nicht den wichtigsten) Grund für die Schaffung von Seemannsheimen sieht der Seemannspastor Pilgram nicht im oft mystifizierten Rauschleben an Land gehender Matrosen, sondern in einem zügellosen ökonomischen Interesse an deren Ausbeutung (vgl. Pilgram 1912: 319). Eine Art Vorbeugung gegenüber den Risiken der Ausbeutung in den Hafenstädten kam z.B. in der üblichen Praxis zum Ausdruck, wonach der Seemann bei seiner Ankunft »seine Barmittel bis auf einen kleinen Betrag dem Hausvater in Aufbewahrung zu geben« hatte (Pilgram 1912: 320). Auch die Wertsachen wurden im Hause der Mission verwahrt.[66]

Dem über viele Monate währenden Leben auf Schiffen fern des Heimathafens korrespondierte der Umstand, dass viele Seeleute nicht in einem üblichen Sinne wohnten – weder auf ihren Schiffen, noch am Land, wo sie oftmals auch gar keine eigene Wohnung hatten. Solch berufsbedingte »Wohnungslosigkeit« hatte auf ihrer sozialen Kehrseite meistens auch eine weitgehende soziale Bindungslosigkeit zur Folge, sodass auch keine sozialen Verpflichtungen gegenüber Dritten bestanden. Ditlevsen merkte i.d.S. 1912 an, dass vor allem die Unverheirateten »kein festes Lebensziel« hatten (1912: 345). Bei ihnen, und damit einem großen Teil der Seeleute, ging die Bereitschaft zur Bildung von Rücklagen meist nicht über einen Betrag von 200 bis 500 Mark hinaus. »Was hilft dem Seemann sein Geld, wenn er ins Wasser fällt!« Dieses geflügelte Wort jener Zeit drückt die empfundene Gefährdung des eigenen Lebens im Selbstverständnis des seefahrenden Volkes aus.[67] Auch darin lag vor allem in der Geschichte der *alten* Seefahrt ein Grund für die schwach ausgeprägte

---

66. Vorläufer einer institutionalisierten Fürsorge für den Seemannsstand gab es schon im Mittelalter in der Form von Organisationen der Schiffer (d.h. der Reeder); zur Zeit der Reformation bildeten sich dann Bruderschaften kirchlichen Charakters. »Sinn und Zweck war die geistliche Versorgung und die Fürbitte für die auf See Gebliebenen, die nicht mehr hatten beichten können.« (Thun 1959: 11) Die Anfänge der modernen Seemannsmission gehen ins 19. Jahrhundert zurück. Ab 1815 widmet sich in England Charles George Smith vorbereitenden Arbeiten. Auch in den USA gab es Bestrebungen, die arbeits- und lebensbedingten Nöte der Seeleute zu lindern. So wurde 1820 in New York die erste Seemannskirche der Welt eröffnet. Die Mission arbeitete unter dem Namen der *American Seemen's Friend Society*. Im Jahre 1908 gab es in New York 13 Gesellschaften, die fünf Seemannskirchen und 17 Leseräume unterhielten; die Seeleute wurden von elf Seemannspastoren und 18 Missionaren betreut. Der norwegische Pastor Storrjohann gründete 1864 den »Verein zur Verkündung des Evangeliums unter skandinavischen Seeleuten in fremden Häfen.« (Ebd.) Die Heilsarmee kümmerte sich in New York und Boston um schwedische Seeleute und in Brooklyn um die Dänen und Finnen (vgl. Thun 1912: 448). In Frankreich gab es eine katholische Seemannsmission und Hilfseinrichtungen für konfessionslose Seeleute (vgl. Pilgram 1912: 468). Auch in Deutschland wurde eine katholische Seemannsmission gegründet (die Kirche wies 1911 auf 22 Missionen unterschiedlicher Größe und Funktion hin) (vgl. Pilgram 1912: 471). In der Gegenwart spielt die katholische Seemannsmission im Vergleich zur Einrichtung der EKD eine untergeordnete Rolle (vgl. auch EKD 2000).

67. Noch 1912 schrieb Pfalzgraf: Der Seemann »hat den Tod beständig vor Augen, weiß auch, daß er eine Art Todgeweihter ist«, merkt Pfalzgraf an (Pfalzgraf 1912: 16).

Disposition, sich am Ort des Heimathafens wohnend niederzulassen. Es machte für einen alleinstehenden Seemann keinen nachvollziehbaren Sinn, über eine eigene Wohnung zu verfügen, die Geld kostete, ohne dass sie einen nennenswerten Nutzen hatte.

Aus der historischen Distanz zu einer Seefahrt, wie sie bis zur ersten Hälfte des 20. Jahrhunderts üblich war, wird das Leben der *alten* Seeleute in den Massenmedien oft romantisierend verklärt. In diesem Bild fehlt dagegen der moderne Seemann der Gegenwart beinahe ganz, ist er doch heute auch weniger Seemann im eigentlichen Sinne des Wortes, als vielmehr Facharbeiter auf einem schwimmenden Arbeitsplatz und damit zu unspektakulär, um sich für Verklärungen, Exotisierungen oder Skandalisierungen anzubieten. Dieses Übersehen eines Berufsstandes mag sich (nach Beleiben der Massenmedien) als Folge der sich seit 2008 vermehrenden Fälle von Piraterie ändern.

Im Unterschied zu massenmedial imprägnierten Vorstellungen des *common sense* wissen die in den Seemannsheimen wohnenden Alten um die von Jahr zu Jahr größer werdende Distanz zum Leben und Arbeiten der Jungen an Bord moderner Schiffe. Dieses Wissen spielt für ihre wohnende Selbstkonstitution in Seemannsheimen eine große Rolle. In der praktischen Begegnung *erleben* sie, wie mit der zunehmenden Geschwindigkeit der sich verändernden Lebens- und Arbeitsbedingungen auf Schiffen die kommunikativen Brücken für die Konstruktion einer eigenen berufsspezifischen Identität, die sich entscheidend der Fiktion einer alle Seeleute verbindenden Gemeinsamkeit verdankte, zerfallen.

4.4.5 Retrospektive

Wenn sich das Wohnen im Allgemeinen als Prozess der Herstellung von Beziehungen zu einer Gegend gestaltet, die schließlich durch ihre Einwohnung zur »Herumwirklichkeit« (Dürckheim) wird, so ist dieser Begriff nicht ohne weiteres auf die Situation der beiden interviewten Ex-Seeleute im Ruhestand übertragbar. Weder in ihrem Leben als Seefahrer konnten sie auf diese Weise wohnen, noch leben sie in der Gegenwart i.d.S. *wohnend* in einem Seemannsheim. Vielmehr leben beide – jeder auf seine Weise – i.S. des Proto- oder Semi-Wohnens auf einem Grat. Während das Wohnen für F. stets noch in das subjektive Problem eingewickelt war, *ob* anders sein könnte, was als Strafe betrachtet wird, hat sich E. auf stumme Weise in eine Situation zurückgezogen, in der das soziale Leben »unter den Sterblichen« keine Rolle (mehr?) zu spielen scheint. Für beide ist der Aufenthalt in einem Heim der Seemannsmission Ausdruck eines heimatlosen Lebens, das nun gleichsam *auf der Stelle* tritt.

Dennoch hat der Aufenthalt der ehemaligen Seeleute in Missionsheimen Merkmale des Wohnens, wenn diese auch weniger auf das eigene

Zimmer als engeren Wohn- und Lebensraum bezogen sind. Im Leben beider Seeleute spielt – i.S. der Kompensation ihres heute weitgehend solitären Lebens – die Pflege atmosphärischer Erlebnisqualitäten eine zentrale Rolle. Für F. sind es vor allem die Gespräche mit noch fahrenden Seeleuten, die dazu führen, dass er sich in eine *empfundene* Gemeinschaft einfühlen kann, die für seine Seemannsidentität von zentraler Bedeutung ist. Zugleich findet er eine seefahrtspezifische Atmosphäre der Gemeinsamkeit im Gemeinschaftsraum, dessen Dekoration ihn sinnlich und symbolisch in eine Welt versetzt, zu der er allein noch in der Erinnerung gehört. Der Ort des Seemannsheims ist für ihn insofern von unersetzbarer Bedeutung, als er *diese* für ihn sinnhaften Atmosphären an keinem anderen Ort finden könnte.

Heidegger beschrieb das Wohnen als die Weise, »wie die Sterblichen auf der Erde sind« (1951: 35). In der Mitte dieses Gedankens steht der Gang des *Lebens*, und erst danach der Wandel des *Wohnens*. Das Sich-Aufhalten auf der Erde misst sich deshalb auch weniger an profanen Wohnvorstellungen und -praktiken, als an einer *existenziellen* Weise der Verräumlichung des eigenen Lebens. Mit der Metapher des »Gevierts« setzt Heidegger die Bezugspunkte verräumlichender Lebensformen in ein Bild. F. lebt i.d.S. in einem asymmetrischen Verhältnis im Geviert. Seine Gratstellung des Wohnens entfaltet nun aber darin eine unerwartete Note des Wohnens, dass das Leben im Heim sowohl Ausdruck seiner biographischen als auch aktuellen Lebens-Führung ist. F. lebt nicht be-Sinn-ungslos an »seinem« Ort. Wäre er sich seiner Situation nicht bewusst, würde er sie weder als Strafe empfinden, noch sich der Restriktionen wie Optionen seines Lebens in der Mission bewusst sein. So bedeutet sein Leben in diesem besonderen Haus eine Arbeit an der Entfaltung seines Selbst, wenn diese auch immer wieder an idiosynkratischen Erfahrungen zum Stillstand kommt. Heidegger machte einen Kern des Wohnens aber gerade in dieser Not des Wohnens fest: »Die eigene Not des Wohnens beruht darin, dass die Sterblichen das Wesen des Wohnens immer erst wieder suchen, dass sie das *Wohnen erst lernen* müssen.« (1951: 48) Bei und mit den Sterblichen gestaltet F. sein Leben als Wohnen über die Brücke sprachlicher, symbolischer und leiblicher Kommunikation – in der Erinnerung, die er an Dingen festmachen und atmosphärisch nacherleben kann, und in der Kommunikation mit den Kommenden und immer wieder Gehenden, die zu einer Seefahrt gehören, die eine andere ist als er sie kannte.

Die Einheit von Wohnen und Wandern ist für F. in zwei biographische Phasen zerfallen. In seinem Leben als aktiver Matrose hat sich diese Einheit durch eine enge Verschränkung von Fahrt und Landaufenthalt in ein Wandern ohne Wohnen verdichtet. Nun verharrt er gleichsam an einem schweren Ort, und das Wandern hat sich aus seinem Leben beinahe ganz zurückgezogen. Seine Aussagen lassen darauf schließen, dass er sich diese Widersprüche in der Kultivierung von Atmosphären erträglich macht. F. erscheint als jemand, der auf dem Grat wohnt – verharrend auf der Grenze des Nicht-zurück-Könnens ins *wandernde* Wohnen wie des Nicht-mehr-voraus-Könnens in ein neues *wohnendes* Wandern.

Im Unterschied zu F. macht das, das E. zu sagen vermag, darauf aufmerksam, dass er sein Leben gar nicht mehr selbst führt. Die meiste Zeit des Tages verbringt er allein auf seinem Zimmer. Von anderen Menschen, die ihm etwas bedeuten oder vielleicht einmal bedeutet haben, spricht er nicht. Sein atmosphärischer Bezugspunkt ist ein »sprechender« Vogel, mit dem er auf seine Weise kommuniziert. Ein Seemann, der sich in die Isolation wohnt, situiert sich so in seinem Leben schließlich in einem Niemandsland. Beide Seeleute leben sozial auf ganz unterschiedliche Weise entwurzelt. E. scheint sein Wohnen-Können weitergehender verloren zu haben als F. Im Leben beider ehemaliger Seeleute steht das Wohnen in keinem sinnstiftenden Mittelpunkt wie es sich noch in zwei Beispielen sozioökonomisch privilegierter Lebensformern zeigen wird (vgl. 4.7). Vielmehr drückt das Wohnen von F. und E. ein gelebtes Leben aus, in dem für die Dauer der Seefahrerei eine Hypothek aufgehoben war, deren Last nun spürbar wird – die aufgeschobene Sorge um das eigene Selbst *nach* der Seefahrerei.

Heidegger betrachtete das Wohnen wegen seiner mannigfaltigen biographischen und gesellschaftlichen Verstrickungen auch in keinem einfachen Sinne nur als Wechselwirkungszusammenhang zwischen dem Wohnen und dem sozialen Leben der Wohnenden. Das Wohnen unter den Sterblichen stellte sich für ihn vielmehr als eine Seinsweise dar, von der komplexe Rückwirkungen auf das wohnende Verhältnis zu den anderen drei Elementen des Gevierts ausgehen. Deshalb sind die *einzelnen* Bedingungen des Wohnens im Geviert von so grundlegender Bedeutung für das Wohnen *im Ganzen*. Deshalb vermag das Wohnen der *alten* Seeleute zu einer ex post wirksamen Entwurzelung ihres Lebens führen, wenn es über die Gespräche mit den ihnen so wichtigen aktiven Seeleuten in die Schieflage asymmetrischer Bedeutungszusammenhänge gerät, weil sich die Geschichten der *Neuen* nicht mehr in die Vorstellungswelt der *Alten* fügen wollen.

Die Wohnheime der Seemannsmissionen waren für den aktiven Seemann gedacht, der in der Fremde eine Unterkunft finden und unter dem Schutz einer Institution stehen sollte. Wenn die Seeleute schon keine wirkliche Heimat in einer beständigen räumlichen Umgebung haben konnten, sollte ihnen wenigstens eine Proto-Heimat gegeben werden: »Die missionarische Aufgabe der Seemannsmission besteht darin, dem Seemann die Heimat in alle Welt nachzutragen.« (Freese 1991: 115) Zum Heimatdienst i.d.S. gehörte die Bereitstellung einer Unterkunft in Heimen. Diese Art der Unterbringung sicherte dem fahrenden Seemann ein Dach über dem Kopf. Die Heime waren aber von Anfang an nicht als *Hilfe zum Wohnen* i.e.S. konzipiert, da der Seemann seinen ersten Ort auf einem Schiff und nicht in einer festen Wohnung hatte. Dass die Heime schließlich in die *zusätzliche* Funktion hineinwuchsen, alten Seeleuten eine Wohnung für ihren Lebensabend zu bieten, musste in ein lebenspraktisches Dilemma der dort auf Dauer Wohnenden führen, denn die Häuser waren nur Orte *vorübergehender* Unterkunft für Menschen, die gar nicht an Land wohnen konnten. In der Art ihrer Ausstattung waren die Zimmer nicht für das dauerhafte Wohnen geeignet. Sie dienten und dienen in erster Linie dem vorübergehenden Aufenthalt. So ist das Milieu im Heim wesentlich durch die Zwischenstopps fahrender Seeleute geprägt und viel weniger vom Dauerwohnen ehemaliger Seeleute. Der schnelle Wechsel von Seeleuten, die für kurze Zeit im selben Hause »wohnen«, bevor sie wieder auf See gehen, steht üblichen Vorstellungen eines Wohnens im Alter entgegen. Aus der Erlebnisperspektive alter Dauerbewohner vermittelt aber gerade dieser transitorische Charakter der Seemannsheime ein wichtiges Moment der Orientierung der eigenen Seemannsidentität (jedenfalls äußert sich F. i.d.S.). So ist das Wohnen der Alten zwar nicht »wohnlich« arrangiert, aber es *geschieht* in einem Milieu, das dem Leben der Seeleute Vertrautheit und (gewohnte) Fremdheit zugleich bietet.

Sobald jedoch vermehrt jene zu Fremden werden, die die Fiktion einer das Seemannsleben gleichsam rahmenden Gemeinschaft verbürgten, weil sie aus einer immer fremderen Seefahrt kommen, wird das Wohnen der *Alten* prekär. Wenn sie die Kommenden und Gehenden nicht mehr verstehen, weil sie den Glauben an den Fortbestand der Gemeinschaft eher zerstreuen als bekräftigen, verwandelt sich ihr Wohnen in einen allein noch funktionalistischen *Aufenthalt* in Räumen, deren Atmosphäre sich in einem Vakuum des Dazwischen langsam auflöst.

4.5 Wohnen im Alter

Unabhängig von der Art ihres Lebens und Arbeitens geraten die meisten Menschen in ihrem Alter sukzessive an einen gesellschaftlichen Rand, der sich nicht durch *ein* Merkmal charakterisieren lässt. Mit der ruhestandsbedingten Veränderung monetärer und sozialer Lebensgrundlagen (geringere Einkünfte, sich verändernde soziale Vernetzung etc.) etablieren sich neue Mobilitäts- und Aktivitätsmuster, die mit steigendem Alter mehr auf den Raum des Wohnumfeldes, als den fernen Raum bezogen sind. Die Versorgung mit dem Nötigsten wird nun zum ersten Motiv des Wanderns und nicht die erkundende Aneignung der Welt. Wenn die Kräfte schwinden, Krankheiten das Leben erschweren und die Wohnung in der Anstrengung der Bewegungen »größer« wird, gerät der Wohnende gleichsam *plötzlich* an einen »Rand« der Gesellschaft, der sich wie ein disperses Muster in ihrer Mitte ausbreitet.

Das folgende Kapitel wird in zwei Fallstudiengruppen die Wohnsituation alter[68] Menschen illustrieren, die in Einrichtungen mit umfassendem Service wohnen. Dieses Kapitel stützt sich nicht auf zwei, sondern vier Gespräche. Das erste Beispiel (Herr F. und Frau G.) thematisiert das Wohnen in einem Altenwohnzentrum, das von der Arbeiterwohlfahrt (AWO) in einer norddeutschen Provinzstadt betrieben wird. Vergleichend schließt sich die Diskussion zweier Interviews an, die mit Bewohnerinnen eines Seniorendomizils (Frau T. und Frau K.) im Rhein-Main-Raum geführt worden sind.

4.5.1 Wohnen im Altenwohnzentrum

Herr F. und Frau G. wohnen in einem Altenwohnzentrum eines bundesweit agierenden gemeinnützigen Trägers (AWO). Das Haus befindet sich rund 800 Meter vom Altstadtkern einer norddeutschen Kreis- und Hafenstadt entfernt. Das Gebäude ist in den 1960er Jahren errichtet worden, hat 109 Betten und ist im Bereich der Altenwohnungen viergeschossig. Zu jedem Wohnappartement gehört ein Balkon, der über die gesamte Breite des Wohnraumes verläuft. Vor dem Gebäude befindet sich eine Bushaltestelle, sodass die Bewohner/-innen den öffentlichen Raum – soweit die persönliche Mobilität gesundheitsbedingt nicht gänzlich eingeschränkt ist – in ihre alltäglichen Lebensrhythmen einbeziehen können.

Die Appartements eines Flures sind zu Bereichen zusammengefasst; diese fördern die *soziale* Vernetzung und lassen nachbarschaftliche Beziehungen entstehen, die positiv auf die Beheimatung der Menschen innerhalb der Einrichtung einwirken. Jeder Bewohner kann sich in persön-

---

68. Die Grenze zwischen älteren und alten Menschen ist schwimmend. Der formale Mangel einer plausibel formalisierten Abgrenzung zwischen beiden Gruppen drückt weniger das Fehlen sozialstatischer Kriterien aus, als die soziale Wirklichkeit eines relativ breiten Grenzgürtels zwischen zwei Altersgruppen, der schon aus Gründen einer mehr oder weniger großen Differenz zwischen objektivem und gefühltem Alter breite Überlagerungsbereiche aufweist. Sowohl der Zustand der Gesundheit, als auch individuell wie gemeinschaftlich gepflegte Lebensstile wirken auf das gefühlte Alter ein. Schließlich steuern massenmedial zirkulierende Bilder des Alters einen kulturellen Be- und Umwertungsprozess von Vorstellungen biographischen Alters, sodass das individuelle wie gemeinschaftlich erlebte Empfinden einem historisch mitunter schnellen Wandel unterworfen wird. Als alt sollen auf dem Hintergrund der im Folgenden darzustellenden Fallstudien Menschen verstanden werden, die älter als 80 Jahre sind. Nur im Falle eines 76-jährigen (männlichen) Altenwohnheimbewohners wird diese hier fiktiv gesetzte Grenze durchbrochen. Die drei (weiblichen) Gesprächspartnerinnen sind 84, 86 bzw. 95 Jahre alt.

lichen Angelegenheiten an eine individuell zuständige Vertrauensperson wenden. Zwar sind die Insassen nach Pflegestufen eingeteilt, aber nicht nach diesen Kategorien auch den Wohnbereichen zugeordnet. Diese bilden sich vielmehr zufällig durch den Zuzug neuer Bewohner und werden nicht »von oben« nach vordefinierten Kriterien (an-)geordnet. Nur Insassen, die schwer pflegebedürftig sind, kommen in eine medizintechnisch entsprechend ausgestattete Abteilung.

4.5.1.1 »Es ist mein Zuhause«

Frau G. wohnt im Erdgeschoss mit direktem Zugang zum Garten, der parkartig als Innenhof angelegt ist. In das Appartement ist ein einfacher, aber funktionaler Sanitärbereich (incl. Dusche) integriert. Frau G. ist 86 Jahre alt und lebt seit zwölf Jahren in ihrer Heimwohnung: »*Es ist mein Zuhause. Ich kann ja tun und lassen, was ich möchte [...] ich fühle mich wohl, weil ... mir reicht das, was ich in meinem Zimmer habe.*« Wegen ihres Alters brauche sie keine andere Wohnung mehr: »*Ich brauche keine andere Wohnung mehr. Ich bin ja auch schon älter. Ich fühle mich geborgen, zuhause.*« Ihre Zufriedenheit begründet sie mit ihrem »*schönen Zimmer*«, aber auch mit der Freundlichkeit und Hilfsbereitschaft des Personals: »*Ich habe gutes Essen, und das Personal ist sehr freundlich. Unsere Wäsche wird gemacht, das Zimmer wird gemacht ...*«.

Der physische Raum ihrer Wohnung, mit dem sie sich ebenso identifiziert wie mit dem Haus *und* institutionellen Rahmen des Zentrums, stiftet eine Seite ihrer Zufriedenheit. Untrennbar damit verbunden ist eine soziale Form, das eigene Leben im Rahmen der gemeinsamen Situation mit anderen Hausbewohnern führen zu können – im *sozialen Raum* des Altenzentrums. Die Zufriedenheit mit ihrer *Wohn*situation bringt ein ganzheitliches Moment der Bewertung ihrer *Lebens*situation zum Ausdruck. Ihr persönliches Gefühl des Zuhause-Seins verdankt sich subjektiv als erfüllt erlebten Ansprüchen. Diese betreffen besonders (a) ihre unmittelbare dingliche Umgebung (Einrichtung des Zimmers und des Hauses); (b) die Gestaltung des architektonischen Raumes, der die Wohnenden untereinander in einer Weise ordnet, die dem eigenen Wohnen entgegenkommt (Wohnen in Gruppen); (c) die Lage des Hauses in der Stadt und die daraus resultierende (optionale) Bewegung (Bushaltestelle vor der Tür des Hauses); (d) Versorgungsleistungen, die bei Bedarf jederzeit abgerufen werden können; (e) eine aktive Unterstützung der Institution in der Anbahnung eines Lebens in der Gemeinschaft (»*alleine zu sein, das ist ja furchtbar*«); (f) die Gestaltbarkeit eines *individuellen* Bedürfnissen folgenden Lebens sowie schließlich (g) die Pflege der Beziehung zur Familie, die außerhalb des Hauses lebt (ihre Kinder »*können kommen, wann sie wollen*«). So ist Frau G. im Hause der AWO beheimatet, indem sie sich in ihrem Wohnen und Leben in die Gemeinschaft der Mitbewohnerinnen und Mitbewohner in einer Weise eingelebt hat, die (für sie) keine Fragen mehr aufwirft: »*Ich hier zufrieden und bleibe hier, bis mein Ende kommt.*«

4.5.1.2 »Dies ist meine letzte Wohnung«

Herr F. ist 76 Jahre und vor vier Jahren mit seiner Frau eingezogen; nach deren Tod ist er im Altenwohnzentrum geblieben. Sein Appartement ist ausgestattet wie das von Frau G.; nur befindet es sich im ersten Obergeschoss. Herr F. beschreibt seine Wohnsituation pointiert mit den Worten: »*Dies ist meine letzte Wohnung.*« Das stellt er nicht resignativ oder fatalistisch fest, sondern mit dem optimistischen Blick auf eine vor ihm liegende Lebensperspektive. Es ist bezeichnend, dass er seine Wohnsituation durch eine funktionale und lebenspraktische Vernetzung seines Appartements mit zentralen Gemeinschaftseinrichtungen des Hauses gekennzeichnet sieht. Das persönliche Verhältnis zum Raum des Hauses orientiert sich am Bild der Russischen Puppe (*innen* sein Appartement, in einem *Zwischen* nachbarschaftliche Appartements und *außen* die gemeinschaftlich genutzten Räume). Trotz aller Zufriedenheit ist sein Befinden nicht widerspruchsfrei. Nur in einem *äußerlichen* Sinne fühlt er sich als Bewohner des Altenwohnzentrums: »*Und ich bin nicht im Altenheim, ich bin in einer Wohnung und werde aber betreut.*« Den Ort seiner Zufriedenheit i.e.S. erlebt er in seiner Wohnung; sie ist auch sein erstes Zuhause.

Wie bei Frau G. wird auch seine Zufriedenheit mit der gegebenen Wohnsituation wesentlich durch die soziale Atmosphäre des Hauses geprägt: »*Wir sind hier mehr als Nachbarn. So ungefähr wie Geschwister. Man kann auch zu jedem hingehen. Auch zu denen, die die Pflege machen.*« Das Wohnen in der gemeinsamen Lebenssituation hat für ihn nicht nur neue soziale Netzwerke hervorgebracht, sondern – auf deren Hintergrund – auch soziale Beziehungen, die das Leben im sozialen Raum des Hauses orientieren und Beheimatung vermitteln. Das gelungene Einwohnen und Einleben drückt sich für Herrn F. auch in der Nutzbarkeit individuell gewährter Freiheiten der täglichen Lebensführung aus, d.h. in Optionen, die die Gestaltung seiner persönlichen Lebensrhythmen betreffen. Solche Spielräume hatte er schon im Moment seines Einzugs: »*Ich habe mir mein Zimmer so eingerichtet, wie ich das wollte. [...] Es ist fertig eingerichtet, wenn man reinkommt. Der Tisch, die Stühle, alles. Ich habe gesagt, dass ich alles selber machen möchte, ich habe alles mitgebracht!*« Die Möglichkeiten der freien Lebensführung schöpft er im alltäglichen Leben nach Belieben aus; er kann gehen und kommen, wann er will: »*Die Interessen werden berücksichtigt [...] sie richten sich nach uns. Es ist ein Entgegenkommen.*«

So würde Herr F. auch nicht gern anders wohnen: »*Ich würde es nicht gerne anders haben wollen. Man weiß ja, dass man im Alter nicht mehr so viel Raum braucht. Es reicht mir voll und ganz aus.*« Warum man im Alter »*nicht mehr so viel Raum braucht*«, erklärt er nicht. Es ist ihm eine Selbstverständlichkeit (»man«). Indes wirft seine Bemerkung die Frage auf, inwieweit auch in ihr ein kulturell konstruiertes und massenmedial kommuniziertes Bild *des* alten Menschen durchscheint und lebenspraktisch konkret wird (vgl. u.). Dessen Systemfunktionalität wird in der fiktiven Umkehrung offensichtlich: *Große* Raumansprüche alter Menschen wären weder sozialstaatlich noch versicherungsrechtlich finanzierbar. Das Wichtigste, das Herr F. mit einem Bild seiner Wohnsituation zum Ausdruck bringen möchte, macht auf eine weitere widersprüchliche Facette seiner Selbstverortung deutlich, denn obwohl er seine Wohnung in seinem Appartement und nicht im Altenheim sieht, schlägt er nun vor, ein Bild von seiner Hammondorgel zu machen, die im Bereich eines Durchgangsflures im Erdgeschoss und damit tatsächlich und symbolisch im halböffentlichen Raum des Hauses steht (vgl. Abb. 17). Er durfte sie mitbringen, obwohl sie nicht in sein Appartement passte. Das Bild der Orgel bringt deshalb auch seine *allgemeine* Wohnzufriedenheit angesichts der als sehr gut empfundenen Betreuung zum Ausdruck (»*Entgegenkommen*« des Personals) und schließlich seine emotionale Verwurzelung in der Gemeinschaft der anderen Bewohnerinnen und Bewohner.

Abb. 17: Hammondorgel von Herrn F. im halböffentlichen Bereich des Altenwohnzentrums.

4.5.2 Wohnen im Seniorendomizil: »Assisted Living«[69]

Auch Frau K. und Frau J. wohnen seit jeweils einem Jahr in einer Einrichtung des in den USA entwickelten und seit einigen Jahren auch in Deutschland im Aufbau befindlichen Unternehmens »Sunrise«. Sunrise richtet sich an wohlhabendere alte Menschen, da die Finanzierung der monatlichen Fixkosten nur aus privaten Ressourcen erfolgen kann. Zielgruppenbezogen ist auch die Lage und Ausstattung der Standorte. Neu gegründete Domizile entstehen bevorzugt durch Umnutzung atmosphärisch ansprechender, historisch signifikanter Gebäudeensembles, oder sie werden in exklusiven innenstadtnahen Lagen als Neubauten errichtet. Der durchschnittliche Verbleib der Bewohner/-innen liegt in Sunrise-Domizilen bei zweieinhalb Jahren, das durchschnittliche Alter bei 85 Jahren. Sunrise beschäftigt eine Beraterin für Netzwerkpartnerschaften[70], die die Kommunikation mit Ärzten, Apotheken, Krankenhäusern, Behörden etc. organisiert.

Das Interview mit Frau K. und Frau J. hat in einem neu errichteten Haus in Frankfurt a.M. stattgefunden. Das Gebäude befindet sich an einer zentralen Verkehrsachse etwa zwei Kilometer von der Innenstadt entfernt. Der Empfangsbereich bringt in seiner innenarchitektonischen Gestaltung wie dinglichen Ausstattung den Charakter eines gehobenen Hotels zum Ausdruck. Hinter teilverglasten Innenwänden (im englischen Landhausstil) befinden sich kleinere Gesellschaftsräume, die anspruchsvoll möbliert und in warmen Farbtönen gehalten sind. Alle halböffentlich zugänglichen Bereiche sind mit Velourssteppichböden ausgelegt. Die Appartements zur Hauptverkehrsstraße sind mit dreifach verglasten Fensterscheiben wirksam gegen Lärm geschützt.

In einer Broschüre von Sunrise heißt es: »Was ist Luxus und was ist eine Notwendigkeit? Weiterhin Anteil zu nehmen und das Leben zu genießen ist für das Wohlbefinden ebenso wichtig wie Essen und Trinken. Die Wohnräume bei Sunrise stellen die schönen und angenehmen Dinge des Lebens an erste Stelle.« (Sunrise o.J.) Mit dieser Relativierung von Luxus werden die Sunrise-Domizile im sozioökonomisch differenzierten Raum der Gesellschaft verortet. Die Konzeption der Häuser zeichnet sich aber nicht nur durch äußerlichen Luxus aus; sie strebt vor allem ein hohes Maß an Lebenszufriedenheit in »wohnlicher Atmosphäre« (ebd.) sowie durch individualisierte Betreuung an. Die Souveränität der Bewohner drückt sich u.a. darin aus, dass ein eigenes Haustier mitgebracht werden kann.

---

69. Sunrise-Domizile stellen sich selbst unter das programmatische Leitmotiv eines »Assisted Living« (vgl. Sunrise o.J.).
70. Im Falle des Hauses von Frau K. und J. wird diese Aufgabe von einer Dipl. Pflegewirtin wahrgenommen.

Über die Ermöglichung individuellen Wohnens hinaus wird (optional) die pflegeintensive (Demenz- und Alzheimer-)Betreuung angeboten. Es versteht sich von selbst, dass sich das Sunrise-Domizil nicht nur in seiner Ausstattung, sondern auch im Grad der personellen Versorgung sowie in seiner gesamten Zielgruppenorientierung fundamental vom Altenwohnzentrum (vgl. 4.5.1) unterscheidet. Sunrise tritt am Markt nicht als Konkurrent im Bereich »betreuten Wohnens« auf, weil der in Häusern »betreuten Wohnens« übliche hohe Grad der Verregelung des Alltags in Sunrise-Domizilen dadurch vermieden wird, dass die Bewohnerinnen und Bewohner ihr Leben selbst gestalten können (Angebote werden dazu gemacht). Dazu gehört u.a. die individuelle Freiheit, Gäste einzuladen und bewirten zu können (die Kontinuität des Lebens soll weitergelebt werden können).[71] Um die Tageabläufe der Bewohner nicht über alle Maßen zu standardisieren, sind in Sunrise-Domizilen die Essenszeiten weitgehend frei wählbar (Frühstück z.B. zwischen 7:30 Uhr und 10:30 Uhr, Mittagsmahlzeit zwischen 12 und 14:30 Uhr). Um jeden individuellen Bewohner kümmert sich ein persönlich zuständiger Bezugsbetreuer, der sich mit der Übernahme dieser Aufgabe mit der Biographie der Bezugsperson auseinandersetzt, um sie besser kennen und verstehen zu können. Diese konzeptionellen und servicespezifischen Merkmale sind – als Funktionen gesehen – scheinbar mit denen des AWO-Altenzentrums identisch. Was in funktionaler Hinsicht jedoch vergleichbar zu sein scheint, konstituiert in seinem atmosphärischen Ausdruckscharakter und erlebnismäßigen Empfinden einen kategorial anderen Raum mit abermals kategorial je eigenen Milieuqualitäten.

4.5.2.1 »Die Freiheit, die man hier hat«

Sowohl Frau K. als auch Frau J. hatten vor ihrem Einzug ins Sunrise-Domizil je ihr eigenes Haus, in dem sie sich wohlfühlten. Frau K.: »*Ich habe ein Haus in Kaiserslautern und war auch gut versorgt und es ging alles!*« Sie musste ihr Haus verlassen, weil sich ihre weiter entfernt wohnende Tochter nach dem Beginn einer schweren Krankheit ihres Mannes nicht mehr in der nötigen Regelmäßigkeit um sie kümmern konnte. Frau K. ist dann ins Sunrise gezogen. Zwischenzeitlich hat sie sich in ihr Appartement »*sehr gut eingewöhnt*«. Sie wohnt im Erdgeschoss und kann aus ihrem eigenen Wohnbereich in den Garten gehen, der in der umgebenden innenstadtnahen Bebauung eine Ruhezone bildet. Sie hatte früher »*nie*

---

71. Interview mit einem Mitglied des regionalen Managements und einer leitenden Mitarbeiterin des Hauses, in dem die Gespräche mit Frau K. und Frau J. stattgefunden haben.

daran gedacht, in ein Heim zu kommen. Ich habe immer gedacht, in meinem Haus zu bleiben und dort versorgt zu werden.« Sie hat ihr Haus verkauft und ist sehr zufrieden mit der neuen Situation. *»Ich denke gar nicht mehr an mein Haus!«*

Sie drückt ein Gefühl hoher Zufriedenheit mit ihrer Wohn- und Lebenssituation aus: *»Ich muss sagen, dass ich hier richtig glücklich bin.«* Man werde *»richtig gut versorgt«*, es gebe hinreichend differenzierte Angebote, wenn auch die Aktivitäten außerhalb des Hauses zu wünschen übrig lassen. Das liege aber an der verringerten Nachfrage bzw. an den sich verändernden Bedürfnissen der Bewohnerinnen. *»Mittlerweile ist keiner mehr da, der etwas interessierter wäre.«* Die gesundheitlich bedingte Situation anderer Bewohnerinnen habe zu einer Veränderung geführt. Dennoch muss sie nicht auf Aktivitäten außerhalb des Hauses verzichten: *»Ich habe dafür ja meine Tochter. Die kommt alle zwei Tage her. [...] Ich habe keine Langeweile.«*

Ihre Lebenszufriedenheit wird zum einen durch die hohe Aufenthaltsqualität im Domizil bestimmt (gehobener Stil der Inneneinrichtung und komfortable Ausstattung des Hauses), zum anderen aber auch durch eine Organisationsstruktur, die der individuellen Gestaltbarkeit ihres täglichen Lebens wenig Grenzen setzt. Neben einem umfassenden und persönlichen Service werden abwechslungsreiche Veranstaltungsangebote arrangiert: *»Ich mache, was ich gerne mache. Und was mir nicht gefällt, das mache ich nicht mit.«* Die Freiheiten und Spielräume der individuellen Lebensgestaltung *(»ich kann hier machen, was ich will«)* sieht sie in einem kontrastreichen Unterschied zu organisatorisch überregulierten Einrichtungen, von denen sie über Bekannte weiß: *»Wenn ich meine Bekannten höre, die in Heimen sind ... wo es strenge Regeln gibt ... Essenszeiten, da müssen sie vor der Tür stehen und warten, bis sie reingelassen werden!«*

Am wichtigsten ist ihr an ihrer Wohnsituation der Garten hinter dem Haus: *»Der Garten ist mir sehr sehr wichtig. Tatsächlich. Die Natur! Wenn man schon morgens rausschaut und beobachten kann, die Veränderungen, die man da sieht!«* (vgl. Abb. 18). Der Garten ist als Erlebnis- und Entspannungsraum in eine gleichsam ritualisierte Struktur täglich wiederkehrender Abläufe integriert. Er symbolisiert ihr die *»Freiheit, die man hier hat.«* Der regelmäßige Gang durch den Park spielt für sie eine stützende Rolle in einer Statik von sicherheitstiftenden Wiederholungen: *»Ich gehe jeden Tag durch den Park, mache meine fünf Runden.«*

Frau K. hat sich mehr in eine rituelle und mentale Ordnung eingelebt als in den Raum ihres Appartements, über den sie ebenso wenig spricht wie über das Haus, das sie verkauft hat und das in ihrem gegenwärtigen Leben keine Rolle mehr zu spielen scheint (*»Ich denke gar nicht mehr an mein Haus!«*). Indem sie das Haus aber doch i.S. des Ausschlusses fortbestehender persönlicher Bedeutsamkeit und damit als einen Anker der Erinnerung an ihr früheres Leben *explizit* anspricht, kommen Ord-

Abb. 18: Garten hinter dem Appartement von Frau K.

nungsstrukturen als ein Gerüst der Orientierung in einer gut *gemachten* Welt in den Blick, aus der es kein Zurück mehr gibt. So möchte Frau K. auch nicht anders wohnen, sondern »*wie jetzt ... am liebsten hier weiter*«. Sie liebt ihre Gesundheit und will sich »*möglichst noch so halten*«, dass sie keinem zur Last falle. »*Ich weiß nicht, wie es weiter geht. Ich möchte gerne einschlafen.*« Die *gute* Ordnung möge bis an ihr Ende bestehen bleiben. Das Domizil bietet ihr in seiner komfortablen Ausstattung wie im zuvorkommenden Service den dazu besten Rahmen, der auch ein Rahmen des Vergessen-Machens ist.

4.5.2.2 »... eine Mischung zwischen hier und meinem Haus«

Auch Frau J. ist mit ihrer Wohnsituation hoch zufrieden. Sie bewohnt ein Appartement im ersten Obergeschoss: »*Hier wohnt man sehr gut*«. Dass die Exklusivität ihres Wohnens im Sunrise ihren Preis hat und nicht jeder Bezieher einer durchschnittlichen Rente die monatlichen Kosten aufbringen kann, ist Frau J. bewusst. Voraussetzung ihres momentanen Wohnens sei es deshalb: »*dass man auch Geld hat. Sonst kann man hier nicht wohnen. Das ist klar. So viel Geld habe ich, dass ich das machen kann.*«

Das Wichtigste ist ihr die Wahrung ihrer Individualität: »*dass ich für mich sein kann und dass ich meine Hobbys habe. [...] Ansonsten schaue ich mir gerne Ausstellungen an, auch wenn ich ein wenig durch das Laufen gehemmt bin. [...] Wir sind ja hier mitten in der Stadt, das ist ja kein Problem. Ich kann hinfahren, auch wenn ich auch mal frage, dann kommt hier auch jemand mit.*« Der hohe Ausstattungs- und Versorgungsstandard ist für Frau J. eher selbstverständlich, weshalb sie z.B. die Ausstattung ihres Wohnzimmers auch als *einfach* bezeichnet. Ihre Wohnsituation im Sunrise spiegelt insofern die Fortführung ihres Lebens mit anderen (alters- und lebenssituationsangepassten) »Mitteln« des Wohnens wider und ist nicht als eine luxurierte Altersflucht in den Überfluss zu verstehen. Das Wichtigste ihres Wohnens drückt sie in einem Bild mit einer Szene des Wohnzimmers ihres Appartements aus (vgl. Abb. 19): »*Ich halte mich ganz gerne hier drin auf, ich kann lesen ... schönes Ambiente, zwar einfach, aber schön. [...] Ich brauche große Räume, das kenne ich so von klein auf!*« Während Herr F. (vgl. o.) seinen persönlichen Raumbedarf aus der Perspektive des generalisierten Anderen (»man«) misst und meint, dass »*man im Alter nicht mehr so viel Raum braucht*«, ist für Frau J. das *eigene* lebensgeschichtliche Erleben und die damit verbundene Gewohnheit der unhinterfragbare Maßstab für ihre aktuellen persönlichen Raumansprüche. Soziale Herkunft und Sozialisation bewirken ein je spezifisches Selbstbewusstsein in der Reklamation von Lebensansprüchen, die schließlich wiederum eine Selbstverortung im sozialen und physischen Raum der Gesellschaft zur Folge haben.

Abb. 19: Wohnraum von Frau J.

Im Unterschied zu Frau K. haftet der Wohnzufriedenheit von Frau J. ein Gefühl des Mangels an, das sie auf dem Erlebnishintergrund des Wohnkomforts ihres Hauses empfindet, das nun »*einsam im Taunus*« steht, weil sie es aus gesundheitlichen Gründen nicht mehr bewohnen konnte. Zwar habe sie es »*mit Frauen versucht, die bei mir waren [...] aber das hat keinen Sinn*«. Die Haushaltshilfen wurden ihren Erwartungen und Wünschen nicht gerecht, sodass sie ihr Haus verlassen musste, weil sich eine geeignete Betreuung zuhause nicht gewährleisten ließ. Das Wohlbefinden in der jetzigen Wohnsituation ist in gewisser Weise gebrochen. So steht im Mittelpunkt der Vorstellung ihres (idealtypisch) *erwünschten* Wohnens ein räumlich und situativ oszillierender Gedanke vom Charakter einer Quadratur des Kreises: »*eine Mischung zwischen hier und meinem Haus. Aber das kann ich nun mal nicht.*«

Der Wunsch nach einem ihrer persönlichen Situation gemäßen Wohnen zielt deshalb weder auf einen singulären Ort, noch ein singuläres Wohnen ab, sondern eine Ruhe in der Unruhe des Sowohl-als-Auch. Sie wünscht sich das persönliche Wechseln-Können innerhalb einer Ungleichzeitigkeit, die durch eine Asymmetrie von *persönlicher Situation* (Grundstimmung, persönliche Wertesysteme) und ambivalenter *gemeinsamer Situation* gekennzeichnet ist: Auf der einen Seite sehnt sie sich nach dem Leben in der Kultur großer Städte und auf der einen Seite nach einem Leben auf dem Lande, das aber *auf Dauer* unerträglich werde. Zwar biete die umgebende Natur Entspannung; die sozialen Strukturen des *Ländlichen* werden aber ihren persönlichen Lebensansprüchen nicht gerecht. Über eher kurze Dauer sei der Widerspruch akzeptabel. Das Leben in ihrem Haus in »*einer wunderschönen Ecke*« im Taunus bedeutete ihr Erholung, das Leben in der Großstadt aber die erwünschte Anregung: »*Großstadt brauche ich auf jeden Fall. Ich bin immer in Städten gewesen. [...] Unmöglich für mich, nur auf dem Land zu sein. Ich habe es eine Weile ausgehalten, aber nicht lang.*« Ihr bisheriges Leben war durch Mobilität geprägt. Ein Leben, das sich in einer Katharsis am »Busen der Natur« begnügen würde, konnte und kann es für sie nicht geben: »*nur Natur, das geht halt nicht! [...] Man hat keine Anregung und keine Gespräche!*«

Ihr bisheriges Leben hatte Frau J. in räumlichen und situativen Mischungen gelebt. Diese Erfahrung bestimmt auch das Bild des von ihr nun gewünschten Wohnens, das sich in ihrem gegenwärtigen Leben nicht mehr verwirklichen lässt: Ein Wohnen in und mit der Lebendigkeit der Stadt und ihren vielgestaltigen Angeboten zum einen und in und mit der Ruhe des »Landes« zum anderen: »*Ja, das ist so die Mischung.*« Aber auch der Wunsch nach (temporärer) Ruhe steht in einem Spannungsfeld; Ruhe als atmosphärisch-ambivalente Qualität steht in einem Widerspruch zum eigenen Leben-Wollen. Sie wünscht sich die *akustische* Ruhe der Umgebung ihres Hauses im Taunus, aber *energetische* Ruhe lehnt sie ab: »*Die Ruhe ... man sagt immer vom Alter ... es braucht Ruhe ... das ist Quatsch! Ein alter Mensch braucht mehr Gesellschaft als ein junger. Er muss ja auch aufgefangen werden.*« Auf dem Land hatte und hätte sie zwei Formen der Ruhe, von denen sie nur die eine zeitlich befristet zu genießen in der Lage wäre. Die gesellschaftliche Situation des Lebens in der »Ruhe« des Landes symbolisiert für sie einen sozialen Rahmen individuell eingeschränkten Lebens: »*Da habe ich ja dort gar nichts. Da sind ringsrum nur alte Leute!*«

Die Wohnzufriedenheit im Sunrise-Domizil wird von einem widersprüchlichen Gefühl überschattet. Die vielfältigen Lebensrhythmen ihres Berufslebens als Journalistin begründen in ihrer immobil gewordenen Lebenssituation nun eine Spannung, die sie im Wohnen an *einem* Ort nicht abbauen kann. Ihr nicht mehr bewohntes Haus im Taunus drückt in einer wehmütigen Weise einen Teil ihrer vital gelebten Asymmetrie aus (Anregung vs. Entspannung, das turbulent Städtische vs. das monoton Ländliche). Die Bindung an ihr Haus besteht trotz aller Vorzüge und Annehmlichkeiten des Wohnens im Seniorendomizil daher fort, und sie findet im Rahmen der verbliebenen Möglichkeiten der eigenen Lebensgestaltung immer wieder Wege zu ihrem »verlassenen« Haus: »*Ich finde immer jemanden, der mich hinfährt, wenn ich Sehnsucht habe.*« Das Haus symbolisiert eine Hälfte ihres Lebens. Im Sunrise vermag keine noch so hohe Wohn- und Aufenthaltsqualität diesen gefühlten Mangel zu überwinden.

4.5.3 Die gesellschaftliche Dimension des Wohnen-Machens alter Menschen

Im Alter nimmt die Bedeutung des *Wohnens* für das Gefühl der Lebenszufriedenheit stark zu. Am Beispiel aktueller Studien zum Themenkreis rücken die skizzierten Fallstudien in einen allgemeinen Rahmen des Wohnens im Alter. Die folgenden Ausführungen betten die vorangestellten biographischen Skizzen i.S. eines Überblicks in den allgemeinen Rahmen gesellschaftlicher Organisationsformen des Wohnens im Alter ein.

Nach Höpflinger dünnen mit dem Wegfall der Sinn- und Zeitorientierung auf die berufliche Arbeit die Bewegungsnetze im Raum der Stadt aus und der Wohnbereich werde zunehmend zum Mittelpunkt des Lebens (vgl. Höpflinger 2006: 9). Diese für einen großen Kreis alter Menschen bedeutsame Entwicklung führt zu einer Veränderung der Ortsqualität der Wohnung. In diesem Prozess drückt sich vor allem ein Wandel des Lebens aus, wonach die individuelle Biographie zunehmend in einen selbstreferentiellen Kreislauf der Selbstvergewisserung gerät und sich weniger im Wirkungskreis gesellschaftsbezogener Aktivitäten und größeren räumlichen Aktionsradien konstituiert. Mit anderen Worten: Als Folge strukturell neuer Lebensbedingungen verändert sich das Wohnen schon deshalb, weil die altersbedingt »verbleibenden« Lebensperspektiven von den Erfordernissen arbeitsbedingter Mobilität und Flexibilität entbunden sind und an die Stelle einer Außenorientierung gesellschaftlichen Lebens eine Innenorientierung privater Sinngebungen treten kann. Mit dieser Selbstreferentialisierung der Identitätsbildung wird der Raum der Wohnung sukzessive zu einem atmosphärischen und darin medialen Raum biographischer Retrospektiven. Der Raum der Wohnung samt der sich in ihm befindlichen Dinge gewinnt an mnemosynischem Gewicht und wird als Speicher der Erinnerungen eines gelebten Lebens erlebt (vgl. i.d.S. auch Höpflinger 2006: 9 sowie Anm. von Frau S. in 4.6.1 über die sie oft überrollenden Erinnerungen an ihr früheres Leben mit ihrem verstorbenen Ehemann, mit dem sie beinahe 50 Jahre in ihrer Wohnung gelebt hatte).

Höpflinger nennt emotionale Bezüge zur eigenen Wohnung als wichtigen Grund für den Wunsch der meisten alten Menschen, auch im höheren und hohen Alter in der eigenen Wohnung bleiben zu wollen: Geborgenheit, Schutz, Verbundenheit, Nähe zu Angehörigen, Verknüpfung der Erinnerung mit der langjährigen Wohnsituation. Er weist aber auch darauf hin, dass alte Menschen Anregungen und Spielräume für die persönliche Lebensgestaltung beanspruchen (vgl. ebd.: 10). Zunehmend werde das Wohlbefinden im unmittelbaren Wohnumfeld zum Garanten einer umfassenden Lebenszufriedenheit, deren räumliches Zentrum die Wohnung und weniger die Stadt ist.

Die oben diskutierten Beispiele bestätigen und relativieren diese Sichtweise. Zwar bewirken Einschränkungen der körperlichen Beweglichkeit auch Verkleinerungen individueller Aktionsradien, sich die Stadt als Wohnraum anzueignen und an ihrem kulturellen Leben teilzuhaben. Aber auch im Rahmen kleiner werdender Bewegungskreise lässt sich der Raum der Stadt – vor allem wenn die Alterswohnung innenstadtnah gelegen ist – in den individuellen Lebensalltag einbeziehen; sowohl Frau G. als auch Herr F., die in einem Altenwohnzentrum leben, artikulierten ein Bedürfnis nach altersgemäßen Wegen der Aneignung des städtischen Raumes. Die seitens der AWO gebotenen Freiheiten der individuellen Zeitgestaltung kommen ihnen dabei motivierend und lebenspraktisch entgegen. Die Angebote des Hauses, mangelnde Mobilität durch den Einsatz einer Fahrbereitschaft zu kompensieren, erleichtert es den alten Menschen, ihr Leben nicht in Klausur führen zu müssen. Dem Wunsch nach Selbstanregung durch eine den persönlichen Bedürfnissen folgende Aneignung von Räumen außerhalb des Wohnumfeldes können Frau K. und Frau J. (Seniorendomizil) im Vergleich zu Frau G. und Herrn F. aber leichter nachkommen, weil sie größere finanzielle Spielräume zur Realisierung von Mobilitätsbedürfnissen haben und in soziale Netze eingebunden sind, die ihnen das Wandern im Wohnen leichter machen.

Höpflinger macht auch (ähnlich wie Mester) darauf aufmerksam, dass bei alten Menschen die biographische Fortsetzung des Wohnens in der eigenen Wohnung die beliebteste Form des Wohnens ist. Höpflinger stellt in seiner Studie zur Wohnsituation älterer und alter Menschen fest, dass gut 60 Prozent der zuhause lebenden älteren Menschen, »sich bisher kaum Gedanken zu einem altersbedingten Wohnwechsel gemacht haben« (Höpflinger 2006: 84[72]). Somit akzeptieren ältere Menschen das Wohnen in einem Alters- und Pflegeheim eher notgedrungen, als dass sie sich eine solche Wohnform gewünscht hätten (ebd.: 92). Insbesonde-

---

72. Der Vf. bezieht sich zwar auf die Situation in der Schweiz; in den Fragestellungen vergleichbare Studien zeigen jedoch ähnliche Befunde z.B. für die Situation in Deutschland (vgl. z.B. Mester 2007 und Huber u.a. 2008).

re als Folge längerer Lebenserwartungen hat sich im Vergleich zu früheren Dekaden das Alter des Übertritts in Alters- und Pflegeeinrichtungen deutlich erhöht. »70 Prozent der im Jahre 2000 gezählten Bewohner und Bewohnerinnen von Alters- und Pflegeeinrichtungen waren älter als 80 Jahre und 23 Prozent älter als 90 Jahre.« (Ebd.: 43) Die vier Interviews spiegeln das Bedürfnis, möglichst lange in der eigenen Wohnung zu leben, wider. Der Weg ins formalisierte Alterswohnen wurde deshalb auch krankheitsbedingt strukturell erzwungen und nicht im Blick auf einen neuen Lebensabschnitt gesucht.

Die tatsächlich existierenden Wohnformen, in denen ältere und alte Menschen leben, drücken zum einen den Wunsch der Wohnenden, zum anderen aber auch die Möglichkeiten von Institutionen aus, der *allgemeinen* Situationen des Wohnens unter veränderten gesellschaftlichen Bedingungen des Lebens im Alter gerecht zu werden. Angesichts der stark ansteigenden Nachfrage nach altersgerechten Wohnformen ist in relativ kurzer Zeit ein in seiner Vielfältigkeit beinahe unübersichtlicher »Markt« an Wohnangeboten entstanden. Mit diesem sich in Zukunft weiterhin ausdifferenzierenden Spektrum an Wohnformen sind Abgrenzungsprobleme im Hinblick auf die Typisierung und Bewertung der Wohnformen verbunden; die Tabelle 1 gibt einen Überblick.

	Wohnform	Merkmale
1	Wohnen »wie immer«	Die Wohnung des Lebens »vor« dem Alter wird ohne durchgreifende Veränderungen weiter bewohnt
2	Adaptierte Normalwohnung	Bestehende Wohnung nach Bedürfnissen des Alters umgebaut
3	Gemeinschaftliches Wohnen	Interessenverband Wohnender in barrierefreier oder -armer Normalwohnung
4	Altenwohnung	Wohnung ist altengerecht (um-)gebaut
5	Betreutes Wohnen	Wohneinheit für selbständige Haushaltsführung, gesicherte Grundversorgung
6	Altenwohnheim	Kl. Wohneinheit für z.T. selbständige Haushaltsführung, gesicherte Grundversorgung
7	Wohnstift	Kl. Wohneinheit, Service, i.d.R. inkl. Pflegeabteilung
8	Seniorenresidenz	Vgl. Wohnstift (jedoch höherer Standard); nur Privatzahler
9	Altenheim	Zimmer + WC, gesicherte Grundversorgung; i.d.R. ohne Pflegeabteilung
10	Pflegeheim	(Mehrbett-)Zimmer, intensiver Pflegebedarf

Tab. 1: Wohnformen für ältere und alte Menschen in Deutschland (in Anlehnung an Eizenhöfer/Link 2005: 129ff).

Mester untersucht die Wohnsituation von Senioren am Beispiel des Bundeslandes Nordrhein-Westfalen (Mester 2007), Huber u.a. illustrieren sich allgemein abzeichnende *Modelle* neuen Wohnens im Alter (Huber u.a. 2008). Daraus ergeben sich die folgenden Unterscheidungen, die die obige Liste z.T. ergänzen:

a) Traditionelles Wohnen

»Das Wohnen im Alter weist gegenwärtig kaum Unterschiede zur Wohnsituation in vorhergehenden Lebensphasen auf« (Mester 2007: 26)[73], d.h. sie entsprechen für den größten Teil alter Menschen den Wohnverhältnissen anderer Bevölkerungsgruppen bzw. den in früheren biographischen Lebensphasen präferierten Wohnformen. Frau S. (vgl. 4.6.1) wohnt i.d.S. beispielhaft für die Gruppe alter Menschen; sie lebt mit 82 Jahren in *ihrer* Wohnung, die sie vor über 50 Jahren mit ihrem Mann bezogen hatte. Ihre Situation ist auch darin charakteristisch, dass die Wohnung als Folge der Veränderung der ehemaligen Familienstruktur (sog. »Remanenzeffekt«) nun für die allein lebende Witwe vergleichsweise groß ist. Da das kinderlose Ehepaar aber immer in einer relativ kleinen Wohnung gelebt hatte, kann Frau S. die Bewirtschaftung der Räume in ihrem hohen Alter noch bewerkstelligen. Solche Voraussetzungen sind im Allgemeinen dann nicht gegeben, wenn die Wohnung ehemals einer Familie mit Kindern ausreichenden Platz bieten musste. »Bei den Mieterhaushalten beträgt die Wohnfläche bei älteren Menschen 50,06 m^2 pro Person. Bei den übrigen Bevölkerungsgruppen sind es im Durchschnitt dagegen nur 40,9 m^2 pro Kopf.« (Ebd.: 31) Nur die Gruppe der Singles verfügt über mehr Wohnfläche. Wenn die überdurchschnittliche Wohnungsgröße im Alter auch zu einer Belastung werden kann, weisen die Senioren im Vergleich zu anderen Haushaltstypen in der von Mester 2003 durchgeführten Studie – bezogen auf die Wohnungsgröße – doch die höchste Wohnzufriedenheit auf (vgl. ebd.: 40). Deshalb ist auch bei Senioren die Nachfrage nach Wohnungen im Bereich traditionellen Wohnens am stärksten (vgl. ebd.: 144). Einen besonders hohen Wohnkomfort empfinden Eigentümer in ihren Wohnungen (bzw. Häusern). Die *eigenen vier Wände* vermitteln vor allem deshalb in anderer Weise Geborgenheit als gemietete Wohnungen, weil sich die Bewohner darin weitgehend ohne Rücksicht auf Nachbarn und Restriktionen von Hauseigentümern entfalten, einen persönlichen Lebensstil pflegen und damit ihre eigene Lebensgeschichte im Raum der Wohnung verorten können (vgl. ebd.: 33). Dass der Anteil der Haushaltsgruppe im Alter von über 65 Jahren, die über Wohneigentum verfügt, in NRW nur bei 32,37 Prozent liegt, drückt eher begrenzte ökonomische Spielräume älterer Menschen aus (ebd.: 33).

---

73. In der einschlägigen Fachliteratur ist hier in einem synonymen Sinne auch von »normalem Wohnen« oder »Normalwohnverhältnissen« die Rede.

Unter dem Vorzeichen zunehmender gesundheitsbedingter Beeinträchtigungen können alte Menschen vor allem dann nur noch eingeschränkt *selbstbestimmt* wohnen, wenn sie in ihrem Alltag *regelmäßig* der Hilfe Dritter bedürfen. Wenn die Hilfe aber nicht mehr mobil in der sog. »Normalwohnung« erbracht werden kann, sondern der dauerhafte Aufenthalt in einer Institution erforderlich wird, geraten Service- und Betreuungsleistungen in zahlreichen Fällen in einen Rahmen restriktiver Bedingungen (Überregulierung, Bürokratie, Zwang zur Kosteneinsparung). Unter der Bedingung schlecht ausgestatteter Häuser betreuten Wohnens kommt es nicht selten zu systembedingten Entgleisungen in der Respektierung individueller Persönlichkeitsrechte. Mit dem Lebensalter steigt der Bedarf an vernetzungsbezogenen Dienstleistungen (Gesundheitswesen, Behörden, alltägliche Versorgung etc.). In der Vergangenheit (bis Mitte des 20. Jahrhunderts) wurde die generationenübergreifende (Groß-)Familie diesem Bedarf weitgehend gerecht. Auf dem Lande konnten sich vergleichbare Netze länger erhalten und mit dem Schwinden der traditionellen Wohnformen wenigstens z.T. durch nachbarschaftliche Hilfesysteme ergänzt werden. Deshalb lässt sich auch dort das Leben in der Normalwohnung noch heute länger und leichter realisieren als in den Städten. Gerade bei älter werdenden Singles, die in besonders hohem Maße die Erfüllung individueller Bedürfnisse gewohnt waren, ist das Interesse an einem selbstbestimmten Leben im Alter groß. Deshalb entstehen in Großstädten, in denen sich neue Wohnformen eher realisieren lassen als in ländlich-peripheren Räumen, individualisierte Netzwerke, die von alten Menschen selbst organisiert werden, »um eine stabile Basis für die alltägliche Lebensführung« zu schaffen (Feuerstein 2002: 161). Solche Netzwerke können den längeren (bis dauerhaften) Verbleib alter Menschen in der Normalwohnung sicherstellen. In der »Verknüpfung räumlicher Strukturen mit sozialen Netzen« (Feuerstein 2002: 161) stellt sich auch eine Aufgabe der Schaffung zukunftsfähiger Milieus für alte Menschen. Das *Bauen* des Wohnens Alter verbindet sich so perspektivisch auch mit der Suche nach Wohnformen, die sich rechtlich und aus der Praxis der Immobilienbewirtschaftung realisieren lassen.

Das Leben alter Menschen in ihrem seit vielen Jahren genutzten Wohnungen wird schließlich durch eine räumliche Umstrukturierung von Einzelhandelsstandorten erschwert. Die seit mehr als zehn Jahren ablaufenden Strukturveränderungen im Einzelhandel führen zu einer Einschränkung von Wohnumfeldqualitäten, die besonders alte Quartiersbewohner betreffen (vgl. Höpflinger 2006: 74). Als Folge der Aufgabe kleinerer dezentral in Wohnquartieren gelegener Geschäfte zur Deckung des alltäglichen Bedarfs sind große Einkaufszentren in der sog. »Zwischenstadt« auf der *grünen Wiese* entstanden. Diese sind für alte Menschen nur dann erreichbar, wenn (noch) ein Pkw zur Verfügung steht. Oft sind zentrale Verbrauchermärkte schlecht an das Netz des öffentlichen Personennahverkehrs angebunden.[74]

b) Barrierearmes Wohnen

Wohnungen für altengerechtes Wohnen, die als barrierearm gelten, unterscheiden sich von Normalwohnungen im Prinzip nur dadurch, dass sie *weitgehend* barrierefrei sind (ebenerdig angelegte Dusche, rollstuhlgerechte Türbreiten u.a.). Der Begriff des barrierearmen Wohnens ist aber diffus, weil er eher der Erweiterung des Begriffs »barrierefreien« Wohnens dient und weniger einer klaren Abgrenzung. Die für das barrierefreie Wohnen geltenden Vorschriften (DIN-Norm 18025) werden annäherungsorientiert (in gewisser Weise *weich*) angewendet. Als Kreis potentieller Nutzer gelten Senioren von über 75 Jahren.

c) Service-Wohnen

Unter dem Begriff »Service-Wohnen« werden Angebote vermarktet, die ein neues Marktsegment in der Versorgung der (älter werdenden) Bevölkerung mit Wohnraum darstellen. In einem synonymen Sinne wird auch der Begriff »Betreutes Wohnen« verwendet (vgl. Tab. 1). Nur 1 Prozent der Bevölkerung in einem Alter von über 65 Jahren nimmt derzeit entsprechende Angebote in Anspruch (vgl. Mester 2007: 50). Da diese Wohnangebote im Allgemeinen ortsgebundene Dienstleistungen voraussetzen, engagieren sich in diesem Bereich besonders Kommunen und gemeinnützige Träger (vgl. ebd.: 53).[75]

d) Seniorenresidenzen

Als Sonderform des Wohnens sprechen Huber u.a. Seniorenresidenzen an, die zwar formal zu den »kollektiv organisierten Wohnformen« zählen, tatsächlich aber durch luxusorientierte Versorgungsleistungen und das Angebot differenzierter Serviceleistungen gekennzeichnet sind (vgl. 4.5.2.1f). Huber merkt als Vorteil der Residenzen an, dass sie auch im Falle des Bedarfs intensiver Pflege die nötigen Betreuungsleistungen im Hause erbringen können, sodass ein erneuter Umzug sich erübrige. In diesen Immobilien kommt es aber vermehrt in solchen Städten und Regionen zu Leerständen, in denen die Bevölkerung aufgrund ihrer sozioökonomischen Struktur (z.B. Ruhrgebiet) nicht in ausreichendem Maße über die nötigen Mittel zur Finanzierung der laufenden Kosten verfügt. Dagegen wächst der Bedarf in

---

74. Frau S. (vgl. 4.6.1) hatte diesen in ihrem Quartier bereits abgelaufenen Prozess der Aufgabe alter Einzelhandelsgeschäfte explizit als einen Grund für lebenspraktische Erschwernisse angesprochen.

75. In NRW sind 73 Prozent aller betreuten Seniorenwohnanlagen durch öffentliche Mittel gefördert.

den Ballungsräumen mit einem ausgeprägten tertiären und quartären Sektor sowie hohen durchschnittlichen Haushaltseinkommen kontinuierlich (vgl. auch das Beispiel von Frau K. und Frau J. oben). Es zeigte sich aber auch, dass ähnliche Angebote von Trägern gemeinnütziger Einrichtungen (hier AWO) erbracht werden, jedoch auf einem deutlich niedrigeren Niveau der Wohn- und Aufenthaltsqualität (vgl. auch Huber u.a. 2008).

e) Pflegebereich

Im Pflegebereich werden pflegerische Dienstleistungen angeboten, die durch Rechtsnormen stark reguliert und nach Pflegestufen differenziert abgerechnet werden. Der Anteil der Selbstzahler ist relativ gering. Der größte Anteil dieser Leistungen richtet sich an die Altersgruppe der 75- bis 80-Jährigen (vgl. Mester 2007: 57).[76] Für NRW wird – mit großen regionalen Unterschieden – insgesamt mit einem steigenden Bedarf an geeigneten Einrichtungen der stationären Pflege gerechnet (vgl. Mester 2007: 167). Im gesamten Bundesgebiet hat sich die Zahl der stationär versorgten Pflegebedürftigen von 1999 auf 2003 um 12 Prozent erhöht.[77]

Der Bedarf an altersgerechten Wohnungen nimmt aufgrund des demographischen Wandels insgesamt zu, weist aber wiederum große regionale Unterschiede auf. Während die Bevölkerung auf dem Lande auch im hohen Alter eher in der eigenen Wohnung bleibt[78] und anstelle stationärer Betreuung bevorzugt mobile Pflegedienste in Anspruch nimmt, ist in Städten des »alten« Ruhrgebiets (ehemalige Standorte der Montanindustrie) die Nachfrage nach Einrichtungen betreuten Wohnens größer. Auch dort variiert der künftige Bedarf mit dem noch bevorstehenden Anstieg des Anteils alter Bevölkerungsgruppen regional sehr stark.[79]

---

76. In der Gruppe der über 90-Jährigen ist die Pflegewahrscheinlichkeit am größten; sie weist in NRW einen Anteil von 60 Prozent der Altersgruppe auf. Der »Heimbericht« (BMFuS 2006) gibt das Durchschnittsalter mit 82 Jahren an.
77. Vgl. 4.1 des sog. »Heimberichts« (hg. vom Bundesministerium für Familie, Senioren, Frauen und Jugend 2006).
78. Da die Versorgung der Bevölkerung mit Einzelhandelsgeschäften aufgrund der Struktur ländlicher Siedlungen stets – gemessen an städtischen Ansprüchen – schlecht war, stellt dieser Umstand aus der Sicht betroffener alter Menschen auch allein keinen Grund zum Wegzug dar.
79. In relativ jungen Städten in NRW wie Coesfeld (Münsterland) wird von 2002 bis 2020 mit einem Anstieg der über 65-jährigen Bevölkerung von 47,7 Prozent gerechnet, während dieser Anteil in Städten mit überalteter Bevölkerung (oft als Folge von Abwanderung aufgrund struktureller Schwächen) wie Hagen (Westf.) nur mit 1,9 Prozent veranschlagt wird. Im selben Zeitraum wird in Coesfeld mit einem Anstieg der über 80 Jahre alten Bevölkerung von 106,8 Prozent gerechnet, in Hagen mit »nur« 42,1 Prozent; vgl. Mester 2007: 98ff.

f) Neue Wohnmodelle

Innerhalb der relativ großen Vielfalt altersgerechter Wohnformen wird die Erfindung neuer Wohnmodelle eine zunehmend größere Rolle spielen als in der Vergangenheit. Als *neue* Wohnmodelle gelten zum Beispiel *Haus- oder Siedlungsgemeinschaften*, die auf der Grundlage gemieteter oder erworbener Immobilien realisiert werden. Diese erfreuen sich vor allem deshalb großer Beliebtheit, weil sie der Form des (individuellen) traditionellen Wohnens relativ nahekommen, aber zugleich doch die Vorzüge räumlich naher bzw. pflegerischer Dienstleistungen und Service-Angebote bedarfsgerecht integrieren. Zu den *neuen* Wohnmodellen für ältere Menschen gehört auch das *Mehrgenerationenhaus*, das neben der Versorgung alter Menschen vor allem deren soziale Integration in die Gesellschaft (am Vorbild der Großfamilie) anstrebt. Auch Alterswohnungen, die in Altenzentren integriert sind, haben den Vorzug des optionalen – eher fließenden – Übergangs von einer traditionellen Wohnform in einen pflegerisch betreuten Systembereich. Altenwohngemeinschaften sind reine Zweckverbände und nach der Richtlinie des Bundesaltenplanes förderfähig (Häuser für betreutes Wohnen, offene Wohnformen und andere altersgerechte Wohnformen). Die finanzielle Erleichterung im Bau bzw. Umbau von Wohnungen für alte Menschen hat hohe gesellschaftliche und sozialpolitische aber auch finanzpolitische Bedeutung (vgl. BMFuS 1992).

4.5.4 Retrospektive

Die Findung von Wohnformen für alte Menschen ist eine große Herausforderung der Zukunftsgestaltung; dies nicht nur im Bereich des Städtebaus, der Raumplanung und des Wohnungsbaus, sondern auch im Bereich der Sozialpolitik, denn der soziale Frieden in einer moderner und zugleich ungleicher werdenden Gesellschaft steht auf dem Spiel, wenn die in der Zukunft ärmer werdenden Senioren menschenwürdigen Wohnraum zu subjektiv bezahlbaren Preisen kaum noch werden finanzieren können. Schon in der Gegenwart gerät das Wohnen im Alter zunehmend in eine fatale Abhängigkeit von individuell verfügbaren monetären Ressourcen. Als Folge einer nachhaltig restriktiven Rentenpolitik wird sich die Schere zwischen Arm und Reich überproportional öffnen; besonders negativ werden Bezieher niedriger bis durchschnittlicher Löhne und Gehälter betroffen sein. An die Stelle sozialstaatlicher Leistungen wird eine politisch schon in der Gegenwart beschworene sogenannte *Eigenverantwortlichkeit* treten, wonach in der Zukunft verminderte Rentenzahlungen durch private Zusatzversorgungsansprüche ergänzt werden sollen. Diese Situation ist derzeit noch dadurch verdeckt, dass dem bis zur Jahrtausendwende in den Rentenstatus eingetretenen Erwerbstätigen noch eine relativ stabile

Rentenabsicherung zuteil wurde. Das Bild des *wohlhabenden* Rentners wird jedoch schnell an Gültigkeit verlieren und die soziale Spaltung der Gesellschaft gerade im Alter offenkundig werden. Die der Wohnungswirtschaft im Großen und Ganzen noch bevorstehende sozioökonomische Transformation eines immer größer werdenden Bevölkerungssegments wird beträchtliche Anstrengungen der Wohnraumversorgung erfordern. Dabei wird sich nicht allein eine Aufgabe des Wohnungsbaus, sondern auch des Umbaus vorhandener Wohnungen, der räumlichen Vernetzung von Wohnungen sowie des innovativen *Bauens im Bestand* stellen. Mit der Neuausrichtung und Anpassung des Wohnungsbestandes an eine veränderte Bedarfssituation verbindet sich auch die Aufgabe der intelligenten Erneuerung des Altbestandes öffentlich geförderter Wohnungen.

Die vier bzw. fünf Beispiele für Situationen des Wohnens im Alter drücken auf je eigene Weise einen starken Wunsch alter Menschen nach einem selbstbestimmten, aktiven, anregungsreichen und sozial vernetzten Leben aus. Das Beispiel der Frau S., die seit mehr als 50 Jahren (82-jährig) in ihrer Wohnung lebt, dokumentiert ein *noch* gelingendes aber prekär werdendes Lebensmodell, das für den Bewohner und die drei Bewohnerinnen in einer Einrichtung des betreuten Wohnens als *in Gänze* selbständiges Modell gescheitert ist. Herr F. sowie Frau G. (Altenwohnzentrum der AWO) bestätigen jedoch in grundsätzlich ähnlicher Weise wie die in einem Seniorendomizil lebenden Bewohnerinnen, dass das individuelle Wohnen in der sog. Normalwohnung bruchartig an sein Ende gelangen kann, wenn es unbedacht in eine offene Zukunft gelebt wird. Damit kommt aber nicht nur eine *Wohnform* an ihr unvorbereitetes Ende, sondern auch und vor allem eine *Lebensform*. Die Betroffenen fallen gleichsam schlagartig aus der Eigenverantwortung und selbständigen Entscheidung über die Belange ihres eigenen Lebens heraus und müssen sich plötzlich in einem Dickicht von Institutionen, Rechtsnormen, Kostenplänen und organisatorischen Diskursen orientieren. Dieses zumindest partielle *Herausfallen* aus der (persönlichen) Macht über die Regelung der Belange des eigenen Lebens könnte auf einem allgemeinen gesellschaftlichen Niveau zu einem Generalfall werden, da allein die quantitative Dimension des bevorstehenden Wandels eine strukturelle Verstrickung individueller Lebensgeschichten in gesellschaftliche Systeme der Altersbewirtschaftung und -verwaltung zur Folge haben dürfte.

Als individuell *bedrohliche* Macht entfalten sich im Wohnen-*Machen* von Senioren weniger moralisch nicht legitimierbare *individuelle* Kräfte, als anonyme gesellschaftliche, kulturelle, institutionelle und juristische *Verhältnisse*, die konkret-biographische Lebensverläufe als abstrakt-strukturelle »Fälle« im Großen wie im Kleinen steuern, in Richtungen weisen und für zukünftige (hermetische) Verläufe disponieren (vgl. Schmitz 2008.1). Solche Macht geht auch von massenmedial zirkulierenden Klischees »des« alten *Menschen* aus. Deren Aufgabe besteht in einer ikonologischen Lenkung gesellschaftlicher Alters-Diskurse, wozu nicht nur i.e.S. sprachliche Aussagen, sondern auch nonverbal kommunizierte (ethische) Bewertungs- wie (ästhetische) Identifikationsschablonen gehören. Bilder werden auf diesem Wege zugleich als Angebote in einem Prozess der Selbst- wie Fremdzuschreibungen von Identität stark gemacht. Indem Klischees *des* alten Menschen (Selbst-)Deutungen vorwegnehmen, Spielräume des Denkbaren einschränken und in einem Meer der Pluralität der Lebensmodelle eine Disziplinierung der Alters-Wahrnehmung bewirken und damit vermeintliche Ordnung und Übersicht stiften, entfalten sie eine nachhaltig normierende und Freiheiten beschneidende Macht.

Die Zustimmung der Interviewpartnerinnen zu den je konkret erlebten Bedingungen ihrer Wohnsituation gründet zu einem entscheidenden Teil darin, dass sie hinreichend große Freiräume für ein selbstbestimmtes Leben (und Wohnen) sehen. Zur Freiheit, die von den Gesprächspartnerinnen reklamiert wird, gehört die individuelle Fähigkeit und Möglichkeit zur Ergreifung unabhängiger Initiativen. Dazu gehört aber auch Rechenschaftsfähigkeit. Beides setzt (i.S. der Selbstbewirkung) die Fähigkeit der Selbstzuschreibung von Identität voraus (vgl. Schmitz 2007.2: 66ff). Deshalb gelten die Ansprüche an ein selbstbestimmtes Wohnen auch nur für jene Alten, die *nicht* aufgrund schwerer Krankheit die Macht über sich *überwiegend* verloren haben und deshalb *ganz* der Hilfe Dritter bedürfen.

Indem die Selbstbestimmung des täglichen Lebens von allen vier Interviewpartnern ungefragt thematisiert wird, drückt sich ein von den Betroffenen wahrgenommenes *Problem* aus, das zu einem guten Teil jedoch als Problem jener anderer wahrgenommen wird, von denen allgemein bekannt ist, dass sie unter oft menschenunwürdigen Situationen leben und wohnen müssen. Der Anspruch der Befragten lässt sich auf dem Hintergrund massenmedial kommunizierter Krisenfälle der Ent-Sorgung alter Menschen somit als idiosynkratische Wahrnehmung deuten. Die Befragten wollen *selbst* leben und wohnen, darin zwar nach persönlichem Bedarf unterstützt werden, sich das Leben und Wohnen aber nicht in Gänze *machen* lassen. Auch im Alter wollen sie ihr Wohnen als Ausdruck ihres Lebens und darin keimender situativer Bedürfnisse gestalten. Sie wollen nicht in eine persönliche und gemeinsame Situation (mit anderen) geraten, in denen sich diese Beziehung so umkehrt, dass das Leben zu einem Ausdruck des Wohnens wird. Wo dieser strukturelle Fall eintritt, ist das Wohnen als fiktive Entität unter die Macht eines Verständnisses geraten, wonach es auf eine Funktion reduziert wird, die den Charakter einer segmentierten Dienstleistung hat. Wo das Wohnen von den Bedürfnissen des Lebens entkoppelt wird, verlieren sich Menschenrechte und humanitäre Ansprüche. Existenzielle Fragen des Lebens werden dann in fakturierbare Dienstleistungen nach DIN umgedeutet und gehen in einer administrativen, juristischen und aseptischen Rationalität auf. Wenn das hermeneutische Begreifen des Lebens das Verstehen seiner Ausdrucksformen erfordert (vgl.

Bermes 2007: 255), dann liegt in der Abschneidung einer Ausdrucksform des Lebens (selbstbestimmbaren Wohnens) ein menschenunwürdiger Akt der Gewaltausübung gegen vitale Bedürfnisse der Selbstbehauptung.

4.6 Das (in Grenzen) fraglos gegebene Wohnen

Wo das tägliche Leben wie ein Strom ohne Selbststrukturierung dahinfließt, schützt der Rahmen einer selbstverständlich gewordenen Lebenswelt das Wohnen gegen seinen aporetischen Einsturz in die Fragwürdigkeit. Ein Leben, das sich aus der Kraft blinder Routinen und wiederholender Praktiken – gleichsam *zeitlos* – immer tiefer in ein Bett der *Normalität* hineingräbt, ruht in einer ordnungstiftenden Fraglosigkeit.

Die in den folgenden beiden Fallstudien illustrierten Wohnformen erzählen von einer beginnenden oder bereits irreversiblen Immobilität, die sich in der *endgültigen* Verwurzelung in einer Wohnung ausdrückt und darin eine je spezifische Art der Immobilität der persönlichen Lebenssituation widerspiegelt. Beide Interviews wurden mit Bewohnern des sog. »Sozialen« Wohnungsbaus geführt. Aufgrund ihres fortgeschrittenen Lebensalters wird die derzeitige Wohnung jeweils als endgültig angesehen. Die Gesprächspartner wollen sich nicht mehr in eine *mögliche* andere Wohnsituation hineindenken und -fühlen. Wenn die 82-jährige Bewohnerin einer Zwei-Zimmer-Wohnung auf die Frage, was ihr an ihrer jetzigen Wohnsituation das Wichtigste sei, zunächst antwortet, dass sie darüber noch nie nachgedacht habe, dann provoziert diese Antwort die grundsätzliche Frage, unter welchen Bedingungen eine aktuelle Lebens- und Wohnsituation aus ihrer Selbstverständlichkeit herausfällt und in die Fragwürdigkeit stürzt – wenn auch nur für flüchtige Momente. Während die vorausliegenden Kapitel auf diese Frage für bestimmte Fälle Antworten geben, illustrieren die beiden folgenden Beispiele Lebensumstände, die dem Bedenken des eigenen Wohnens strukturell eher entgegenstehen. Dieses Kapitel versteht sich zugleich als eine Ergänzung der Ausführungen zum Wohnen alter Menschen (vgl. 4.5).

4.6.1 »Und so sind wir hier wohnen geblieben«

Frau S. wohnt in einem von mehr als 60 Mehrfamilienhäusern des Sozialen Wohnungsbaus, die Anfang der 1950er Jahre in einer Entfernung von ca. sechs Kilometern von der Innenstadt im Frankfurter Nordwesten errichtet wurden. Das großflächige Quartier ist durch bauphysiognomische Homogenität und Monofunktionalität gekennzeichnet. Die Wohnung von Frau S. hat zwei Zimmer und liegt im ersten Stock eines dreigeschossigen Wohngebäudes. Der Eindruck des Wohnzimmers wird durch viele z.T. persönliche Bilder und eine mit Büchern gefüllte Bücherwand geprägt. Die Möbel aus den 1960er Jahren sind in einem gut erhaltenen Zustand, die Wohnung ist wohl geordnet und aufgeräumt. Der Gesamteindruck der Wohnung macht vergessen, dass sie sich in einem Gebäude und Quartier des Sozialen Wohnungsbaus befindet, weil sie dem *Klischee* des Sozialen Wohnungsbaus zuwiderläuft.

Frau S. und ihr Mann mussten nach dem Krieg lange auf eine Wohnung warten. Bevor sie schließlich über die Wohnungsbaugesellschaft ein Angebot erhielten, lebten sie fünf Jahre bei einer Freundin, die während der Woche in Bonn arbeitete. »*Wir haben für diese Wohnung hier 3.600 DM damals bezahlt* [Baukostenvorschuss, J.H.] *. Das war im Oktober 1955 sehr viel Geld für uns.*« Die geringe Größe der Wohnung begründet sie (zunächst) nicht mit altersbezogenen Argumenten der Zweckmäßigkeit, sondern aus ihrer Lebensgeschichte: »*Da wir immer zu zweit waren, hat sie gereicht. In der Zeit, wo wir Wohnungen gesucht haben, da gab es keine oder Sie mussten den Baukostenvorschuss, den wir hier auch bezahlt haben, bezahlen. Und wenn Sie eine größere ... die haben wir gar nicht bekommen.*«

Ihre Wohnsituation beschreibt Frau S. in erster Linie aus der Retrospektive ihres bereits vergangenen Lebens. Wenn sie auf die Gegenwart Bezug nimmt, so stets aus der Erinnerung an eine Zeit, in der sie mit ihrem vor sechs Jahren verstorbenen Mann ein aktives Leben geführt hatte. Als sie »*in jungen Jahren viele Freunde hatten*«, war die gemütliche Wohnung »*ein Treffpunkt*«. Heute sind ihre früheren sozialen Bindungen weitgehend abgerissen. Dieser Verlust verräumlicht sich in gewisser Weise im Erleben ihrer Wohnung: »*Es sind nur die Erinnerungen. Ich bin leider mit meinen vier Wänden alleine hier – Erinnerungen.*«

Sie hätte nach dem Tod ihres Mannes umziehen können, aber sie ist froh, dass sie keine große Wohnung hat, sondern in der kleinen geblieben ist. Das Bleiben-Wollen drückt zum einen ihre tiefe Verwurzelung in einer Welt der Erinnerungen aus, zum anderen aber auch eine rationale Akzeptanz der alltagspraktischen Vorteile der gegebenen Wohnsituation: »*... zum einen hätte ich* [in einer größeren Wohnung, J.H.] *mehr Arbeit, zum anderen wäre sie teurer. Vielleicht wäre sie bequemer – ich müsste nicht zum Duschen in die Badewanne steigen, sondern es gäbe ein richtiges Bad. Das ist es, was mir eigentlich fehlt.*« Frau S. lebt mehr in ihrer persönlichen Situation, die durch ihr vergangenes Leben – mit ihrem Mann – gekennzeichnet ist, als dass sie die Wohnung als einen Raum der Entfaltung *neuer* Lebenswege betrachten würde. Auch in einer anderen Wohnung wäre sie allein mit ihren Erinnerungen. Dann müsste sie aber »*wesentlich mehr Miete zahlen [...], und vielleicht hätte ich nicht die Ruhe, die ich hier im Moment habe.*« Da Frau S. keine Kinder hat und so nicht nur ihr Mann, sondern auch sie berufstätig sein konnte, wollte sie »*immer mal ausziehen, wir hätten uns das auch leisten können. [...] aber mein Mann sagte: ›Wir haben keine Kinder, wir gehen lieber in den Urlaub.‹*« So sind sie seit 1955 in der Zwei-Zimmer-Wohnung geblieben und »*viel unterwegs gewesen*«. Aus der Gegenwart ihres alltäglichen Lebens wägt sie pragmatische Vorteile gegen Nachteile ab (beinahe i.S. von Standortfaktoren für das Leben im Alter). Die geringe Größe der Wohnung kommt ihrer jetzigen Lebenssituation sogar entgegen, denn sie ist »*für mich auch noch in Ordnung zu halten, einigermaßen. Wenn sie größer wäre, dann wäre es schlimmer.*«

Die Gegenwart erlebt sie aus *ihrer* Zeit, die sich in einer biographischen Kette prägender Ereignisse zu einer persönlichen Stimmung verdichtet hat. Immer wieder spricht sie von der Zeit des Krieges und den Aufbaujahren der 1950er und 1960er Jahre, von ihrer Schulzeit in den 1930er Jahren, der Ausbombung 1944, ihrer Generation, die eine schlechte Zeit erlebt habe, dem Verlust der Arbeit nach dem Krieg und dass in den 1950er Jahren nur ein Ofen in der Wohnung gewesen sei. In den über 50 Jahren, in denen sie nun in ihrer Wohnung lebt, »*ändert sich viel! Und in den letzten Jahren hat sich wahnsinnig viel verändert. [...] Wenn man hier am Fenster stand, dann wusste man immer, wann die Straßenbahn kommt, denn dann kam ein Pulk von Menschen an. Das ist vorbei. [...] Wenn Sie nicht Auto oder Rad fahren, dann ist es schwierig, einzukaufen. Wir hatten früher [...] drei Metzger und vier Gemüsegeschäfte, Feinkostladen. Das ist alles weg!*« Supermärkte gibt es in ihrem Wohnquartier nicht. »*Ich komme da nicht hin!*« Deshalb kauft sie einmal in der Woche beim Metzger in der Stadt Vorräte für die ganze Woche.

Was ihr in ihrer Wohnung am wichtigsten sei, kann sie spontan nicht beantworten: »*Darüber habe ich noch nie nachgedacht.*« Was für sie von Bedeutung ist, bewährt sich in ihrem täglichen Leben, ist aber kein *explizites* Thema i.S. einer bewussten Bewertung. Deshalb spricht sie in der Folge dann auch nicht über Vorteile des Viertels und der Wohnung, die sie in anderem Zusammenhang als Grund für ihr Bleiben angeführt hat. Am wichtigsten ist ihr letztlich, »*dass ich so lange hier drin wohne, die Erinnerungen – man hat ja in den 52 Jahren wahnsinnig viele Erinnerungen.*« In der Resonanz dieser Erinnerungen kommentiert sie auch Umgebungsbedingungen ihrer aktuellen Wohnsituation. Es gebe nicht mehr so viele Kinder. Die seien in ihren Wohnungen, und »*dadurch ist es im Grunde genommen ruhiger geworden. Über mir wohnt eine junge Frau, unter mir auch, Frau Z. wohnt im Parterre – also überall nur eine Person!*« Für sie persönlich sei es im Moment angenehm.

Stets schlägt sie eine Brücke in die Vergangenheit: »*Die Erinnerungen im Alter, was man in einer Wohnung alles erlebt hat, wenn man so alt ist und solange drin wohnt, können sehr schön sein, können aber auch ... Gott ... traurige Geschichten sein.*« Den Innenraum ihrer Wohnung scheint sie wie eine Zeitmaschine zu empfinden, in der sich die vergangene Lebenszeit aktualisiert. Im umfriedeten Raum (vgl. 3.3) der Wohnung sitzen die Atmosphären ihres Lebens gleichsam fest: »*Ich dachte immer, je länger das her ist, wenn der Partner nicht mehr da ist, dann ist der Abstand größer. Aber ich habe das Gefühl, dass es nicht besser wird, sondern dass es immer näherkommt.«* Die Erinnerungen *stimmen* sie in ihrem aktuellen Befinden, das stark durch ihre biographiebedingte bzw. altersbedingte Vereinzelung geprägt ist. Das mobile Leben, das sie mit ihrem Mann geführt hatte, wirft einen Schatten der Sprachlosigkeit in eine nun als leer empfundene Zeit. Früher seien sie stets unterwegs gewesen: »*Die Erinnerungen sind da! Wenn Sie am Abend, am Wochenende oder an Feiertagen ... wir waren nie da! Und jetzt sitzen Sie hier alleine. Da kommen viele Gedanken und Sie können mit niemandem reden. Wir hatten keine Kinder und die Verwandtschaft ist weg! In meiner Verwandtschaft ist niemand mehr [...]*«. Was sie um sich herum am und vom Leben junger Menschen aus der Distanz ihres ganz anderen Lebens mehr sieht als miterlebt, versucht sie zwar aus der Logik der Gegenwart zu verstehen; aber sie bezieht es doch immer wieder auf die Werte ihrer eigenen vergangenen Zeit: »*Wenn ich sehe, was hier beim Sperrmüll alle vier Wochen mal liegt, was die Leute kaufen [...] in den Großmärkten für Wohnmöbel bekommen sie billige Sachen, die sie nach ein paar Jahren wegschmeißen müssen, weil sie nichts mehr sind. Und das gab es nicht bei uns.*«

So spiegeln sich auch in zwei Bildern, die eine besondere Bedeutung ihrer Wohnung zum Ausdruck bringen sollen, retrospektive Symbole ihres Lebens wider. Die Bücherwand (vgl. Abb. 20) drücke einen Teil ihres Lebens aus, und das Bild einer Mainbrücke, das über dem Sofa hängt, verkörpere ihr die alte Stadt Frankfurt (vgl. Abb. 21).

Abb. 20: Bücherwand im Wohnzimmer von Frau S.

Abb. 21: Bild des »alten Frankfurt« im Wohnzimmer von Frau S.

4.6.2 »An allererster Stelle muss ich mich ja wo aufhalten und niederlegen können«

Frau und Herr W. wohnen nicht – wie Frau S. – in einem *Viertel* des Sozialen Wohnungsbaus, sondern in einem Mehrfamilienhaus, das eine kriegsbedingt entstandene Baulücke überwiegend gründerzeitlicher Bebauung des Frankfurter Westends schließt. Es wurde ebenfalls in den 1950er Jahren errichtet. Die Entfernung zur Innenstadt beträgt 2,5 km; eine U-Bahn-Station sowie Bushaltestellen befinden sich in kurzer Entfernung von der Wohnung. Aufgrund seiner innenstadtnahen Lage und historischen Entwicklung weist das räumliche Umfeld des Quartiers eine nutzungsstrukturelle Vielfalt sowie ein relativ differenziertes Angebot an Einzelhandelsbetrieben zur Deckung von Konsumgütern des täglichen Bedarfs auf (Lebensmittelsupermärkte, Bäckereien, Metzgereien, Schusterei, Buchhändler u.v.a.). Auch das Wohnhaus, in dem Frau und Herr W. im zweiten Obergeschoss eine Drei-Zimmer-Wohnung bewohnen, wurde durch Mittel des Sozialen Wohnungsbaus gefördert.

Frau und Herr W. sind jeweils ca. 70 Jahre alt. Sie wohnen seit 1960 in ihrer Wohnung, mit der sie – auch nach beinahe 50 Jahren – zufrieden sind. Ihre Wohnsituation bezeichnen sie als *sehr gut*. Die Bedeutung der Wohnung im täglichen Leben wird auf zwei argumentativen Linien begründet. Zum einen ergibt sich der persönlich positiv empfundene Wohnwert aus der relativen Lage, die durch eine vielfältige Einzelhandelsstruktur des Viertels geprägt ist, aber auch durch die Nähe zur Innenstadt: »*Alles mögliche ist schnell zu erreichen, ohne zu viel an das Verkehrsnetz angebunden zu sein. Alles kann ich zu Fuß erreichen. Ob Zoo oder Palmengarten oder die Zeil.*[80] *Alles kann ich erlaufen und das macht viel aus!*« (Herr W.) Aber auch die nach persönlichen Bedürfnissen gestalteten Räume der Wohnung vermitteln beiden eine positiv erlebte Wohnsituation: »*Ich meine, dass mir das ja nicht eingerichtet wird. Und ich werde nicht reingesetzt. Sondern ich mache es mir so, wie es mir gefällt!*« (Herr W.) Dagegen hat die Wohnung »an sich« in der persönlichen Bewertung eine geringere Bedeutung: »*An allererster Stelle muss ich mich ja wo aufhalten und niederlegen können. Das ist ja in jeder Wohnung und in jeder Lage so. Ob nun das Nordend oder Sachsenhausen. Die Situation ist für mich wichtig, aber nicht, wie ich seiner Zeit hier eingezogen bin.*« Herr W. bewertet seine Wohnung so auch auf dem Hintergrund seiner persönlichen Situation des Ruhestandes. Als Herr W. vor 48 Jahren mit seiner Frau in die Wohnung einziehen konnte, hatte er keine Wahl: »*Es hat sich so ergeben, dass das hier war. Das konnte ich mir nicht aussuchen.*« Acht Jahre hatte er sich zuvor mit sechs Personen eine Zwei-Zimmer-Wohnung teilen müssen. »*[...] 1952 hätte mir keiner eine Wohnung gegeben. Ich war weder politisch verfolgt noch parteimäßig sauber*[81]*, dass die mich aufgenommen hätten und hofiert hätten.*« Die Wohnung hat er schließlich durch seine Tätigkeit als Hausmeister in einer großen Behörde bekommen.

---

80. Die »Zeil« ist die Haupteinkaufsstraße in Frankfurt (Fußgängerzone).
81. D.h. er gehörte nicht zum Kreis jener Personen, die nach dem Krieg im Wiederaufbau des bürgerlichen Lebens durch Regelungen der Besatzungsmächte begünstigt wurden.

Er ist sich seiner (Wohn-)Geschichte zwar bewusst, lebt aber heute (im Unterschied zu Frau S.) aus der *Gegenwart* der persönlichen und gemeinsamen Situation. Obwohl er die Wohnung in ihrer (innen-)räumlichen Gegebenheit im Prinzip für austauschbar hält (vgl. Anm. oben), ist er »*in der Wohnung glücklich! Ich möchte keine besonderen Dinge, auch jetzt in meinem Alter, wo man nicht mehr so viel verändern möchte!*« Er würde nicht gern anders wohnen. Für Frau W. stabilisiert das Bleiben-Können das eigene Leben. Die Wohnung ist ihr ein vertraut gewordener persönlicher Raum: »*Es würde mir sehr schwerfallen, wenn wir hier raus müssten! Ich glaube nicht, dass wir das gut verkraften würden!*« Herr W. relativiert (aus einer rationalisierten und abstrahierenden Perspektive): »*Naja, viele andere haben das auch verkraftet. Aber sehr schwer. Es würde uns schwerfallen*«. Sie müssten alles zurücklassen, »*die Nachbarschaft, das Haus*«. Nun erscheint auch das Haus symbolisch und in einem Gefühl des Verwurzelt-Seins mit der eigenen Biographie so mannigfaltig verstrickt, dass es »Heimischsein« (bzw. Heimat) bedeutet, obwohl Herr W. zuvor die »reine« Wohnung – ohne die persönlichen Dinge des Wohnens – in ihrer Bedeutung bagatellisiert hatte. Die eher fixe Bindung an die Wohnung ist aber auch Ausdruck einer Bewertung, die die gemeinsame Situation im Alter widerspiegelt: »*Ich möchte nicht anders wohnen. Es liegt auch sehr daran, dass ab einem gewissen Alter jeder Teller der anders steht, wieder gerade gerückt wird und an dieselbe Stelle gestellt wird.*« Die Lebensroutinen eines vertraut gewordenen Alltages bedeuten ihm auch etwas Bergendes: »*Einen Rückzugsraum habe ich. Sie* [seine Frau, J.H.] *natürlich auch [...]*«. Das ist beiden besonders wichtig an ihrer Wohnsituation. Er hat ein Zimmer ganz für sich allein, »*wo ich alles Mögliche drin machen kann [...]. Ich lese viel und habe eine Unmenge Bücher. Die liegen dort herum, überall. Aber ich weiß noch, wo sie sind. Immer noch.*« Es sind weniger die Wohn-*Räume*, die ihm die Wohnung zu *seiner* Wohnung machen, als die Möglichkeiten, in der Wohnung ein *eigenes* Leben führen zu können. Auch Frau W. hat ihren persönlichen Rückzugsraum – »*beim Fernsehen*«. Die sozialen Vernetzungen seien nicht mehr so vielfältig wie in der Vergangenheit.

Die persönliche Bedeutung des Wohnens drücken beide in je eigenen Bildern aus. Herr W. möchte zwei Bilder machen: Das Fernsehgerät, weil es die gemeinsame Wohnsituation sehr gut charakterisiere (vgl. Abb. 22) und »sein« Zimmer mit den Pfeifen (vgl. Abb. 23), die er nur dort rauche. Das bedeutungskomplementäre Bild von Frau W. zeigt ein Fach mit Kochbüchern im Wohnzimmerschrank (vgl. Abb. 24).

4.6.3 Sozialer Wohnungsbau in Deutschland

Die sich in den skizzierten Fällen darstellenden Wohnsituationen haben ihren sozialen Ort jeweils in einem Gebäude des Sozialen Wohnungsbaus.

Abb. 22: Fernsehgerät im Wohnzimmer von Herrn und Frau W.
Abb. 23: Persönliches Zimmer von Herrn W.
Abb. 24: Kochbücher von Frau W. im Wohnzimmerschrank.

Damit gehen bauliche, ökonomische und ästhetische Rahmenbedingungen des Wohnens einher, die zwar für einen großen Teil der in Deutschland Wohnenden bestimmend sind. Beide Beispiele haben aber auch gezeigt, dass es – dem Klischee Sozialen Wohnungsbaus zum Trotz – keine Determinismen des Wohnens durch diese Form des Wohnungsbaus gibt. Weil die Rolle des Sozialen Wohnungsbaus von so großer Bedeutung für die allgemeine Versorgung der Gesellschaft mit Wohnraum ist, seien im Folgenden Grundstrukturen des Sozialen Wohnungsbaus skizziert.

Der Begriff des »Sozialen Wohnungsbaus« ist schillernd. Das liegt zum einen daran, dass der gesetzlich geregelte Gegenstand »Sozialer Wohnungsbau« in der Sache vielfältig und nicht auf eine *bestimmte* Form des Wohnungsbaus beschränkt ist. Zum anderen ist die Assoziation des Begriffs durch lebensweltlich klischeehafte Vorstellungen von Quartieren mit Milieueigenschaften geprägt, welche tendenziell mit negativ konnotierten sozialstatistischen Merkmalen assoziiert werden. So weist der Bedeutungshof Sozialer Wohnungsbau eine große Nähe zu Quartieren auf, die als soziale Brennpunkte und Wohnviertel ökonomisch und soziokulturell Benachteiligter gelten. Tatsächlich ist der soziale Wohnungsbau aber nicht auf Armutsgebiete oder Wohnviertel von Randgruppen zu reduzieren. Eine in der Sache angemessene Differenzierung wird in der lebensweltlichen Wahrnehmung nicht zuletzt dadurch erschwert, dass Armuts- bzw. Randgruppen-Wohngebiete (zumindest in Deutschland) in zahlreichen Fällen tatsächliche Gebiete des Sozialen Wohnungsbaus sind. Für sie trifft aber nur bedingt zu, was für Armutsgebiete charakteristisch ist. Letztere liegen in den europäischen Metropolen oft in heruntergekommenen, innenstadtnahen Vierteln, die ehemals bürgerliche Wohnquartiere waren, aber als Folge baulichen Verfalls nur noch an wenig zahlungskräftige Randgruppen vermietet werden können. Bei diesen

Armutsvierteln handelt es sich in aller Regel nicht um Quartiere des Sozialen Wohnungsbaus, sondern um Immobilien im Eigentum von Privatpersonen oder Gesellschaften, die durch die Vermietung im Prinzip unzumutbarer Wohnungen maximale Restrenditen abschöpfen. Der zweite Typ von Armutsgebieten liegt in heruntergekommenen Quartieren des Sozialen Wohnungsbaus, die in den 1960er und 1970er Jahren nach Prinzipien seriellen und kostensparenden Bauens entstanden sind. Die in Deutschland bekannten Brennpunktquartiere dieser Art sind meist vielgeschossige »Wohnsilos« (sog.»Großwohnsiedlungen«), die in ähnlicher Weise gebaut worden sind, wie die Wohnkomplexe des sozialistischen Wohnungsbaus in der ehemaligen DDR (sog. Platte). Die Quartiere wurden nach einem maschinistischen Verständnis menschlichen Wohnens geplant und spätestens in den 1980er Jahren zu sozialen Krisenherden, nachdem als Folge einer vielfältig motivierten Abwanderung besser verdienender Bürger und der gleichzeitigen Zuwanderung sozioökonomisch benachteiligter Migranten die sozialen Spannungen sprunghaft anstiegen. »Vor allem in den 1980er Jahren kam eine Vielzahl von strukturellen Problemen zum Vorschein: selektive Fortzüge Besserverdienender, freistehende Wohnungen, heruntergekommene Gebäude, unzureichende soziale und kulturelle Angebote.« (Friedrichs/van Kempen 2004: 69)

Die Anfänge des Sozialen Wohnungsbaus liegen in der Zeit des Nationalsozialismus und verfolgten das Ziel, für die Zeit nach dem »Endsieg« eine tragfähige Versorgung der Bevölkerung mit Wohnraum sicherzustellen. Zum Kern der Vorbereitungen gehörten Planungen zur kostensparenden Standardisierung im Wohnungsbau, die Begrenzung der Wohnungsgrößen und die Deckelung der Mietpreise. Diese wohnungsbaupolitischen Präliminarien gingen später in die Entwürfe des Ersten Wohnungsbaugesetztes ein. In der jungen Bundesrepublik gab es zwei große Instrumente des öffentlich subventionierten Wohnungsbaus: das Erste Wohnungsbaugesetz (WoBauG) vom 24.04.1950 und das Lastenausgleichsgesetz (LAG) vom 14.08.1952. Bis 1949 wurden die Aufgaben der Wohnraumsicherung in den westlichen Besatzungszonen durch den Alliierten Kontrollrat wahrgenommen, der u.a. am 08.03.1946 ein i.w.S. »erstes« Wohnungsbaugesetz erließ, dessen Ziel aber nicht in der Errichtung *neuen* Wohnraums bestand, sondern in der »Erhaltung, Vermehrung, Sichtung, Zuteilung und Ausnutzung des vorhandenen Wohnraums« (Lüning 2005: 49). Während sich diese Initiative auf das soziale Krisenmanagement im Rahmen des (noch) vorhandenen Wohnraumbestandes beschränkte, setzten die Aktivitäten zum Neubau von Wohnungen ab 1950 im Zusammenhang mit dem Erlass des Ersten WoBauG ein.

Dieses Gesetz definierte den Wiederaufbau im Bereich des Wohnungswesens als eine Gemeinschaftsaufgabe von Bund, Ländern und Kommunen. Die Landesregierungen wurden verpflichtet, wirksame Wohnungsbauprogramme aufzustellen. Im Mittelpunkt des Gesetzes stand das Ziel, den Bau von »Wohnungen, die nach Größe, Ausstattung und Miete (Lasten) für die breiten Schichten des Volkes bestimmt und geeignet sind (Sozialer Wohnungsbau), als vordringliche Aufgabe zu fördern« (Erstes WoBauG § 1). Die Formulierung »breite Schichten« war für ihre Umsetzung nicht an ein soziologisches Datum, sondern eine Einkommensgrenze gekoppelt. Diese ist aber hoch angesetzt worden, dass ungefähr zwei Drittel der Gesamtbevölkerung berechtigt waren, Förderung in Anspruch zu nehmen (vgl. Lüning 2005: 74). Der tragende Gedanke war ganz offensichtlich nicht die Verwirklichung sozialer Gerechtigkeit durch eine Begünstigung weniger Verdienender, sondern die Schaffung eines massenwirksamen Förderinstruments (vgl. ebd.). In den Genuss einer Förderung sollten neben Eigenheimbauern auch Investoren von »Kleinsiedlungen sowie von Mietwohnungen in Ein- und Mehrfamilienhäusern durch Neubau« und Wiederaufbau kommen (vgl. § 16 Abs. 1).

Im Zweiten Wohnungsbaugesetz von 1956 definierte der § 2 die Wohnraumarten, auf die sich der zu fördernde Wohnungsbau bezog. Neben Familienheimen und Eigentumswohnungen waren auch Genossenschaftswohnungen und Mietwohnungen sowie Wohnheime genannt. Holger Lüning merkt kritisch an, dass die Ausrichtung des Fördergedankens am Familienhaus dominierenden Charakter gehabt habe und damit implizit die »kleinbürgerliche Wohlstandsidylle« gefördert worden sei (Lüning 2005: 77). Von städtebaulicher Bedeutung war jedoch der Hinweis, dass die Förderung des Wohnungsbaus, die in jener Zeit mit einem schnellen Wachstum der Städte einherging, »unter Beachtung einer gesunden städtebaulichen Gestaltung« zu erfolgen habe (ebd.: 78).

Das WoBauG wurde 2001 durch das Gesetz über die soziale Wohnraumförderung (Wohnraumförderungsgesetz – WoFG) abgelöst. Damit wird die Tradition des WoBauG fortgeführt, die Wohnraumförderung zugleich aber strukturell in die Stadtentwicklung integriert; im Mittelpunkt steht nun auch die Verbesserung der Wohnraumversorgungsproblematik in benachteiligten Gebieten (vgl. BM für Verkehr 2008.1). Der Fördergrundsatz, der schon im Ersten und Zweiten WoBauG formuliert war, wird in den § 1 WoFG übernommen: Die Förderung des Wohnungsbaus dient der Unterstützung von Haushalten bei der Versorgung mit Mietwohnungen[82], genossenschaftlich genutztem Wohnraum, soll aber auch die Bildung von selbst benutztem Wohneigentum erleichtern. Der Begriff »Sozialer Wohnungsbau« wird durch »Soziale Wohnraumförderung« abgelöst.

Der soziale Wohnungsbau veränderte sich bereits in den 1970er Jahren durch eine zunehmende Umstellung staatlicher Förderung auf privat-

---

82. »Mietwohnraum« definiert § 17 WoFG als »Wohnraum, der den Bewohnern auf Grund eines Mietverhältnisses oder eines genossenschaftlichen oder sonstigen ähnlichen Nutzungsverhältnisses zum Gebrauch überlassen wird.«

wirtschaftliche Finanzierungsmodelle. Seit den 1990er Jahren kommt es im ganzen Bundesgebiet vermehrt zu einer Umwandlung von Wohnungen, die zuvor einer vergabe- wie mietpreisspezifischen Bindung unterlagen, in Eigentumswohnungen, die den bisherigen Mietern zum Kauf angeboten werden. Mit der sukzessiven Rücknahme sozialstaatlicher Leistungen kam und kommt auch der soziale Wohnungsbau schrittweise an sein Ende. Die vor allem in den 1960er bis 1970er Jahren in breiten Schichten der Bevölkerung genährte Versorgungshaltung gegenüber staatlichen Leistungen bewirkt einen eher langsamen Umbau vom (ent-)»sorgenden« Staat zu einer Stärkung individueller Eigenverantwortlichkeit.[83] Die öffentliche Subventionierung der für die Errichtung von Wohnstätten aufzuwendenden Baukosten hatte sich lange Zeit – insbesondere nach dem Zweiten Weltkrieg – als wichtiges Instrument der Sicherung bezahlbarer Mieten bzw. Zins- und Tilgungsleistungen für die Rückzahlung von Eigenheimdarlehen erwiesen.

In einem Wohngebäude des Sozialen Wohnungsbaus wohnen sowohl Frau S. als auch Frau und Herr W. Auch ökonomisch abgesicherte Familien, die zum Bau eines (luxuriösen) Einfamilienhauses die gesetzliche Eigenheimzulage in Anspruch genommen haben, verdanken einen Teil der Finanzierung ihres Wohneigentums den Leistungen des Sozialen Wohnungsbaus, denn auch die Eigenheimzulage ist ein Instrument des Sozialen Wohnungsbaus (vgl. BM für Verkehr 2008.2).

4.6.4 Retrospektive

Sowohl das Wohnen von Frau S. als auch das Wohnen von Frau und Herrn W. war gegen den Einbruch ins Fragwürdige weitgehend abgeschirmt. Beide Interviews lassen erkennen, dass der jeweilige Problemgehalt einer Wohnsituation durch das Arrangement mit einer subjektiv konstruierten Lebens- und Wohn-»Normalität« lebenspraktisch ausgeklammert wird. So geht von dieser Konstruktion eine gleichsam schützende Macht der Problematisierungs-*Vereitelung* aus, die das Bewusstsein suboptimalen Wohnens, das durch massenmediale Vorbilder »besseren« Wohnens unter einen psychologischen Stabilisierungsdruck gerät, vor »unangemessenen« Utopien bewahrt.

---

83. Deren Aufbau ist aber angesichts globalisierungsbedingter Neoliberalisierungen und neuer Konkurrenzen nicht nur schwer möglich; vielmehr verschlechtern sich die tatsächlichen sozialen Verhältnisse vor allem für Menschen ohne Perspektiven auf dem Arbeitsmarkt (dies sind nicht mehr nur »Ungelernte«, sondern zunehmend auch Akademiker), sodass die Forderung nach »mehr Eigenverantwortlichkeit« zunehmend zu einer in ihrer Wirkung leerlaufenden politischen Beschwörungsformel verkommt.

Sowohl Frau S. als auch Frau und Herr W. zeigten sich mit ihrer Wohnsituation zufrieden; sie wollten nicht anders wohnen. Sie interpretieren ihre jeweils aktuelle Wohnsituation nicht auf dem Horizont anderen *möglichen* Wohnens, leben vielmehr aus der Gewissheit, dass es sich *so* (wie es schon lange ist) gut wohnen lässt. In der Identifikation mit dem Gegebenen scheint ein affektives Arrangement durch, das auf den Fundamenten einer weniger *gewählten* als durch die sprichwörtliche »Macht der Gewohnheit« von sich aus entstandenen Heimat ruht. Die von dieser Situation ausgehende Macht geht nicht von Menschen aus, sondern von dem vertrauten *Gefühl*, mit einer Situation mehr oder weniger großen Mangels (»gut«) leben zu können.[84]

Beide Beispiele weisen grundlegende Unterschiede in der Form des Wohnens auf, die eher Ausdruck der je persönlichen *Lebens*-Situation als einer räumlichen *Wohn*-Situation sind. Pointiert lässt sich sagen, dass Frau S. in erster Linie in ihren Erinnerungen wohnt, mit denen sie in ihrer Wohnung lebt. Die *Dinge* der Wohnung (Bilder, Bücher, Möbel etc.) dienen ihr dabei als mnemosynische Medien und atmosphärische Katalysatoren. Sie verbinden die vergangene mit der gegenwärtigen Zeit. Die vergangene Zeit war eine mit ihrem Mann in gesellschaftlichen Netzen bewusst gelebte Zeit; dagegen stellt sich die gegenwärtige Zeit in den Aussagen von Frau S. als aseptische, sterile und leere Zeit dar – als eines Dazwischen, das durch das bleierne Gewicht ihrer Lebensgeschichte an einem Vorher hängt. Nach dem (sechs Jahre zurückliegenden) Tod des Ehemannes hat das Leben an Dynamik verloren und ihr Wohnen ist in eine leere Situation gefallen.

Die Atmosphäre der Wohnung von Frau S. strahlt eine große Behaglichkeit aus. An den Dingen sind *weiche* Spuren gelebten Lebens erkennbar, nichts ist verbraucht oder verwohnt. Diese Atmosphäre scheint Frau S. fremd geworden zu sein – Relikt einer anderen Zeit. Sie ist aus einem früheren Leben in den Räumen »hängengeblieben«; von Frau S. wird sie nicht mehr bewohnt. Sie spricht von Lebens- und Wohnsituationen, die *waren*, wenn sie erkennen lässt, dass sie ein gutes Leben hatte. In der Perspektive ihres gegenwärtigen Lebens fällt dagegen kein Wort auf die Behaglichkeit ihrer Wohnung. Dagegen ist von Zweckmäßigkeiten die

---

84. Dieses Verständnis von Macht geht über die Bedeutung des Macht-Begriffes bei Max Weber hinaus, der Macht stets auf ein zwischenmenschliches Gefüge von (meist unterschiedlichen) Kräfteverhältnissen beschränkt hatte. Hermann Schmitz begreift Macht im Unterschied dazu als Steuerungsfähigkeit, »d.h. das Vermögen, einen Vorrat beweglicher Etwasse in gerichtete Bewegungen zu versetzen, diese im Verlauf zu führen oder Bewegungen anzuhalten« (Schmitz 2008.1: 5f). Dieser phänomenologische Macht-Begriff schließt den Weber'schen ein, lässt sich aber auch auf Selbstbeherrschung oder die Macht von Atmosphären und Stimmungen anwenden.

Rede – dass es gut sei, nun in ihrem Alter in der *kleinen* Wohnung zu leben. Die der Wohnung anhaftende Atmosphäre der Wohnlichkeit entfaltet sich in der Gegenwart von Frau S. deshalb auch spürbar schwächer als ihre persönliche Stimmung.

Ihre Lebenssituation ist anachronistisch i.e.S. des Wortes. *Affektiv* lebt sie in der Erinnerung einer vergangenen Zeit (mit ihrem Mann), *tatsächlich* in einer Zeit ohne ausgeprägte persönliche Bedeutsamkeiten. Ihre vergangenheitsorientiert-melancholische (Grund-)Stimmung ist so mächtig, dass sie sie zu ihrem Leben und Wohnen disponiert. Auf dem reifizierten Niveau der Wohnung drückt sich diese Disposition nur bedingt aus. Indem sie in der Retrospektive lebt und fühlt, findet sie in der »alten« Wohnung ein ihre Stimmung widerspiegelndes Äquivalent. Durch die Dauer des Wohnens ist ihre Wohnung ebenso wie durch die in ihr befindlichen Dinge alt aber nicht verwohnt. Dem Gefühl, dass das Leben gelebt *ist*, entsprechen die mit bedeutungskomplementären Symbolen beladenen Dinge. Aus diesem Festsitzen in den Schwerpunkten ihrer Lebensgeschichte gelingt ihr keine neue Perspektive in eine lebbare Zukunft. Bestimmend ist ihr das Gefühl, den Verlust des Mannes nicht verkraften zu können. Deshalb werde es nicht besser, sondern »es« komme näher.

Frau S. wohnt in ihrer Wohnung, ohne sie »bauend« (i.S. Heideggers) zu be-wohnen und ohne sich durch ein vitales Leben in die Stadt ein-zuwohnen. Es ist ein Wohnen bei den *Göttlichen*, aber beinahe schon nicht mehr unter den *Sterblichen*. Frau S. wohnt zwar in einem alltagsweltlichen Sinne in einer Wohnung; *eingerichtet* hat sie sich dagegen in ihrem Alter und in ihrer Einsamkeit. Dieses Gefühl ist so mächtig, dass sie sich weder in ihre neue Lebenssituation *einleben*, noch in ihre Wohnung (nach dem Tod des Mannes wieder aufs Neue) *einwohnen* kann; in gewisser Weise wohnt sie sich aus ihrer Wohnung *aus* – mehr noch: Sie wohnt sich aus ihrem Leben aus. Das *Wandern* im Wohnen bekommt damit eine anthropologische Wendung; es ist ein Weg-Wandern vom eigenen Leben, ein Wandern, das nicht mehr hinaus will in eine Welt neuer Eindrücke und neuen Erlebens, um etwas Hinzugekommenes in die atmosphärische Ordnung der heimatstiftenden Wohnung einzuleben. Frau S. wohnt mehr im leiblichen Stimmungsraum ihrer Erinnerungswelt als in einem physischen und atmosphärischen Wohnraum, der ihr doch auch in der Gegenwart für das eigene Leben Spielräume gewähren könnte.

Auch für Frau und Herrn W. ist die Wohnung eine ambivalente Welt. Nicht die Räume der Wohnung und ihre Ausstattung charakterisieren die konkrete Wohnsituation (wie in den in 4.7 folgenden Beispielen von Frau B. und C.). Vor allem für Herrn W. ist die Wohnung insbesondere Standort im Raum der Stadt, eröffnet ihm aber auch Spielräume der persönlichen Lebensführung. Der *Standort* am Rande der Innenstadt erlaubt die Nutzung ihrer Angebote. Der *Spielraum* der Wohnung erschließt sich im persönlichen Raum der Wohnung. Die emotionale Verwurzelung hat aber nicht nur die beiden Gründe einer äußeren Zweckmäßigkeit und einer inneren Sphäre der Freiheit und Selbstbestimmung. Sie ist auch Ausdruck des eigenen altersbedingten Starr-geworden-Seins in einer selbst geschaffenen sozialen, räumlichen und dinglichen Ordnung. All diese Ordnungen fügen sich im Stimmungsraum der Wohnung zu einem emotional bergenden Rahmen des So-Wohnens. Nicht mehr anders wohnen zu *wollen,* ist nicht Ausdruck mangelnder Wohnmöglichkeiten, sondern eines Arrangements mit der gegebenen Wohnsituation, wofür Frau und Herr W. ihre Gründe angegeben haben. Beide halten weniger wegen der Wohnung (i.e.S. der *bewohnten* Räume) an ihrer seit 1960 bestehenden Wohnsituation fest, sondern wegen der Wahrung des Rahmens, den die Wohnung für das tägliche Leben sicherzustellen scheint. Eine Rahmung des Lebens im Wohnen verdankt sich nicht zuletzt raumbezogener habitueller Routinen wie der Belegung bestimmter Raumzonen mit Verhaltensprogrammen und -erwartungen.

4.6.5 Zukunft des »sozialen« Wohnens

In der Zukunft wird eine wohnungs- wie raumordnungs- und sozialpolitische Herausforderung darin bestehen, für Menschen mit geringen Einkünften (in unterschiedlichen Lebens- und Altersabschnitten) bezahlbaren Wohnraum sicherzustellen, der ein Bauen *im* Wohnen und nicht nur ein Bauen *des* Wohnens i.S. einer Schaffung von Wohneigentum für Besserverdienende gewährleisten kann.

Die Beispiele provozieren die Frage nach dem Wohnen in einer Zukunft, deren eine Seite darin absehbar wird, dass der Kreis der ökonomischen Gewinner der Globalisierung und Neoliberalisierung größer wird und damit auch die Spielräume für die Gestaltung eigener Wohnszenarien wachsen. Erkennbar kristallisiert sich aber auch die andere Seite der sich transformierenden sozioökonomischen Rahmenbedingungen der Vergesellschaftung des Menschen in den sog. postindustriellen Gesellschaften heraus: die starke Zunahme der Zahl sozioökonomischer Verlierer eines sozialstaatlich »entfesselten Kapitalismus«. Dieser Personenkreis wird bei relativ sinkenden Einkünften und angesichts eines sich aus traditionellen Leistungsfeldern zurückziehenden Sozialstaats auf eine öffentlich subventionierte Wohnraumsicherung angewiesen sein, zu der *nicht* an erster Stelle die indirekte Bezuschussung von Eigenheimen gehört. Die durch den »freien« Markt wie veränderte Gesetzeslagen vorprogrammierten strukturellen Verschlechterungen der zukünftigen Altersversorgung werden die ökonomischen Spielräume zur Finanzierung von Wohnraum stark einschränken. Besonders werden von dieser Situation Einkommensschwache (mit und ohne Kinder) sowie Alte betroffen sein.

Die Rolle des Sozialen Wohnungsbaus ist 2001 durch das Wohnraumförderungsgesetz neu definiert worden. Wie sich die künftige Entwicklung auf das potentielle Wohnen-Können im traditionellen Bereich des Sozialen Wohnungsbaus auswirken wird, ist einstweilen schwer erkennbar. Zwar werden unterschiedliche Diskurse über das Wohnen in der Zukunft geführt; bestimmend sind dabei aber nicht die Bemühungen, menschenwürdige Lebenssituationen durch selbstbestimmbare Wohnmodelle für Wenigverdienende zu suchen. Im Vordergrund stehen vielmehr die für Immobilienbewirtschafter profitablen Formen luxurierten Wohnens, die das obere Segment einer immer reicher werdenden Schicht mit lukrativen Angeboten versorgen. Auch für Architekten ist diese Form des Entwerfens und Bauens reputationsfördernder als der Entwurf standardisierter Wohnungen für Ältere, Ärmere und Kinderreiche. Daneben lassen sich die in ihrem spektakulären Charakter von der nationalen und internationalen (Architektur-) Presse besprochenen Entwürfe *repräsentativen* Wohnens wettbewerbsstrategisch als Leistungen zur Förderung der »Baukultur« verklären. In diesem Diskursstrang können experimentelle und Aufsehen erregende High-Tech-Entwürfe vom Stil gläserner Wohnkuppeln im Ufergewässer von Hochgebirgsseen ebenso wirksam platziert werden, wie an der *Waterfront*.[85]

Parallel dazu entfaltet sich ein durch die Klimaschutzpolitik entfachter Diskurs über energiebewusstes und CO_2-minimiertes Wohnen. In einem vom Energiekonzern EnBW lancierten Projekt misst sich die »ideale Stadt« an niedrigen Emissionswerten; die Stadt als sozialer *Wohnraum* rückt in dieser Perspektive in den Hintergrund. Unter dem Stichwort *nachhaltigen Bauens* werden zahlreiche und vielfältige Bemühungen unternommen, um die Stadt zukunftsfähig zu machen. Eher marginal wirken im Vergleich dazu Initiativen, die das Wohnen i.e.S. auf dem Hintergrund sich verändernder demographischer, soziokultureller und sozioökonomischer Bedingungen neu vermessen.[86]

4.7 Wohnen auf der Belle Etage

Das folgende Kapitel illustriert an zwei Beispielen Wohnformen, die für das neue selbstbewusste Auftreten einer bürgerlichen Schicht öko-

---

85. Besondere Aufmerksamkeit hat kürzlich der Entwurf einer »lebenden Brücke« des Stararchitekten Hadi Teherani gefunden, dessen städtebauliche und architektonische Tauglichkeit für die noble Hamburger Hafencity diskutiert wird (vgl. Hamburger Behörde 2008).

86. In diesem Sinne vgl. eine Veranstaltung der Architektenkammer Niedersachsen zum Thema »Zukunft des Wohnens«; www.aknds.de/392.html?&cHash=3b7ef1408e&tx_ttnews%5BbackPid%5D=43&tx_ttnews%5Btt_news%5D=1049; Abruf: 21.08.2008.

nomisch liquider Stadtbewohner charakteristisch sind. Damit rückt eine Form des Stadtwohnens in den Mittelpunkt, die auf den ersten Blick keine große Nähe zum Wohnen und Leben an gesellschaftlichen Rändern hat. Aber auch diese Beispiele werden sich als Erkundungen an gesellschaftlichen Rändern erweisen, die einen eher großen als kleinen Abstand zu alltäglichen Formen des Lebens und Wohnens haben, sind sie doch ein Spiegel jener Biographien, die eher zu den Gewinnern des neoliberalen Umbaus der Gesellschaft gehören. Beide Interviewpartnerinnen wohnen in repräsentativen Häusern, die die sozioökonomische Spaltung der Gesellschaft in eine neue Sichtbarkeit tragen. Die »Logik der Kultur im Spätkapitalismus« (vgl. Jameson 1986) drückt sich durch einen neuen Ästhetizimus in der Architektur aus. Die Formen des Wohnens werden durch diesen Prozess in mehrfacher Weise tangiert. Zum einen gelangen vermehrt ehemals *vermietete* Wohnungen nach luxuriösen Sanierungen als Eigentumswohnungen auf den Immobilienmarkt. Zum anderen verändern sich als Folge einer schrittweisen Auflösung kultureller Grenzen die sozialen Lebensformen, die ethischen Werte und damit die Ansprüche an eine Wohnung und die Formen des Wohnens.

4.7.1 »Alles, was mir wichtig ist, ist da.«

Frau B. ist Historikerin und arbeitet freiberuflich; sie ist um die 50 Jahre alt und lebt mit ihrem Mann seit rund fünf Jahren in einem bürgerlichen Etagenhaus, das um die Jahrhundertwende im gründerzeitlichen Stil errichtet worden ist. Es befindet sich im innenstadtnahen Westend, in einem Viertel, das nach dem gestiegenen Wohlstand bürgerlicher Schichten in großzügiger baulicher wie städtebaulicher Konzeption errichtet worden ist. Frau B. hat die Wohnung vor wenigen Jahren erworben (vgl. Abb. 25 und 26). Ein vitaler alter Baumbestand im Garten und eine kleine Parkanlage zwischen dem eigenen und der gegenüberliegenden ebenfalls gründerzeitlichen Bebauung verleihen dem Wohnumfeld einen ästhetisch herausragenden, repräsentativen Charakter. Die Wohnung hat neben zwei Bädern und einer geräumigen Wohnküche mit großflächiger Verglasung zum Garten sechs unterschiedlich dimensionierte Räume. Die durch die Fensterfront der Küche sichtbaren Hinterhäuser der Parallelstraße bilden in der verwildert wirkenden Kulisse der alten Gärten einen unregelmäßigen Halbkreis. Die ineinander übergehenden und mit alten Bäumen bestandenen Gärten vermitteln eine behagende und bergende Atmosphäre.

Die Wohnung befindet sich im ersten Obergeschoss und wirkt aufgrund einer Raumhöhe von rund 3,5 m großzügig. Frau B. hat die Wohnung nach dem Erwerb einer umfassenden Sanierung unterzogen. Dazu gehörte u.a. die Wiederherstellung der Stuckdecken durch einen Restau-

UNBEDACHTES WOHNEN

Abb. 25: Wohnzimmer von Frau B.

Abb. 26: Küche von Frau B.

rateur. Die Wände der Wohnräume sind nicht tapeziert, sondern koloriert gespachtelt, die Bäder mit Marmor ausgelegt. Ebenso sind einige Nutzräume bis auf eine Höhe von rund 1,30 m mit hellem Marmor verfliest. Der Boden der Küche ist mit schwarzem Marmor ausgelegt. Der räumlich-atmosphärische Eindruck, der von der Wohnung ausgeht, verdankt sich aber nicht nur dem wiederhergestellten historischen Erscheinungsbild der Räume, sondern auch z.T. größeren Kunstwerken, die in offeneren Bereichen der Wohnung stehen und das Bild eines repräsentativen Wohnmilieus unterstreichen. Die Sprache der Wohnung symbolisiert i.S. einer Selbstzuschreibung von Identität mit den (nichtsprachlichen) Mitteln der Baustoffe, Kulturgüter, Gestaltung der Räume und Atmosphären eine sozial »exzentrische« Selbstverortung im sozialen Kosmos der Stadtgesellschaft.

Frau B. mangelt es in ihrer Wohnung an nichts. »*Ich wohne in einer großen Wohnung, zusammen mit meinem Partner, meinem Ehemann. Wir haben 140 m² und das ist für uns sehr groß und angenehm. Ich habe noch dazu ein Büro. Ich bin freiberuflich und arbeite von zuhause. Nichtsdestotrotz haben wir genug Räumlichkeiten für uns beide. Von der Größe bin ich sehr zufrieden, von der Lage her auch. Es ist einigermaßen ruhig. Es ist nah an der Innenstadt, nah an den öffentlichen Verkehrsmitteln, nah auch an den Parks [...]. Und vor der Tür haben wir eine kleine Grünanlage.*« Frau B. nennt viele Gründe, weshalb sie sich in ihrer Wohnung wohlfühlt: sachlich-pragmatische Gründe (Größe, Zahl der Räume, keine Öffnung zur Nordseite etc.), atmosphärische (hell, ruhig), ästhetische (Stuckdecken, Grünanlage) und emotionale (Wohlbefinden). »*Es ist hell, warm, nah, groß – alles, was mir wichtig ist, ist da.*« Was ihr wichtig ist, reduziert sich nicht auf Nützliches in einem wohn-*technischen* Sinne. Wichtig sind Frau B. Annehmlichkeiten und Luxurierungen der alltäglichen Lebensführung. Die Küche ist nicht nur geräumig, gut ausgestattet und ansprechend gestaltet, sie hat auch eine große Fensterfront zur Ostseite, an der sie morgens die Sonne genießen kann.» *Dann wandert die Sonne. Und abends haben wir auf dem Balkon zur Straße die Sonne. Im Sommer sitzen wir oft auf diesem Balkon, der zur Straße liegt. Es ist aber ziemlich ruhig, das ist sehr angenehm*«.

Frau B. spricht auf zwei thematischen Ebenen über ihre Wohnung – auf einer der Nützlichkeit und einer der Liebenswürdigkeit. Auf der Seite der Nützlichkeit weist sie aber nicht nur auf Vorzüge der Wohnung i.e.S. hin (Art und Gestaltung der Räume), sondern auch auf Umgebungseigenschaften, deren Vorzüge sie persönlich in der Lage und infrastrukturellen Ausstattung des Viertels sieht (z.B. öffentliche Verkehrsmittel in der Nähe, Lage in der Stadt, Wege zur Arbeit, kulturelle und kommerzielle Angebote in der Stadt, Sportmöglichkeiten, Kindergärten). Indem sie auch Kindergärten als positives Merkmal der infrastrukturellen Ausstattung des Viertels nennt, betrachtet sie die Wohnqualität des Hauses und Viertels nicht allein aus ihrer *persönlichen* Situation, sondern auch aus der Perspektive einer (fiktiven) Familiensituation. Frau B. hat aber auch eine vernunftspezifische Beziehung zu ihrer Wohnung. Diese drückt sich darin aus, dass sie rationale Argumente durch emotionale und emotionale Argumente durch rationale relativieren und eine beide Bewertungsbereiche vermittelnde Einstellung beziehen kann.

4.7.2 »Eine Wohnung ist wie eine Liebe. Etwas, was man spürt.«

Frau B. empfindet eine starke emotionale Beziehung zu ihrer Wohnung. »*Als wir diese Wohnung hier gesucht haben [...] da bin ich hinein, habe eine Runde gedreht und wusste, dass das unsere Wohnung ist! Obwohl ich diese Einzelheiten, die ich jetzt dargestellt habe, nicht kannte – nicht bewusst kannte. Aber die Wohnung hat mir von der Aufteilung und vom Charme gefallen. Ich habe mich sofort wohlgefühlt [...] Eine Wohnung ist wie eine Liebe. Etwas, was man spürt. Man muss die Atmosphäre in einer Wohnung spüren. Das ist wichtig, das Ambiente.*« Das Zitat belegt eindrucksvoll den ganzheitlichen Charakter der die Kaufentscheidung letztlich prägenden Wahrnehmung. Was in der Beschreibung von Frau B. angesprochen wird, hat grundsätzlichen Charakter für eine Ganzheiten erfassende menschliche Wahrnehmung. Zwar werden Einzelheiten gesehen, beachtet, bemerkt und bewertet, aber im Moment der Wahrnehmung sind sie in eine Situation eingebettet, in der die Dinge nicht für sich sind, sondern aus dem atmosphärischen Rahmen der »ganzen« Wohnung heraus zur Erscheinung kommen. Diese Leistung der (lebensweltlichen) Wahrnehmung ist kein »mentales« Ergebnis i.S. einer kognitiven Synthese. Sie bedarf zwar der organisch funktionstüchtigen fünf Sinne, ergibt sich aber nicht aus der »Addition« *einzelner* Sinnesreize. Die die Kaufentscheidung prägende Wahrnehmung, von der Frau B. spricht, ist *in der Sache* ganzheitlich (und nicht in einem esoterischen Sinne), weil B. ja zu einer von der Vernunft getragenen Entscheidung gelangen wolle, in der möglichst viele Argumente gegeneinander abzuwägen waren. Sie ist ganzheitlich, weil B. in der Situation der Begegnung weniger segmentierte, als ganzheitliche Eindrücke erlebt hatte, deren verklammerndes Medium die Atmosphäre der Wohnung war. Sie ist auch darin ganzheitlich, dass die *persönliche* Bewertung *dieser* Wohnung nur in der Integration zweier Perspektiven gelingen kann: einer distanziert-rationalen (abstrakten) und einer engagiert-emotionalen (konkreten) Perspektive.

Diese Wahrnehmung[87] verläuft wesentlich auf dem Niveau *leiblicher Kommunikation*. Auch die Kaufentscheidung, zu der sich Frau B. bekennt, ist zu einem hohen – wenn nicht entscheidenden Anteil – aus Eindrücken gespeist worden, die auf dem Wege leiblicher Eindrücke das »Denken« orientiert haben. Dabei ist sich B. des wahrnehmungsspezifischen Umstandes bewusst, dass sie die tatsächlich gegebenen *Einzelheiten* der Wohnung gar nicht bewusst wahrgenommen hat; die Wohnung habe ihr »*von der Aufteilung und vom Charme gefallen. [...] Man muss die Atmosphäre in einer Wohnung spüren. Das ist wichtig, das Ambiente.*« Die Atmosphäre vermittelt ihr etwas Spürbares, das im Erleben als ein Ganzes gegeben ist und das Gewicht eines Argumentes hat.

Den ganzheitlichen Charakter einer Atmosphäre empfindet Frau B. als etwas, das Gernot Böhme als »etwas Unbestimmtes, schwer Sagbares« bezeichnet (Böhme 1995: 21). Atmosphären sind nicht lokalisierbar wie Dinge, die an einer Stelle im relationalen Raum ihren Platz haben. Böhme, der sich in seinem Ansatz im Wesentlichen auf Schmitz stützt, verortet die Atmosphäre als *Zwischen*-Phänomen weder ganz auf der Seite eines Subjekts, noch ganz auf der eines Objekts (vgl. Böhme 1995: 22 sowie 2001: 55). Was Böhme »Zwischenraum« nennt, lässt sich auch als ein Umschlagsraum denken, in dem eine präobjektive Atmosphäre durch situative Zündung von Betroffenheit in eine subjektive umschlägt, um sodann – je nach persönlicher Situation – als Stimmung ein Individuum ganz zu ergreifen. Oft stellt sich mit dem Erleben von Atmosphären eine um geeignete Worte ringende sprachliche Explikationsnot ein. Diese ist eher Ausdruck eines defizitären *kulturellen* Vermögens, über leiblich gespürte Ganzheiten eloquente Aussagen zu treffen, als dass sie als Indiz dafür zu deuten wäre, dass sich über Atmosphären schlechthin nichts Brauchbares sagen ließe.

Frau B. weiß, dass ihr Urteil richtig war, obwohl sie sich intuitiv eher von einem Gesamteindruck in ihrer Entscheidung hatte leiten lassen. Eine *potentiell* eigene Wohnung hat sie aus der emotional antizipierenden Per-

---

87. Hermann Schmitz spricht vom chaotisch-mannigfaltigen Charakter der Wahrnehmung (vgl. z.B. 1978: 5).

spektive des Eingewohnt-Seins als *ihre* Wohnung gleichsam vorausempfunden. Die Formulierung, sie habe sich »*sofort*« wohlgefühlt, deutet auf eine »Wahrnehmung-mit-einem-Schlage« (Schmitz 1978: 192) hin. Was sich dem Erleben als Ganzes darbietet, wird auch im zeitlichen Vollzug der Wahrnehmung nicht nacheinander, sondern zugleich (»mit einem Blick«) erfasst. Auch das Leben in einer Wohnung wird von den Atmosphären des »Herumraumes« getaktet. Deshalb sagt Frau B.: »*Man muss die Atmosphäre in einer Wohnung spüren. Das ist wichtig, das Ambiente.*« Es zeichnet die vernunftorientierte Sicht aus, dass sie um die Bedeutung von Atmosphären[88] für ihr Wohlbefinden im Wohnen weiß. Dabei wirkt nicht nur die Atmosphäre der Wohnung, sondern auch die des räumlichen Wohnumfeldes auf ihre Stimmung ein.

Wenn sie sagt, sie habe sich sofort in der neuen Wohnung (zum Zeitpunkt der Besichtigung) wohlgefühlt, so spricht sie nun genaugenommen weniger von einer Atmosphäre, als von einer ihr Befinden färbenden Stimmung. Die *Atmosphäre* einer Wohnung mag vielen Menschen in ähnlicher Weise erscheinen (i.S. einer *gemeinsamen Situation*), weshalb man sie auch nicht als etwas *rein* Subjektives verstehen sollte. Eine Stimmung grundiert dagegen eine *persönliche Situation* i.S. eines emotionalen Rahmens für andere Situationen. Wenn Frau B. im Sommer oft auf dem Balkon zur Straße sitzt, so tut sie das weder wegen eines physiologischen Bedürfnisses nach Besonnung, noch aus einem medizinischen Grund der Versorgung des Blutkreislaufs mit sauerstoffangereicherter »frischer« Luft, sondern weil sie das angenehme Gefühl der »Atmosphäre auf dem Balkon« *als Stimmung* erleben möchte.

4.7.3 »Nichts ist für ewig!«

Das hohe Maß der Identifikation von Frau B. mit ihrer Wohnung steht alternativen Wohnvorstellungen keineswegs entgegen. »*Es gibt zwar optimale Situationen ... aber das heißt nicht, dass man keine anderen Wünsche hat oder sich ändern könnte. Nichts ist für ewig!*« Auf die Frage, wie sie gerne wohnen würde, erläutert sie sehr spontan eine Reihe von Ideen: »*Dann in einer modernen Wohnung – ganz modern. Ab Ende der 90er bis in die heutige Zeit. Hohe Räume, vielleicht nicht so hoch wie hier, aber auch hohe Räume. Sehr hell mit vielen Fenstern und vielen Öffnungen. Mit einer Innenarchitektur (Raumaufteilung), die offener ist als hier. Und eine Treppe sollte in der Wohnung sein [...].*« Die Situation ihres derzeitigen Wohnens, das sie mit den Worten »*Alles, was mir wichtig ist, ist da.*« pointiert, ist insofern offen, als sie sich ihr Leben auch an anderen Orten und in anderen Räumen vor-

---

88. In einem synonymen Sinne spricht sie auch von »Ambiente«.

stellen kann. Frau B. steht denkend in ihrem Wohnen. Die aktuelle Form ihres Wohnens ist ihr *eine* Form der Verräumlichung ihres Lebens, aber nicht die einzig mögliche und denkbare. Die Assoziation von Alternativen ist vielfältig: »*Ausgestattet sollte sie mit ganz modernen Möbeln sein. Hell, aber keine weißen Wände, sondern auch mit Farbe! [...] noch besser im fünften Stock mit einer Terrasse mit Blick auf die Skyline, wenn wir von Frankfurt reden. Aber dann mit Aufzug!*« Eine Wohnung im Erdgeschoss komme aus Gründen der Einsehbarkeit, mangelnder Sicherheit und wegen der Lichtverhältnisse nicht in Frage.

Aussagen über bevorzugte Wohnlagen im Sozialraum der Stadt weisen auf eine soziokulturelle Selbstverortung hin, lassen aber zugleich auch Formen kulturell zirkulierender Deutungs- und Bewertungsroutinen bestimmter Stadtviertel erkennen. So möchte B. nicht in Preungesheim, Fechenheim oder Höchst wohnen. »*Für mich ist die Stadt Bockenheim, Nordend, Holzhausen, Westend, Bornheim, Ostend und Sachsenhaus. Das ist für mich die Stadt, der Rest sind Stadtteile, die dazugekommen sind [...].*« Was in ihrem Bild die *alte Stadt* ist, gehört in historischer und sozialstatistischer Hinsicht tatsächlich *nicht* ausnahmslos zur alten Stadt. Z.T. sind auch die von ihr präferierten Stadteile im Zuge früher Stadterweiterungen entstanden oder durch Eingemeindungen »*dazugekommen*«, wie sie anmerkt. Ihre Hierarchisierung von Stadtteilen macht den Anschein einer *Versachlichung* der Gründe ihrer stadträumlichen Wohnpräferenzen, die zufolge ihrer Aussagen aber zumindest *auch* im bürgerlichen bis großbürgerlichen Charakter der betreffenden Viertel liegen (mit Ausnahme des Ostends), während die gemiedenen Viertel keine Horte bürgerlicher Ruhe und Ordnung sind.

Der Wunsch eines So-Wohnens drückt auch Vorstellungen eigenen Lebens aus. So impliziert das Bekenntnis zum Stadtwohnen auf einem allgemeinen Niveau die programmatische Illustration einer Form eigener Lebensführung. »*Ich bin ein Stadtmensch. Ich bin zwar auf dem Land aufgewachsen und das war sehr schön als Kind, aber jetzt möchte ich nur in der Stadt leben.*« Mit der thematisierten Polarität von Stadt und Land positioniert sich B. abermals innerhalb eines Spektrums *städtischer* Lebensmöglichkeiten, die z.T. in Lebensstilen ihren Ausdruck finden. Frau B. ist in ihrem Denken eine Städterin, wozu ihr das Land kein gemäßes Milieu bieten könne. Deshalb empfindet sie das Land als Hort einer guten Kindheit. Die Stadt ist der *urbane* Raum – nicht dank bestimmter bauphysiognomischer Merkmale, sondern dank der Lebensweise der Städter. Ihr Verständnis vom (eigenen) Leben in der Stadt entspricht dabei ganz dem, was der Stadtsoziologe Walter Siebel so sagt: »Die europäische Stadt ist das Gefäß einer besonderen Lebensweise, die den Städter vom Dörfler unterscheidet.« (Siebel 2004: 25)

Wenn sie an eine Wohnungsalternative außerhalb von Frankfurt denke, würde sie eine Wohnung am Meer bevorzugen, »*mit Blick auf das Meer. Wenn es kein Meer gibt, dann am Fluss. Am Westhafen gibt es ein neues Viertel, das ich ganz toll finde.«* Mit dem Statement zur Bebauung des Frankfurter Westhafens rücken jene Wohnstandort-Präferenzen ins Zentrum der Aufmerksamkeit, die auch ihrer momentanen repräsentativen Wohnsituation – wenn auch auf andere Weise – entsprechen. Frau B. lebt in einem Haus, das vor hundert Jahren für ein neues wohlhabendes Bürgertum gebaut worden ist. Die Wohnungen sollten nicht nur in ihrer Ausstattung komfortabel sein, sondern vor allem dem Wunsch entgegenkommen, den erlangten sozioökonomischen Status repräsentativ nach außen darstellen zu können. Aus diesem Grunde waren die Räume zahlreich, groß und herrschaftlich ausgestattet. Auf dem kulturellen Hintergrund globalisierungsbedingt ablaufender sozioökonomischer und gesellschaftlicher Transformationen erfüllt die gründerzeitliche Wohnung heute ähnliche Aufgaben. Zum einen werden die atmosphärischen und pragmatischen Vorzüge von Wohnung und Wohnumfeld für die Führung eines wohlstandsorientierten und luxurierten Lebens genutzt. Neben dem sinnlich-ästhetischen Aspekt gibt es aber auch in der Gegenwart ein starkes Bedürfnis, sich über die Wahl *dieser* Wohnung (an *dieser* Stelle im sozialen Raum der Stadt) zum eigenen soziokulturellen und -ökonomischen Ort zu bekennen, d.h., sich über den Erwerb einer Immobilie *selbst* Identität zuzuschreiben. In dem Bedürfnis, das eigene Leben in seinem performativen Charakter auf einer städtischen Bühne des Wohnens zu inszenieren, überlagern sich zwei Bedürfnisse. Zum einen das emotionale Bedürfnis nach behaglicher Umfriedung im vertrauten Wohnraum, zum anderen das symbolische Bedürfnis, das eigene Leben im sozial differenzierten Raum der Gesellschaft anderen gegenüber auszudrücken.

4.7.4 »Ich bin ein Ästhet«

Frau C. wohnt in einem neu erschlossenen, gehobenen Frankfurter Wohnquartier in der Nähe des Flusses. Sie ist ca. Ende 30 bzw. Anfang 40 Jahre alt, arbeitet als Künstlerin in einem eigenen Atelier, das sie in einer Nachbarstadt unterhält. Sie wohnt seit etwa einem Jahr in der neuen, etwa 90 m² großen Wohnung im »Venezianischen Viertel«. Die Wohnung liegt in kurzer Entfernung vom künftigen Neubau der Europäischen Zentralbank auf dem Gelände der ehemaligen Großmarkthalle und damit in einem Viertel von steigendem symbolischen Wert. Die Wohnung befindet sich im dritten Stock. Das Gebäude wird nach außen – im Bereich des Hauseingangs – durch eine individualisierende Namensgebung als Quartier einer gehobenen Schicht »markiert«. Diesen Eindruck unterstützen im halböffentlichen Innenraum des Gebäudes (Flure und Treppenhaus) auch die verwendeten Baustoffe (z.B. Marmor, hochwertige Kolorierung der Wände). Das Gebäude setzt sich in seiner Gesamtgestaltung von Assoziationen eines »normalen« Wohnungsbaus deutlich ab.

Die Wohnung von Frau C. besteht im Wesentlichen aus einem großen, in sich gegliederten Raum (vgl. Abb. 27). Durch Wände im üblichen Sinne ist lediglich ein Schlafraum vom Rest der Wohnung abgetrennt, wenngleich dieser visuell über ein großes Oberlicht auch mit dem großen und offenen Wohnraum verbunden ist. Eine Küche im üblichen Sinne gibt es nicht; lediglich eine Kochstelle, die an einen scheinbar frei im Raum stehenden Würfel, in dem sich Funktionsräume wie Bad, und WC befinden, angehängt ist. In die Einbauschränke passen nur wenige Kochutensilien. Der zentrale Raumwürfel gliedert den Großraum in vier ineinander übergehende Bereiche. Die Wohnung öffnet sich zur Straßenseite in Gestalt eines über die gesamte Breite des Wohnraumes laufenden Balkonbandes (hinter deckenhohen Klapptüren, die außen mit Schlagläden geschlossen werden können). Ein zweiter (kleinerer) Balkon befindet sich auf der gegenüberliegenden Seite der Wohnung. Die lange Innenwand besteht aus glattem, seidenmatt wirkenden Sichtbeton. Die durchgehende Fläche hat trotz ihrer Glattheit keine isomorphe Oberfläche; kleine Luftblasen, die im gegossenen Beton in Gestalt 1-2 mm großer Löcher zurückgeblieben sind, nehmen der Wand den Ausdruck einer erdrückenden Geschlossenheit, der bei aseptischer Glätte hätte entstehen können. Die Decke ist weiß gestrichen, sodass die synästhetische Gestaltsuggestion der Betonwand atmosphärisch nur gedämpft den Raum stimmen kann. An der Betonwand hängen in einer geometrisch linearen Ordnung rund zehn etwa 30 x 30 cm große Portrait-Gemälde von der Künstlerin nebeneinander. Diese Wand drückt für sie auch den Charakter ihrer Wohnung in besonderer Weise aus. Ein Bild von dieser Raumsituation (mit ihren Gemälden) möchte sie aus Gründen ihrer Anonymität nicht machen.

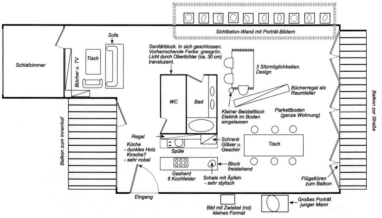

Abb. 27: Grundriss der Wohnung von Frau C. (Entwurf: Jessica Witan, Graphik: U. Pareik).

Für C. ist »*es wichtig, in der Stadt zu wohnen – im Leben. Sonst fällt mir die Decke auf den Kopf. Ich brauche Krach um mich herum – ich schlafe auch mit offenem Fenster. Ich weiß dann, dass ich nicht alleine bin. Ich fand es auch deshalb schön, weil alles offen ist – offene Küche, alles. Die Wohnung hat trotz der Größe nur zwei Zimmer. Man kommt herein und ist direkt im Wohnen drin! Normalerweise wohnen die Leute ja total verschachtelt und das wollte ich nicht.*« Frau C. argumentiert kaum in Kategorien alltagsweltlicher Nützlichkeit. Zum einen kommt es ihr auf die Selbstverortung im sozialen Raum der Stadt an und zum anderen auf die Möglichkeit, in einem ästhetisch ansprechenden Milieu ein gutes Leben führen zu können. »*Nun ja und ich bin ein Ästhet, da wollte ich dann auch, dass die Wohnung eine gewisse Deckenhöhe hat, ansonsten kommt man sich ja vor wie in den Katakomben.*« Die Deckenhöhe wird auch nun, wie bei Frau B., als atmosphärisches Merkmal behaglichen Wohnens angesprochen. Das Argument nimmt aber eine andere Richtung als bei B., denn es geht C. um die erlebbare Offenheit der Wohnung, deretwegen sie auch bei offenem Fenster schläft. Die repräsentative Funktion hoher Räume ist als Grund für ein symbolisches Bedürfnis nach Selbstverortung nicht erkennbar. Sowohl die Höhe der Räume als auch die Offenheit der Wohnung ist eher von (synästhetischer) Bedeutung für das individuelle Raumerleben, das sich C. wünscht.

4.7.5 Man trifft »auch immer Leute und trinkt einen Cocktail – da ist Leben«

Einen besonders großen Einfluss auf die Zufriedenheit mit der Wohnungssituation hat die soziokulturelle (und -ökonomische) Struktur des Milieus im postmodernen Quartier am revitalisierten Flussufer. Wenn sie auch sagt, dass es für sie wichtig sei, in der Stadt zu wohnen, so impliziert der Begriff *ihrer* Stadt doch das doppelte Bild einer Stadt; einer Stadt der präferierten und einer der gemiedenen Zonen. Das Wohnen in der Stadt schließt für C. in besonderer Weise die erwünschte Perspektive ein, sich in eine gemeinsame Situation ähnlicher Lebensstile einbetten zu können. »*Es ist sehr viel Leben da. Man wohnt hier und lernt die Nachbarn kennen, geht hier einkaufen oder geht hier essen, und man trifft immer jemanden, den man kennt. Und das ist schön, so wie in Italien. Im Sommer am Main gibt es dann eine Vitaminbar, dort trifft man auch immer Leute und trinkt einen Cocktail – da ist Leben!*« Die spezifisch großstädtischen Lebensstile lassen sie sich in diesem Viertel zuhause fühlen. Das Leben in einem relativ dichten sozialen Netz sozialer Bekanntschaften sei zwar ähnlich wie in der Kleinstadt – »*aber es ist doch anders in einer Kleinstadt. [...] Es ist ein wenig auch wie in der Lindenstraße. Es gibt eine Menge Klatsch.*«

Vor ihrem Einzug ins »Venezianische Viertel« hatte C. in Bockenheim gewohnt, einem multikulturellen, alternativen und zugleich kleinbürgerlichen Viertel. »*Vorher habe ich in Bockenheim gelebt, was nun auch sehr lebhaft ist, aber da war ich einsamer. Weil es andere Leute waren. Sie waren alle viel konservativer.*« Was hier nun in einer unausgesprochenen Polarität von Konservatismus einerseits und freizeitbewussten wie postmodernen Lebensstilen andererseits gewichtet wird, lässt sich angesichts der sozialstatistischen Differenz zwischen beiden Quartieren kaum angemessen nach Kategorien wie *konservativ – postkonservativ – neokonservativ – traditionell – modern – postmodern* etc. erschließen. Vielmehr bringt C. – mental und habituell – rückgekoppelt an die Milieumerkmale ihres jetzigen Viertels einen Lebensstil zur Geltung, der auch als gelebte Opposition zu den Anonymisierungstendenzen einer sich globalisierenden Gesellschaft verstanden werden kann. Wenn in der Suche nach einer neuen sozialen Vertrautheit im Wohnumfeld (i.S. einer postmodernen Renaissance von »Heimat«) auch das Lokale im Erleben einer quasi persönlich gewordenen Stadt gestärkt wird, so drückt sich hierin eine Praxis des Wohnens aus, die sich nicht nostalgisch vergangener Traditionen bedient, sondern ihre Wege aus den Möglichkeiten der Gegenwart schöpft.

Beim Einzug in ihre neue Wohnung wurde ihr gesagt, »*... und es stimmt – dass ich eher unten am Fluss sein werde oder in den Bars, vor allem im Sommer.*« Die Leute seien draußen und es herrsche ein mediterranes Flair. »*Es sind sehr viele Leute draußen, es gibt Tische und den großen Platz .... Im Sommer sonnen sich dort die Leute, die Kinder spielen den ganzen Tag im Brunnen. Generell, man kennt sich, man duzt sich und man setzt sich bei einem Gläschen Wein spontan zusammen – in der Vitaminbar am Fluss oder in den Restaurants.*« Die Qualität des sozialen Milieus definiert sich für C. vor allem durch diese den öffentlichen Erlebnisraum der Stadt mit konstituierenden Lebensstile. Zwar habe es auch in Bockenheim viele Cafés und Lokale gegeben und die Leute haben sich draußen aufgehalten, aber »*ich habe nicht so den Anschluss gefunden*«. Dort habe sie fast fünf Jahre gewohnt, aber kaum Kontakte gehabt. »*Auch wenn sie [die Leute, J.H.] 30 Jahre alt waren, wirkten sie von ihren Gewohnheiten her wie 50. Ich habe da nicht hingepasst, obwohl es eine lebhafte Gegend ist. Ich muss sagen, dass seitdem ich hier wohne, merke ich, wie schön Gesellschaft sein kann.*« Gesellschaft erschließt sich für C. über ihr Wohnen. Über die Bedeutung ihrer freischaffenden künstlerischen Arbeit für ihr Leben und Wohnen spricht sie nicht. Die sich unverbindlich und eher situativ als programmatisch findende Gemeinschaft der anderen (freizeitorientierten und selbstbewussten) Menschen konstituiert eine gemeinsame Situation, die sich der Einfädelung eigener Lebenspraxen gegenüber öffnet. Frau C. sieht in ihrer persönlichen Situation keinen noch offenen Wohnwunsch: »*Das ist hier schon meine Traumwohnung. Ich bin zufrieden. [...] Ich habe nicht vor, wegzuziehen. Ich werde lange bleiben.*«

Frau B. und Frau C. leben in Stadtvierteln, deren Wohnungen für den gehobenen Bedarf konzipiert sind. Beide Frauen beziehen den öffentlichen Raum der Stadt Frankfurt a.M. aktiv in ihr Wohnen ein, wenn auch auf je unterschiedliche Weise. Im Folgenden soll der Zusammenhang zwischen individuellen Wohnpräferenzen und gesellschaftlichen Strukturen großstädtischen Lebens in drei für beide Fallstudien grundlegenden Aspekten vertieft werden.

4.7.6 Das Neue am Alten –
die postmoderne Aktualität gründerzeitlicher Bebauung

Gebäude wie das, in dem B. wohnt, sind um die Jahrhundertwende in gründerzeitlichen Stadterweiterungszonen nach repräsentativen Stilen errichtet worden. Der bürgerliche Etagenhausbau in Deutschland bediente das Bedürfnis des neuen Bürgertums nach repräsentativen Bühnen für eine identitätsspezifische Selbstgewahrwerdung wie die ostentative Verortung des eigenen Lebens im sozialen und kulturellen Raum der Stadt. Die in Deutschland seit den 1880er Jahren bis zu Beginn des 20. Jahrhunderts neu angelegten Wohngebäude und -viertel waren von Anfang an auf ihre künftigen Nutzer bezogen. Ästhetische Erlebniswerte der neu entstandenen Milieus spielten eine große Rolle. »Neben geometrischen wurden auch malerische städtebauliche Formen gesucht, neben geraden auch krumme Straßen.« (Bodenschatz 2007: 117) Die neuen Quartiere schufen mit den Mitteln des Bauens nicht nur Räume tatsächlichen Wohnens: sie verwirklichten auch Vorstellungen des Wohnens, die sich vom industrialisierten Wohnen in Mietshäusern jener Zeit absetzten.

In einer Zeit, in der soziale Gegensätze zwischen Armen und Reichen deutlich hervortraten, spiegelte die Schaffung besserer Wohnstätten die asymmetrischen Verhältnisse in einer neuen Soziologie und Physiognomie der Stadt wider. Das programmatisch neue ästhetisierende Bauen drückte auch eine »Flucht aus den städtebaulichen Verhältnissen der historischen Stadt« aus (ebd.: 107). Die Raumhöhe, die in »feineren« Wohnungen bei 4,50 m liegen konnte, demonstrierte im großen und erhabenden Raum über das leiblich spürbar werdende Klein-Sein von Besuchern, für die solche Raumatmosphären nicht üblich waren, eine gehobene kulturelle Bedeutung des Wohnungsinhabers. Gewöhnlich verfügten die bürgerlichen Etagenwohnungen, deren Häuser in Frankfurt in den westlich und nördlich der alten Stadt gelegenen Vierteln zu Beginn des 20. Jahrhunderts gebaut worden sind, über mindestens vier Zimmer (nicht selten über mehr als zehn) bei einer Wohnfläche von bis zu 200 m^2 (vgl. ebd.: 108). Die Nachfrage nach Wohnungen für den gehobenen Bedarf war in jener Zeit stark angestiegen. Der Anteil der urbanen bürgerlichen Wohnungen dürfte 1912 in Deutschland bis auf beinahe 20 Prozent des gesamten Wohnungsbestandes angewachsen sein (zusammengefasst sind dabei »Herrschaftshäuser« [Reihenhäuser, Etagenhäuser, freistehende Einfamilienhäuser] und »Mittelstandswohnungen«). Der Anteil der urbanen Kleinwohnungen lag indes bei 75 Prozent (vgl. ebd.: 109). Bei der Schaffung großbürgerlicher Neustadt-Viertel legte man nicht nur *funktionale* Straßen an; man schuf auch ästhetische Gestalten, die an die Forderungen Camillo Sittes nach einem Städtebau nach menschlichem Maß[89] erinnern, die dieser im 19. Jahrhundert als Kritik am industrialisierten Städtebau des mittleren und späteren 19. Jahrhunderts formulierte. Die alleenartig angelegten Straßen waren oft breiter als für den Verkehr nötig, sodass sie als erweiterte Wohnräume genutzt werden konnten (nicht selten wurden zwischen zwei Straßen kleine Parks angelegt).

»Die Gesellschaft, die die Gestalt der traditionellen europäischen Stadt hervorgebracht hat, existiert nicht mehr.« (Siebel 2004: 35) Im Zentrum der Nachfragegruppen stehen heute kinderlose, gut verdienende Erwachsene, die innenstadtorientierte Lebensstile pflegen (vgl. ebd.: 45). Diese stellen »hohe Ansprüche an die Wohnfläche« (ebd: 46). Weil der soziale Umbauprozess der Gesellschaft noch lange nicht abgeschlossen ist, u.a. als Folge einer Umverteilung ökonomischer Ressourcen von »unten« nach »oben«, wird die »Nachfrage nach Innenstadt als Lebens- und Wohnort weiter zunehmen und nicht nur durch Zuwanderung, sondern eben auch durch die Veränderungen auf dem Arbeitsmarkt und in den Lebensweisen« (ebd.: 45).

Die sich in allen Städten Westeuropas pluralisierenden Formen luxuriösen Wohnens spiegeln einen Prozess der Transformation sozioökonomischer Reproduktionsbedingungen kapitalistischer Gesellschaften wider. Nachdem die in Deutschland vor allem seit dem Zweiten Weltkrieg entwickelten sozialstaatlichen Rahmenbedingungen abhängiger Arbeit zunehmend durch neoliberale Strukturen »freien« Wirtschaftens verdrängt werden und selbständige Arbeit (vom Dienstleistungsbereich bis zum produzierenden Gewerbe) sich in einem nahezu entgrenzten globalen Raum mit guten Ertragsaussichten entfalten und diversifizieren kann, vergrößert sich die Differenz zwischen Arm und Reich. Ein Indikator für die Aktualität dieses Prozesses ist die Armutsquote, die sich in der BRD von 1991 bis 2005 von 11,3 Prozent auf 13,2 Prozent erhöht hat (Statistische Bundesamt 2006: 611). Im gleichen Zeitraum ist der Anteil der Haushalte mit »höherem Wohlstand« von 4,0 Prozent auf 4,2 Prozent und der mit relativem Wohlstand von 8,2 Prozent auf 8,4 Prozent

---

89. Während Sitte mit dem Plädoyer für das Malerische nichts Antimodernes intendierte, sondern zu einem »verbesserten modernen System« beitragen wollte, sahen seine Kritiker in ihm einen romantizistischen Nostalgiker, der ästhetischen und sozialen Idealen einer überwundenen Kleinstadt-Gesellschaft nachhing (vgl. Hasse 2007.1).

gestiegen.⁹⁰ Diese Entwicklung vollzieht sich in den Stadtstaaten mit größeren Differenzen als in den Flächenstaaten.⁹¹ Für die Profiteure dieser Entwicklung bedeutet dies auf dem Hintergrund steigender privat verfügbarer Mittel, dass ein relativ höherer Anteil des verfügbaren Nettoeinkommens für Mietkosten oder die Finanzierung einer Wohnimmobilie aufgewendet werden kann. Für die Verlierer bahnt sich ein umgekehrter Prozess an: Die Mittel zur Finanzierung einer Wohnung verringern sich unterhalb mittlerer Einkommenshaushalte beträchtlich. »Am Ende der 1990er Jahre hat sich die gesamtdeutsche Ungleichheit der Einkommen wieder erhöht und ist nach dem Jahr 2000 noch weiter gestiegen.« (Ebd: 609f)⁹²

Die hohe kulturelle und als Folge steigender Nachfrage damit verbundene ökonomische Bedeutung der Ästhetik gründerzeitlicher Bauwerke hat sich mit Nachdruck seit Mitte der 1990er Jahre herausgebildet. Die Postmodernisierung der Städte integrierte insbesondere solche historischen baulichen Formen, die sich in der bildlichen Gleichzeitigkeit und dem räumlichen Nebeneinander mit grauer Architektur der 1960er bis 1970er Jahre durch Exklusivität auszeichneten und wichtige Medien der Oberflächenästhetisierung im Städtebau wie der Tiefenästhetisierung der Kultur (über das Denken und Empfinden der Menschen) werden (vgl. bes. Welsch 1993). Das Ästhetische kommuniziert – als Versprechen guten Lebens – ein verheißungsvolles Identitätssurrogat. »Ästhetisierung übernimmt also virtuell eine Identität stiftende Funktion.« (Müller/Dröge 2005: 101)

»Heimat« wird nun – gleichsam »postkritisch« und »postpolitisch« – als Form affirmativer Identifikation mit »süffigen« Milieus wiederentdeckt. »Ästhetik gewinnt in der bürgerlichen Gesellschaft in dem Maße an Bedeutung für die Menschen, in dem Politik für sie in den Hintergrund tritt – aus welchen Gründen auch immer.« (Ebd.: 103) Die sog. Postmo-

---

90. Würden Haushalte mit einem »höheren Wohlstand« von > 500 Prozent (bezogen auf mittlere Einkommenslagen) statistisch erfasst, dürfte sich das zunehmende Aufspringen der Schere zwischen Armen und Reichen noch deutlicher zeigen.
91. In den Stadtstaaten ist die Betroffenheit von Armut (Armutsschwelle nach dem 60 Prozent-Median) von 1997 bis 2004 von 13,7 Prozent auf 18,3 Prozent gestiegen (bezogen auf regionale Einheiten von Bundesländern sowie die Gruppe der Stadtstaaten) (Statistische Bundesamt 2006: 617).
92. Die Situation weniger wohlhabender Bevölkerungsgruppen verschärft sich dadurch zusätzlich, dass sozial gebundene Mietwohnungen u.a. aus Gründen knapper öffentlicher Mittel, die man für die Sanierung aufbringen müsste, zunehmend privatisiert werden (vgl. Siebel 2004: 34), wodurch bisherige Mieter strukturell genötigt werden, sich allein zur Aufrechterhaltung des Status Quo ihrer Wohnsituation durch den Kauf der bisher nur gemieteten Wohnung zu verschulden.

dernisierung der Gesellschaft verdichtet sich seit Mitte der 1990er Jahre auf ästhetizistische Momente der gebauten und gelebten Stadt. Der Erfolg bestand in einer Umkehr der »Sorge«: Weg von Politik und Ökonomie sowie Stadt und Gesellschaft und hin zu einer Form der Selbstsorge, in deren Zentrum aber nicht das Foucault'sche Motiv der »Sorge um sich Selbst« (i.S. einer Hermeneutik des Selbst) stand, sondern das eher lustvolle Wohlergehen in der Event-City. So gesehen hatte die ästhetizistische Postmodmodernisierung der (Stadt-)Gesellschaft, in deren Rahmen sich die Gentrifizierung der Städte und die Aufwertung historischer Wohngebäude vollzogen, einen entpolitisierenden und einen narzisstischen Effekt.

Indem postmoderne Ästhetisierungen aber stets neben ihrer unmittelbar sichtbaren und evidenten Oberflächendimension auch eine Tiefenschicht der »Affektlogik« (Ciompi 1982) in der persönlichen Disposition der Menschen berühren, verändert das neue Leben im Wohlstand an *oberen Rändern* der Gesellschaft unmittelbar die Konstruktion von Identität, das individuelle Selbstverständnis und die repräsentativen Praktiken im öffentlichen Raum. Mit anderen Worten: Die Ästhetisierung der (Stadt-)Gesellschaft verändert nicht nur das *Bild* der gebauten Stadt; sie leitet auch eine Umcodierung kultureller *Bedeutungssysteme* ein. Wenn die Stadt auch als »ein materiell-physisches Gebilde, eine in Stein verfestigte Struktur« (Siebel 2004: 42) angesehen werden kann, so erweist sich diese Struktur doch als flexibel anpassungsfähig an veränderte gesellschaftliche Verhältnisse. Wo einst das Herrenzimmer ein Raum der materiellen und habituellen Repräsentation war, findet nun das Arbeitszimmer einer freiberuflich tätigen Unternehmensberaterin Platz – oder das Kinderzimmer.

4.7.7 Anonymität und Vertrautheit

Für Frau B. gibt es keine Alternative zum Leben in der Stadt. Sie will *ihr* Leben nur in der Stadt führen (städtische Infrastrukturen, Skyline, Wohnpräferenzen, die sich architektonisch nur in der Stadt einlösen lassen). Auch Frau C. lebt bewusst in der Stadt; sie sucht das Milieu großstädtischen Lebens: »*Leute und Leben um mich herum zu haben. Das ist wichtig.*«

»Die europäische Stadt ist das Gefäß einer besonderen Lebensweise, die den Städter vom Dörfler unterscheidet.« (Ebd.: 25) Die Merkmale großstädtischen Lebens hatte Georg Simmel 1903 in seinem bekannten Essay über »Die Großstädte und das Geistesleben« pointiert im Unterschied zum Leben auf dem Lande und in der Kleinstadt herausgestellt. Zum einen muss der Beitrag Simmels als kulturkritische Facette einer sozial- und geisteswissenschaftlichen Autopsie der Großstadt gelesen werden. Zum anderen ist Simmels Großstadtessay aber auch »als das Exposé/der Extrakt einer allgemeinen Soziologie der Moderne« (Lindner 2004: 175) zu verstehen. So sieht Rolf Lindner in Simmel »einen frühen Theoretiker der Postmoderne« (ebd.: 177). Mehr noch: »In der Tat scheinen die von Simmel beschriebenen Phänomene recht eigentlich erst in der postindustriellen Stadt zum Durchbruch gelangt zu sein, das heißt mit dem reifsten Entwicklungsstadium der Geldwirtschaft.« (Ebd.: 178)

Simmels Großstadtessay ist ein wichtiger Beitrag zur kritischen Reflexion des Großstadt-Erlebens am Beginn des 20. Jahrhunderts. Dies auch deshalb, weil Simmel die Spannung zwischen »Kulturkritik und Apologie der Großstadt« nicht auflöst (Müller 1988: 14). »Die psychologische Grundlage, auf der der Typus großstädtischer Individualitäten sich erhebt, ist die *Steigerung des Nervenlebens*, die aus dem raschen und ununterbrochenen Wechsel äußerer und innerer Eindrücke hervorgeht.« (Simmel 1903: 119) Simmel machte damit den Blick frei für zunächst urbane, und »dann insgesamt moderne Vergesellschaftungsformen« (Müller 1988: 32). Im Mittelpunkt steht die These, dass die moderne Großstadt das Individuum in eine Situation der Reizüberflutung bringe, gegen die es sich nur durch eine bestimmte Einstellung der Wahrnehmung wehren könne – eine »Kultur der Indifferenz«. Diese speist sich aus Tugenden, die üblicherweise negativ konnotiert sind (Blasiertheit, Gleichgültigkeit, Distanziertheit, Reserviertheit u.a., vgl. Simmel 1903). Schließlich komme der Verstand, der sich durch seine Anpassungsfähigkeit und Unempfindlichkeit auszeichne, der Imprägnierung gegen die Flut der Eindrücke zu Hilfe.

Die mediale Dimensionen dessen, was für Simmel noch (beinahe pathologisierend) »*Steigerung des Nervenlebens*« hieß, hat heute ein anderes Gesicht. An die Stelle kaum noch beunruhigender *physischer* Verdichtungen sind die Verdichtungen der Bilder, Symbole, immersiven Medien wie dissuasiven Offerten der Kulturindustrie getreten. Sowohl B. als auch C. leben aber konstruktiv und in einem positiven Empfinden »mit« jener Reizflut, die Simmel noch als abwehrbedürftig ansah, wenn auch auf je unterschiedliche Weise. Frau B. wohnt in der Stadt, in unmittelbarer Nähe zur City und doch genießt sie eine Wohnatmosphäre, die nicht unmittelbar an das hektische Treiben einer Großstadt denken lässt. Ihre Wohnsituation empfindet B. auch darin attraktiv, dass sie in einer strukturellen Distanz zur Reizdichte (aber dennoch *in*) der Stadt leben kann. So zieht B. durch die Wahl ihrer Wohnung eine Grenze in der Stadt, die vielfältige Bedeutungen hat (bezogen auf den symbolischen Raum, den Raum der Emissionen, der sozialen Strukturen und den ökonomischen Raum).

Grenzen zieht auch C. in der Art und Weise ihres Wohnens. Während sie in einem früheren Wohnviertel Distanz zu Menschen einnahm, die »*alle viel konservativer*« waren als in ihrem derzeitigen Wohnviertel, praktiziert sie nun – ganz gegen die These Simmels – eine Kultur sozialer Nähe: »*Man wohnt hier und lernt die Nachbarn kennen, [...] man trifft immer jemanden, den man kennt. [...] Am Main gibt es dann eine Vitaminbar, dort trifft man auch immer Leute und trinkt einen Cocktail – da ist Leben!«* (Vgl. 4.7.4) Zum Wohnen gehört für C. das Wandern zwischen Wohnung i.e.S. und dem gemeinsamen Ort am Fluss.

Die Bespiele zeigen auch, dass in der Erklärung der Einwohnung des öffentlichen Raumes die architektursoziologische Rede von kulturspezifischen Raumnutzungsmustern (Schäfers 2006: 22) zu kurz greift. Die Einwohnung des öffentlichen Raumes ist kein Raumnutzungsmuster wie die Nutzung der Parzelle in einem Gewerbegiet, sondern wird vielmehr erst auf dem Hintergrund eines vielperspektivischen Verständnisses des Wohnens verständlich. C. nennt verschiedene Argumente, weshalb sie den öffentlichen Raum am Fluss als ihren Wohnraum betrachtet und ihn deshalb als solchen in Anspruch nimmt. Auf die Bedeutung der (a) Atmosphären weist die Bemerkung »*wie in Italien*« hin; auf den Umschlag der Atmosphäre in ihr eigenes (b) stimmungsmäßiges Befinden die Bemerkung: »*Und das ist schön.*« Schließlich spricht sie vergemeinschaftende (c) Praktiken im sommerlichen Alltag an: »*man geht hier einkaufen, [...] geht hier essen, [...] trifft immer jemanden, den man kennt [...] und trinkt einen Cocktail*«. Die Vergemeinschaftung im erweiterten Wohnraum bedarf eines Milieus, das für die typische »Örtlichkeit« – der Situation am Fluss in der Osthafenbebauung – charakteristisch ist. Unter Örtlichkeit i.d.S. versteht Simmel eine Gegend im Raum, »wo die Berührung oder Vereinigung sonst voneinander unabhängiger Elemente nur an einem bestimmten Platz geschehen kann« (Simmel 1903: 230). Eine solche »Örtlichkeit« erlebt C. in ihrem Wohnumfeld am Fluss, das Bühne »szenischer Praktiken« (Patzelt 2007) ist, durch die sich bestimmte Atmosphären und Stimmungen herausbilden.[93] Zur Teilhabe an diesem in gewisser Weise *getrimmten* Leben wie zur fortwährenden Arbeit an dessen »Feintuning« ist letztlich nur fähig, wer qua Selbst- wie Fremdzuschreibung von Identität zum Club gehört. Das Beispiel der Frau C. illustriert eine Form der Einwohnung eines öffentlichen Raumes, der durch gemeinsame Praktiken zu einem (sozial geteilten) Eigenraum wird. Dass dies ein tendenziell festivalisierter Eventraum und kein Rekreations- oder Kontemplationsraum ist, spiegelt zum einen die soziokulturelle wie -ökonomische Struktur der Bewohner wider, zum anderen auch den Umstand, dass die Wohnstadt an ihren zentralen ästhetisierten (und teuersten) Orten mehr einer ästhetizistischen Gestaltungslogik als profanen Raumnutzungsansprüchen folgt.

Über die Transformationen der Stadt Frankfurt, die im Wohnen und Leben von Frau C. am Fluss heimatstiftende Bedeutung hat, merkt Klaus Ronneberger an: »Der Stadtkern hat sich zu einem *festival marketplace* transformiert, der von Einkaufspassagen bis hin zu Museumsausstel-

---

93. Zum ethnomethodologischen Begriff des Milieus vgl. auch Patzelt 2007: 203ff.

lungen und Straßenfesten reicht.« (Ronneberger 1997: 100) Der festivalisierte Teil der Stadt dürfte sogar über das Netz institutionalisierter Orte hinaus – gewissermaßen ortlos und als ästhetisches Dispositiv (vgl. auch Hasse 2004.1) – in die Alltagskultur jener Stadtbewohner eingewachsen sein, die stets nach wechselnden öffentlichen Bühnen zur sozialen Kommunikation expressiver, luxusorientierter Lebensstile auf der Suche sind, um den Rahmen für gemeinsame Situationen nach den Angeboten von Kultur und Markt zu erweitern. Als Bühnen i.d.S. eignen sich auch die gentrifizierten Quartiere, die auf ihre Weise eine stadtphysiologische Basis für die Lebbarkeit einer Stadt der Events sind. Klaus Ronneberger dokumentiert diese materielle wie symbolische Veredelung der Stadt am Beispiel eines jener Frankfurter Stadtteile, in dem Frau B. in ihrer gründerzeitlichen Eigentumswohnung wohnt.

Die globalisierte und in ihren Kulturen postmodern pluralisierte Metropole hat widersprüchliche Gesichter. Wo Ronneberger eher einen Gegensatz als eine Ähnlichkeit zwischen »nachbarschaftlich orientierten Lebensweisen« und »globalen Milieus« sieht (Ronneberger 1997: 107), löst sich dieser in den Lebensvorstellungen und -praktiken von Frau C. weitgehend auf. Durch ihre Arbeit ist sie international vernetzt; ihre Ausbildung hat sie im südeuropäischen Ausland gemacht. Dennoch verbinden sich für C. zeitgemäße Lebensformen mit einem Leben in nachbarschaftlichen Netzen einer neuen »Heimatlichkeit«. Damit knüpft sich C. in ein lokal verzweigtes soziales Netz ein, das eher gegenteilige Strukturen dessen aufweist, was Simmel als »Kultur der Indifferenz« angesprochen hatte.

4.7.8 Die sinnliche Stadt

Heimaten werden nicht zuletzt (neben dem, was *Sinn* macht) im Medium der Sinnlichkeit des Wohn- und Lebensraumes empfunden. Idiosynkratisch erlebte Räume werden *auch* (wenn auch meist nicht allein) im Medium der Sinnlichkeit zu Anti-Heimaten, die mit negativen persönlichen Bedeutungen aufgeladen sind. In der Performativität des gelebten Lebens spielt die sinnliche Beziehung zu Umgebungen auch eine sinnstiftende Rolle (was sinnlich gefällt, *macht* auch Sinn).[94] Von B. und C. werden ästhetische Merkmale am Stadtleben als Grund für die Wahl der Wohnung und das Wohnen im jeweiligen Quartier angesprochen. Die Stadt wird von C. als *Event* erlebt, von B. besonders in ihrem atmosphärischen Wert. Die Wohnung von B. ist wie die von C. eine sinnliche und als solche eine persönliche Umgebung, die über ihre Zweckdienlichkeit hinaus als ästhe-

---

94. Viktor Gorgé unterscheidet i.d.S. eine »objektivierende« Welterfahrung von einer »personifizierenden« Welterfahrung (Gorgé 2008: 26).

tischer Raume erlebt wird. Der sinnliche Raum der Wohnung ist »eine Liebe« wie Frau B. sagt.

Die sinnliche Aufmerksamkeit richtet sich – schon wegen des Nahraumbezugs der menschlichen Sinne – in besonderer Weise auf die atmosphärischen Qualitäten der Wohnung wie des städtischen Wohnumfeldes. Die sinnlichen Bedeutungen des Wohnraum- und Stadterlebens machen den Nahraum zu einem beheimatungsfähigen Raum. Als Signum des Lokalen und dessen Besonderheit kehrt in der sich postmodern entsorgenden Gesellschaft »die sinnliche Stadt« (Boesch 2001) zurück. Nicht, weil die sinnliche Dimension in Architektur und Städtebau die Renaissance eines sozialpolitisch motivierten Städtebaus »für mehr Lebensqualität« bedeuten würde. Der postmoderne Ästhetizismus im Bauen der Stadt ist vielmehr Ausdruck einer Phase der Vergesellschaftung in den sogenannten »nachindustriellen« Gesellschaften. Die Rede vom »sinnlichen Raum der Stadt« spiegelt somit von vornherein ein (sub-)kulturell *be-wertendes* Konzept wider und viel weniger nur einen Begriff für etwas, das es in Wirklichkeit und Realität gäbe. Im Zuge postmoderner Gentrifizierungen der Städte ist der Begriff der »Sinnlichkeit der Stadt« in seinem assoziativen Hintergrund durch inkludierende Erwartungen konnotiert. »Der« sinnliche Raum einer Stadt ist ein sinnlicher Raum, den schon aufgrund seiner Lageeigenschaften in besonderer Weise vornehmlich *spezifische* Gruppen aneignen und dabei habituell umfrieden. So konstituiert sich im öffentlichen Raum ein quasi-privater Raum, dessen »Nutzungshygiene« nicht durch Polizisten sichergestellt wird, sondern durch die inkludierende Macht sozialer Praktiken seiner *so* wohnenden »Besetzer«. Das sozialpolitische Problem der Exklusion wird auf diese Weise de-thematisiert, bevor es sich hätte stellen können – es gibt keinen »Diskurs« (im *sprachlichen* Sinne) über Einschluss und Ausschluss, es gibt nur (diskursiv wirkende) *Praktiken* der Inklusion wie der Exklusion. Die Räume, die durch szenische Praktiken (von denen Frau C. berichtet) der Exklusivität zu Räumen der Inklusion werden, grenzen sich i.S. einer symbolischen Markierung ab. Schon die Lage der Wohnquartiere des durch Maßnahmen der Gentrifizierung angesprochenen sozio-*ökonomisch* »gehobenen« Milieus begünstigt die Aneignung öffentlicher Räume zu quasi-privaten Bühnen-Räumen der Distinktion.

Während Hans Boesch im Kontext der Sinnlichkeit noch an die Erlebbarkeit der vier Natur-Elemente in der Stadt dachte, dienen innerstädtische Light-Events oder Hochhausfestivals der Konstruktion atmosphärischer Konsum-, Lebens-, Wohn- aber auch Wirtschaftsräume. Die sinnliche Formatierung der Stadt dient vor allem der Schaffung weicher Standortfaktoren, die seitens einer repräsentationsorientierten Unternehmenspolitik gesucht werden. Die Logik der »schönen Stadt« folgt einem ästhetischen Dispositiv; deshalb sieht Michael Müller Ästhetisierungen auch als ein Hypermedium, das andere Medien (Formen, Materialien u.a.) unter seine Logik zwingt. Das Ästhetische erfüllt eine vielschichtige Vermittlungsleistung »und übernimmt damit gesellschaftliche und kulturelle Stabilisierungsfunktionen, die man früher der Ethik zugeschrieben hätte« (Dröge/Müller 2005: 103).

Das Wandern von Frau C. aus ihrem früheren Wohnquartier an die Ufer des Flusses symbolisiert somit mehr als nur einen »räumlichen« Umzug von A nach B. Der Wechsel des Wohnortes in der Stadt ist vor allem ein Wechsel des Lebens- und Wohn-Milieus. Das neue Wohnquartier am Fluss erweist sich für sie als »Örtlichkeit« der Selbstvergewisserung einer erwünschten Identität. Wenn Vittorio Magnago Lampugnani in der Diskussion über die Anfang der 1990er Jahre beginnende Osthafenrevitalisierung in Frankfurt sagte, die Maßnahmen sollen »dazu beitragen, die Qualität des Lebens der Bürger zu verbessern« (Lampugnani 1992: 21), so steckt darin ein den aktuellen Zeitgeist auszeichnender postkritischer Euphemismus, in dem die Abwesenheit einer kritischen Grundhaltung gegenüber einer Form und Phase der Stadtentwicklung zum Ausdruck kommt, die mehr eine Ästhetisierung und Luxurierung für die Upper Class, als eine *allgemeine* Verbesserung der Lebensqualität aller Bürger vermittelte.

4.7.9 Retrospektive

Beide Fallstudien lenken die Aufmerksamkeit auf Formen des Wohnens, die auf dem Hintergrund ökonomisch begünstigter Lebenssituationen ein breites Spektrum von Spielräumen der Selbstentfaltung erschließen. Von zentraler Bedeutung war für B. wie C. die umfriedende Wirkung der Atmosphären der Wohnung. Dabei zeigte sich, dass es in der ganzheitlich-*repräsentativen* Gestaltung der Wohnung nicht allein auf den Besitz hochwertiger Dinge des Wohnens ankommt, sondern besonders auch auf das atmosphärische Arrangement *dieser* Dinge wie des gesamten Raumes. Im Unterschied zu Möbeln, deren Erwerb allein des nötigen Geldes bedarf, kann die Einschreibung (sub-)kultureller Bedeutungen in eine Wohnung (ihre semiotische Codierung) nicht *übernommen* werden wie ein käufliches Ding. Die mit einem (Wohn-)Ort verbundenen Bedeutungen, die eher spürbar als »faktisch« zu ihm gehören«, entfalten ihre (leiblich) kommunikative Wirkung darüber hinaus aber nur dann wirkungsvoll und glaubhaft, wenn sie auch habituell eingewurzelt sind. Mit anderen Worten: Man kann das *eigene* Leben nur im *eigenen* Wohnen ausdrücken und nicht das Leben anderer in der Kopie fremder Wohnformen zitieren. Das eigene Wohnen – von repräsentationsorientiert *inszenierten* Wohnungen abgesehen, die i.e.S. nicht dem persönlichen *Wohnen* dienen – spiegelt sich nicht in einer *Konstellation* von Dingen und relationalen Ordnungen wider, sondern in einer *Situation*, in der die getroffenen Arrangements des Wohnens zu einem ganzheitlichen Bedeutungszusammenhang verklammert sind.

Ästhetische Ansprüche, die ihrerseits Ausdruck spezifischer Lebenssituationen sind und gehobenen Lebensstilen korrespondieren, richten sich nicht nur an die Wohnung, sondern auch an das unmittelbare Wohnumfeld, mitunter sogar die ganze Stadt. Für C. spielt neben der Wohnung auch der Raum des Wohnumfeldes eine wichtige ästhetische Rolle. Die Dinge, Szenerien und Atmosphären der Stadt wie des Wohnumfeldes werden erst dadurch in den Kreis *persönlichen* Wohnens einbezogen, dass sie mit persönlichen Praktiken gleichsam umsponnen werden. *Ihr* Leben und Wohnen bringt C. sich und anderen in szenischen Praktiken zum Ausdruck, die in der Teilhabe an einem gemeinschaftlichen Ritual zum einen als Selbstvergewisserung im sozialen Gefüge *ihres* Quartiers fungieren und zum anderen Dritten gegenüber ihre Identität habituell mit Glaubhaftigkeit ausstatten sollen. So schreibt sie sich selbst – in ihrer aktiven Implementierung in eine gemeinsame Situation – Identität zu. Ihre durch Dritte erkennbare Teilnahme an den gemeinsamen szenischen Praktiken gewährt ihr schließlich zumindest einen Bonus im Prozess der Fremdzuschreibung von Identität. Aus dem Zusammenwirken von (a) Genius Loci (der Authentizität des Ortes, der gewissermaßen als »Austragungsort« szenischer Praktiken benutzt wird), (b) Atmosphären, die nur an *diesem* Ort entstehen können und (c) die von den Atmosphären auf die Teilhaber überspringenden Stimmungen entsteht eine milieuspezifische Situation, die an *diesen* Raum gebunden ist und eine (operative) soziale Wirklichkeit entstehen lässt (vgl. Patzelt 2007: 221).

Der in raumwissenschaftlichen, soziologischen und planungstheoretischen Konzepten fragil erscheinende Begriff des »öffentlichen Raumes« wird am Beispiel seiner Einwohnung durch C. in seiner ganzen Brisanz deutlich. Über den öffentlichen Raum sagen Gerd de Bruyn und Johannes Peter Hölzinger: »Im öffentlichen Raum müssen wir unabhängig davon, dass unsere Metropolen im hohen Maße anonyme und arbeitsteilig strukturierte Gemeinwesen sind, uns als integrierte Mitglieder einer städtischen Sozietät erfahren können.« (de Bruyn/Hölzinger o.J.: 4) Die Aussage hat mehr beschwörenden als beschreibenden Charakter, denn das Beispiel der Einwohnung eines Raumes am Fluss durch C. zeigt, dass öffentliche Räume im Prinzip (weil sie öffentlichen Charakter haben) *nicht* durch jedermann, der zur »städtischen Sozietät« gehört, *gleichermaßen* und mit gleichem Recht eingewohnt werden können, es vielmehr sozialgruppenspezifisch (symbolisch und habituell differenziert) geregelte Zugriffscodes auf bestimmte *öffentliche* Räume gibt. Das an diesem Ort durch soziale Praktiken dann hervorgebrachte Milieu umfriedet damit einen Raum *des Wohnens* einiger in einer öffentlichen Zone.

Das Einwohnen öffentlicher Räume ist in einem Nebeneffekt viertelsbildend, weil habituell durchgesetzte *(ästhetische)* Raumnutzungsansprüche auf ihre Weise (komplementär zu eigentumsrechtlichen Ansprüchen) die sozioökonomische Ordnung der Stadt aktualisieren. Aber beide Beispiele haben auf die Prozesse der wohnenden Selbstverortung in einer Stadt eher privilegierter Bewohner aufmerksam gemacht. Der permanente Prozess der Veränderung der Wohnquartiere führt auf dem Hintergrund der Globalisierung zu einer zunehmenden Schärfe im Bild der sich neu- wie umgestaltenden Viertel. Die sich über den Innenraum der Wohnung *hinaus* entfaltenden Wohnformen sind in materieller wie in symbolischer, atmosphärischer wie gefühlsmäßiger Hinsicht wichtige performative Prozessfelder einer sich allmählich abzeichnenden neuen Ordnung der Gesellschaft.

4.8 Wohnen am Rand bürgerlicher Duldung – die »Wagenburg«

Sesshafte Formen des Wohnens gestalten sich in unserer Gesellschaft üblicherweise in Wohnungen bzw. festen Häusern. Nomadische Lebensformen kommen nur unter besonderen Bedingungen vor und sind dann meist durch einen formalen Rahmen gegen Stigmatisierungen geschützt (so z.B. bei den auf der Wanderschaft befindlichen Handwerksgesellen, die die alte Tradition der Wanderjahre wiederbeleben). Auf andere Weise sind Zirkusakteure »auf Reisen« unterwegs; sie wohnen in speziellen Wagen und leben in der Gemeinschaft der umherziehenden Zirkusgemeinschaft, die durch ihren institutionalisierten Rahmen nach außen deutlich erkennen lässt, dass man im Zirkus zwar in Wagen wohnt, aber doch in der Ordnung des Zirkus lebt, der seinen ganz speziellen kulturhistorischen Ort in der Gesellschaft hat. Wer dagegen ohne jede kulturell »geerdete« Legitimation *nicht* in Häusern wohnt, begibt sich auf den riskanten Grat der Diskriminierung. Von ausgrenzenden Stigmatisierungen i.d.S. sind die Bewohner sogenannter Wagenburgen betroffen, die mit und in ihren Wagen außerhalb der Normalität bürgerlichen Wohnens leben (wollen). Sie werden auffällig, weil sie die *taken for granted world* der bürgerlichen Gesellschaft in der kulturell essentiellen Frage des Wohnens nicht teilen. Dieses Ausscheren aus einem stummen Konsens der Werte und Normen wird von einem großen Teil der Gesellschaft als Affront empfunden.

4.8.1 »Ich habe auch schon in Wohnungen gewohnt ...«

Vor 20 Jahren ist der heute 40-jährige A. in einen VW-Bus gezogen. Seitdem hat er in verschiedenen Wagen gewohnt (Bauwagen, Lastwagen und Bus). Vor acht Jahren hat er über einen Zeitraum von vier Jahren einen Bauwagen umgebaut. In ihm wohnt er auf einem Wagenplatz am Rande der Stadt Frankfurt. Der Wagen ist in mehrere Wohnbereiche untergliedert (Schlafzone, Küchenbereich, allgemeine Wohnzone) und nach dem Prinzip eines Zirkuswagens ausgebaut. Ein Eingangsbereich – auf Bodenhöhe des Wagens – öffnet den Wohnbereich ins Freie. Die Plattform ist mit einer Alukonstruktion und einer großflächigen Plane überdacht. In einem rechten Winkel ist von hier aus ein kleinerer Sanitärwagen (geräumiges Bad) mit dem Wohnwagen verbunden. A.'s handwerkliche Kompetenz als Metallbauer hat er für die Gestaltung des Wagenarrangements nutzbringend anwenden können. Über eine Photovoltaikanlage wird die Versorgung mit Elektrizität sichergestellt. Die Abwässer werden über eine selbst gebaute Binsenkläranlage gereinigt. A. bewohnt das Ensemble mit seiner Lebensgefährtin und zwei Kindern.

Seine derzeitige Wohnsituation beschreibt A. als ideal. Er hat zwar auch schon in Wohnungen gewohnt, »*das hat mir aber nicht so zugesagt*«. Das Besondere seiner Wohnsituation sieht er in der »*Netzunabhängigkeit. Das macht es natürlich auch schwer.*« Der Vorteil der Unabhängigkeit vom Strom- und Wassernetz spare zwar Kosten, wenn die Erstellung einer eigenen Infrastruktur auch finanzielle Mittel erfordere. Es sei eine ökologisch motivierte Entscheidung, so zu wohnen. Die Unabhängigkeit von Versorgungsnetzen mache auch Arbeit: »*Wasserkanister holen ... wir drehen ja nicht einfach den Hahn auf.*« Das Trinkwasser beziehen die Bewohner des Platzes von einem Unternehmen auf dem Nachbargrundstück. Dort gibt es eine Wasseruhr, sodass der Verbrauch abgerechnet werden kann.

Neben der prinzipiellen Entscheidung nach ökologischen Wertmaßstäben zu leben, sei zum anderen aber auch die Lebensform entscheidend, die mit dem Wohnen auf einem Wagenplatz verbunden ist. Er komme aus der Hausbesetzerszene und habe in jener Zeit die Erfahrung gemacht, »*mit Häusern lässt sich in der Stadt gar nichts machen, um mit ausgesuchten Leuten zusammen zu wohnen. Dann war die Wagenszene das Naheliegendste. Naheliegender, als ein Haus zu kaufen*«. Der Wagenplatz stellt sich in seinen Schilderungen als ein relativ geschlossenes Wohn- und Lebensmilieu dar, das sich unter anderem dadurch auszeichne, dass man anstehende Aufgaben und Probleme in eigener Regie löse. Man sitze zusammen, trinke ein Bier, spreche aber auch über gemeinsame Probleme, auch solche, die sich aus dem Zusammenleben auf dem Platz ergeben: »*Es lässt sich alles ansprechen, und du wirst nicht vor den Kadi gezerrt. Das finde ich auch sehr wichtig! Dass man versucht, mit Reden untereinander klarzukommen.*«

Das Wichtigste an seiner Wohnsituation ist ihm die Selbstverantwortlichkeit und freie Gestaltbarkeit der Bedingungen seines Wohnens. In einem Bild möchte er das mit dem Eingangsbereich seines Wagens darstellen (vgl. Abb. 28). Das Bild ist aber vor allem von symbolischer Bedeutung und nicht auf die persönliche Situation in seinem Wagen begrenzt. Deshalb merkt er an: »*Alles ist wichtig, so wie es gerade ist [...] die Freude über das Zusammenwohnen wie auch der Ärger ... das Wichtigste ist die Selbstgestaltung! Das Einbringen.*« Die soziale Komponente rückt deutlich in den Vordergrund. Freiheit bedeutet im Leben auf einem Wagenplatz zwar auch die Unabhängigkeit von räumlichen und technischen Infrastrukturen des Wohnens. Der Kern dessen, was den Sinn des So-Wohnens ausdrückt, liegt in einem gemeinwesenorientierten Selbstverständnis, mit dem Ziel, ein gemeinsames Leben ohne gesellschaftliche Zwänge zu führen. Die Selbstverantwortlichkeit, die sich in der Organisation des gemeinschaftlichen Lebens ausdrückt, hat für A. auch eine lebensweltliche Bedeutung. Alle technischen Anlagen in und um seinen Wagen herum (vom Ausbau des Wagens bis zur Konstruktion des Vordaches, der Anlage der Kläranlage und dem Bau des Bades mit allen Installationen) hat er selbst gebaut. »*Das gehört auch zu der Form der Verwirklichung*«.

Abb. 28: Wagenarrangement von Herrn A.

4.8.2 »Ich würde nicht mehr zurück wollen – in das Normale«

Das *Normale* wird ihm durch gleichsam rituelle oder standardisierte Verhaltensmuster symbolisiert, die beinahe zwangsläufig mit der Notwendigkeit der Ein- und Unterordnung unter die räumliche und soziale Kontrolle eines Wohnhauses und -viertels verbunden ist (»*Auto vor dem Haus parken, Tür auf- und abschließen*«). In diese Lebens- und Wohnformen will er nicht mehr zurück. »*Hier kann man die Türen offenlassen. Man kennt sich untereinander und vertraut sich.*«

Weil das Vertrauen und gegenseitige Kennen eine wichtige Grundlage für das gelingende Leben in der Enklave des Wagenplatzes ist, ist der Zuzug Neuer auch formal geregelt. Ein Wagenplatz ist – entgegen diffusen

Chaos-Zuschreibungen – ein soziales System, das seinen eigenen Regeln folgt, wie andere gesellschaftliche Lebensbereiche *ihren* Regeln folgen. So sei der Platz auch nicht von jedermann nach Belieben betretbar. H., eine ca. 27-jährige Studentin, die auf demselben Platz wohnt (vgl. auch 4.8.3), erklärt, nicht jeder könne nach Belieben kommen und gehen wie er wolle. Wer auf dem Gelände sei und dort nicht wohne, werde sofort gefragt, zu wem er wolle. Wer keinen Namen nennen könne, werde wieder hinaus gebeten. Über den Zuzug Interessierter auf den Platz wird gemeinschaftlich beraten. Eine Entscheidung hat zunächst vorläufige Wirkung. H. merkt an, dass sich Interessenten, die auf dem Platz wohnen wollen, in ein Buch eintragen müssen. Dann gebe es eine Versammlung der Bewohner mit dem Wohninteressenten. A.: »*Und er wohnt dann auch erst einmal drei Monate auf Probe hier.*« A. nennt das »*Probewohnen*«. Bei Freunden sei die »*Probezeit natürlich kürzer, als bei Leuten, die man überhaupt nicht kennt! Da man nicht erziehen könne und keiner ›beim Händchen genommen wird‹, müssen die schon passen*«.

Probleme sieht A. im Leben und Wohnen auf dem Platz nicht aus der Binnenperspektive der gemeinsamen Situation der Wohnenden, sondern in der Unsicherheit des Bleiben-Dürfens. Wohnwünsche bezieht A. deshalb auch zunächst nicht auf das unmittelbare Wohnen im eigenen Wagen. Er wünscht sich »*Planungssicherheit*«. Der Platz befindet sich auf einer künftigen Autobahntrasse. Da der Beginn der vorbereitenden Bauarbeiten bevorstehe, sei der Vertrag von der Stadt gekündigt worden. Planungssicherheit stellt für A. eine grundlegende Voraussetzung eigener Lebenssicherheit dar. »*Ich bin ja auch kein Nomade. Ich wohne im Wagen.*« Zwar könne er den Wagen versetzen, aber er lege schon Wert darauf, auf einem Areal dauerhaft eine Perspektive zu finden – »*[...] nach so langer Zeit mit relativ kurzfristigen Kündigungszeiten. Seit 1992 hier auf diesem Platz.*«

Einer Arbeit geht er außerhalb des Wagenplatzes in einer Werkstatt nach, die er auch für seinen persönlichen Bedarf nutzen kann. Einerseits würde er es begrüßen, auch die Arbeit auf dem Wagenplatz zu haben, so »*dass überflüssige Wege wegfallen. Natürlich besteht dann die Gefahr, dass man versumpft. Leben, Arbeiten ... und man kommt gar nicht mehr raus.*« Seine Arbeitsstelle habe er gefunden, weil er auf dem Platz wohne. Es gebe eine Jobbörse, die die Nachfrage nach kurzfristig wahrzunehmenden Jobs zwischen Bewohnern von Wagenplätzen, Hausbesetzergruppen und diversen WG-Mitgliedern vernetze und bundesweit funktioniere. So steht auch diese Tätigkeit in einem direkten Bezug zu seinem Leben im Wagen. Der Zusammenhang von Leben, Wohnen und Arbeiten ist in seinem Empfinden zu seiner Zufriedenheit hergestellt.

Eine Verbesserung seiner Wohnsituation könnte er sich aber auch auf dem Niveau seines persönlichen Wohnens vorstellen: »*Ich würde es* [seine Wagen, J.H.] *näher zusammenschieben. Dass es näher en bloque steht.*

Das gibt es schon auf anderen Plätzen. Das geht allerdings nur, wenn man die Planungssicherheit hat.« Die reklamierte Sicherheit des Bleiben-Könnens berührt auch die Art und Weise, den eigenen Wohnplatz (mit Wagen) so arrangieren zu können, dass alles den persönlichen Bedürfnissen entspricht. Es sind aber nicht nur i.e.S. *persönliche* Bedürfnisse des Arrangements der Wagen, sondern auch Pläne der Optimierung der Energieversorgung, die er sich vorstellen kann: »*Energiemäßig wollen wir was machen – Sonnenkollektoren, damit wir eine Wasserheizung in den Wagen einbauen.*« Auch könne man »*theoretisch mit Sonnenkollektoren mehrere Wagen beheizen*«. Dazu müsse man sich aber »*die Sachen von der Haustechnik umstricken, dass sie für den Wagen geeignet sind.*« In einer unsicheren Situation und in der Unkenntnis eines neuen Platzes will A. solche Ideen nicht in die Tat umsetzen.

4.8.3 »Wegen der Natur und der Gemeinschaft«

In einem anderen Gespräch erläutert H. ähnliche Gründe für ihr Wohnen auf dem Wagenplatz, auf dem sie wegen der Natur und der Gemeinschaft lebt. Sie wohnt in einem umgebauten ehemaligen Sparkassenbus (Baujahr 1962), der verkehrstauglich und verkehrstechnisch zugelassen ist. Nötige Reparaturen führe sie mit ihrem Freund, mit dem sie noch einen weiteren Wagen bewohne, selbst aus. Mit ihm habe sie zwei Jahre in England im Wagen gewohnt. Seitdem wolle sie eigentlich nicht mehr anders wohnen.

Alles was man zum Leben brauche, werde einem in dieser Form des Lebens bewusst. Das betreffe besonders den Strom und das Wasser. Damit spricht auch H. ein ökologisches Bewusstsein an, das durch das Leben auf dem Wagenplatz geschärft werde, nicht zuletzt, weil es im Winter schwierig werden könne, eine ausreichende Stromversorgung sicherzustellen, da die Helligkeit am Tage mitunter nicht ausreiche, um genügend Elektrizität zu erzeugen. Der von den Solarzellen auf dem Dach ihres Busses erzeuge Strom reiche zumindest im Sommer aus, um Kühlschrank, Licht und Laptop zu betreiben. Den erforderlichen Spannungswandler hat sie selbst gebaut und mit den elektrischen Infrastrukturen vernetzt. Wie bei A., so konzentrieren sich auch bei H. die Wohnwünsche auf die gegebene Situation; sie will nicht *anders* wohnen. Zwar hätte sie gern ein komfortableres Bad – so eins wie A.; aber dass sie es nicht habe, liege nur an ihr, da sie es ja hätte bauen können. Besonders wichtig ist ihr die Nähe zur Natur, *in der* sie gewissermaßen lebe. Das von ihr gemachte Bild (vgl. Abb. 29) soll diese Naturorientierung ihres Wohnens zum Ausdruck bringen.

Nach dem Studium will H. als Referendarin (sie will Lehrerin werden) aber zunächst nicht weiter auf dem Wagenplatz wohnen, weil sie um Akzeptanzprobleme bei der Elternschaft ihrer künftigen Schüler fürchte.

Deshalb plant sie, mit anderen Frauen auf einem ausrangierten Hof in einer Landkommune zu leben. Den Wagen will sie aber mit auf den Hof nehmen.

Abb. 29: H.'s Wohnen in der Natur.

4.8.4 Alternatives Wohnen

Mit jedem gesellschaftlichen Wandel vollziehen sich Veränderungen des Wohnens. Neue Wohnformen werden auch durch technologische Innovationen eingeleitet, ebenso durch sozioökonomische, soziokulturelle, mikro- wie makroökonomische Umbrüche und in der Gegenwart insbesondere durch die alle gesellschaftlichen Bereiche berührenden Folgen der Globalisierung. Generell kann aufgrund der Persistenz räumlicher Strukturen davon ausgegangen werden, dass der tatsächlich vorhandene Wohnungsbestand den sich permanent verändernden Ansprüchen an Wohnraum nur schwer gerecht werden kann. Zwar gibt es viele Lebens- und Wohnformen, die sich im Bestand einrichten, nicht nur wegen eines Mangels an geeigneten Alternativen, sondern auch, weil sich veränderte Raumnutzungsansprüche vielfach in vorhandene Raumstrukturen integrieren lassen. Unter besonderen Umständen ist dieser Weg aber nur schwer oder auch gar nicht möglich. So können Wohngemeinschaften zwar weitgehend in *bestehendem* Wohnraum eine gemeinschaftliche Lebens- und Wohnperspektive finden; in Wohnungen mit kleiner Wohnfläche sind sie dagegen kaum realisierbar. Schließlich gibt es eine Reihe neuer Ansprüche an die Architektur einer Wohnung, die sich in Altbaubeständen nicht verwirklichen lassen – so zum Beispiel Wohnungen für Behinderte, Altenwohngemeinschaften, Mehrgenerationen-Wohnungen bzw. -Häuser usw.

Unter dem Begriff *alternativen* Wohnens sollen im Blick auf die Bundesrepublik Deutschland nur solche Wohnmodelle verstanden werden, die – wie die in den 1960er/70er Jahren etablierten Wohngemeinschaften – über einen pragmatisch motivierten Anspruch hinaus (zum Beispiel der Kosteneinsparung), zugleich einen Raum für die Praktizierung eines innovativen, über den tradierten Rahmen bürgerlichen Wohnens hinausgehenden Lebensmodells beanspruchen. Deshalb lassen sich Wohngemeinschaften zumindest in solchen Fällen nicht formal auf einen »Haushaltstyp« reduzieren, in denen sie aus verschiedenen Gründen einem ideellen Programm folgen. Wohngemeinschaften mit *alternativem* Anspruch sind in der Gegenwart aber selten geworden. Wenn Johann August Schülein schon 1980 im Blick auf Wohngemeinschaften von einer »Normalisierung der Marginalität« (Schülein 1980) sprach, so deutete sich recht früh an, dass Wege des Wohnens, die ehemals mit politischem Veränderungsanspruch *aporetisch* in der Gesellschaft wirken wollten, ihren revolutionären Anspruch weitgehend eingebüßt haben und in einer neuen Normalität aufgegangen sind. Was einst wegen seines provokativen Charakters den Zorn eines selbstzufriedenen Bürgertums heraufbeschwor, wird nun vom *common sense* der bürgerlichen Gesellschaft nicht mehr als Abweichung interpretiert, sondern als eine von vielen möglichen Lebens- und Wohnformen angesehen. Einen Stein des *moralischen Anstoßes* bilden Wohngemeinschaften heute nicht mehr. Die in allen Universitätsstädten zahlreichen Wohngemeinschaften von Studierenden spiegeln deshalb heute im Allgemeinen auch keine (revolutionär-)*alternativen* Wege des Lebens und Wohnens wider. Sie sind rationale Strategien, sich kostenminimierend auf Immobilienmärkten zu bewegen.

Wenn der Bedarf nach neuen Strategien, Modellen und Praktiken des Wohnens in der Gegenwart auch groß ist und in der Zukunft schon als Folge sich verändernder Einkommenssituationen steigen wird, so ist innerhalb der bestehenden Vielfalt von Wohnmodellen das *alternative* Spektrum mit politischem Anspruch verschwindend gering.[95] Wenn Häußermann und Siebel auch darauf hinweisen, dass sich die verschiedenen

---

95. Unter dem Titel »Der Traum vom anderen Wohnen« erschien im Jahre 2001 ein umfangreicher, reich illustrierter Band, der ausschließlich hyperästhetisierte Wohnexperimente (und -exzesse) auf einem hohen ökonomischen (VIP-)Niveau thematisiert (Wohnen in der Bootswerft, im Kirchturm, im Wasserturm etc.). Auch das Beispiel »Hausboot« illustriert und thematisiert nicht eine der im o.g. Sinne alternativen Wohnformen, wie sie in niederländischen Städten an Grachten häufig vorkommen, sondern eine extravagante, schwimmende Architektur der ökonomischen Oberklasse (vgl. Böhne/Behrens/Steinhilber 2001).

Formen von Wohngemeinschaften diversifizieren werden, so entstehen dabei doch nur in raren Fällen Modelle, die Ausdruck eines Lebensverständnisses sind, das sich *nicht* in Übereinstimmung mit den herrschenden gesellschaftlichen Werten und Normen befindet.

Pointiert lässt sich sagen, dass in postkritischen Zeiten an die Stelle »revolutionärer Gruppen« vermehrt der begünstigungsorientierte, quasi-familiäre Beziehungsfilz von Burschenschaften oder anderen (weniger ritualisierten) Beziehungsnetzwerken tritt. Die Zunahme »experimenteller Lebensstile« (vgl. Häußermann/Siebel 1999: 19), die Häußermann und Siebel insbesondere in den jüngeren Generationen sehen, wird zwar neue Wohnformen hervorbringen, die strukturellen Veränderungen in der Gesellschaft folgen, aber – soweit in der Gegenwart erkennbar – in ihrem zentralen Selbstverständnis nicht durch politisch motivierte (Protest-)Haltungen gespeist sein werden. Inwieweit in der Zukunft gerade ältere und alte Menschen gleichsam aus der Not gezwungen sein werden, neue und damit in gewisser Weise auch *experimentelle* Wohnformen zu kreieren, wird sich mit der Verschärfung der Folgen des demographischen Wandels auf dem Wohnungsmarkt zeigen (vgl. auch 4.5).

4.8.5 Wohnen in der Wagenburg

Wagenburgen stellen in gewisser Weise Relikte einer Zeit des Protestes gegen herrschende gesellschaftliche Verhältnisse dar. Der »Siedlungstyp« der Wagenburg steht deshalb für eine der letzten *alternativen* (i.S. politisch motivierter Protest-)Wohnformen mit einer Nähe zur (Idee der »revolutionären«) Wohngemeinschaft (vgl. auch 4.9.4). Das Berliner Wagendorf Wuhlheide schreibt über sich (und damit repräsentativ für viele Wagenburgen): In Wagenburgen leben »neben ganz normalen Leuten auch Hippies, Punks und Ökos.«[96]

Die meisten der heute existierenden Wagenburgen, die auch Wagendörfer, Wagensiedlung oder Hüttensiedlung genannt werden, sind zwischen den frühen 1980er und den frühen 1990er Jahren gegründet worden.[97] Sie zeichnen sich durch hohe Flexibilität in der Form der Lebens- und Wohnformen ebenso aus wie durch Mobilität in ihrer räumli-

---

96. http://wagenburg.org/?page_id=20; Abruf: 07.04.2009. Im wissenschaftlichen Schrifttum spielt das Thema des alternativen Wohnens in Wagenburgen nahezu keine Rolle. Der folgende Überblick macht deshalb in erster Linie die Selbstdarstellungen von Wagenburgen zum Thema, die diese im Internet veröffentlicht haben.

97. In Berlin etablierten sich nach 1989 im ehemaligen Niemandsland einige Wagenburgen, deren Lebensformen nicht zuletzt ein performatives Moment der Kunst beinhalteten.

chen Strukturierung und Verortung. Ihre Entstehung deutet Wolf-Dieter Narr als Ausdruck von Mängeln in den »festen« Wohnbedingungen der »ordentlichen« Bundesrepublik (Narr 1998.1: 47). Nachdem die Hausbesetzung seit Mitte der 1980er Jahre infolge einer restriktiven ordnungsstaatlichen Räumungspolitik keine Perspektiven mehr für die Erprobung *alternativer* Wohnformen geboten hatte, fanden Geländebesetzungen mit mobilen Wagen statt, um auf diesem Wege eine »Wiederbelebung des kollektiven Wohnens und Lebens« zu ermöglichen (Plenum 1995: 50). Ein zentrales Sprachorgan der Wagenburgen legitimiert die praktizierte Form des Wohnens in Bau-, Zirkus- und Lastwagen so auch auf einem unmissverständlich *politischen* Hintergrund: Danach sind Wagenburgen eine Antwort auf »die herrschende, eindimensionale und zerstörerische Gesellschafts- und Weltmarktordnung« (Plenum 1995: 51). Im Mittelpunkt dieses *alternativen* Wertesystems stehen in der Selbstdarstellung von Wagenburgen Solidarität, individuelle Selbstbestimmung, Phantasie, die Sinnstiftung individuellen Lebens durch die Kraft der Gemeinschaft sowie die Abweisung äußerer Zwänge. Die eigenverantwortliche Organisation des täglichen Lebens (vom gemeinschaftlichen Gemüseanbau bis zur regenerativen Energiegewinnung und Lösung sozialer Probleme und Konflikte) »erfordert mehr Kontakt und Auseinandersetzung untereinander, als in vorgegebenen räumlichen Strukturen, wo sich das Zusammenleben oft auf die Organisation des Konsums beschränkt. [...] Da die Änderungen der/des einzelnen an einem Platz für alle MitbewohnerInnen erfahrbar sind, fordert die individuelle Handlung sowohl die Reflexion des/der einzelnen, als auch die der Gemeinschaft.« (Vgl. ebd.: 51)[98]

4.8.5.1 Gemeinschaft und individuelle Freiheit

In der Außendarstellung vieler Wagenburgen spielt die Verbindung von individueller Freiheit innerhalb des sozialen Rahmens einer Wagenburg und der Orientierung des *individuellen* Lebens an den Zielen der Gemeinschaft eine wichtige Rolle. Diese zentrale Doppel-Bedeutung der extra-bürgerlichen Lebensform »Wagendorf« spiegelt sich auch in

---

98. In manchen Wagenburgen gibt es ortsfeste Gemeinschaftseinrichtungen. In den beiden Tübinger Wagendörfern »Kuntabunt« und »Bambule«, die sich »nach zahlreichen erzwungenen Umzügen« seit 1993 am Rande der Tübinger Südstadt befinden, wurde z.B. ein Kuhstall gebaut, über dem sich ein Gemeinschaftsraum (»Strohzimmer«) befindet. Für die Instandhaltung der Fahrzeuge wurde von der Stadt eine »Schrauberhalle« gemietet (als Gemeinschaftswerkstatt für LKW und Bauwagen). Alle diese Gebäude werden gemeinschaftlich genutzt, bzw. stehen allen Bewohnern des Platzes zur Verfügung (vgl. auch www.kububabu.de/; Abruf: 30.08.2008).

den beiden Gesprächen mit A. und H. wider. Die Tübinger Wagenplätze »Kuntabunt« und »Bambule« sprechen in der Außendarstellung den Balanceakt explizit an, der sich aus einem Leben zwischen individueller Selbstbestimmung und Gemeinschaft ergibt: »In unserer Gruppe bleibt der Freiraum der Einzelnen weitgehend erhalten. Der eigentliche Zusammenhalt besteht weniger in einer festgelegten Struktur, als in dem einander seit langem Kennen.«[99] Bei gleichzeitiger Wahrung *individueller* Freiräume identifiziert sich die Gruppe als *Gemeinschaft*. Die Bewohner der Wagenburg der »Schattenparker« (Freiburg) betonen, dass es darum gehe, »selbst etwas zu entwickeln«, wie es in anderen Wohnformen nicht möglich sei. »An erster Stelle steht hier die Möglichkeit, mit vielen Leuten zusammen zu leben, gemeinsam etwas aufzubauen und trotzdem der eigenen Freiheit Platz zu geben.«[100] Die Berner Wagenburg »Zaffaraya«, die seit 1985 besteht, sagt i.d.S. über sich selbst: »Es ist eine bestimmte Art von Wohnen und Leben: selbstbestimmt und eigenverantwortlich.«[101] »Die Wagenburg ist ein Raum, wo jeder und jede mit seinen und ihren eigenen Verantwortlichkeiten konfrontiert wird. Sie regt daher zum Nachdenken an, was in einigen Fällen als eine Art meditativer »Rückzug in die Wüste« verstanden werden kann«, heißt es in einer Selbstverortung der Berliner Wagenburgen.[102] Der Lebensalltag in einer Wagenburg ist durch »Flüchtigkeit und Wandelbarkeit« gekennzeichnet (ebd.).

Den »Schattenparkern« kommt es darauf an, »selbst etwas zu entwickeln«, wie es in anderen Wohnformen nicht möglich wäre. »An erster Stelle steht hier die Möglichkeit, mit vielen Leuten zusammen zu leben, gemeinsam etwas aufzubauen und trotzdem der eigenen Freiheit Platz zu geben.« (Ebd.) Die Freiburger Wagenburg wird von ihren Bewohnern als »flexible Wohngemeinschaft« aufgefasst. Der Gemeinschaftsgedanke führt in der Praxis einer Konfliktaustragung mit der Stadt im Streit um einen Standort u.a. dazu, dass sich die Gruppe in der Verhandlung mit der Stadt nicht durch vertragliche Individualisierung auflösen lässt, sondern *als Gruppe* spricht, um die eigenen Interessen durchzusetzen.[103] Eine

---

99. www.kububabu.de/; Abruf: 30.08.2008.

100. Ebd. In ähnlicher Weise charakterisieren sich Vorläuferwagenburgen aus Tübingen, die auf dem Gelände der ehemaligen Hindenburg-Kaserne Platz gefunden hatten (vgl. Kulturamt der Stadt Tübingen 1995: 65).

101. www.zaffaraya.ch/wp1/; Abruf: 30.08.2008.

102. http://wagenburg.org/; Abruf: 30.08.2008.

103. Die Stadt hatte nach Angaben der »Schattenparker« im Jahre 1997 den Versuch gemacht, mit den Platzbewohnern Einzelverträge abzuschließen. Zwei Bewohnern, die solche Verträge abgeschlossen hatten und sich danach den Vorgaben der Verwaltung nicht fügen wollten, seien gekündigt worden (vgl. http://schattenparker.net/spip.php?article166; Abruf: 07.04.2009).

Schwächung der politischen Handlungsfähigkeit wirft die Gruppe deshalb der Stadt vor, weil sie den Versuch gemacht habe, mehrere Gruppen, die z.T. auf unterschiedlichen Plätzen leben, in der Standortpolitik gegeneinander auszuspielen. Die Versuche der Stadt, den Schattenparkern Wohnungsangebote zu unterbreiten, stoßen bei der Gruppe auf kein Interesse. Umso mehr machen sie eine latente Akzeptanzverweigerung der Lebens- und Wohnform des Wagenplatzes seitens der Stadt deutlich, bei der die Vorstellung wirksam ist, Bedingung gelingenden Lebens sei eine Wohnung im bürgerlichen Sinne (die sprichwörtlichen vier Wände).[104]

Als bedingt offene Gruppe kommuniziert eine Wagenburg über die eigenen Grenzen hinaus. Das Verhältnis zwischen Drinnen und Draußen ist aber fragil. Besondere Aufmerksamkeit verlangt deshalb die Erweiterung der internen Gruppe durch (noch) Fremde. »Bei uns einzuziehen, ist nicht ganz einfach«, heißt es in der Selbstbeschreibung der Tübinger Plätze. »Es ist im Allgemeinen voll und nur ein Durchwechseln möglich.«[105] Es gibt aber nicht nur pragmatische Gründe begrenzter Stellplätze. Der Zuzug neuer Platzbewohner ist nicht – wie bei der Vermietung einer Wohnung – von der monetären Liquidität abhängig, die geforderte Miete zahlen zu können und die Zustimmung des Hauseigentümers zu bekommen. Vielmehr betrachten die Gemeinschaften der Wagenplatzbewohner die bestehenden sozialen Netze als von außen verletzliche und deshalb schützenswerte Gebilde, die auch in der Frage des begehrten Zuzuges einer vorausschauenden Pflege bedürfen. Deshalb ist es üblich, dass eine Zustimmung zum Zuzug nur nach einem eher aufwendigen »Prüfungsverfahren« erteilt wird. Ein Zuzugswilliger soll zur vorhandenen Gemeinschaft passen. Da die meisten Plätze als eingetragene Vereine organisiert und rechtlich formalisiert sind, regeln im Einzelfall Satzungen das Verfahren zur Aufnahme neuer Bewohner. Wer in das Wagendorf einziehen möchte, muss einen schriftlichen Antrag stellen, über den der Vereinsvorstand (in der Mitgliederversammlung von den Bewohnern gewählt) entscheidet.[106] Ähnlich ist der Zuzug Neuer in die Freiburger Wagenburg »Eselswinkel« geregelt. Obwohl die Plätze auf dem »Eselswinkel« vom städtischen Amt für Liegenschaften und Wohnungswesen vergeben werden, gilt die Zustimmungspflicht der Platzbewohner: »Ohne die Zustimmung des Beirates und aller Bewohnerinnen und Bewohner darf niemand einziehen.« (N.N. 2008.2). Auch daran wird deutlich, dass die Wagenburgen unmissverständlich den Charakter einer Enklave haben, in der auf experimentelle Weise *neue* Lebens-

---

104. http://schattenparker.net/spip.php?rubrique18; Abruf: 07.04.2009.
105. Vgl. auch www.kububabu.de/; Abruf: 30.08.2008.
106. So ist die Regelung auf dem Berliner Wagendorf Wuhlheide. Andere Plätze wenden vergleichbare Verfahren an.

formen erschlossen werden sollen, die in offen deklarierter Differenz zu den allgemein anerkannten Lebens- und Wohnformen der bürgerlichen Gesellschaft stehen.

4.8.5.2 Netzunabhängigkeit

Nicht nur aus Gründen der vorübergehenden Duldung gibt es auf Wagenplätzen in aller Regel keine festen technischen Infrastrukturen, vielmehr streben die Bewohner programmatisch eine mehr oder weniger umfassende Netzunabhängigkeit an. Der Strom wird über Photovoltaikanlagen gewonnen, das Regenwasser als Brauchwasser genutzt und das Trinkwasser aus einem zentralen Hydranten entnommen oder mit Behältern herantransportiert.[107] Die Entwässerung erfolgt meist über chemische Anlagen, wie sie in Campingwagen üblich sind. Eher zu den Ausnahmen dürften Lösungen gehören, wie A. sie mit der Anlage einer biologischen Kleinkläranlage geschaffen hat (vgl. 4.8.1).

Netzunabhängigkeit ist nicht zuletzt symbolischer Ausdruck einer ökologischen Orientierung, die sich nicht nur in anderen alltäglichen Lebenspraxen niederschlägt, sondern darüber hinaus essentieller Eckpunkt im Selbstverständnis der Bewohner ist.[108] Der *alternative* Charakter des Lebens und Wohnens auf Wagenplätzen liegt aber in einer *Verknüpfung von sozialen, politischen und ökologischen* Ideen, deren Verwirklichung man im Rahmen *normaler*, gesellschaftlich verbreiteter Wohnformen in festen Häusern nicht für realisierbar hält (vgl. auch Anm. von A. in 4.8.1). In einer Absichtserklärung des Kieler Wagenplatzes »Aubrook« »gegenüber der Stadt Kiel und dem Rest der Menschheit« heißt es, man verstehe sich als »Zukunftswerkstatt für experimentelles Wohnen und den kreativen Umgang mit Armut«.[109]

4.8.5.3 Alternatives Leben

Lebensformen, die sich in aller Klarheit vom »Standard« des Lebens und Wohnens unterscheiden (wollen), werden je nach Sensibilität gegenüber Abweichungen von kleinbürgerlichen Milieus als Provokation

---

107. Vgl. http://schattenparker.net/spip.php?rubrique3; Abruf: 07.04.2009.

108. So findet sich auf der Internetseite der beiden Tübinger Wagenplätze eine detaillierte Anleitung zum Bau von Photovoltaikanlagen, zur Wartung der Batterien wie zur technischen Betreuung der Anlagen (vgl. www.kububabu.de/; Abruf: 30.08.2008).

109. www.aubrook.de/?der_Aubrook; Abruf: 30.08.2008.

erlebt und gedeutet. Als anachronistisch dürften in der Gegenwart auch jene Selbstverwaltungsorgane empfunden werden, die zur Erzielung einer entwicklungs- und mittelfristig lebensfähigen Stabilität des sozialen Systems *Wagenburg* eine Art »kritischer Begleitprognostik« in Gestalt einer institutionalisierten Selbstreflexion installieren. So gibt es zur Entscheidung über Aufgaben, die den Rang gemeinschaftlicher Belange haben, z.B. im Wagendorf »Wuhlheide« einen Bewohner-Rat, der zu Belangen in einzelnen Wohnbereichen tagt und in wichtigen Fragen zum gesamten Wagendorf den Vorstand berät. Neben der Satzung regelt dort zusätzlich eine Platzordnung, die zwischen dem Berliner Senat und dem Vorstand des Vereins abgeschlossen worden ist, das alltägliche Leben.

Was die Kieler Siedlung »Aubrook« über den *alternativen* Charakter ihrer Lebens- und Wohnform sagt, ist im Großen und Ganzen beispielhaft auch für andere Wagenburgen:

- Auf dem Wagenplatz soll ein »kleinräumiger, abwechslungsreicher Lebensraum für Menschen, Tiere, Pflanzen« gepflegt und erhalten werden.
- Die Ressourcen sollen geschont und die Ökobilanz verbessert werden.
- Anfallende soziale Probleme sollen selbst gelöst werden.
- Konflikte mit der Nachbarschaft und den Organen der Stadt sollen einvernehmlich gelöst werden (auf Seiten des Wagenplatzes ist ein »Sprecherrat« das Organ der Kommunikation »nach außen«).
- Es soll eine zentrale Abwasserentsorgung installiert werden.
- Neuzuzüge von Personen werden eigenständig geregelt (»wir ... bitten die Stadt Kiel, Anmeldungen nur noch in Abstimmung mit uns zu akzeptieren« [vgl. Fußnote 109]).

Nach § 1 der Vereinssatzung des Wagendorfes »Wuhlheide« (Berlin) liegt der Zweck des Vereins in der »Förderung und Gestaltung des alternativen, naturnahen, selbstverwalteten und eigenverantwortlichen Wohnens in nicht ortsfesten Wohneinheiten«. Die Bewohner sollen am Prozess politischer Willensbildung beteiligt werden, die Selbsthilfekräfte stärken, ein selbstbestimmtes Leben fördern sowie gegen Fremdenfeindlichkeit und gesellschaftliche Ausgrenzung antreten. Der soziale Gedanke der Hilfe und Unterstützung von Personen, »deren besondere Lebensverhältnisse zu sozialen Schwierigkeiten [...] führen«, wird expliziert.[110] Das Leben findet »in unmittelbarer Naturnähe« statt (vgl. auch 4.8.3). Die Weiterentwicklung des Wagenlebens folgt (so die Satzung des Wagendorfs Wuhlheide) ökologischen Prinzipien (Förderung umweltverträglicher

---

110. www.wagendorf-wuhlheide.de/; Abruf: 30.08.2008.

Lebenstechniken), kulturellen Prinzipien (Kreativität, Eigenverantwortlichkeit, Freiheitlichkeit, Nachbarschaftlichkeit), und freiheitlich-demokratischen Prinzipien (Gewaltfreiheit) (vgl. Fußnote 110).

4.8.5.4 Zwischen Duldung und Vertreibung

Eher in Ausnahmefällen werden Wagenburgen von den Kommunen geduldet. Meistens »siedeln« sie in einem juristischen Vakuum – in der Furcht vor der ordnungsbehördlichen Anweisung zum Abzug. Wenn die Gruppen die ihnen streitig gemachten Plätze nicht freiwillig räumen, wird nicht selten die polizeiliche Räumung angeordnet und mit Gewaltanwendung durchgeführt. In zahlreichen Fällen sind im Zusammenhang mit Räumungsaktionen Wagen beschlagnahmt worden. Nach § 33 Abs. 1 Polizeigesetz (PolG) kann die Polizei »eine Sache beschlagnahmen, wenn dies erforderlich ist [Ziff. 1] zum Schutz eines einzelnen oder des Gemeinwesens gegen eine unmittelbar bevorstehende Störung der öffentlichen Sicherheit oder Ordnung oder zur Beseitigung einer bereits eingetretenen Störung [...]«. Formalrechtlich wird als »Störung« schon die widerrechtliche Benutzung einer öffentlichen Verkehrsfläche, eines Gewerbegebietes oder einer Wiese (von naturschutzrechtlichem Status) angesehen (vgl. Narr 1998.2: 29). Die zwangsläufige Folge von Beschlagnahmungen der Fahrzeuge, die als Wohnraum dienen, ist die Obdachlos*machung*, sodass die Kommunen die Betroffenen nach einer Räumungsaktion und Beschlagnahmung ihrer Wagen juristisch (vor allem polizeirechtlich) *als Obdachlose* definierbar gemacht haben. Die verbale Diskreditierung dieser speziellen sozialen Randgruppe – die das kulturelle Selbstverständnis einer (diffusen) bürgerlichen Mitte scharfer Kulturkritik unterwirft – ist in aller Regel obsolet, weil der *common sense* einer diffusen bürgerlichen Mitte Wagenburgbewohner ohnehin mit Nichtsesshaften und Obdachlosen gleichsetzt. Derweil müssen Wagenburgbewohner aus der Sicht der Kommune aber ein ordnungs- und gesellschaftspolitisch ungleich größeres (»ideologisches«) Bedrohungspotential darstellen als Obdachlose, die meist »nur« ein Opfer individueller Verlustschicksale geworden sind und politisch inaktiv bleiben. So tritt nach einer Erklärung des »Plenums der Wagenplätze« die Lebens- und Wohnform des Typs »Wagenburg« mit einem gesellschaftskritischen Anspruch in die Öffentlichkeit, in einer Weise leben zu wollen, die »zur Demaskierung des sogenannten ›normalen Lebens‹ beiträgt« (Plenum 1995: 52).

Es ist Ausdruck einer politischen Reaktion auf solche Selbstverortungen, dass Wagenburgsiedlungen nicht immer Pachtverträge angeboten werden. Oft werden dann Plätze besetzt, wodurch der ordnungsbehördliche Widerstand provoziert wird. Bei den vertraglich überlassenen Plätzen handelt es sich meistens um transitorische Flächen, die mittelfristig einer endgültigen Nutzung zugeführt werden sollen[111] und um die es keine Flächennutzungskonflikte gibt. Auch der Frankfurter Wagenplatz befindet sich auf einem Areal, das für den bevorstehenden Bau einer Autobahntrasse beansprucht wird. Eine ähnliche Situation besteht in Bern[112], wo ein Autobahnzubringer über den von den »Stadtnomaden« bewohnten Platz gebaut werden soll. Zwischenräume bieten sich vor allem deshalb für die Unterbringung von Menschen in Wohnformen an, die auf provokative Weise vom gesellschaftlichen Standard abweichen, weil schon die Zwischennutzung und die mit ihr verbundene Planungsunsicherheit symbolisch zum Ausdruck bringt, dass es sich bei einer Wagenburg um eine kulturell im Prinzip nicht gewollte Wohn- und Siedlungsform handelt. So drückt der städtische »Rest«-Raum die politisch zugeschriebene Minderwertigkeit aus. In der Verortung der Wagenburgen ist eine symbolische Kulturpolitik wirksam, die in ganz anderer Weise schon in der Standortsuche und -politik der Unterbringung Obdachloser diskutiert worden ist (vgl. auch 4.2). Auch in Wien beklagen die Bewohner der »einzigen Wagenburg Österreichs« Konflikte mit der Stadt bzw. der Polizei in der Duldung ihrer Siedlung: »Das kleinbürgerliche Österreich hat noch keine Wagenplätze als solches gesehen.« Die Strategie der Wiener Behörden sei nach der Darstellung der Platzbewohner eine der Problemverschleierung. Der tatsächliche Konfliktanlass, die Ablehnung einer Lebens- und Wohnform, werde explizit nicht diskutiert; vielmehr werde – da die Wagen unerlaubterweise im Grünland abgestellt sind – ein Verstoß gegen das Wiener Naturschutzgesetz zum Streitpunkt erklärt.[113] So streitet man über Naturschutz, um nicht über die soziale Ausgrenzung einer Lebensform sprechen zu müssen.

Wenn sich Wagenburgen als *Stachel im Fleisch* einer bürgerlichen Selbstzufriedenheit darstellen, ist ihre weitgehende Ausgrenzung und Diskriminierung eine naheliegende Folge. In der Entscheidung über einen vorübergehenden Standort einer Wagenburg artikuliert sich die Ordnungsmacht der Kommune. Die angewandten Praktiken müssen aber auf einem kulturpolitischen Niveau die Zustimmung der Bürgerschaft voraussetzen können, da im Falle des Verstoßes gegen das Wertempfinden *der Leute* das politische Herrschaftsgefüge in der politischen Legitimationskrise mittelfristig aus dem Lot zu geraten droht. So kann davon

---

111. In den beiden benachbarten Tübinger Wagendörfern »Kuntabunt« und »Bambule«, in denen rund 60 Erwachsene mit ihren Kindern leben, gibt es seit einigen Jahren Pachtverträge mit der Stadt. Ursprünglich wurden die Plätze »besetzt« (vgl. www.kububabu.de/; Abruf: 30.08.2008).
112. Die Beispiele von Wagenburgen in Bern und Wien (vgl. u.) werden hier angeführt, weil sie im Internet Selbstdarstellungen veröffentlicht haben.
113. http://wagenplatz.at/; Abruf: 30.08.2008.

ausgegangen werden, dass das im Einzelfall angewandte Maß sozialer Ausgrenzung und faktischer Vertreibung nach einem »impliziten Wissen« über ein zumutbares Maß am Empfinden *der Leute* gemessen wird.

Zwischen den Freiburger »Schattenparkern« und der Stadt ist es im Sommer 2008 zu einer Übereinkunft über die Nutzung eines Platzes gekommen, sodass für die Dauer von fünf Jahren eine mittelfristige Lösung gefunden werden konnte. Auf der Gewerbefläche eines privaten Eigentümers konnte durch die notwendig gewordene Vermittlung des Oberbürgermeisters eine Stellkapazität für 30 Wohn- und Bauwagen geschaffen werden. Die vorausgegangenen jahrelangen Konflikte mit der Polizei dürften starken Einfluss auf das Selbstverständnis der Gruppe genommen haben. Das drückt sich vor allem darin aus, dass im Unterschied der Lebens- und Wohnform »Wagenplatz« zu den verschiedensten (selbst noch als »kreativ« geltenden) Formen bürgerlichen Wohnens die Selbstdarstellung der »Schattenparker« politische Argumente stärker gewichtet als solche der Sinnfindung aus einer *alternativen* Lebens- und Wohnform. Ihre Verortung sieht die Gruppe als Moment einer »Konkurrenz um die Nutzung von Flächen im Freiburger Stadtgebiet.« Deshalb sehen sich die »Schattenparker« in ihrer Lebensweise auch als Kraft in einem »politischen Kampf um die Frage: Wie wollen wir in unserer Stadt leben und wer soll dort leben?« Die politische Akzeptanz des Ortes ist dabei nicht nur eine Frage der verfügbaren Fläche, sondern in erster Linie der Akzeptanz einer bestimmten Lebensform in der Bewertung durch maßgeblich handelnde Akteure in Stadtverwaltung und -politik. Der Konflikt zwischen Wagenburgbewohnern und Repräsentanten der Stadt Freiburg wird sich weniger daran entzündet haben, dass »das Leben in Wagen viel Kreativität und Fantasie, sowie Eigeninitiative« entfaltet, sondern dass die Bewohner eine »Lebenswelt« suchen, in der »der Entfremdung durch die Konsum-Konkurrenz-Gesellschaft etwas entgegen gesetzt wird«.[114] In einem Flugblatt der »Schattenparker« vom März 2008 heißt es: »Freiburg braucht mehr Plätze und Räume, die den kulturellen Austausch fördern, die soziales und ökologisches Wohnen und Leben ermöglichen. [...] Lasst uns der Umwelt zerstörenden, auf menschliche Isolation aufbauenden Gesellschaft ein lebendiges, friedliches und mündiges Zusammenleben entgegensetzen!«[115] In der Klarheit dieser Rhetorik gerät der Kern eines Dissenses, der in keinem Konflikt um die Akzeptanz einer Wagenburg *explizit* thematisiert wird, an den Rand der Aussprache: die Frage nach der Legitimation von Selbstkonzepten des Lebens in einer Gesellschaft, in der sich angesichts immer weiter auseinander driftender Formen des Wohnens (»oben« wie »unten«) Vorboten eines ubiquitären sozialen Unfriedens ankündigen.

---

114. www.schattenparker.net/spip.php?article348; Abruf: 01.09.2008.
115. www.schattenparker.net/spip.php?article348; Abruf: 01.09.2008.

Je drakonischer sich die Ausgrenzungs- und Vertreibungspraktiken mancher Kommunen gegen Wagenburgbewohner richten, desto deutlicher wird im Hintergrund stellvertretender Scheindebatten um das Bau-, Ordnungs-, oder Naturschutzrecht, dass es aus der bürgerlichen Perspektive im Prinzip um eine Politik der mythischen Sicherung von »Normalität« geht. Das »normale« Leben und Wohnen kann gegen sein Einbrechen ins (Heidegger'sche) Fragen nur bewahrt werden, wenn radikale Gegenmodelle nicht in einem offenen Diskurs auf ihre gesellschaftliche und kulturelle Praktikabilität mit der Kraft sachlicher *Argumente* geprüft werden, sondern in Spott und ordnungspolitisch legitimierten Mitteln der Gewalt zum Scheitern gebracht werden.

»Normalität« ergibt sich zum einen aus Traditionen, Routinen, Sitten, tolerierten Praxen etc. Sie wird auf dem Hintergrund ordnungsbehördlichen Vorgehens gegen den Tabubruch »Wagenburg« zum anderen aber auch durch die polizeiliche Anwendung geltenden Rechts *mit Gewalt* geschaffen, indem mit den Mitteln der Macht ein Exempel statuiert wird: Was aus einem (kollektiven) *Gefühl* der Einwurzelung in tradierte Werte nicht sein *soll*, wird beseitigt. »Praktische« kommunale Politik und symbolische Politik überlagern sich und kommen zum Erfolg, wenn die perspektivisch offene Einlassung auf unterschiedliche Arten des Lebens und Wohnens i.S. einer Betroffenheitsprophylaxe vereitelt ist. Menschen, die in Wagenburgen nach einem sozialen Modell *anderen Wohnens* leben, bzw. *anderen Lebens* wohnen, werden damit als »Verlierer« definiert, die Narr zufolge als »staatsbürgerliche Inländer geradezu geborene Verlierer sind«, weil sie sich nicht ins Korsett der bürgerlichen Werte und Normen zwingen lassen wollen (Narr 1998.2: 39). Beinahe explizit wird die unreflektierte Gefühlsbasis, von der aus an diffusen Ordnungs-, Sauberkeits-, Lebens- und Wohnvorstellungen festgehalten wird, in einer öffentlichen Erklärung des Oberbürgermeisters der Stadt Ostfildern, die sich Ende der 1990er Jahre in einem schweren Konflikt mit den Bewohnern einer Wagenburg befand: »So etwas können wir nicht dulden. [...] Diese Art des Wohnens ist nicht die gewünschte Nachbarschaft für uns.« (Janssen 2008: 6)

4.8.6 Retrospektive

Aus der gewohnheitsmäßigen Sicht und Selbstverständlichkeit bürgerlichen Wohnens in behaglichen Häusern und Wohnungen erscheint die Lebensweise, über die A. und H. berichten, als das Andere des Wohnens. Die ordnungsbehördliche Umgehensweise vieler Kommunen mit Bewohnern von Wagenburgen gibt der These Nahrung, dass in der administrativen Wahrnehmung das Leben in Wagenburgen kein *Wohnen* ist.

Die Art der Abwehr von Wagenburgen als realisiertes *Bild* anderen Lebens und Wohnens inmitten einer für geordnet gehaltenen Lebens-

und Wohnwelt bedient sich oft macht- und gewaltvoller Mittel staatlicher Autorität. Wenn auch mit rationalen Gründen argumentiert wird, liegt die These nahe, dass die gebrauchten Argumente nur scheinbar rational motiviert sind und der letztlich zündende Funke irrationalen Charakter hat. Wenn die visuelle Präsenz einer Lebensform von jenen als Provokation empfunden wird, die sich im Rahmen einer bürgerlichen Wertegemeinschaft beheimatet fühlen (vgl. Aussage des Oberbürgermeisters von Ostfildern über die nicht »gewünschte Nachbarschaft für uns«), ist die Aggression in Gestalt gewaltsamer Räumungsaktionen, die im Licht formalrechtlicher Begründungen als Maßnahmen der Wiederherstellung der öffentlichen Ordnung ausgegeben werden, zumindest auch eine Form der Angstabwehr. Das in den öffentlichen Stadtraum *implantierte* Wohnen der »Allerfremdesten« beschädigt ein Tabu. Es treibt das Umschweigen selbstverständlichen Wohnens an den Rand der kritischen Selbstbefragung. Das Leben der *ganz Anderen* im Raum der Stadt läuft damit auf ein präsentatives Spiel der Irritation und Provokation hinaus, denn es treibt den Prozess vorgängiger Unbewusstmachung gegebener Verhältnisse des Lebens wie deren kulturelle Reproduktion an den Rand seines diskursiven Aufbrechens.

Der verfassungsrechtlich verbürgte Schutz der Wohnung wird lebensweltlich in diesen ordnungsrechtlichen Maßnahmen implizit auch darin reklamiert, dass die Umfriedung der Wohnung nicht nur durch Wände, Türen, Fenster und Zäune in einem materiellen Sinne auf der einen Seite sowie Atmosphären in einem pathischen Sinne auf der anderen Seite erfolgt, sondern auch durch *diskursive* Regeln. Wie Fenster den Blicken und nicht den Schritten zugänglich sind, so gibt es durch die »guten Sitten« (mythisch) geregelte Sprachkonventionen, um in »privaten« Situationen des Wohnens Störungen auszuklammern. Essentielle Merkmale (kulturell eingewurzelter Formen) des Wohnens werden so davor bewahrt, »von außen« in die Fragwürdigkeit getrieben zu werden. Auch auf diese Weise wird das Wechselspiel zwischen Innen und Außen im Wohnen reguliert.[116] Der damit erwirkte Schutz gilt nicht zuletzt der Vereitelung des Herangärens von Situationen der Angst, in denen der bergende Ort des Privaten in der Plötzlichkeit desorientierender Betroffenheit vom Bild einer lebbaren Utopie in die Fragwürdigkeit fällt. Wenn das furchtauslösende und darin Bedrohende im Anders-Wohnen anderer auch eine thematische Herkunft hat, so wandelt sich die Furcht im situativen Erleben doch in eine gleichsam von überall einströmende Macht, die den Wesensbestand sicher geglaubten eigenen Lebens ins Wanken bringt.

»Die Angst ist nicht nur Angst vor ..., sondern als Befindlichkeit zugleich *Angst um* .... Worum sich die Angst ängstet, ist das In-der-Welt-sein

---

116. Vgl. zur Umfriedung der Wohnung auch Hasse 2008.

selbst.« (Heidegger 1927: 187) In der Angst sieht Heidegger deshalb »die Möglichkeit eines ausgezeichneten Erschließens, weil sie vereinzelt. Diese Vereinzelung holt das Dasein aus seinem Verfallen zurück und macht ihm Eigentlichkeit und Uneigentlichkeit als Möglichkeiten seines Seins offenbar.« (Ebd.: 191) Da es zu einer *rationalen* Auseinandersetzung mit den konkreten Anlässen der Angst als Folge von irritierenden Eindrücken fremd wirkenden Wohnens aber gar nicht kommt, weil die nachdenkende Reflexion in einem unmittelbaren Schutzreflex der Abwehr zum Stillstand gebracht wird, bevor sie sich hätte entfalten können, wird die Angst als emotionales Kraftfeld des Nach-Denkens eigener Lebens- und Wohnformen eingeklammert.[117]

Die Angst vor dem »Fremdesten« vorstellbaren Wohnens in Bauwagen, das sich an den »Standards« bürgerlichen Wohnens nicht im Ansatz messen lässt, löst sich schließlich im Akt der Aggression mit der Beseitigung dessen auf, was man für ihren Herd hält (Polizeieinsatz zur Räumung von Wagenplätzen). Der Akt der Aggression wird dabei selbst durch eine schützende Methode der »Versachlichung« vor seiner kritischen Thematisierung bewahrt. Deshalb ist meist von »Maßnahmen« nach dem Ordnungs-, Bau-, Polizei- oder Naturschutzrecht etc. die Rede und nicht von einem mit Werten geladenen Willen, eine nicht »gewünschte Nachbarschaft für uns« zu *beseitigen*. Auch diese Unbewusstmachung ist Bedingung der Aufrechterhaltung »normaler« Ordnungen. So wird die Unbewusstheit zum Komplizen der Herrschaft (vgl. Erdheim 1983: 70), aber auch zur Bedingung der unbefragten Aufrechterhaltung einer Architektur fraglos gegebener *Normalitäten*. Ein Kern dessen, was im Leben und Wohnen in Wagenburgen Angst macht, liegt in der dunklen Ahnung, dass die (im ethnologischen Sinne) *Fremdesten* in einer Weise wohnen, die das bürgerliche Wohnen an einen imaginären Pranger stellt. Ob die Bewohner von Wagenburgen *tatsächlich* – wie es z.T. in ihren Satzungen programmatisch expliziert wird – bewusster und bedachter leben als der »normale« Bürger in seiner Wohnung im Grüngürtel

---

117. Was in den Wissenschaften durch Intellektualisierung und Begriffsbildung vom Denken des Wissenschaftlers ferngehalten und aus terminologischen Systemen herausgeklärt wird, um das geschaffene und kommunikativ in der scheinbar gemeinsamen Situation der wissenschaftlichen Gemeinschaft (die schon aufgrund ihrer Konkurrenz- und Herrschaftsstrukturen keine Gemeinschaft i.e.S. sein kann) geteilte Bild der Welt sauber zu halten, wird in den Systemen von Politik und Administration durch Versachlichung in sehr ähnlicher Weise thematisch beseitigt. Erst dann kann das Ängstigende im Fremden – noch fremder und zugleich aseptisch gemacht – in (emotional) gewünschter Weise handhabbar werden (vgl. auch Erdheim 1983: 69 sowie Meier-Seethaler 1997: 307f). So lässt sich auch die ordnungsrechtliche »Behandlung« von Wagenburgen als Versachlichung i.d.S. begreifen.

der Stadt, ist für die Frage der *Empfindung* einer Bedrohung von nachgeordneter Bedeutung. Offen bleibt an dieser Stelle die Frage, inwieweit das Wohnen in Wagenburgen – und damit an einem selbst gewählten soziokulturellen Rand der Gesellschaft – seinerseits die versteckte Angst vor einem Leben *innerhalb* eines an Wohn- und Lebensformen mannigfaltig differenzierten *Zentrums* der bürgerlichen Gesellschaft zum Ausdruck bringt.

Aus der abstrakten Perspektive der Heidegger'schen Metapher vom Aufenthalt im *Geviert* erscheint das Leben und Wohnen in Wagenburgen als Mitsein unter den *Sterblichen*, als Leben in und aus der Kraft der Gemeinschaft und in dem Willen, *aus* der Gemeinschaft eine generative Kraft für die Findung von Ideen der bewussten Gestaltung eigenen Lebens zu schöpfen (vgl. auch Aussagen zur Bedeutung der Gemeinschaft in den Interviews und in den Selbstdarstellungen von Wagenburgen). Das Leben unter den *Sterblichen* zeichnet sich aber auch durch das Bewusstsein des provokativen Gehalts der in Wagenburgen praktizierten Form des Lebens und Wohnens aus, das sich in ein höchst spannungsreiches Verhältnis zur bürgerlichen Gesellschaft und ihren Werten und Normen positioniert. Zum Aufenthalt bei den *Sterblichen* gehört nach Heidegger auch eine Widerspiegelung des *ganzen* Gevierts, also eine Bewegung aller Lebensdimensionen im Medium einer gemeinschaftlichen Kommunikation und pathischen Teilhabe am Leben der anderen. Der *alternative*, nach bestimmten Kriterien gesuchte Ort ist dabei nicht beliebig, sondern muss i.S. eines Genius Loci zum Programm des Lebens und Wohnens passen. »Der Ort *läßt* das Geviert *zu* und der Ort *richtet* das Geviert *ein*.« (Heidegger 1951: 45) Er eröffnet Spielräume, innerhalb derer das Leben auf einer Grundfigur des Möglichen immer wieder neue Gestalt finden soll.

Schließlich soll das Leben (mit den *Göttlichen*) nach dem Selbstverständnis der meisten Wagenburgen in der Herumwirklichkeit einer »natürlichen Umgebung« gelingen. So proklamieren die Wagenburgbewohner, in einer praktizierten Schonung der Natur leben zu wollen. Ob sie im Heidegger'schen Sinne auch tatsächlich zwischen *Himmel und Erde* ihr Leben wohnend führen und das Geviert im Ganzen schonen, sei dahingestellt. Für die Selbstzuschreibung von Identität zählt vor allem die Proklamation und für die Außenwahrnehmung der *Verdacht*. Tatsächlich wohnen sie, indem sie das Geviert bauen. Sie bauen es aber nicht, indem sie es in einem physischen Sinne bauen *lassen*. Sie bauen es, indem sie das Wasser herbeitragen, die bewohnten Wagen nach sozialen Bedürfnissen verstellen, den Strom erzeugen und – dem Gebot der Schonung oder auch nur den gegebenen Zwängen beschränkter Möglichkeiten folgend – sich in ihrem Verbrauch der Ressourcen danach richten, was ihnen zur Verfügung steht. Die Wagenburgbewohner werden durch das strukturelle Bedrohtsein ihrer *Heimat* ins Bedenken ihrer

Lebens- und Wohnform gleichsam getrieben. Ob ihr Leben im Spiegel ihres Wohnens als eine gelebte Form des Bedenkens verstanden werden kann, bleibt von den konkret gelebten Praktiken des Wohnens abhängig. Die institutionalisierten Regeln zur Steuerung begehrter Zuzüge in eine Wagenburg deuten aber auch darauf hin, dass ein Bedürfnis nach sozialer Homogenität so stark gemacht wird, dass keine *freie* Zirkulation zwischen Innen und Außen – wie sie Charakteristikum der europäischen Stadt ist – entstehen kann. Eine Wagenburg konstituiert in ihrer Programmatik eine eigene Welt, womit sie unter den Sterblichen Grenzen zieht, wenn diese auch andere sind als die derer, die Wagenburgen räumen lassen.

4.9 Kreatives Wohnen

Das letzte Kapitel wird zwei von Grund auf verschiedene Wohnformen, die sich an einem je spezifischen gesellschaftlichen Rand entwickelt haben, unter einer methodisch verbindenden Frage vergleichen. Das erste Beispiel fokussiert das (selbst-)ästhetisierende Wohnen eines Designers, während das zweite das politisch motivierte Wohnen im informellen Rahmen einer (Wohn-)Gemeinschaft thematisiert. Überbrückendes Moment ist der kreative Umgang mit einer jeweils besonderen *Lebenssituation*. Die Illustration der Beispiele wird zeigen, dass Kreativität nicht in erster Linie »schöne« Räume in einem ästhetizistischen Sinne hervorbringt oder hervorbringen muss, sondern als *Methode* der Lösung von Problemen fungiert, die sich zwar des Wohnens annimmt, aber untrennbar mit dem Ziel verbunden ist, über spezifische Raumgestaltungen Problemlösungen von *Lebenssituationen* herbeizuführen.

»Kreativität« wird sich im Folgenden als ein Vermögen der Problemlösung erweisen, das sich nicht mit *bestimmten* Wohnformen verbindet, sondern in der Konstitution einer jeden Form des Wohnens wirksam ist. Kreativität beschränkt sich ausdrücklich nicht auf das *ästhetizistische* Arrangement modischer Wohn-Szenen. Kreativität bahnt auch solche Wohnentwürfe an, in deren Rahmen zum Beispiel politisch-programmatisch motivierte Vorstellungen gesellschaftlichen Lebens in organisatorischer, institutioneller und alltagspraktischer Hinsicht Gestalt finden sollen. »Kreativität« liegt i.d.S. allen bereits illustrierten und diskutierten Beispielen des Wohnens in je eigener Weise zugrunde, wenn sich die Spielräume zur Findung eines Modells wohnender Verräumlichung eigenen Lebens auch als äußerst unterschiedlich und heterogen herausgestellt haben.

Wegen der grundsätzlichen Bedeutung von »Kreativität« als denkendfühlendes »Redigieren eigenen Wohnens« seien einige einführende Anmerkungen zu Begriff und Verständnis von »Kreativität« vorangestellt.

4.9.1 Zur Bedeutung von »Kreativität«

Die alltagssprachlichen Assoziationen, die mit dem Begriff der »Kreativität« verbunden werden, decken ein breites Spektrum ab. Lebensweltliche Bedeutungshöfe sind durch eine z.T. tiefgreifende Differenz vom geisteswissenschaftlichen und psychologischen Begriffsverständnis getrennt. In der Alltagssprache liegen die Bedeutungen *kreativen Wohnens* in einer engen Nachbarschaft zum Assoziationsspektrum des *Alternativen* (vgl. 4.8). Anleitungen zur Gestaltung von Deko-Herzen oder zum Basteln und Batiken haben viel mit diesem diffus-ästhetizistischen Verständnis von Kreativität gemein, aber nichts mit Kreativität als Ausdruck eines schöpferischen Prozesses, in dessen Vollzug Orientierungshandlungen zur Bewältigung neuer Aufgaben vor dem Eintritt eines Individuums »in die Lösung der Aufgabe selbst (geistig oder praktisch)« gefunden werden (Sandkühler 1990: 697). So sind auch »kreative« Tanz- und Bewegungstherapien weniger *kreativ* i.S. der Schöpfung intelligenter Lösungsstrategien, als vielmehr *alternativ* in Relation zu *traditionellen* Therapiemethoden. Wenn die Wochenzeitschrift BRIGITTE unter der Überschrift *Kreativ & Wohnen* schließlich Anleitungen zum Basteln einer Kuckucksuhr gibt und sich als Ratgeber in der Wahl von Einrichtungsstilen zwischen *Bauhaus* und *Jugendstil* anbietet,[118] wird abermals ein Kreativitätsverständnis vorausgesetzt, das viel mit der Adaption von Moden zu tun hat, aber nichts mit »Kreativität« als »Phänomen, das als vitaler, schöpferischer Kern fruchtbarer persönlicher Fähigkeiten« verstanden wird (i.S. von »Phantasie, Intuition, denkerischer Improvisation, Originalität, Begabung, Flexibilität der Persönlichkeit, wissenschaftlich-technischem Konstruktionsdenken u.a.«) (Schmidt 1991: 402).

In einem weitaus engeren Bezug zur Idee der schöpferischen Hervorbringung von generativ Neuem steht das vom Ministerium für Wirtschaft, Mittelstand und Energie des Landes Nordrhein-Westfalen aufgelegte Programm einer »kreativen Ökonomie«. Dessen Ziel besteht darin, eine *neue* Ökonomie zu stärken, die auf »innovative, integrierte und vernetzte Produkte« setzt.[119] Auch die politische Initiative »Kreativwirtschaft Deutschland«[120] strebt keine ästhetizistischen Variationen bestehender Formkulturen an, sondern die Stärkung generativer Potenzen im ökonomischen Handeln. So sollen mit der *Methode* »Kreativität« zukunftsweisende Zeichen für eine Wirtschaftsweise gesetzt werden, in deren Mittelpunkt Ziele der Nachhaltigkeit, Ressourcenschonung, Langlebigkeit

---

118. www.brigitte.de/kreativ/selbermachen/index.html; Abruf: 19.09.2008.
119. www.kreativeoekonomie.de/; Abruf: 19.09.2008.
120. www.kreativwirtschaft-deutschland.de/; Abruf: 19.09.2008.

von Produkten etc. stehen. Wenn dann aber wiederum »die Kreativen« in Kultur, Wissenschaft und den IT-Branchen als Garanten des ökonomischen Wohlstands einer Stadt beschworen werden, verläuft das Denken von »Kreativität« an den Rändern in diffusen Bedeutungen, die im alltagsweltlichen Verstehen »der Leute« Anschluss suchen.[121]

Kreativitäts-Programme, seien sie ökonomisch, kulturell, pädagogisch oder politisch motiviert, sind an Zwecke gebunden. Deshalb kann sich Kreativität auch nie gleichsam aus sich heraus entfalten, sondern ist in die Logik systemischer und situativer Rationalitäten eingeschrieben, innerhalb derer eine Steigerung von Wirksamkeit erreicht werden soll. Kreativität *geschieht* im Rahmen von Voraussetzungen, die mehr präfigurieren als definieren, wofür Intelligenz Neues erzeugen soll. Zwar wollen die Programme einer kreativen Ökonomie wie die der kreativen Stadt »divergierendes« anstatt konvergierendes Denken freisetzen, aber sie wollen die Bahnen des Kreativen i.S. *spezifischer* Systemanforderungen doch zugleich auch lenken. Kreativität hat ihre Anlässe stets in konkreten Situationen, d.h. sie *schießt* nur im Ausnahmefall völlig unmotiviert *aus dem Boden*. Mit anderen Worten: Kreativität steht in aller Regel von vornherein in einem Zusammenhang, der sie mit Sinn speist. Solche Sinnzusammenhänge können in persönlichen Situationen oder/und in systemischen Konstellationen vorliegen.

In einer Initiative der Grünen Alternativen Liste Hamburg *Hamburgs Zukunft ist die Kreative Stadt* wird diese Einbindung von Kreativität in politische Programme darin deutlich, dass »Kreativität« nun an Eckpunkte *grüner* Ideologie gekoppelt ist: die Förderung erneuerbarer Energien, Partizipation von Migranten und Migrantinnen, die Förderung eines Schulsystems, »in dem alle Kinder neun Jahre gemeinsam lernen«[122] u.a. In wissenschaftlichen Diskursen ist der Begriff der »Kreativität« vor allem dann intentional unterströmt, wenn er in übergeordnete normative Rahmen-Programme eingewickelt ist (von der unterstellten Zumutbarkeit bestimmter Sprachkulturen für Drittmittel gebende Institutionen bis zur

---

121. Zwar beziehen sich die Protagonisten solcher Denkstile bevorzugt auf den amerikanischen Ökonomen Richard Florida. Dieser hat mit seinem Begriff der Creative Class aber nicht ausschließlich Kreativitäts-Spezialisten im Blick, sondern Menschen aus allen Bereichen der Arbeitswelt, die grundsätzlich – sofern sie unter günstigen Bedingungen arbeiten – Kreativität als Potential entfalten und so etwas Neues schaffen können. Gleichwohl nährt auch Florida mit den Begriffen von supercreative cores und creative professionals die Erwartung, dass kreative Leistungen in erster Linie von jenen Professionen generiert werden, deren erste oder zumindest abgeleitet Aufgabe in einer in gewisser Weise »seriellen« Produktion kreativer Leistungen liegt (vgl. Florida 2002).

122. www.hamburg-kreativestadt.de/; Abruf: 19.09.2008.

Verknüpfung wissenschaftlicher Schreib- und Ausdrucksstile mit dem Zeitgeist).[123]

In systemtheoretischer Sicht sind Ideen oder Produkte auch nach Csikszentmihalyi/Wolfe (2000) nur dann als kreativ anzusehen, wenn sie »originell sind« und »von der jeweiligen Gesellschaft bzw. Kultur hochgeschätzt werden« (vgl. Heller 2001: 394). Während *Intelligenz* (i.S. konvergenten Denkens), der sich Kreativität (als divergentes Denken) letztlich verdankt, als wertneutrales Prozessvermögen angesehen werden kann, ist *Kreativität* stets eine Kompetenz zur situativen Anwendung von Intelligenz auf das Profil bestimmter Anforderungen. Matthäus bezieht in diesem Sinne kreative Leistungen auf das »Erwartungssystem« einer Gruppe, deren Rationalitäten einer Neuerung erst einen Wert (*für* etwas) zuerkennen können.[124]

Beide hier skizzierten Beispiele kreativen Wohnens stehen in einem engen Bezug zu persönlichen Lebenssituationen und damit zu Mittel-Zweck-Rationalitäten, auch wenn diese nicht i.S. politischer Ideologien präfiguriert sind. Die Einbindung kreativer Prozesse in Mittel-Zweck-Rationalitäten schließt aber keineswegs aus, dass der Gegenstand der Identifikation kreativen Tuns seinen Schwerpunkt in einer Gefühlsbasis hat (hier: dem Wunsch nach einem *So*-Leben- und -Wohnen).

4.9.2 »Selbstinszenierung, die gehört [...] ein bisschen dazu«

W. ist 48 Jahre alt und arbeitet seit rund 15 Jahren als selbständiger Designer im Rhein-Main-Raum. Er wohnt in einem Gewerbegebiet im Obergeschoss eines ehemaligen Fabrikgebäudes. Mit mehreren Mitarbeitern betreibt er eine Agentur, die sich auf derselben Etage des Gebäudes befindet.

---

123. Zum Beispiel steht die Definition des Begriffs der »Kreativität« in einem Philosophischen Wörterbuch der ehemaligen DDR im Rahmen eines systemimmanenten ideologischen Kollektivierungszwangs. In diesem Sinnzusammenhang gilt Kreativität (als eine Form von Schöpfertum) als »Fähigkeit, im Prozess der körperlichen und geistigen Arbeit durch Neuerungen (Entdeckungen, Erfindungen, arbeitsorganisatorische Erleichterungen und Qualifizierungen) unmittelbar oder mittelbar auf die Steigerung der gesellschaftlichen Arbeitsproduktivität einzuwirken, den gesellschaftlichen Fortschritt und den Erkenntnisfortschritt zu fördern« (Hörz 1978: 820).

124. Kreative Prozesse verlaufen nicht auf linearen Wegen. Sie »straucheln« als Formen divergierenden, dem Zufall gegenüber offenen Denkens. »Stilbrüche« können zwar zum Tod einer Idee oder der finalen Entwertung eines »kreativen« Produkts führen. Aber sie können auch das Gegenteil bewirken, wenn sie »Keime besonderer Fruchtbarkeit enthalten« und Neues erfolgreich mit Altem zur Synthese bringen. In Prozessen der kreativen Hervorbringung von Neuem spielt der Zufall daher oft eine zündende Rolle (Matthäus 1976: 1203).

Der vordere Bereich dient als Wohnraum. Der Betonfußboden ist hellgrau gestrichen, die Wände sind weiß gekälkt. Die mittlere unter dem Giebel verlaufende Trennwand ist unter dem Dach durch ein Fensterband visuell mit dem Nachbarraum verbunden. Über die gesamte Länge des Wohnraumes verläuft an der Außenseite eine ca. ein Meter hohe Verglasung mit Industriefenstern. Darunter befinden sich Heizkörper (vgl. Abb. 30).

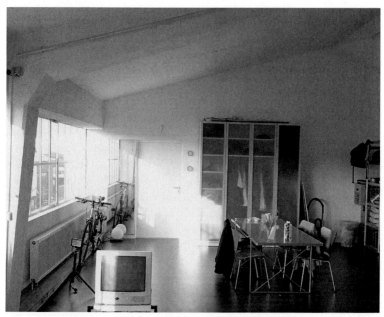

Abb. 30: W.'s Wohnung in einem ehemaligen Industriegebäude.

An seiner Wohnsituation ist W. die Nähe zur Arbeit besonders wichtig. »[...] als Designer lege ich ein bisschen Wert auf industrielles Arbeiten und Wohnen [...] so ein bisschen Selbstinszenierung, die gehört aber [...] dazu.« Es gebe aber auch Kunden, »die mit mir bewusst arbeiten und mögen, wie ich lebe und wohne, die einen Einblick bekommen ... das wird inszeniert.« Die zwischen Wohn- und Arbeitsbereich bestehenden Übergänge seien fließend in der Form, dass es keine »Trennung« von Arbeiten und Wohnen gebe, weder räumlich, noch zeitlich. Damit ist W's Wohnung im traditionellen Sinne schon deshalb keine »Wohnung«, weil es nur einen hallenartigen Großraum in einer Gewerbeimmobilie gibt. »Das ist ein fließender Übergang und das ist für mich im Moment zumindest eine ganz interessante Alternative zu anderen Wohnsituationen.« Im Grunde gehöre alles zusammen – der Wohn- und der Arbeitsbereich – »insgesamt 400 m². Das hier ist nur ein Teilbereich«.

Die Wohnsituation ist in der subjektiven Wahrnehmung in besonderer Weise durch die Atmosphäre der Industriearchitektur geprägt.

»*Die alten Industriehallen und ihre Ästhetik*« haben W. schon immer fasziniert. Aber auch in der Einrichtung spiegele sich der industrielle Stil des Gebäudes wider – in Industrieregalen, Schränken, einer Werkbank-Küchensituation und anderen eher unüblichen Einrichtungsgegenständen. »*Das hier ist zwar ein IKEA-Tisch, aber auch passend!*« Wenn es auch um eine Oberflächenästhetik geht, die nicht zuletzt eine repräsentative Aufgabe zu erfüllen hat, so sind die Dinge des Wohnens doch mit Bedeutungen aus der Welt der Arbeit aufgeladen, die aus der Überlagerungszone von Wohnen und Arbeiten gleichsam hervorquellen und ein allgemeines Gefühl im Raum stimmen: »*Ein bisschen Zitate von Bauhaus-Klassikern – Le Corbusier – und auch Technik zeigen, hier in den Wandstrahlern ... man muss keine Rücksicht nehmen. Das ist auch das Arbeitsumfeld!*«

Dass die Räume in der ehemaligen Produktionshalle schlecht isoliert sind, ist für ihn von nachrangiger Bedeutung. »*Im Sommer ist es natürlich ... recht warm!*« Die Isolierung sei »*so oder so herum schlecht – vor Hitze und vor Kälte.*« Die Isolierung könnte er sich in einem anderen Wohnmilieu deshalb auch effektiver vorstellen. Im Prinzip würde W. aber nicht anders wohnen wollen. »*So etwas in dem Stil, doch etwas moderner.*« Ein neu gestalteter Loft – »*das wäre ein Traum, wo [...] nicht an Ästhetik gespart wurde. Tolle Fenster, bodennah ... es können ruhig solche Industriefenster sein, es gibt die auch mit besseren K-Werten* [Wärmedämmwert, J.H.] *und so weiter.*« Die jetzige Situation in einer alten Halle, mit »*ein bisschen improvisiertem Wohnen*« würde er sich auf einem perfektionierten Niveau wünschen: »*Das vielleicht mit ein bisschen mehr Funktionalität gespickt ... aber grundsätzlich ist das schon erstrebenswert.*«

Das Wichtigste an seiner Wohnsituation ist ihm – neben der Atmosphäre der Architektur – die aus der räumlichen Situation des Industrie- bzw. Gewerbegebietes resultierende Freiheit: »*Ich kann hier schalten und walten wie ich will. Ich habe kaum Einschränkungen.*« Es gibt keine Nachbarn im üblichen Sinne, sondern nur Industriebetriebe. Die kulturelle Selbstverortung, die sich für W. auch in der Selbstzuschreibung von Identität durch die Ästhetisierung der Wohnung ausdrückt, macht am konkreten Beispiel auf eine *allgemeine* gesellschaftliche Veränderung kultureller Praktiken der Ästhetisierung von Wohnräumen im engeren wie i.w.S. aufmerksam (Wohnung und Stadt).

Das »ästhetische Bewusstsein« (i.d.S. vgl. Welsch 1993), aus dem heraus W. sein Wohnen räumlich und dinglich gestaltet, drückt ein Merkmal postmoderner Lebensformen aus. Diese spiegeln ihrerseits einen um das Ende der 1980er Jahre einsetzenden kulturellen Wandel der (zunächst westlichen) Gesellschaften aus, der in einem dialektischen Zusammenhang zu Veränderungen der ökonomischen Regulationsregime auf den globalen Märkten steht. Aus systematischen Gründen kann an dieser Stelle der Zusammenhang von Postmodernismus und Postfordismus i.S. einer ineinandergreifenden Flexibilisierung von Kultur und Ökonomie nicht näher ausgeführt werden (vgl. u.a. Welsch 1987, Harvey 1987 sowie Jameson 1986). Derweil zeigt das Beispiel von W. in anschaulicher Weise die besondere kulturelle Bedeutung des Ästhetischen in der Art und Weise, das eigene Leben wohnend zu führen. Im Ästhetischen deutet sich aber nicht nur ein Moment *kultureller* Selbstverortung an, sondern zugleich ein atmosphärisches Kommunikationsmedium, das in die ökonomischen Systemzusammenhänge der Arbeitswelt hineinwirkt.

W. steht in einer zweifachen Weise im kulturellen Zentrum dieser postmodernen Eutrophie des Ästhetischen. Der professionelle *Kreative* erzeugt ästhetisierte Produkte, die als *kreativ* gelten. Als Produzent *emotionalisierter Dinge* arbeitet er nicht in einem »aseptischen« Raum wie der Büroangestellte oder Steuerbrater, sondern in einem seinen Auftraggebern gegenüber halböffentlichen Raum, sodass der persönliche Stil seiner Lebensführung und Art zu wohnen in den kommunikativen Prozess mit seinen Vertragspartner gleichsam hineingezogen ist. Der Stil seines Wohnens fungiert in einem repräsentativen Sinne als Ausweis seines kreativen Vermögens. Der *Kreative* wohnt in gewisser Weise schon deshalb *programmatisch* kreativ, weil sein Wohnen einen symbolischen Vorschuss auf die Glaubwürdigkeit seiner Arbeit leisten soll. Deshalb wird der Raum des Wohnens auch ästhetisierend als Bühne der Repräsentation inszeniert. So fungiert die im Prinzip *persönliche* Wohnung wie eine doppelte Weiche; (a) *lebenspraktisch* zwischen Wohnen und Arbeiten und (b) *symbolisch* zwischen Privatheit der Wohnung und Halböffentlichkeit der Arbeitsräume. Die Wohnung des »kreativen« Unternehmers wird in der Außenwahrnehmung deshalb auch weniger als *persönlicher* Raum, denn als Visitenkarte seines Arbeitsstiles wahrgenommen. Mit anderen Worten: Der Raum des Wohnens wird in seiner Wahl wie ästhetischen Gestaltung als Ausdruck von Persönlichkeit *und* Professionalität der Interpretation von außen angeboten.

4.9.3 Die Idee der Gemeinschaft in der Post-Kommune

Kreativität ist in einem weiteren Sinne *thematisch;* sie steht in einem Rahmen, der die Logik dessen vorgibt, was ex post *als kreativ* gelten könnte. Unter 4.8 wurde ein Beispiel *alternativen* Wohnens in Wagenburgen vorgestellt und diskutiert. Auch dieses orientierte sich nicht beliebig am Maß *möglichen* Wohnens, sondern gestaltete sich *kreativ* auf dem Hintergrund bestimmter sozialer Vorstellungen, politischer Modelle gemeinschaftlichen Lebens, programmatischer Präliminarien zum Mensch-Natur-Verhältnis sowie in Abgrenzung zu kulturell tradierten individualisierten sowie konsumistisch-repräsentationsorientierten Lebens- und Wohnformen.

Während sich im vorausgehenden Beispiel zum ästhetizistisch-kreativen Wohnen eines Designers *Kreativität* über eine repräsentationsorientierte Rationalität konkretisierte, kommt im Folgenden eine Form kreativen Wohnens zur Geltung, deren Wurzeln nicht in einem Einscheren in kulturindustrielle Geltungssysteme liegen, sondern in einem bewussten *Ausscheren* aus traditionellen Wohnformen. Die Bezugspunkte für den kreativen Entwurf dieses »anderen« Wohnens liegen in der Kommune-Bewegung der 1960er Jahre. Im Mittelpunkt dieses Wohnverständnisses steht damit abermals die Idee einer gelebten Gemeinschaft (vgl. auch 4.3 und 4.4), die sich in einer gemeinsamen Wohnung manifestieren soll. Solches Wohnen lässt sich insofern als *kreativ* ansprechen, als es nicht *selbstverständlich* kulturellen Wohnstandards folgt, sondern *bewusst* nach einer Form sucht, die schöpferischer Ausdruck eines *eigenen* Selbst-, Menschen- und Gesellschaftsbildes ist.

S. wohnt seit 13 Jahren in einem Wohnprojekt, das Mitte der 1990er Jahre von 30 Personen in Frankfurt a.M. gegründet worden ist. S. lebte innerhalb des Projekts bereits in drei Wohnungen. Zum Projekt gehören 15 Wohnungen, die von einem Träger des sozialen Wohnungsbaus gemietet sind. Mietrechtlich werden keine Verträge mit der Gemeinschaft (in Gestalt eines e.V.) abgeschlossen, sondern zwischen Wohnungsbaugesellschaft und *einzelnen* Mietern. Zwar wird damit – auf rechtlichem Niveau – die Idee der Gemeinschaft konterkariert; Auswirkungen auf die individuelle wie gemeinschaftliche Lebens- und Wohnpraxis ergeben sich daraus für die Gruppe aber kaum. Die kleinste soziale und räumliche Einheit des Wohnprojekts ist die Wohngemeinschaft (WG), die sich in einer je separaten Wohnung selbst organisiert. Kommt es innerhalb der WG zu grundlegenden Differenzen, werden zunächst auf dem lokalen Niveau der WG Lösungen gesucht (z.B. Entscheidung zum Umzug in eine andere WG). Konflikte, die den Rahmen einer WG nach »außen« in den sozialen Rahmen des Wohnprojekts überschreiten, werden gemeinschaftlich diskutiert und einer Lösung zugeführt.

4.9.3.1 »Alle zwei Wochen haben wir ein Plenum«

Die Mitglieder des Wohnprojekts gründen ihr Wohnen auf der Basis sozialer Übereinkünfte, in deren Zentrum das Menschenbild eines freien, autonomen, nicht dogmatischen Individuums steht, das sich als politische Person begreift. Essentielle Grundlage einer auf diesem Menschenbild fußenden Lebens- und Wohnpraxis ist das gemeinsame Gespräch, das in regelmäßig stattfindenden Plenumssitzungen institutionalisiert ist. In diesem Rahmen vergewissern sich die Mitglieder des Wohnprojekts ihrer selbst, indem sie die kommunikativen Bausteine zur Bildung und Festigung ihrer Gruppenidentität diskutieren und modifizieren.

Eine besondere Rolle spielt dabei die Suche nach konsensuellen Wegen für die Lösung von Problemen, die sich aus der Situation gemeinschaftlichen Wohnens ergeben. Zum Gegenstand des Gesprächs im Plenum werden aber auch organisatorische Fragen, die die praktischen Grundlagen des alltäglichen Lebens berühren. »*Ich habe jeden Tag Kontakt mit irgend jemandem aus dem Haus. Mal mehr, mal weniger. Ganz für uns sind wir nie.*«

In Seminaren, die i.S. einer gelebten »Interdisziplinarität« organisiert werden, entstehen thematische Bezugspunkte eines gemeinsamen Denkens. Im Kreis der Wohnenden gebe es »*viele Akademiker, die gerne mal ihre Referate oder Abschlussarbeit vortragen und hier Seminare geben*«. Die Plena, in denen die Veranstaltungen durchgeführt werden, haben aber auch eine bedingte Außenwirkung, indem hin und wieder Bewohner aus der benachbarten Großwohnsiedlung (Hochhäuser des sozialen Wohnungsbaus der 1970er Jahre) daran teilnehmen und sich so der Gruppe auf informelle Weise i.S. einer sozialen Beheimatung anschließen.

Seine Wohnsituation beschreibt S. als »*sehr frei, sehr autonom ... der ganze Umkreis, die beiden Gebäude hier, das hat eine andere Atmosphäre. Man fühlt sich gleich ganz anders, wenn man hier reinkommt. Man gehorcht den eigenen Gesetzen.*« Jeder wohne diese Freiheit aber individuell verschieden. Die gemeinsame Situation ist durch eine dichte kommunikative Verflechtung untereinander geprägt: »*Unheimlich viel Austausch gibt es. Sehr viel Solidarität oder gegenseitige Hilfe in allen Belangen, enge Freundschaften [...]*« Dieses So-Wohnen spiegelt sich in programmatischen Punkten des Gruppenselbstverständnisses wider; es drückt sich aber auch in expliziten Hinweisen auf ein atmosphärisch empfundenes *Gefühl* von Gemeinschaft aus. Diese vermittelt sich besonders durch räumliche Arrangements. So sind die Wohnungen im Allgemeinen nicht verschlossen, wodurch mit der Konvention der Abgeschlossenheit der Wohnung (für die Situation des Wohnprojekts) gebrochen wird: »*Bei uns steckt immer der Schlüssel in der Tür, wie bei vielen anderen Wohnungen auch. Das heißt, es kann jederzeit jemand reinkommen.*«

Ein weiteres Medium, in dem sich ein *Gefühl* von Gemeinschaft (durch gelebte gemeinschaftliche Tätigkeiten) ausdrückt, sind zahlreiche Gemeinschaftsräume, die man auf dem Dachboden und im Keller eingerichtet hat. »*Gemeinschaftsräume – wir haben ganz viele – da kann man sich auch treffen. Das ist auch ein wichtiger Teil. Gäbe es die nicht, dann wäre es natürlich schwieriger. Dann würde sich vielleicht eine WG mit der anderen befreunden und es würden eher Kleingruppen entstehen.*« Zu den Gemeinschaftsräumen gehören ein Kino, das auch für Partys genutzt werde, eine Bibliothek, ein Fotolabor, der Hof und neuerdings der Garten, dessen Pflege durch die Projektmitglieder übernommen wurde, eine Holzwerkstatt, ein Tischtennisraum und ein Atelier. Alle Wohnungen sind untereinander verkabelt (Intranet). Über die Nutzung von Räumen, die nicht unmittelbar zum räumlichen Bereich einer WG gehören und damit in die gemeinschaftliche Nutzung überführt werden können, berät und entscheidet das Plenum. So können durch WG-übergreifende Absprachen in juristischer Sicht *privat* gemietete Räume einer gemeinschaftlichen Nutzung zugeführt werden. Die Gemeinschaftsräume fungieren auf zwei Ebenen; zum einen auf einer utilitären Ebene der Nützlichkeit und zum anderen als institutionalisierte Brücke *in* die Gemeinschaft. Die gelebte Praxis des Wohnens im gemeinsamen Tun bewahrt die Bewohner vor Vereinzelung und Isolierung.

Die als Merkmal der Wohnsituation angesprochene Solidarität beschränkt sich nicht auf die Mitglieder der Insidergruppe; »Solidarität« hat auch eine politische Dimension empathischer Teilhabe am Leben anderer. Zum Beispiel gebe es für Notfälle ein Gästezimmer auf einem der Dachböden: »*Wir unterstützen gerne Leute, die in Not sind, indem wir sie auf dem Dachboden übernachten lassen – im Gästezimmer. Es kam vor, dass jemand mit einem Obdachlosen ins Gespräch kam oder mit jemandem, der auf dem Bahnhof stand und verzweifelt war. Der bringt ihn dann mit und stellt ihn vor ... dann geht das schon mal.*« Das sei nicht immer einfach, weil die Gefahr bestehe, ausgenutzt zu werden.

Aus dem Leben zwischen einem »Innen« der eigenen Lebensgemeinschaft der WG und einem »Außen« der anderen WG des Projekts oder gar des Stadtteils ergibt sich eine Spannung, aus der heraus auch Probleme erwachsen. Das Leben im Wohnprojekt gestaltet sich in der empathischen Anstrengung, sich auf andere Sicht- und Lebensweisen als Folge der offenen Wohnsituation einzustellen und im Kampf um eine Privatsphäre, die es trotz aller Gemeinschaft gibt. Zwar sei »*die Offenheit sehr wichtig [...]. Auch wenn es manchmal anstrengend ist, dass man eben nicht abgeschlossen hat, nicht seine Ruhe hat [...].*«

Die Spannung zwischen Halböffentlichkeit und Privatheit bedeutet für die Gemeinschaft keinen Widerspruch. Eher generiert sie einen immerwährenden Treibsatz notwendiger Selbstvergewisserung – für die Gruppe wie die Individuen *innerhalb* der Gruppe. Als Folge des biographischen Wandels der Projektmitglieder waren die Formen der Begegnung in der Vergangenheit einem Wandel unterworfen. Zu Zeiten der Projektgründung waren die Bewohnerinnen und Bewohner Studenten, die sich zu einer von der Norm abweichenden Form des Wohnens zusammengeschlossen und tagtäglich einen großen Gesprächsbedarf hatten. »*Früher [...] da waren wir ja alle Studenten, kamen nach Hause, von der Uni, und konnten dann auch draußen drüber diskutieren, was wir in der Uni erlebt haben. [...] Jetzt sind wir alle eher in Arbeitsverhältnissen, kommen später nach Hause, haben nicht mehr so viel Zeit, miteinander zu reden*«.

Die Gemeinschaft muss als Ressource der Möglichkeit einer Selbstzuschreibung von (Gruppen-)Identität aber auch gegen störende Einwirkungen von außen gesichert werden. Deshalb könne nicht jeder einziehen, wenn in einer WG ein Platz frei werde. Zwar gebe es eine lange Warteliste, aber ein ungefilterter Zuzug werde als potentielle Gefährdung des Gruppenverbandes angesehen. Wenn in einer WG ein Platz frei werde, sei es Sache dieser WG, zu einer Entscheidung zu gelangen, wer zuziehen dürfe. »*Wenn eine ganze Wohnung frei wird, dann stellen sich die Bewerber vor. Die gehen dann wieder und wir diskutieren im Plenum da drüber, welche Vor- und Nachteile welche Bewerber haben, und am Schluss wird abgestimmt.*«

Die Entscheidungskriterien orientieren sich in erster Linie daran, ob ein »Neuer« in seinem individuellen wie gemeinschaftsorientierten Selbstverständnis zur Gruppe passe. »*Frei denkende Menschen. Das ist mir wichtig. Auch den meisten hier. Autonom lebende, frei denkende Menschen. Nicht eingefahren, dogmatisch! Am besten jemand mit politischem Engagement. [...] Nicht im Sinn von ›ich bin links und gehöre dazu‹, sondern i.S. von ›ich möchte was für den Stadtteil machen, hier etwas Neues einführen‹.*« Das sei wichtiger, »*als wenn hier jemand nur wohnt und sich nicht an Projekten beteiligt.*« Mit der Formulierung »nur wohnen« meint S. den individualistischen Rückzug in den persönlichen (Wohn-)Raum. Bereitschaft zur politischen Aktivität sei unentbehrlich; diese beginne schon damit, dass sich jemand am Plenum beteilige, mit anderen zusammen sein und diskutieren wolle, sodass etwas zustande komme.

Es gebe aber auch pragmatische Erwägungen, die bei der Auswahl künftiger Mitbewohner ausschlaggebend sein können. So sei es Ausdruck der Geschichte des Wohnprojekts, dass die gesamte Gruppe älter geworden sei, sodass ein starker Bedarf nach einem Zuzug Jüngerer bestehe. Jedoch sei derzeit eine Aufnahme neuer Bewohner mit Kindern nicht unproblematisch, weil es schon sehr viele WGs mit Kindern gebe. Das Wohnprojekt stellt nach innen wie nach außen eine offene und zugleich geschlossene soziale Einheit dar. Dieser Umstand drückt sich auch darin aus, dass das Projekt beim Wohnungsamt insofern einen Sonderstatus habe, als Wohnberechtigungsscheine an Bewerber erst ausgestellt werden, wenn das Projekt (WG oder Plenum) sich mit dem Zuzug eines neuen Bewohners einverstanden erklärt habe.

In der Bilanzierung ist die Identifikation von S. mit dem Wohnprojekt nicht von Zweifeln getrübt. Das Projekt ist in einem mindestens doppelten Sinne ein System sozialer Verdichtung: Das enge Miteinander-Leben der Mitglieder macht die Bedeutung des eigenen Rückzugsraums als eine eingeschränkte Form von Privatheit bewusster, als wäre sie selbstverständlich gegeben und bedürfte nicht der »Verteidigung«. Trotz der starken Identifikation mit der Situation des gemeinsamen Wohnens hat S. Vorstellungen, wie er gerne wohnen *würde*. Diese richten sich nicht auf eine *andere* Form des Wohnens, sondern eine Optimierung des So-Wohnens: »*Es wäre auch toll, größere Gemeinschaftsräu-*

Abb. 31: Die Sitzgruppe als Treffpunkt vor den Wohnungen des Wohnprojekts.

me zu haben.« Es habe Pläne gegeben, »*das Ganze hier zu kaufen …*«. Von einem Konsens zur Realisierung dieser Idee zugunsten größerer Entfaltungsspielräume sei man noch weit weg. »*Wenn man versucht, alle im Boot zu haben, ist es schwierig, so etwas Großes dann wirklich durchzuziehen.*« Stark ist auch der Wunsch nach »*noch mehr Freiheiten in der Gestaltung der Räumlichkeiten und des Gebäudes.*« So dürfen sie nichts »*nach außen hin anbauen. Wir dürfen keine Holzhexelheizung einbauen, was wir sehr gerne hätten, um uns von der MAINOVA* [regionales Energieversorgungsunternehmen] *unabhängig zu machen.*« Aber auch individuelle Bedürfnisse finden in der Vorstellung von Wünschen des Wohnens ihren Ausdruck: »*Ich hätte auch gerne ein größeres Atelier … ich habe ein kleines.*« Die Utopie schießt nicht ins Andere des derzeitigen Wohnens; das gemeinschaftlich geführte *Leben* soll in seinen programmatischen Fundamenten fortgeführt werden. *Dieses Leben* ist daher auch nur bedingt an *diesen* Ort des Wohnens gebunden; es könnte sich auch auf einem ländlich gelegenen Hof verwirklichen: Ein »*Hof auf dem Land, das wäre auch schön – irgendwo.*«

Das Wichtigste der gemeinsamen Wohnsituation liege in der »*Offenheit, Vielseitigkeit, Interdisziplinarität – nicht nur von der Wissenschaftlichkeit, sondern vom Leben-Teilen ... finde ich.*« Nicht Lage, Belichtung, Größe und Bezahlbarkeit der Miete symbolisieren einen Kern des Wichtigsten im Wohnen, sondern die gelebte Idee der Gemeinschaft. »*Es hat sich auch im Schlechten gezeigt, was sich auch im Guten immer wieder zeigt: dass man halt doch zusammenhält.*« Das Wichtigste im Wohnen drückt S. deshalb in einem Bild der Sitzgruppe vor einem der Häuser des Wohnprojekts aus, wo sich die Bewohnerinnen und Bewohner zu regelmäßigen Gesprächen treffen (vgl. Abb. 31).

4.9.4 Die Idee der »Kommune« als Urform anderen Wohnens

Das Wohnprojekt, in dem S. seit 13 Jahren lebt, steht in einer Tradition alternativer Wohnmodelle, von denen viele auf die Idee der Kommune zurückgehen. In Umrissen wird sich im Folgenden zeigen lassen, dass sich in den Werten und Überzeugungen, die das Leben in Kommunen leiten, zugleich wesentliche Grundzüge aus dem Selbstverständnis des Wohnprojekts von S. widerspiegeln.

Kommunen gibt es als gelebte Formen des Widerstandes gegen die Wertewelt der bürgerlichen Gesellschaft nicht erst seit den 1960er Jahren. Sie waren schon Ausdruck eines anarchistischen Politik- und Gesellschaftsverständnisses zur Zeit des Übergangs vom 19. zum 20. Jahrhundert. Der Kern des »Anarchismus«, wie er zum Beispiel von Emma Goldman in den 10er und 20er Jahren des 20. Jahrhunderts vertreten wurde[125], kulminierte aber *nicht* (ganz entgegen massenmedialen Klischees und kriminalisierenden Verzerrungen des Begriffs »Anarchismus«) in einem Imperativ zur militanten Anwendung von Gewalt. Nach Wolfgang Haug ist der Anarchismus eine Lebenseinstellung, die in der Identifikation mit einer politischen Idee wurzelt. Die Eckpunkte des politischen Selbstverständnisses sind u.a.: Ablehnung von »Machtmissbrauch, Arroganz, Besserwisserei, Bevormundung, Hierarchien [...]« (Haug 2006:

---

125. »Anarchie« stand vielmehr für die »Philosophie einer neuen sozialen Ordnung, deren Grundlage die Freiheit ist [...]« (Goldman zit. bei Drücke 2006: 12). »Im Mittelpunkt dieser libertären Weltanschauung stehen positive Begriffe wie Freiheit, Selbstbestimmung, Selbstverwirklichung und Selbstverwaltung der Individuen; die Ausübung von Zwang wird abgelehnt.« (Drücke 2006: 13) Emma Goldman spielt in der Geschichte der politischen Frauenbewegung eine wichtige Rolle. Sie war Leitfigur der Werteorientierung für den politischen Widerstand gegen Entfremdung, Ausbeutung und Unterdrückung (s. z.B. Selbstdarstellung der FAU, »Die Freie ArbeiterInnen Union«; vgl. www.fau-bonn.de/material/anarchismus/Emma; Abruf: 03.10.2008).

108), »Zivilcourage«, Priorisierung einer hierarchiefreien Organisation menschlichen Zusammenlebens, Anbahnung »politischer und gesellschaftlicher Erfahrungen [...] Einmischung auf kommunaler Ebene« zur Stärkung politischen Einflusses von unten (ebd.: 109). Das Spektrum der gegenwärtig existierenden »Kommunen« (der Begriff tritt zugunsten entideologisierter Formen heute in den Hintergrund) ist heterogen. Politisch motivierte Programme, wie sie für die 1967 gegründeten Kommunen K 1 und K 2 (beide Berlin) noch charakteristisch waren, spielen gegenwärtig aber keine Rolle mehr.[126]

An die Stelle revolutionärer Programme sind bei den heute existierenden Kommunen Ziele und Lebensideale getreten, die einen weit verbreiteten »postkritischen« Zeitgeist widerspiegeln: z.B. »freie Spiritualität«, christlich-ökumenische Lebensideale, alternative oder esoterische Modelle. Während die K 2 einst das Ziel verfolgte, über die Bildung von Wohngruppen das »bürgerliche Individuum« zu revolutionieren und eine grundlegende Änderung der Gesellschaftsordnung herbeizuführen (vgl. Bookhagen u.a. 1969: 9), haben sich die Leitlinien aktueller Wohngruppen zum größten Teil entideologisiert. Nach dem Motto »In jeder Minute, die du dich ärgerst, verlierst du 60 Sekunden der Freude«, definiert sich die Allmende Wulfsdorf (Ahrensburg) (eurotopia 2007: 86); die schwedische Gruppe Foreningen Staffansgarden (Delsbo) ist anthroposophisch ausgerichtet (ebd.: 332f) und die spanische Wohngruppe Comunidad de Irún (Irún) sucht über ihre Lebensform »nach Liebe, Frieden und einer Gesellschaft ohne Kämpfe« (ebd.: 354f). Die das Leben in gegenwärtigen »Kommunen« leitenden Grundsätze, Wertorientierungen und Ideen sind so verschieden, wie die Struktur der Gemeinschaften. »Jede Kommune ist anders, auch anders organisiert.« (Kurzbein 2006: 247) Es gibt solche, die Eigentümer der von ihr bewohnten Immobilie sind, solche, die ihre finanziellen Mittel als Gemeinschaftseinkommen verwalten, andere mit individualisierteren Organisationsformen und wieder andere, in denen das Leben auf der (weitgehenden) Grundlage einer gewissen Subsistenzwirtschaft organisiert wird. Die noch existierende »Lutter-Gruppe« beschreibt sich selbst in folgender Weise:

---

126. Die Kommune-Bewegung der 1960er Jahre generierte sich im Klima einer gesellschaftlichen Aufbruchstimmung, die die Überwindung repressiver Strukturen der Ausübung von Gewalt und Herrschaft auf allen Ebenen der bürgerlichen Gesellschaft anstrebte (von besonderer Bedeutung war die Frage antiautoritärer Erziehung). Bedeutende Repräsentanten der Frankfurter Schule (neben Theodor W. Adorno und – wegen seiner psychoanalytischen Ausrichtung vor allem – Herbert Marcuse) lieferten einen Überbau für die Formulierung von Ausstiegsmodellen aus einer Gesellschaft, die als krankmachend empfunden wurde (vgl. Bookhagen u.a. 1969 sowie Schultz 1999).

»Ohne Herrschaftsstrukturen und nach anarchistischen Gesichtspunkten wollen wir uns mit unterschiedlichen Voraussetzungen, Träumen und Lebenserfahrungen gegenseitig fördern und unterstützen. Unsere Grundlagen sind eine gemeinsame Kasse für alle Einnahmen und Ausgaben, das Plenum als Diskussions- und Entscheidungsforum nach dem Konsens-Prinzip und die Abschaffung von Privatbesitz (soziale Gleichheit). Wir bewirtschaften in mehreren Kollektiven eine Tischlerei und Zimmerei, ein Ingenieurinnenkollektiv, eine Backstube, Gärten und Tiere, ein Tagungshaus und eine Textildruckwerkstatt. Die Betriebe und Wohnstätten sind innerhalb einer 4 ha großen denkmalgeschützten Burganlage, die wir nach baubiologischen Kriterien und nach unseren Wünschen ausbauen.«[127]

In der für heutige Kommunen vergleichsweise revolutionären Selbstdarstellung der Lutter-Gruppe werden einige Grundsätze genannt, die auch in der Selbstorganisation des Wohnprojekts von S. essentielle Bedeutung haben: (a) Verzicht auf Herrschaftsstrukturen; (b) Förderung gemeinsamer Lebenserfahrungen; (c) Plenum als Diskussions- und Entscheidungsforum; (d) Gemeinschaftsräume. Wenn es auch mehr oder weniger große Differenzen zwischen den verschiedenen gemeinschaftsorientierten Wohnformen geben mag, so sind doch auch ideologisch abgeschwächte Wohnprojekte schon dadurch von kulturell tradierten Formen des Wohnens unterschieden, dass sie nicht auf Individualisierung (in der solitären wie paarbasierten Wohnform) hinauslaufen und räumlich nicht auf den Rahmen *einer* (singulären) Wohnung begrenzt sind. Die wohl stärkste Brücke von der Idee der Kommune zu anderen »Postkommunen« (zu denen auch die Wagenburgen gehören, vgl. 4.8) sieht Kurzbein darin, dass all diese Wohnformen in der Art ihrer Einräumung »in gewisser Weise ›befreite Gebiete‹« sind (Kurzbein 2006: 254).

Auch das Wohnprojekt von S. konstituiert einen Sonderraum (wenn auch anders als eine Wagenburg). Die in das Wohnprojekt einbezogenen Häuser sind zwar als gebaute Objekte die gleichen, wie die in unmittelbarer Nachbarschaft zeitgleich in den 1970er Jahren errichteten Bauten. Das Anders-Sein des Wohnprojekts zeichnet sich symbolisch dadurch aus, dass soziale Praktiken des Wohnens gegenüber dem sozialen Raum des »Außen« signalisieren, dass *hier* eine andere Wertewelt beginnt. Anstelle des »hübsch« blühenden, »ordentlich« geschnittenen Goldregens stehen vor einem Haus des Wohnprojekts ein paar Bananenstauden und ein Früchte tragender Kiwi-Baum. Eine Sitzgruppe für gemeinsa-

---

127. www.nadir.org/nadir/periodika/contraste/lutter_gruppe.htm; Abruf: 03.10.2008. Die großen heute bestehenden Kommunen stellen sich in der Internetmonatszeitschrift »Contraste. Monatszeitung für Selbstorganisation« dar (vgl. www.nadir.org/nadir/periodika/contraste/kommunen1.htm; Abruf: 03.10.2008).

me abendliche Gespräche steht auf der Grenze von öffentlichem Gehweg und Vorgarten. Auch das materielle Milieu lässt eine Atmosphäre entstehen, die symbolisch eine *soziale* Grenze zum Ausdruck bringt. Es sind aber nicht nur diese *Äußerlichkeiten*, die einen programmatischen und atmosphärischen Rahmen des Projekts schaffen. In erster Linie verbürgen kommunikative Strukturen die *Lebbarkeit* des Modells. Dieses kann seinem sozialen Anspruch nur *als Experiment* gerecht werden. Allein diesseits einer sich einschleichenden Normalität des Wohnens kann es sich in seinem Ausscheren aus dem stummen Konsens bürgerlichen Wohnens selbst gewahr werden. Die Aufgabe einer kommunikativen Begleitprognostik erfüllt das Plenum. Es ist auf diesem Hintergrund auch *atmosphärisches* Medium für die stabile Organisation des Lebens auf einer Insel, die zugleich einen gesellschaftlichen »Rand« darstellt, der wegen diffuser kultureller Konnotationen eher in der Gefahr stigmatisierender Zuschreibungen steht, als dass er in der Wahrnehmung der bürgerlichen Öffentlichkeit als Hort neuer für die Gesellschaft *im Allgemeinen* fruchtbarer Ideen des Lebens und Wohnens aufgefasst würde.

Wenn die Lebensgefährtin von S. das gemeinsame Gespräch im Plenum als »*Wohnarbeit*« anspricht, dann tritt mit diesem Begriff ein essentielles Merkmal all jener Wohnformen in den Blickpunkt, die einen eingeschlagenen Weg des Wohnens – als Moment solchen Wohnens – prüfend bedenken. Der Begriff der »Wohnarbeit« weist auf den Prozess eines im Prinzip permanenten kommunikativen Ringens um (vorübergehende) Antworten auf die immer wiederkehrende Frage nach der Bedeutung eines *bestimmten* Wohnens in einem *bestimmten* Leben hin.

4.9.5 Retrospektive

Das präreflexiv *dahinströmende* Wohnen bedient sich in ganz anderer Weise kreativer Kräfte als das sich seiner Verwicklungen in gesellschaftliche Verhältnisse bewusst werdende Wohnen. Zwar gelangen beide Modi des Wohnens zu Formen der Verräumlichung eigenen Lebens; aber die Rolle der Kreativität, die auf je eigenen Wegen spezifischen Rationalitäten und Wünschen (mit anderen Worten »Programmen«) folgt, bringt extrem unterschiedliche Gestalten des Wohnens hervor. Diese können nur verständlich werden, wenn kreative oder als »kreativ« geltende Räume des Wohnens als Ausdruck eines je *besonderen Lebens* begriffen werden.

In der kreativen Gestaltung einer Situation des Wohnens stellen sich Aufgaben der Synthese *verschiedener* räumlicher Dimensionen des Lebens, die einer jeden Wohnung in spezifischer Weise zueigen sind. Als Folge der grundlegenden Bedeutung der Wohnung für die Entfaltung des Selbst steckt die in einer Wohnung gelebte Kreativität Spiel- und Entfaltungsräume für die Lebbarkeit von Individualität ab: (a) über die

Verortung des Wohnraumes im Raum der Stadt wie des Hauses; (b) über die *ästhetische Gestaltung* des Ortes der Wohnung wie des Wohnumfeldes; (c) über die *atmosphärische Inszenierung* und gefühlsmäßige Umfriedung der Wohnung; (d) über die Disponierung der Wohnung als *sozialen Raum* für ein Leben, das die individuellen Lebens- und Wohninteressen an eine allgemeine gesellschaftliche Situation anschließt; (e) über die Aneignung der Wohnung als einen *Denkraum*, um das individuelle Wohnen im Spiegel einer reflexiven »Wohnarbeit« (vgl. o.) bewusst machen zu können und schließlich (f) über die Konstitution eines ganzheitlichen *Situationsraumes*.

Die kreative Ausgestaltung dieser Spiel- und Entfaltungsräume ging am Beispiel des Designers (W.) strukturell andere Wege als am Beispiel von S. Die Kreativität von W. entfaltet sich im Rahmen eines Lebens, in dem aufgrund beruflicher Rollenanforderungen und -erwartungen die Kommunikation sichtbarer und atmosphärisch erlebbarer Qualitäten des ästhetizistisch inszenierten Wohnraums unabdingbar ist. Im Zentrum dieser Gestaltung stehen *auf den ersten Blick* allein Ziele einer Oberflächenästhetisierung, die sich mit den Begriffen der »Inszenierung« und »Repräsentation« fassen lassen. In der Lebensform von W. imprägniert der Stil der Einrichtung den (Wohn-)Raum aber *nicht* nur geschmacksästhetisch; der »Stil« fungiert zugleich als Ausweis persönlicher Identität. Die Dinge und Inszenierungen stehen (intuitiv und/oder wissentlich) vor allem deshalb in einem symbolischen Verweisungszusammenhang mit großen Architekten und Bautraditionen, weil sie eine erwünschte Fremdzuschreibung von Identität initialisieren sollen. Darin bewirkt die *Oberflächen*ästhetisierung zugleich eine *Tiefen*ästhetisierung. Auf diesem nicht sichtbaren Niveau steht das Wohnen von W. in seiner kreativen Gestaltung im Rahmen subkulturell codierter Bedeutungen, die auf ein professionelles Kreativitätsverständnis zurückbezogen sind, wonach performativ und szenisch *dargestellte* Kreativität die Zuerkennung professionellen Leistungsvermögens evoziert oder zumindest evozieren soll. Bemerkenswert ist der Umstand, dass sich diese Symbolisierung zum einen der Dinge (mit einer historischen und stilspezifischen Herkunft), zum anderen aber auch *atmosphärischer* Ausdrucksgestalten bedient, die *nachempfunden* und auf der Grundlage leiblicher Kommunikation »verstanden« werden müssen, wenn sie ihren Adressaten in einer gewünschten Weise erreichen sollen.

In der Lebens- und Wohnsituation von S. stellt sich die Verknüpfung von Kreativität mit Sinn in ganz anderer Weise. Kreativität dient nun der Findung einer Form für die Idee eines Lebensmodells, das sich in den Raumhülsen bürgerlicher Wohnungen nur unter *bestimmten* Vorzeichen realisieren lässt. Gemeinschaftliches Wohnen bedarf einer Raum-Form, die erst aus dem Spektrum dessen geschöpft werden muss, was der Immobilienmarkt ermöglicht. Die Programmatik *gemeinsamen* Lebens definiert die Ansprüche an eine räumliche Situation. Weder die Ideen, noch die experimentell-praktischen Gestaltungsweisen anderen *Wohnens* unterliegen einem ästhetizistischen Kalkül. Was in einer bestimmten Weise *ist* und erscheint, soll ohne Filterung durch geschmacksästhetische Präferenzen auf das Selbstverständnis *der Gruppe* zurückverweisen.

In besonderer Deutlichkeit kommt der Zusammenhang von Wohnraumgestaltung und Sinnstiftung in den Selbsterklärungen der Kommune 2 (K 2) zum Ausdruck. Diese hatte sich als »subversive Gesellschaftsform« begriffen, die nach außen wirken müsse und deshalb eines gemeinsamen Objekts (in Form politischer Handlungsarenen) außerhalb ihrer selbst bedürfe (Bookhagen u.a. 1969: 49). Die Möglichkeit, »die Verhältnisse seiner Umwelt aktiv gestalten zu können« (ebd.: 51), beschränke sich im bürgerlichen Leben nach Auffassung der K 2-Bewohner auf die »ästhetische Ausstattung eines Zimmers« und erliege damit der Vorgaukelung einer »nicht vorhandenen Individualität«. Um dieser Falle zu entgehen, sollte sich das gemeinsame Leben in der Kommune in den politischen Raum der Gesellschaft (nach außen) entfalten. Die Wohnungen sollten nicht aus einem ästhetizistischen Programm heraus (oder gar um ihrer selbst willen) *anders* sein, sondern weil sie dem Leben für die Möglichkeit einer gemeinschaftsorientierten Kommunikation eine angemessene Form bieten sollten. Dieses Wohnen strebt somit kein *schöneres* Wohnen an, sondern die Aufhebung einer Entfremdung durch Strukturen der bürgerlichen Familie, die in ihrer Einbindung in den systemischen Kreislauf des Kapitalismus als krank machend empfunden wurde (vgl. ebd.: 7). Der Einsatz von Kreativität zielte darauf ab, einen Raum zu schaffen und weiterzuentwickeln, der der Lebbarkeit einer Idee gerecht werden konnte. Ein Problem der Umsetzung wurde in der Angebotsstruktur des Immobilienmarkts gesehen: »Das Bedürfnis, in größeren Wohnkollektiven zusammenzuleben, wird in den meisten Fällen daran scheitern, dass keine geeigneten Wohnräume zu finden sind.« (Ebd.: 10)

Es sollten *Wohnkollektive* hergestellt werden, die eine »Umwälzung« von Verhältnissen der Entfremdung zum Ziel hatten und deshalb ganz bewusst auf die kommunikative und lebenspraktische Verzahnung mit der Produktionssphäre und den gesellschaftlichen Institutionen angelegt war. Die Bewusstheit dieses Prozesses, zu dem die psychoanalytische Rekonstruktion individueller Herkünfte gehörte, war Bedingung für das Gelingen des Modellversuchs. Wo die Gemeinschaft *nicht* diesen Weg der Bewusstwerdung gehe, führe die Lebensform auch nicht in eine befreiende Praxis, sondern nur zu einem »besseren Funktionieren des kapitalistischen Herrschaftssystems« (ebd.: 9).

Kreativität operiert in diesem politisch motivierten Wohnen nicht auf einer ästhetischen, sondern ethischen Ebene, wenn sich diese auch wiederum in der ästhetischen Gestaltung des Wohnens ausdrückt, indem sie zu erkennen gibt, dass die allgemein in der bürgerlichen Gesellschaft herrschenden ästhetischen Regeln *hier* leerlaufen. Wenn das Wohnprojekt von S. auch nur in einem äußerst weiten Sinne mit politisch-programmatischen Veränderungsansprüchen der Gesellschaft verbunden ist, so steht die Art und Weise dieses Wohnens doch für die Verwirklichung einer »wohnbaren« sozialen Utopie des Miteinander.

Die kreativen Formen des Wohnens von W. und S. sind sich strukturell darin ähnlich, dass Kreativität in der Gestaltung der Wohnräume jeweils der Programmatik der *Lebenssituation* folgt, die sinnvolle Möglichkeiten eines So- oder So-Wohnens einschränkt. Es gibt kein *kreatives* Wohnen ohne »internen« Sinn, der ein Wohnen intentional an ein bestimmtes Leben anschließt. »Kreatives« Wohnen, das lediglich (pseudokreativ) Moden folgt, ist in seiner Be-SINN-ungslosigkeit nicht kreativ, sondern affirmativ, ist nicht »Wohnarbeit«, sondern unbedachtes Wohnen.

5. Wohnen und Macht

Der Mensch nimmt wohnend »Platz« auf der Erde, indem er vielgestaltige Beziehungen zu Orten aufnimmt. Er *handelt* zur Verwirklichung von Zielen eines *gewollten* Lebens an einem Ort. Kein Wohnen geht aber ganz im Handeln auf. Wenn die Stadtsoziologin Ingrid Breckner das Wohnen der Menschen als »Aneignung menschlicher Handlungsräume« und mit dem Begriff der »Wohntätigkeit« anspricht (vgl. Breckner 2002: 146f), so trifft diese Charakterisierung das Wohnen nur auf seiner zweckrationalen Seite. Zwar werden durch Handlungen Sachverhalte geschaffen, die die Beheimatung in einer Gegend fördern und die eigene Wohnung im Raum des affektiv geladenen Herum als symbolisches und leiblich spürbar-befindliches Zentrum stark machen sollen. Sind die Zwecke aber erfüllt und die Wohnung dank ihrer atmosphärischen Umfriedung zu einem schützenden Bezirk herangewachsen, verdankt sich ihr heimatstiftender Charakter weniger der *handelnden* Aneignung, als des pathischen Aufgehens im gelebten Raum. Seine bergende und schutzbietende Kraft entfaltet der persönliche Raum der Wohnung als *nicht* bedachter Raum.

Die wissenschaftliche Thematisierung des Wohnens verengt sich in der Gegenwart auf eine pragmatische Perspektive. In der Folge dominieren Diskurse über ökonomische Rahmenbedingungen und Finanzierungsmodelle von Wohnungsbauprojekten, über die Technologisierung der Wohnung zur Entlastung des häuslichen Lebens von profaner Hausarbeit, die Ästhetisierung der Wohnung und des Wohnumfeldes oder die ordnungsstaatliche Steuerung des Wohnungsbaus. Die von Heidegger formulierte Aufgabe, *das Wohnen* zu bedenken, wird von diesen Diskursen übersprungen. Sie bedenken das Wohnen nicht an sich, sondern rationalistisch zugeschnittene Aspekte der »Aneignung menschlicher Handlungsräume«.

Das abschließende Kapitel nimmt in einem resümierenden Sinne die allgemeine Frage nach dem Wohnen noch einmal in den Blick. Im Hintergrund stehen die in den Kapiteln 4.1 bis 4.9 behandelten Fallstudien. Anstelle eines additiv bündelnden Resümees soll die folgende Retrospektive einer insofern »neuen« Perspektive folgen, als diese quer zu den Diskussionslinien innerhalb der einzelnen Fallstudien verläuft. Die Rekonstruktion der Fallstudien hatte deutlich werden lassen, dass die Herstellung von Bedingungen des Wohnens in zweierlei Hinsicht nicht allein nur in der Hand der Wohnenden lag. Zum einen folgt jede Verräumlichung individuellen Lebens den in einer Gesellschaft geltenden Regeln und Ordnungsstrukturen, d.h. der gesellschaftliche Rahmen strukturiert die Spielräume, innerhalb derer sich Individuen und Gruppen wohnend finden können. Zum anderen gestalten die in diesen engen oder weiten Grenzen Wohnenden nach persönlichen oder – im Falle des Wohnens in Gruppen – gemeinschaftlichen Möglichkeiten, Bedürfnissen, programmatischen Grundsätzen, ästhetischen Präferenzen und spezifischer Nützlichkeitserwägungen das Milieu ihres So-Wohnens. Damit werden auf zwei Ebenen Kräfte und Mächte zur Entfaltung gebracht, die entscheidenden Einfluss auf die subjektiv erlebte Qualität des Wohnens haben. Wie ein Mensch sein Leben lebt, wird weniger durch sein Wohnen bestimmt, als dass es sich in seinem Wohnen ausdrückt. Gleichwohl wirken die gesellschaftlich (in gewisser Weise von einem Außen individueller Spielräume) strukturierenden Bedingungen des Wohnens aber auch auf die Art und Weise zurück, ein Leben in einer bestimmten Weise erst leben zu können. Alle Beispiele haben diese strukturverschiedenen Rahmenbedingungen des Wohnens in mannigfaltigen Facetten deutlich werden lassen.

Im Folgenden soll nun eine integrierende Diskussion dieser wirkenden Kräfte unter dem Aspekt der Macht erfolgen. In den verschiedenen sozial- wie geisteswissenschaftlichen Diskursen über das Wohnen spielt die Frage, welche Formen der Macht auf das Wohnen einwirken und welche Macht von Situationen des Wohnens auf den Menschen ausgeht, keine herausgehobene Rolle. Was sich schon in den Fallstudien zeigte, soll nun i.S. einer thematischen Fokussierung noch einmal verdichtet werden: Das Bedenken des Wohnens kann allein aus der Perspektive der persönlichen Situation *nicht* gelingen. Jedes individuelle Wohnen steht in einem Wechselwirkungsverhältnis zu allgemeinen gesellschaftlichen (ökonomischen, kulturellen, technologischen u.a.) Rahmenbedingungen der Vergesellschaftung des Menschen. Noch weniger lässt sich die Frage des Wohnens auf das harmonische Leben in einer *Heimat* als Sinnzentrum und Brutraum gelingender Identitätsbildung begrenzen. Bollnow erlag in seiner Zeit diesem Denken und damit sozialromantischen Illusionen. Die vorliegende Studie folgt dagegen dem Ziel, das *gewohnte* Denken des Wohnens über Erkundungen an Rändern der Gesellschaft in die Fragwürdigkeit zu treiben, um sich dem Sog gewohnheitsmäßigen Denkens des Wohnens entwinden zu können. Die Illustration und Rekonstruktion der neun Fälle machte auf strukturell höchst verschiedene Erscheinungs- und Wirkungsformen von Mächten aufmerksam, die sich jedoch nicht *als Macht* zu erkennen gaben, sondern als (soziale, ökonomische, politische etc.) *Kräfte* im Leben der Wohnenden virulent waren und so das Wohnen auf je besondere Weise situierten. Diese Wirkmächte des Wohnens sollen im Folgenden unter dem Aspekte der Macht nachgezeichnet werden.

5.1 Zum Begriff spürbarer Macht

Jedes Wohnen steht auf äußerst vielfältige Weise in einem dichten Netz von Wirkungen, Verwicklungen und Bewirkungen, die Ausdruck, Produkt oder Resultat der Virulenz unterschiedlichster Formen und Rationalitäten der Macht sind. Im Folgenden werde ich von einem Macht-Verständnis ausgehen, in dessen Bedeutungsmitte nicht nur anonyme, systemische und abstakte Machtmechanismen stehen, sondern auch diffuse und verdeckt wirkende atmosphärische wie symbolische Kraftfelder, die ihrerseits Macht über eine Wohnsituation entfalten. Von welcher Macht ist dabei die Rede?

Macht ist nicht nur repressiv und offen am Werke. Sie ist zugleich dispers in jene Strukturen der Gesellschaft eingesickert, die nicht mit »Macht« identifiziert werden. Wenn die Macht »nur repressiv wäre, wenn sie niemals etwas anderes tun würde als nein sagen, ja glauben Sie denn dann wirklich, daß man ihr gehorchen würde?«, sagt Foucault in einem Interview mit Alessandro Fontana und Pasquale Pasquino (Foucault 1977.1: 35). Macht ist in den gesellschaftlichen *Körper* der Institutionen genauso eingewachsen wie in die Leiber der Individuen. Sie ist eine Art »produktives Netz«, das »den ganzen sozialen Körper überzieht« (ebd.) und über die Formatierung der Diskurse und die Ausstattung des gesellschaftlichen Wissens mit kultureller Akzeptabilität entscheidend an der Produktion von Wissen mitwirkt. »Im Wahren ist man nur, wenn man den Regeln einer diskursiven ›Polizei‹ gehorcht, die man in jedem seiner Diskurse reaktivieren muß.« (Foucault 1970: 25) So verstandene Macht wird von Individuen nicht nur angewandt, sie geht durch sie hindurch (Foucault 1976: 82). »Das Individuum ist eine Wirkung der Macht und gleichzeitig [...] ihr verbindendes Element.« (Ebd.: 83) Wo »die Macht den Körper angreift«, bildet sie einen Knoten in einem »Netz von Bio-Macht« (Foucault 1977.2: 109), weil dies eine Macht ist, die im performativen Leben gleichsam *lebendig* geworden ist. Verknüpfende Funktion erbringen in diesem Netz nach Foucault die Dispositive, die sich in und vor allem zwischen gesellschaftlich wirksamen Kraftfeldern ausbreiten und mit der Veränderung der Verhältnisse neu konfigurieren. Eines planenden oder »satanischen« Subjekts bedarf es dabei nicht. Mit den Dispositiven spannt sich ein Netz der Macht auf, dessen tragende Struktur *als Macht* unsichtbar ist.[128] Die Strategien der Macht und die Techniken der Produktion des Wissens greifen in diesem generativen Prozess wechselseitig ineinander; das Wissen ist ein Hort der Macht. Der Begriff des Wissens geht in die-

---

128. Zum Begriff und Konzept des Dispositivs bei Foucault ist in den letzten 15 Jahren eine Vielzahl an auslegender Literatur entstanden; stellvertretend für vieles vgl. Lorey 1999.

sem Verständnis deutlich über den des *propositionalen* Wissens hinaus und umfasst in einem epistemologischen Sinne vor allem verinnerlichtes *leibliches Wissen*, das auf besonders fruchtbare Weise das Feld der Diskurse bestellt. In seinem Einswerden mit Gefühl und Habitus »haftet« es aber nicht nur am *einzelnen* Individuum; es sickert über die gemeinsame Situation der Zeitgenossen auf einem gesellschaftlichen Niveau in die soziale Konstruktion »richtigen« Wissens ein.

So ist sich das Individuum in den Veranlassungen seines Tuns oft selbst ein Rätsel. Für zahllose Fälle konkreten Tuns kann es keine rationalen Gründe nennen. Deshalb sagt Foucault, die Welt habe kein »lesbares Gesicht [...] welches wir nur zu entziffern haben« (Foucault 1970: 34). Die Male der Macht liegen nicht in den Gesichtszügen des sozialen Gesellschaftsgebildes; sie fließen in dessen zirkulierendem Blut. Der überpersönliche und dissuasive Charakter der Macht scheint bei Michel Foucault in unendlichen Mikrologien auf. Dieses Verständnis unterscheidet sich deutlich vom Begriff der Macht bei Max Weber, der stets einen sie ausübenden Akteur im Blick hatte: »Macht bedeutet jede Chance, innerhalb einer sozialen Beziehung den eigenen Willen auch gegen Widerstreben durchzusetzen, gleichviel worauf diese Chance beruht.« (Weber 1922: 38) Dasselbe Verständnis ist in der Ausübung von Macht durch staatliche Institutionen wirksam, womit der »eigene Wille« in einem »Gemeinschaftshandeln« aufgeht (ebd.: 678). Mit der Betonung des *Willens* rückt eine Intention in den Vordergrund, die sowohl rationale als auch irrationale Züge trägt, jedoch stets ein Bewusstsein dessen voraussetzt, was durch die Anwendung von Macht erreicht werden soll. Macht ist damit bei Max Weber in handelnden Personen begründet.[129] Im Unterschied dazu delokalisiert Foucault den personalen Ort der Macht und hebt damit implizit auch die fiktionale Ontologie des allzeit *handelnden* Subjekts auf.

Macht stellt sich bei Foucault in erster Linie als *anonyme* Macht dar, die weniger mit Personen identifiziert werden kann, als mit gesellschaftlichen, sozialen und ökonomischen Verhältnissen, dem Erziehungssystem etc. Von all diesen Machtfeldern gehen Wirkungen aus, die sich in den Körper der Individuen gleichsam einfressen. Wenn Foucault vom *Körper* als stummem wie beredtem Träger einer dispers in das soziale System ergossenen Macht spricht, dann hinterlässt die Metapher des »Körpers« insofern ein Erklärungsvakuum, als es doch nicht der materielle *physische* Körper ist, der Träger der Macht ist, sondern ein sich *leiblich* dartuendes *Gefühl* der Disposition *zu etwas*. Mit anderen Worten: Die Macht hat sich als *Disposition der Gefühle* in den Leibern der Individuen (und viel weniger in deren Körpern) niedergelassen. So drückt sich auch die Macht von Normen im Wohnen aus. Während *herrschende* Normen die

---

129. Vgl. zur Reflexion des Begriffs der Macht bei Max Weber auch Sukale 2007.

Einhaltung der Grenzen *normalen* Wohnens verbürgen sollen, sind die (ver-rückten) Normen »*mut*-willigen« Anders-Wohnens (z.B. in Wagenburgen) ein Affront gegen das mit einer allgemeinen Akzeptabilität ausgestattete Wissen »richtigen« (d.h. *normalen*) Wohnens. Deshalb macht das experimentelle, kreative oder *alternative* Wohnen der *normalen* Mitte der Gesellschaft Angst, die aus Gründen einer »Ökologie der Normalität« mit den verschiedensten diskursiven und physischen Mitteln der Macht (Ächtung bis Räumung) beherrschbar gemacht wird – gleichwohl mehr psychologisch als faktisch.

An jenem Punkt, an dem Foucault das Einsickern der Macht in den *Körper* wie die Machtergreifung des Körpers im biopolitischen Rahmen diskutiert, verstellt er seine Körper-Metaphorik dem Verständnis des *wirklichen* Einsickerns der Macht in die Person, bzw. ihre Disposition oder persönliche Situation. Zwar ist »Überwachen und Strafen« nur auf dem Hintergrund eines Körper-Denkens zu verstehen, das weit über die Materialität des *physischen* Körpers hinausgeht und den Körper von seiner spiegelbildlichen Seite des Leibes her denkt. Jedoch gehören Attribute, die auf den *spürenden, befindlichen* und durch Gefühle charakterisierten *Leib* verweisen, in der Beschreibung der Durchsetzungstaktiken der Disziplinarmacht bei Foucault zur seltenen Ausnahme. Dies verwundert, zielt doch gerade die einverleibte Macht darauf ab, ihre Geltungsansprüche über ein *Regime der Gefühle* durchzusetzen, ohne *als Macht* erkannt zu werden. Wenn der militärische Drill im 18. Jahrhundert aus dem »untauglichen Körper« der Soldaten Maschinen (vgl. Foucault 1975: 173) zu formen vermochte, so konnte die Dressur des »gelehrigen Körpers« doch nur über die Disziplinierung und Einvernahme des *Leibes* erfolgreich sein.[130]

Ein weiter als bei Foucault gefasstes, aber mit dessen Denken kompatibles Verständnis der Macht findet sich bei Hermann Schmitz: »Macht ist Steuerungsfähigkeit, d.h. das Vermögen, einen Vorrat beweglicher Etwasse in gerichtete Bewegungen zu versetzen, dieses im Verlauf zu führen oder Bewegungen anzuhalten.« (Schmitz 2008.1: 5) Legitime Macht »dürfte [...] immer oder fast immer auf der Autorität von Gefühlen beruhen« (ebd.: 10). Die Situation eines Menschen (seine persönliche oder/

---

130. Auch in der Rezeption von Foucaults Körper-Metaphorik spielt die Perspektive der Leiblichkeit erstaunlicherweise eine untergeordnete Rolle. So muss es verwundern, dass Hania Siebenpfeiffer über die Leiblichkeit hinter der Körper-Metapher Foucaults nicht geradezu stolpert, zumal sie eine Textstelle zitiert, in der Foucault explizit den Begriff des »Leibes« verwendet. Die Autorin verengt ihren Beitrag über den Körper in der Denkweise Foucaults aber (sofern sie die Körper-Metapher zu überschreiten versucht) lediglich auf den höchst flüchtigen Begriff der »Seele« (vgl. Siebenpfeiffer 2008: 266), der zwar auch von Foucault immer wieder gebraucht wird, aber wegen introjektionistischer Denkvoraussetzungen wenig aussagekräftig ist.

und gemeinsame) ist durch Bedeutsamkeiten geprägt, die Macht über ihn gewinnen. Diese Bedeutungen werden von Gefühlen getragen, finden darin ihre Autorität und legitimieren so die damit einhergehenden Wirkungen der Macht. Macht haben i.d.S. nicht nur jene dispositiven Kraftfelder, die nach Foucault in einer kulturell akzeptierten Rationalität codiert sind und als eine Art Bindemittel zwischen gesellschaftlichen Systemen fungieren. Macht haben in dieser Sichtweise auch Gesten, Blicke, Wünsche, unbegriffliche Bedürfnisse etc.

Die besondere Aufmerksamkeit von Schmitz fällt auf *anonyme* Mächte »denen gegenüber die Prüfung auf Legitimität eigentümlich ratlos und die Bewertung ambivalent wird, sodass man sich wohl oder übel von ihnen führen lässt« (ebd.: 16). Als Beispiel für solche anonymen Mächte spricht er z.B. Marktwirtschaft und Technik an. Dabei verweist Schmitz auf Foucault. Für Schmitz ankern die Dispositive der Macht, sobald sie in den sozialen Kosmos der Gesellschaft eingesickert sind, in Gefühlen, die *persönliche* Autorität besitzen und darin Macht über Individuen haben.

Für das Wohnen sind alle Techniken der Macht von Bedeutung, zum einen maschinistisch funktionierende systemische Macht, zum anderen aber auch personale Macht, die Individuen anwenden, um auf die Qualität des Wohnens *anderer* einzuwirken (etwa über die Arbeit von Innenarchitekten und Raumausstattern). Zum dritten schließlich auch jene Macht, die von den Wohnenden eingesetzt wird, um das eigene Wohnen in einer Weise zu gestalten, dass es in einem erwünschten Gefühl der Wohnlichkeit erlebt werden kann oder in einer repräsentationsorientierten Symbolsprache erscheint. Mit seiner Definition von *Macht als Steuerungsfähigkeit* ist ausdrücklich ein selbstreferentielles Moment der Macht mit gemeint – eine Macht, die man durch den Gebrauch von Dingen und die daran anschließende Herstellung von Atmosphären im umfriedeten Raum des Wohnens über sich selbst entfalten kann, um sich von der Macht eines Gefühlsraums in erwünschter Weise erfassen zu lassen.

5.2 Macht über und durch Atmosphären

Nach Hermann Schmitz ist Wohnen wesentlich durch zwei Merkmale gekennzeichnet: erstens die Pflege umfriedender Atmosphären, die einen bewohnten Herumraum mit Vitalqualitäten umhüllen, und zweitens durch Bewegungsmöglichkeiten im *leiblichen* Raum (vgl. Schmitz 2008.2). In der Erlebnisperspektive der Bewegung wird der Raum als leibliche Wirklichkeit empfunden. Das setzt Spielräume der Bewegung voraus. Sofern diese gegeben sind, kann Heimisch-Sein auf verschiedenen Maßstabsebenen angebahnt werden – der der Wohnung, des Dorfes bzw. der Stadt. Die Dynamik der Bewegung, die den Rhythmen der leiblichen Kommunikation folgt und ein unumkehrbares (vom wahrnehmenden Subjekt ausgehendes) Richtungsnetz in den Raum spannt, setzt einen materiellen Raum mit Bewegungs-Infrastrukturen voraus. Kein Bewegungsraum geht aber in einem noch so planvoll hergestellten physischen Raum auf. Der Raum der Wohnung wie der bewohnten Stadt wird leiblich durchschritten.[131] Wie Heimat nie in einem *reinen* Gefühl der Geborgenheit aufgeht, sondern oft idiosynkratische Beziehungen einschließt, haben auch Atmosphären, zwischen deren Orten ein Wohnender gleichsam hin- und hergeht, oft ambivalente bzw. heterogene Gefühlsqualität.

Jede Wohnung hat ihre spezifische Atmosphäre. Architektur und Ausstattung einer Wohnung wirken an der Konstitution von Atmosphären mit. Ist der Wohnende *nicht* Herr der Atmosphären und/bzw. der Bewegungsmöglichkeiten im eigenen Raum, stellt sich die Frage nach der »Urheberschaft«. Diese ist für das Bedenken des Wohnens bedeutsam, denn es gibt zahllose Situationen des Wohnens, die atmosphärisch wie in ihren vorgezeichneten Bewegungsmustern in einer so wirkmächtigen Weise vorprogrammiert sind, dass der Wohnende nur über äußerst schwache Mittel verfügt, über die gegebenen Dispositionen seines Wohnens korrigierend *selbst* Macht auszuüben. Die Beispiele des Wohnens im Gefängnis haben gezeigt, dass die herrschende Atmosphäre des Wohnens – deren Wohn-Charakter im Erleben einer Gefangenen bestritten wurde – Teil des Arrangements einer gemeinsamen Situation in einer Haftanstalt ist. Die Gefangenschaft soll nicht nur ein abstraktes Faktum der Einkerkerung sein, sondern als Einkerkerung in einem leiblich erdrückenden Gefühl der Enge auch *erlebt* werden. Integraler Teil der architektonischen Logik, die in der Herstellung eines Gefängnisses wirksam wird, ist die atmosphärische Wirklichkeit *spürbarer* Enge, die sich durch massive Einschnitte in die persönliche Freiheit der Bewegung noch einmal verstärkt. Es ist der souveräne Staat, der seine Straf- und Disziplinarmacht nicht nur symbolisch, sondern auch pathisch anwendet, wenn er die Häftlinge in Zellen sperrt, in denen sie ihre Isolation als Strafe empfinden sollen. Die Produktion von Atmosphären steht hier ebenso im programmatischen Dienst der Disziplinarmacht wie die Fixierung der Bewegung auf vorgezeichnete Bahnen.

Im Unterschied zur Gestaltung von Gefängnissen wird in der Schaffung einer Klosterarchitektur nicht eine fremde (staatliche) Macht wirksam, sondern eine *eigene* Macht, über deren Gebrauch die Bruderschaft innerhalb der Geltung akzeptierter Regeln selbst verfügt. Während die Häftlinge nicht in der ihnen aufgezwungenen Atmosphäre leben *wollen*, wünschen sich die Mönche *ihre* Atmosphäre als einen ihrem Leben gemäßen Gefühlsraum. Wenn die Mönche ihre Klausen in einer Atmosphäre

---

131. An anderer Stelle habe ich auf diesem theoretischen Hintergrund die Metapher vom »Leib der Stadt« diskutiert (vgl. Hasse 2002).

heiliger Geborgenheit und damit als Freiraum für das Gebet, das Studium und die Bildung erleben, so ist auch diese Atmosphäre ein Produkt programmatischer Herstellung. Nun gründet die Wirkung der Räume aber in einem Machtwissen des Klerus, das seit Jahrhunderten weitergegeben wird. Die Funktion von Atmosphären, die von Menschen gemacht sind (im Unterschied zu solchen des Wetters z.B.), besteht darin, dass diese in intentionaler Weise auf das Erleben Einfluss nehmen. Um eine intendierte Wirkung erzielen zu können, setzen die Macher von Atmosphären *pathische* Macht ein. Nur wenn über Dinge und Körper hinaus Gefühle berührt werden, vermögen Atmosphären Verhaltenssteuerungen, Veränderungen von Affektlagen, von Stimmungen und Befindlichkeiten bewirken zu können. Die *ästhetische Arbeit* an Atmosphären ist aber besonders dort ethisch legitimationsbedürftig, wo der öffentliche oder halböffentliche Raum tangiert wird, also Orte zu Gefühlsräumen disponiert werden, die die Bewohner einer Stadt nicht nach Belieben meiden können (man denke an die atmosphärische Gestaltung von Bahnhöfen, städtischen Plätzen oder die ästhetische Formatierung von Kaufhausatmosphären[132]).

Wiederum andere Atmosphären des Wohnens sind weder gewollt noch erzwungen, haben aber dennoch eine eindringliche Macht auf die Zündung von Stimmungen. In den Fallstudien wurde die Virulenz dieser Macht am Beispiel der obdachlosen Frau O. (vgl. 4.2.1) deutlich, die unter der Atmosphäre litt, die von Nachlässigkeiten ihrer Mitbewohner und -bewohnerinnen im Obdachlosenasyl ausging. Nicht *jemand* inszeniert hier eine Atmosphäre für oder gegen andere – vielmehr sind es soziale Verhältnisse, die die charakteristische Atmosphäre prägen und damit Macht über das Gefühl derer entfalten, deren Stimmung sich von der entstandenen Atmosphäre treffen lässt. Wenn dagegen die Bürgermeisterin einer Stadt zur Aufenthaltsqualität in einer kommunalen Obdachloseneinrichtung erklärt: »Je gemütlicher es ist, desto länger bleiben die Leute« (vgl. 4.2.6), dann lässt sie ihre Bereitschaft erkennen, als Mittel politischer Macht die Verschlechterung sozialräumlicher Atmosphären zu betreiben bzw. zu tolerieren, um spezifische Aufenthaltsqualitäten zu minimieren.

Die Beispiele »gutbürgerlichen« Wohnens machten deutlich, dass Atmosphären des Wohnens in einer gewissen Weise auch *gezüchtet* werden können. Das Gelingen solcher Manipulationen setzt voraus, dass Macht über atmosphärische Mittel besteht und ein hinreichendes Vermögen zu ihrer Beherrschung existiert. Das Ziel der Herstellung z.B. *wohnlicher* Atmosphären folgt einem affektiven Bedürfnis, sich der Macht einer gemachten Atmosphäre zu unterwerfen, weil man sich in ihrem gefühlsräumlichen Rahmen wohlfühlen möchte. Wenn Frau B. anmerkt: »*Eine Wohnung ist wie eine Liebe. Etwas, was man spürt*« (vgl. 4.7.2), so drückt

---

132. Zur Gestaltung von Kaufhausatmosphären vgl. auch Hasse 2004.2.

sie damit auch ihren Wunsch aus, durch den machtvollen Einfluss einer als angenehm empfundenen Atmosphäre in eine erwünschte Stimmung versetzt zu werden. Aufmerksamkeit verdient die Produktion von Atmosphären vor allem aber da, wo sie *nicht* Produkt zielgerichteter Aktivitäten ist, sondern aus der anonymen Macht »objektiver« Verhältnisse erwächst. Wo Menschen ihr *pathisches* Wissen einsetzen, um sich einer Stimmung zu unterwerfen, kommt eine Macht in den Blick, die im gewohnten Denken weder *als* Macht bedacht noch *bewusst* als solche gebraucht wird.

5.3 Die Macht der Dinge

Die in einer Wohnung versammelten Dinge sind unter verschiedenen Perspektiven je andere: große und kleine Dinge, funktionale und ästhetische, neue und alte, bewusst platzierte wie fraglos gegebene Dinge. Macht geht von den Dingen besonders dann aus, wenn sie nicht nur wegen ihrer objektiven Funktion unentbehrlich sind (wie eine Waschmaschine), sondern über lebensgeschichtlich verwurzelte Bedeutungen und Empfindungen Stimmungen herangären lassen. Deshalb wird in besonderer Weise den sakralen Dingen Macht zugesprochen (vgl. Kohl 2003), die sich über Atmosphären im heiligen Raum und über die damit induzierten persönlichen wie gemeinsamen Stimmungen ausdrückt. Viele Dinge dienen *ausschließlich* einem atmosphärischen Zweck. So erzählte eine Gesprächspartnerin, die seit über 50 Jahren in *ihrer* Wohnung lebt, in welcher Weise Dinge in ihrer Wohnung das vergangene Leben symbolisieren, und in einem Gefühl des Alleinseins auf ihr lasten und unweigerlich Vergangenes offenbaren (vgl. 4.6.1). Die Dinge »haben« aber *i.e.S.* keine Macht über die Erinnerung, auch wenn ihre mnemosynische Wahrnehmung diesen Anschein macht. Macht geht in einem aktiven Sinne nicht von den Dingen aus, sondern vom Individuum, das zu einem Ding in einer pathischen Beziehung steht, über deren gefühlsmäßige Brücke es in die persönliche Situation einer Stimmung gelangt. Die Wohnung ist der *erste* Ort für die Versammlung biographisch bedeutender Dinge. In keinem anderen Raum befinden sich persönlich bedeutsame Dinge in einer so großen Dichte. Deshalb spielen sie auch eine so große Rolle in der atmosphärischen Umfriedung der Wohnung. Ihre Platzierung an signifikanten Orten im Raum der Wohnung ist eine Bedingung für das Gelingen atmosphärischer Gefühlsamalgame. Nur dann bilden sie Erlebnisachsen und an gefühlsmächtigen Knoten Brutstätten der Verschmelzung von Symbol und Gefühl.

Auf die differenzierte Bedeutungsmorphologie der Dinge wirken mindestens vier Gründe ein. Das Heer alltäglicher Dinge (1), das einfach nur da ist, entfaltet durch die Permanenz am jeweiligen Platz einen materiellen und psychologischen Rahmen *gewohnten* Wohnens. Besonders *diese* Dinge stiften Geborgenheit. Sie haben Bedeutung, indem ihnen *kei-*

ne Bedeutung bewusst gegeben wurde. Deshalb stiften sie ein Gefühl, das ohne thematische Richtung den Stimmungsgrund einer Wohnung auf diffuse Weise tönt.

Zum dinglichen Mobiliar einer Wohnung gehören (2) auch Dinge, die durch Umstände oder Verhältnisse wie Verwicklungen in biographisch signifikanten Geschehnissen mit Bedeutungen und Gefühlen beladen wurden. Die von diesen Dingen ausgehende atmosphärische Macht ist i.e.S. nicht durch die Wohnenden ermächtigt. Macht über den Wohnenden haben diese Hinterlassenschaften gelebten Lebens im Wege der Assoziation dennoch zumindest so lange, wie sie im Raum der Wohnung belassen werden. Zu den daseienden Dingen, die ihrerseits ohne ein Zutun der Wohnenden atmosphärische Macht entfalten, gehört auch der gesamte dingliche Charakter der Wohnung in einem ganzheitlichen Sinne.

Schließlich ist in diesem Zusammenhang (3) an eine Form der Macht zu denken, die vom räumlichen Umfeld der Wohnung ausgeht. Diese entfaltet sich z.B. dann als restriktive Macht, wenn sich lebensbedeutsame Infrastrukturen als Folge der Stadtentwicklung verändert haben oder das soziale Milieu sich in einer Weise gewandelt hat, die atmosphärisch dem eigenen Wohnen-Wollen und -Können zuwiderläuft. Der Blick auf das Wohnen an gesellschaftlichen Rändern macht aber auch darauf aufmerksam, dass Menschen (4) unter dinglich-materiellen Umständen wohnen, die eine bedrückende Wirkung und damit entweder intentional oder situativ eine *strafende* Macht entfalten. Die hier bedenklichen Dinge stehen nicht von sich aus in einem Verhältnis der Urheberschaft zu den Wohnenden. Die dingliche Gestaltung einer Gefängniszelle drückt vielmehr das Programm des Strafrechts einer Gesellschaft aus, das sich in der Architektur einer JVA widerspiegelt. Zugespitzt wird die Atmosphäre des Gefängnisraums (und damit die Machtwirkung der Disziplin) durch die Vorschrift, dass eine Zelle nicht beliebig, sondern nur in engen Grenzen und in einem kontingentierten Maß mit persönlichen Dingen ausgestattet werden darf. Menschen, die die Situation ihres Wohnens im Unterschied dazu der *helfenden* Intervention des Ordnungs- oder Sozialstaats verdanken (z.B. durch Odachlosenasyle), müssen sich hingegen nicht aus Gründen der Disziplin, sondern der Knappheit öffentlicher Mittel in einem abermals engen Rahmen der Selbstgestaltung ihres Wohnens unter weitestgehendem Verzicht auf die Hereinnahme persönlicher Dinge zurechtfinden.

Scheinbar groß ist der Spielraum in der Gestaltung eigenen Wohnens daher unter der persönlichen Bedingung größerer ökonomischer Möglichkeiten im wohnenden Gebrauch von Dingen (vgl. 4.7). Die Kostbarkeit von Dingen bzw. ihr ökonomischer Wert bewirken aber erst in der Kopplung mit sozialen Distinktionseffekten auch eine *tatsächlich* in die soziale Vernetzung hineinwirkende Macht. Ohne soziale Geltung entfalten hochwertige Dinge des Wohnens keine Macht. Damit hängt ihr Wert wesentlich an Moden und Trends subkulturell wechselhafter Strömungen. Die dinglichen Medien der Macht über die Gefühle eigenen Wohnens unterliegen so letztlich weniger einer individuellen als gemeinsamen gesellschaftlichen Macht, die sich in sozialen Geltungssystemen zusammenbraut. Dass sich mit der Macht der Dinge über das Erleben des Wohnens die Macht des Geldes verbindet, ist der alle gesellschaftlichen Bereiche überspannenden Logik des Kapitalismus geschuldet.

5.4 Die Macht des Denkens

Heidegger sieht eine Not des Wohnens darin, dass die Menschen »das Wohnen erst lernen müssen« (1951: 48). Im Denken sieht er den Weg zur Überwindung dieser Not, indem es die sich im Wohnen ausdrückenden Bezüge des Lebens zu ordnen, zu bewerten und mit Sinn zu verknüpfen vermag. Die subkulturell möglichen Verläufe solchen Denkens sind indes so vielfältig, dass sie den Sinn dessen auch verfehlen können, den Heidegger in der Entdeckung der Fragwürdigkeit des Wohnens erschließen wollte. Wenn die Bewohnerin einer Luxuswohnung ihr Wohnen im Genuss großer Annehmlichkeiten und Vorzüge des Hauses wie seines Umfeldes aus dem Gefühl einer atmosphärisch behagenden Herumwirklichkeit »*bedenkt*«, dann geht diesem Denken keine Fragwürdigkeit voraus, die geeignet wäre, das persönliche und subkulturelle Arrangement des Wohnens aus der ganzheitlichen Perspektive der Situation eigenen Lebens auch in ethischer Hinsicht prüfend zu be-denken. Das Bedenken des Wohnens hatte Heidegger nicht als zielloses und beliebiges Denken proklamiert, sondern als ein sich an den Kategorien des »Gevierts« orientierendes Denken. Die Schonung hat in der Denkaufgabe des Wohnens eine lebensphilosophisch existenzielle Bedeutung. Der schonende Charakter des Wohnens ist das Sinnzentrum, an dem sich letztlich jedes Bedenken des Wohnens zu orientieren hat.

Eine solche Form des Denkens, in der das Wohnen in seinen gelebten wie strukturell existierenden Weltbezügen mit dem Ziel der Schonung *nach*-denkend begleitet wird, bestimmt das Leben der Mönche, wie es sich am Beispiel zweier Kapuziner dargestellt hat (vgl. 4.3). Sie führen ihr Leben als eine Form *tätigen* Denkens, das sich in sozialem Handeln spiegelt, welches aus einem sie ermöglichenden Denken hervorgegangen ist. Indem sie über sich, wie ihre Rolle im Leben nachdenken, verbinden sie die Praxis ihres gelebten Lebens mit der Praxis des Lebens jener Menschen, denen sie sich aus religiösen Gründen verbunden sehen. So lösen sie tagtäglich *denkend-tätig* die angenommene Verantwortung ein. Ihr *So*-Wohnen ist Ausdruck ihres denkenden Lebens. Deshalb bestimmt das Bedenken *dieses Lebens* auch *dieses Wohnen*. Am Beispiel der Fallstudie des Klosterlebens der Mönche hatte sich auch gezeigt, dass die von den Mönchen als wichtig empfundenen Dinge (als Brücken zu Atmosphären und Stimmungen) in entscheidender Weise auch eine Macht des Denkens vermitteln und ganze Räume in ihrer Ausstattung sogar dem Zweck dienen, als Stimmungsprogramm einen Rahmen für bestimmte gemeinsame Situationen zu schaffen.

Das Bedenken des Wohnens aus dem Keim seiner Fragwürdigkeit ist aber nicht dem Klerus vorbehalten, sondern eine Bedingung gelingenden Wohnens im Allgemeinen. Der Umstand, dass noch nicht einmal mehr die modernen Sozialwissenschaften das Wohnen i.S. Heideggers in die Fragwürdigkeit treiben, sondern allein noch abstrakte Sachverhalte des Wohnens in einer zweckrational rekonstruierenden oder problemlösenden Weise verhandeln, macht deutlich, dass dem Bedenken des Wohnens in vielen modernen Gesellschaften der Gegenwart kein großer kultureller Wert beigemessen wird, der dem »Reichtum des Denkwürdigen« (Heidegger 1951/52: 59) gerecht werden könnte, den das Wohnen bereithält.

Wenn in aktuellen Debatten um den Klimaschutz auch die Frage des Energieverbrauchs in einen ethischen Rahmen gestellt wird, bleibt dieser doch so abstrakt, dass gewünschte Effekte nur erzielt werden können, wenn finanzielle Förderprogramme einen *ökonomischen* Anreiz vermitteln. Solange die Debatte um den Klimawandel als naturwissenschaftliches und politisches, nicht aber als lebensphilosophisches Thema behandelt wird, gelangt der Gedanke der *Schonung* in dem von Heidegger angelegten Sinne auch nicht ins Zentrum des Denkens. Wenn das industriegesellschaftlich geprägte Leben in seinen ethischen Verwicklungen (als Moment der systemischen Selbsterhaltung überhitzter Wohlstandsgesellschaften) nicht in das Fadenkreuz kritischen Denkens gerät, fällt auch das Wohnen in seinem lebensbezogenen Ausdruckscharakter aus dem Spektrum dessen heraus, was (jenseits monetärer Fragen) als denk-*würdig* gilt. So bringt das gewohnte Nicht-Denken des Wohnens aus einer lebensweltlichen Perspektive eher eine Geisteshaltung der Gegenwart zum Ausdruck, als eine prinzipielle und intentionale *Verweigerung, das* Wohnen zu bedenken.

Dass der Umstand des Denkens nicht ins Nichts führt, sondern i.S. einer »Technologie des Selbst« (Foucault) die Verfügung über das eigene Selbst erhöht, stärkt das Argument, dass vom Denken eine Macht über das Wohnen ausgeht, Sinnrichtungen zu finden und zu konkretisieren, welche letztlich i.S. einer Definitions-, Thematisierungs- und Aufmerksamkeitsmacht auf alle anderen Belange des Wohnens (und Lebens) zurückwirkt.

5.5 Die Macht des Ordnungsstaates

Die Macht des Ordnungsstaates ist nicht immer als solche erkennbar und schon daher nicht auf ein singuläres Verständnis zu reduzieren. Gleichwohl haben viele Praktiken staatlicher Macht eine große Nähe zum Machtbegriff Max Webers. Die seinem Denken zugrundeliegende Vorstellung von Macht wird überall dort wirksam, wo der Ordnungsstaat steuerndgestaltend auf Orte und Verhältnisse des Wohnens Einfluss nimmt. Diese Macht entfaltet er ebenso mit Hilfe steuer- wie baurechtlicher Instrumente. So fördert der Staat bestimmte Formen des Wohnungsbaus, die Bildung privaten Wohneigentums oder das Wohnen alter Menschen, die nur noch bedingt Macht über sich selber haben. Er finanziert direkt oder indirekt (über soziale Träger) Unterkünfte für wohnungslose Menschen; er baut und betreibt Haftanstalten oder bezuschusst die Fahrtkosten zwischen Wohnung und Arbeitsstätte und wirkt damit auf die räumliche Ordnung in Kommunen, Regionen und Bundesländern ein. Diese Ausübung obrigkeitlicher Macht öffnet oder verengt (je nach persönlicher sozioökonomischer Situation) die Freiheiten und Spielräumen Wohnender, Macht über das eigene Wohnen gewinnen zu können.

Im Wohnen aktualisieren sich die Wirkungen unterschiedlichster Formen der Macht. In einer hochkomplexen Ökologie der Bewirkungen überschneidet sich so auch die individuelle Macht zur Herstellung atmosphärisch erwünschter Situationen des Wohnens mit den Prozessauswüchsen staatlicher Macht. Daneben ist aber auch jene Macht wirksam, die von den eher zufällig bestehenden Bedingungen des Wohnens und Lebens in einer Gegend ausgeht. Dies ist keine anonyme, sondern eine situative Macht, in der zufällige Beziehungen und Konstellationen die machtvolle Wirkung von Verhältnissen entfalten.

Das Bedenken des Wohnens schießt über dessen Thema (Leben im Gefängnis, in einer Altenwohnung, einem Seemannsheim, einer Luxuswohnnung etc.) hinaus und folgt dem Ziel, das eigene Leben weitergehend selbst in die Hand zu nehmen. So läuft die Aufforderung Heideggers zum Bedenken des Wohnens durch die Ent-Deckung seiner Fragwürdigkeit wie Rechtfertigungsbedürftigkeit letztlich auch auf eine nachdenke Arbeit an der Rekonstruktion von Dispositionen und Dispositiven der Macht hinaus. Heideggers Weg, das Bedenklichste im Noch-nicht-Denken zu entdecken, geht in zentralen Aspekten dem Programm einer »Hermeneutik des Selbst« bei Foucault – wenn auch aus einem anderen geisteswissenschaftlichen Rahmen – historisch schon voraus.

5.6 »Heterotopien«

Der Raum der Wohnung hat sich in den Teilstudien 4.1 bis 4.9 als ein besonderer Raum erwiesen. Aus dem Rückzugs- und Binnenraum der Wohnung werden individuelle, mitunter auch gemeinsame Weltbeziehungen evaluierend geordnet. Der Raum der Wohnung ist im Allgemeinen zu einer derartigen Sichtung und Selbstverortung geeignet, weil er *emotional* von kontrollierten, systemisch gesteuerten und rationalisierten Weltvernetzungen relativ weitgehend abgekoppelt ist. Er steht schon aufgrund der in ihm lebbaren Gefühle in einem besonderen Verhältnis zum externen (nicht nach persönlichen Bedürfnissen umfriedeten) Raum der Gesellschaft.

Angesichts der z.T. großen strukturellen Differenzen zwischen den Formen des Wohnens soll abschließend der Frage nachgegangen werden, welche Funktionen eine spezifische Wohnform in der Regelung des Verhältnisses zwischen dem Drinnen der Wohnung und dem Draußen des öffentlichen gesellschaftlichen Raums erfüllt. Für diese Reflexion bietet sich das Konzept der »Heterotopien« an, in dem Foucault die Aufgabe »anderer Räume« (wie er Heterotopien auch nennt) in der Gesellschaft untersucht. Im Mittelpunkt steht die Denkvoraussetzung, dass *andere Räume* ein Widerspruchsverhältnis zwischen einer allgemeinen Lebensform und den Leitsätzen, Grundüberzeugungen, Werten und ideologischen Prädispositionen zeitgemäßen Lebens in einer mythischen Weise (d.h. auf einem erzählenden Wege) regulieren.[133] »Es gibt [...] wirkliche Orte, wirksame Orte, die in die Einrichtung der Gesellschaft hineingezeichnet sind, sozusagen Gegenplatzierungen oder Widerlager, tatsächlich realisierte Utopien, in denen die wirklichen Plätze innerhalb der Kultur gleichzeitig repräsentiert, bestritten und gewendet sind; gewissermaßen Orte außerhalb aller Orte, wiewohl sie tatsächlich geortet werden können.« (Foucault 1967: 39)

Den Raum, in dem die Menschen leben, fasst Foucault nicht als einen wohlgeordneten und rational durchstrukturierten Raum auf, sondern als einen »Raum, der mit Qualitäten aufgeladen ist, der vielleicht auch von Phantasmen bevölkert ist.« (Ebd.: 37) Dies ist ein chaotischer Raum, »ein leichter, ätherischer, durchsichtiger Raum, oder es ist ein dunkler, steiniger, versperrter Raum, ein Raum der Höhe, der Gipfel wie ein Raum der Niederung und des Schlammes« (ebd.: 37f). Heterotopien sind zum einen Räume, die es im physischen Raum der Gesellschaft tatsächlich gibt. Zum anderen haben sie eine mythische Seite, auf der sie ihre erzählende Virulenz entfalten. Da die Widersprüche, die zum Anlass ihrer narrativen (in gewisser Weise ideologischen) Glättung werden, systemimmanent sind, liegen sie mehr dem kulturellen Empfinden als dem bewussten Denken in einer Kultur zugrunde. Der mythische Gehalt der Narrative bildet daher auch kein epistemisches Segment lebensweltlichen Wissens.

Die *anderen Räume* haben einen schillernden und imaginären Charakter. Sie sind mythische Räume, weil sie mit gefühlsbezogenen Suggestionen, kulturellen Codierungen, dissuasiven Gesten der Verführung

---

133. Ausführlich habe ich die Heterotopologie Foucaults auf den anderen Raum des Parkhauses diskutiert (vgl. Hasse 2007.2).

beladen sind. Die materiale Substanz einer Heterotopie lässt sich kartieren – wie die Wohnungen aller Menschen einer Stadt in eine große Karte eingezeichnet werden könnten. Dagegen hat der sich an einem Ort freisetzende Mythos ätherischen Charakter – er flottiert zwischen den Köpfen und den »Bäuchen« der Leute und oszilliert in den *feeling maps* des Zeitgeistes. Ihre Funktion erfüllen die Heterotopien im Medium des Mythischen; deshalb können sie auch im realen physischen Raum Ordnung verbürgen. Als verborgene Erzählungen stehen sie in einer Beziehung zu Utopien, die fern von wirklichen Orten in den Imaginationen zuhause sind. Es gehört zum Wesen *anderer Räume*, dass sie auf dem Grund wirklicher Orte liegen. Erst von diesem Grund aus können sie ihre beschwichtigende, ermutigende Rolle spielen und als Meta-Programme grundlegende gesellschaftliche Widersprüche verstecken.

In ihrem ostentativen Schweigen verhindern Heterotopien, »daß dies *und* das benannt wird« (Foucault 1966.2: 20). Wenn Edward Soja die Heterotopien als »hidden signifiers« bezeichnet (vgl. Soja 1995: 31), dann kommt darin dieses doppelte Verstecken einer machtvollen Geste der Kommunikation von Bedeutung zwischen dem Begehren der Individuen und dem Funktionieren der Gesellschaft zur Geltung. Der systemische Sinn dieses »Versteckspiels« läuft darauf hinaus, dem möglichem Verstehen *anderer Räume* durch die Verwirrung der Codes zuvorzukommen. Ihren verklärenden Effekt können die Heterotopien nur im Medium der Unsichtbarkeit bzw. Unspürbarkeit, d.h. im Schatten gewohnter Aufmerksamkeit erreichen. Deshalb sieht Helmut Willke den Charakter *anderer Räume* auch in einer kunstvoll aufgebauten Indifferenz gegenüber Unterschieden (Willke 2003: 8). Die Heterotopien sind eine »zugleich mythische und reale Bestreitung des Raums, in dem wir leben« (Foucault 1967: 40). Darin liegt der Kern dessen, was Foucault »Realisierung« der Utopien nennt.

Inwieweit ist die Wohnung ein heterotoper Raum, d.h. – je nach seiner Besonderheit und Funktion in der Gesellschaft – ein Ausgleichsraum, dessen Aufgabe entweder in der Illusionierung eines gesellschaftlichen Idealzustandes oder der Kompensation gesellschaftlich struktureller Defizite besteht? Die Diskussion dieser Frage setzt die Skizzierung der von Foucault formulierten sechs Merkmale heterotoper Räume voraus.

Erstens kommen Heterotopien in allen Kulturen vor. Daher haben sie ubiquitären Charakter. **Zweitens** machen Heterotopien im Laufe der Geschichte eine Transformation durch, weil sie in einer Gesellschaft ihre Aufgabe nachhaltig nur erfüllen können, wenn sie flexibel genug sind, um sich semiotisch, gleichsam fließend an veränderte kulturelle Bedeutungssysteme anzupassen. **Drittens** vermag eine Heterotopie »an einen einzigen Ort mehrerer Räume, mehrere Platzierungen zusammenzulegen, die an sich unvereinbar sind« (Foucault 1967: 42). Darin kommt das wohl grundlegendste Merkmal einer Heterotopie zum Ausdruck, die

Bedingung ihrer Funktionsfähigkeit im Allgemeinen. Ein *anderer Raum* kann eine relationale Beziehung zum »Rest« des Raums aber nur konstituieren, wenn er in diesem auch seinen tatsächlichen Ort hat. **Viertens** sind Heterotopien an Zeitschnitte gebunden (»Heterochronien«), d.h. im Binnenraum einer Heterotopie gilt ein anderes Zeitregime als im übrigen Raum jenseits der Heterotopie. **Fünftens** ist ein heteroper Ort nicht ohne weiteres von jedermann betretbar. Er unterliegt Regeln, die definieren, wer ihn wann unter welchen Bedingungen betreten und wieder verlassen darf. Auch der Aufenthalt *in* seinem Geltungsrahmen ist reguliert. **Sechstens** unterscheidet Foucault in der »ideologischen« Funktion, die eine Heterotopie erfüllt, zwischen dem Typ einer Illusions- und einer Kompensations-Heterotopie. Die Illusions-Heterotopie konstituiert einen paradiesischen Raum, dem etwas Irreales anhaftet. Die Kompensations-Heterotopie verwirft dagegen den Restraum als ungeordnet, wirr und missraten, um in das Innere der *Heterotopie* Ordnung einkehren zu lassen.

Die Wohnung als heterotoper Raum?

Wenn im Folgenden die zuvor skizzierten Merkmalsbestimmungen auf den sozialen und physischen Raum höchst unterschiedlicher Wohnungen bezogen werden, so bestätigt sich deren heterotopologischer Charakter nicht schon in der Identifikation einzelner Merkmale, die einer Wohnform zueigen sein mögen. Erst wenn sich alle Merkmale mit einer bestimmten *allgemeinen* kulturell signifikanten Wohnform verbinden, ist dies der Fall.

Jede Gesellschaft bringt die ihr gemäßen Wohnformen (*erstes Merkmal*) in einem performativen und eher diffusen als klar segmentierten Prozess hervor. In den globalisierungsbedingt flexibilisierten Industriegesellschaften bilden und verändern sich die Wohnformen in erster Linie komplementär zu den Veränderungen in ökonomischen Teilsystemen. Die Formen des Wohnens spiegeln also nie allein individuelle Bedürfnisse wider, sondern stehen stets in einer Grund-Folge-Beziehung zu meist komplex und verdeckt ablaufenden Systemtransformationen. Daneben wirken aber auch kulturell zirkulierende Ideen, kulturindustrielle Versprechen, technologische Innovationen usw. auf das Wohnen der Menschen ein. Generell verändern sich die Formen des Wohnens mit den Formen des Lebens (*zweites Merkmal*). Sie folgen den Rhythmen wie der Pluralisierung gesellschaftlicher Lebensformen und werden über dingliche Reifikationen in einem medialen Sinne sichtbar. Die Globalisierung der Produktions- und Arbeitsmärkte hat zu einer mobilitätsbedingten Schwächung lokal wohnender Bindungsbereitschaften geführt. Der Einpersonenhaushalt drückt einen Lebensentwurf aus, der den Anforderungen an Mobilität und Transitorität folgt und mit einer *passenden* Wohnform einhergeht. Schließlich setzen massen- und kulturindustriell kommunizierte Lebensvorstellungen Bilder von »Normalität« in die Welt, die sich bis auf weiteres in spezifischen Wohnformen niederschlagen.

Die Zusammenlegung mehrerer an sich unvereinbarer Räume an einen einzigen Ort (*drittes Merkmal*) gilt für alle Typen von Wohnungen. Jede Wohnung ist (mehr oder weniger, zumindest aber *auch*) ein privater Rückzugsraum, der in Relation zum öffentlichen Raum bewohnt wird. Als privater bzw. persönlicher Raum ist die Wohnung jener umfriedete Gefühlsraum, der als »ideologisches« Gegenlager zur funktionierenden Systemwelt eines unpersönlich-»kalten« Draußen fungiert. Jeder persönliche Wohnraum lagert deshalb auf dem Grund des rationalistisch regulierten systemisch geordneten Raums. Die Ineinanderschichtung des Innen der Wohnenden in den äußeren Raum der Funktionsgesellschaft ist aber in seiner kulturellen Funktion prekär, weil die Wohnung als Ort des Individuums zugleich der Quell- und Regenerationsraum des funktionierenden, störenden, beobachtungs- und optional steuerungsbedürftigen Subjekt-Objekts ist. Wegen ihrer Fragilität steht die Wohnung unter dem besonderen Schutz der Verfassung. Sie ist eine persönliche Welt, die gegen die abstraktionistische und maschinistische Macht einer im Prinzip alles verwertenden funktionalen Systemwelt gesichert werden soll. Dass dieser Anspruch mythischen Charakter hat, wird an den aktuellen Diskussionen über die rechtliche Zulässigkeit des »Lauschangriffs« wie von Onlinedurchsuchungen heimischer Computer deutlich.

Nach dem *vierten Merkmal* sind Heterotopien heterochron. Zeitschnitte begründen ein Leben, das im Raum eines Drinnen anderen Zeitrhythmen folgt als im Leben des Draußen der Gesellschaft. Durch solche Zeitschnitte sind die meisten Wohnformen nicht charakterisiert. In seiner Wohnung hat das Individuum im Prinzip Macht über die eigene Zeit. Es ist nicht den Zeitrhythmen gesellschaftlicher Funktionssysteme verpflichtet. Wenn die »freie« Zeit auch prinzipiell individuell verfügbar ist, so steht sie doch strukturell unter den massenmedialen Machteinflüssen der Kulturindustrie. Von Zeitschnitten i.S. der »Heterochronie« sind aber nur solche Wohnformen betroffen, die aufgrund ihres Institutionalisierungs- und Formalisierungsgrades in ihrem Innen-Außen-Verhältnis schwach bis nahezu hermetisch reguliert sind, wie dies in einigen Fallskizzen deutlich wurde (vgl. insbes. 4.1).

Dem *fünften Merkmal* zufolge unterliegen *andere Räume* Regeln, die definieren, wem wann und unter welchen Bedingungen Zutritt gewährt und der Aufenthalt erlaubt ist. Solche Regeln gelten in schwacher Form in jeder Wohnung, da der Wohnende die Regelungsmacht über erlaubten Zutritt wie Verweis aus der Wohnung hat und auch in ihrem Inneren regeln setzen kann. Die Innen-Außenverhältnisse sind aber nicht für alle Wohnungen nach einem einheitlichen Schema geregelt. Deshalb lässt sich der heterotope Charakter einer Wohnung auch nur an solchen Zutritts- und Aufenthaltsregeln festmachen, die als Folge ihres *allgemeinen*

Institutionalisierungsrahmens (bezogen auf einen gesellschaftlichen *Typ* des *So*-Wohnens) auf einen regulierenden Mythos hindeutet.

Das *sechste* heterotopologische *Merkmal* erklärt die Funktion aller anderen Merkmale und macht den verdeckten mythischen Charakter der hinter einer Wohnform liegenden narrativen Sinnstruktur deutlich. Foucault unterscheidet auf diesem Niveau sozialen und gesellschaftlichen Sinns zwischen dem Aufgehen eines *anderen Raums* in der Illusionsheterotopie bzw. der Kompensationsheterotopie. Erst auf diesem Niveau lassen sich bestimmte Wohnformen heterotopen Charakters bestimmen. Der durch die Illusionsheterotopie konstituierte »paradiesische« Raum idealisiert das Innen, um es gegen das ganz andere Außen zu isolieren, um damit das Ganze im Außen in seinem Funktionsbestand zu sichern. Illusionsheterotopien sind Altenheime (Seniorendomizile wie Altenwohnzentren), weil sie ein glückliches Leben in der letzten (zunehmend durch Gebrechlichkeit, Krankheit und Hinfälligkeit gekennzeichneten) Lebensphase illusionieren. Illusionsheterotopien sind auch Klöster, die einen Schonraum für die Lebbarkeit eines Glaubens schaffen, den die plurale Gesellschaft nicht bietet. In Wagenburgen werden soziale, ökologische und ökonomische Überzeugungen lebbar, die im bürgerlichen Leben partiell lebendig sind. Ähnlich wie die Wagenburg folgt das skizzierte Wohnprojekt dem Selbstverständnis eines gemeinschaftlichen Lebens, das in der individualisierten Konkurrenzgesellschaft zwar in sozialen Nischen, aber nicht im Allgemeinen realisiert werden kann.

Den Charakter von Kompensationsheterotopien haben Gefängnisse, in denen die Disziplinar- und Ordnungsmacht des Staates eine »Wohn«-Form verordnet, die den persönlichen wie gesellschaftlichen Schaden eines »verspielten« Lebens abseits der geltenden Rechtsordnung durch die Strafe kompensieren soll. Indes weisen Gefängnisse auch Merkmale einer Illusionsheterotopie auf. Schon die Idee des Gefängnisses suggeriert einschließlich seiner gesamten Ordnung das letztendlich gelingende Aufgehen historisch gewachsener kultureller Überzeugungen in der Bewertung von Strafe, Vergeltung und Resozialisation. Das System des Strafvollzuges ist darauf ausgelegt, die Funktionstüchtigkeit und damit die politische »Richtigkeit« des ganzen Justizsystems zu beglaubigen. Auch die Seemannsheime stehen auf dem Grat zwischen Illusions- und Kompensationsheterotopie. Sie illusionieren einen gesicherten Lebensabend in der heimatstiftenden Gemeinschaft ehemaliger Seeleute und kommen damit der sozialen Isolation im anonymen Raum der Gesellschaft ebenso zuvor wie der Unfähigkeit der nicht mehr zur See fahrenden Seeleute, *an Land* zu wohnen. Sie bieten dem im Alter »gestrandeten« Seemann die Illusion eines Fortbestandes von Lebensprinzipien, die er aus seinem Leben auf Schiffen kannte. Indem sie das »Untergehen« der Seeleute in einer fremden Welt vereiteln, sind sie zugleich Kompensationsheterotopien.

Heterotope Formen des Wohnens gibt es insbesondere an gesellschaftlichen Rändern. Sie sind systemische Antworten auf strukturelle Krisen und Abweichungen des Sozialen, die sich zahl- und variantenreich auf einem persönlichen Niveau, aber darin gleichsam massenhaft als Ausdruck allgemeiner gesellschaftlicher Verhältnisse zum Ausdruck bringen. Deshalb müssen sie auf einem persönlich lebbaren Niveau »gelöst«, zugleich aber auf einem gesellschaftlichen Niveau mit Sinn ausgestattet werden. Der Mythos erklärt die Abweichungen zu geregelten Normalitäten. Damit sind die Heterotopien gegen das aporetische Aufbrechen in Fragwürdigkeit geschützt. Ihr Mythos suggeriert das reibungslose Funktionieren der Gesellschaft im Ganzen, die tatsächlich doch in den Heterotopien ihr punktuelles Scheitern dokumentiert. So beinhalten die heterotopen Formen des Wohnens große Denkwürdigkeit i.S. Heideggers, weil ihre hinterfragte Exzentrik die Normalität des Wohnens in offene Fragen verwandeln kann. Mythische Macht liegt aber nicht nur über den Heterotopien, sondern auch über den Formen des normalen Wohnens. Die von *jedermann* gelebten und gewohnten Geschichten bilden ein Immunsystem heraus, das gegen »kreative Infektionen« durch anderes Wohnen weitgehend schützt.

6. Literaturverzeichnis

Antier, Yvette/Antier, Jean-Jacques (1982): Flucht aus der Welt? Wie Menschen heute im Kloster leben. Freiburg (Original: La Soif de Dieu, Paris 1981).
Atzert, Walter (1954): Kapuziner und Liebfrauenstift. In: Hübenthal, Titus/Atzert, Walter (Hg.) (1954): Festschrift zum Wiederaufbau im Jahre 1954 nebst einem Führer durch die Kirche. Frankfurt a.M., S. 62-64.
Baker, Catherine (1979): Les Contemplatives – Des femmes entre elles. Stock.
Baruzzi, Arno (1999): Philosophieren mir Jaspers und Heidegger. Würzburg.
Behörde für Soziales und Familie (Hg.) (2002): Obdachlose in Hamburg. Ergebnisse der aktuellen empirischen Untersuchung. (http://fhh1.hamburg.de/fhh/aktuelle_meldungen/archiv_2002/august/pe_2002_08_26_bsf_01.htm; Abruf: 10.03.2008).
Bermes, Christian (2007): Die Grenzen des Wissens und die Bedeutung des Lebens. Wittensteins Überlegungen in Über Gewißheit im Kontext der Anthropologie und Kulturphilosophie. In: Konersmann, Ralf (Hg.) (2007): Das Leben denken – Die Kultur denken. Freiburg/München, S. 250-270.
Biella, Burkhard (2000): Ein Denkweg an den anderen Anfang des Wohnens. Eine Interpretation von Heideggers Vortrag »Bauen Wohnen Denken«. In: Führ, Eduard (Hg.): Bauen und Wohnen. Martin Heideggers Grundlegung einer Phänomenologie der Architektur. Münster u.a., S. 53-77.
Bittner, Rüdiger (2005): Aus Gründen handeln. Berlin/New York.
Bodenschatz, Harald (2007): Neue bürgerliche städtische Adressen – von der Mitte des 19. Jahrhunderts bis zum Ersten Weltkrieg. In: Harlander, Tilman (Hg.): Stadtwohnen. Geschichte Städtebau Perspektiven. Ludwigsburg, S. 106-133.
Boesch, Hans (2001): Die sinnliche Stadt. Essays zur modernen Urbanistik. Zürich.
Böhme, Gernot (1995): Atmosphäre. Frankfurt a.M.
Böhme, Gernot (2001): Aisthetik. Vorlesungen über Ästhetik als allgemeine Wahrnehmungslehre. München.

Böhne, Sabine/Behrens, Inge/Steinhilber, Berthold (2001): Der Traum vom anderen Wohnen. Von der Almhütte bis zum Zirkuswagen. Hildesheim.
Bollnow, Otto Friedrich (1955): Neue Geborgenheit: Das Problem einer Überwindung des Existentialismus. Stuttgart/Köln.
Bollnow, Otto Friedrich (1963): Mensch und Raum. Stuttgart u.a.
Bookhagen, Christl u.a. (1969): Kommune 2 : Versuch der Revolutionierung des bürgerlichen Individuums. Kollektives Leben mit politischer Arbeit verbinden. Berlin.
Breckner, Ingrid (2002): »Wohnen und Wandern« in nachindustriellen Gesellschaften. In: Döllmann, Peter/Temel, Robert (Hg.): Lebenslandschaften. Zukünftiges Wohnen im Schnittpunkt von privat und öffentlich. Frankfurt/New York, S. 145-153.
BAG W (Hg.) (2005): Infoblatt vom 07.09.2005 [Bundesarbeitsgemeinschaft Wohnungslosenhilfe e.V.]. (s. www.bag-wohnungslosenhilfe.de/; Abruf: 10.03.2008).
BAG W (Hg.) (2007): Wohnungspolitik gegen Wohnungslosigkeit und soziale Ausgrenzung am Wohnungsmarkt [Bundesarbeitsgemeinschaft Wohnungslosenhilfe e.V.]. Bielefeld.
Bundesministerium für Familie, Senioren, Frauen und Jugend (BMFuS) (1992): Richtlinie für den Bundesaltenplan. Bek. d. BMFuS v. 14.02.1992.
Bundesministerium für Familie, Senioren, Frauen und Jugend (BMFuS) (Hg.) (2006): Erster Bericht des Bundesministeriums für Familie, Senioren, Frauen und Jugend über die Situation der Heime und die Betreuung der Bewohnerinnen und Bewohner (sog. »Heimbericht«). Berlin.
Busch, Kathrin/Därmann, Iris (2007): Einleitung zu: Dies. (Hg.):>pathos<. Konturen eines kulturwissenschaftlichen Grundbegriffs. Bielefeld. Ciompi, Luc (1982): Affektlogik. Stuttgart.
Ciompi, Luc (1982): Affektlogik. Stuttgart.
Csikszentmihalyi, M./Wolfe, R. (2000): New conceptions and research approaches to creativity: Implications of a systems perspective for creativity in education. In: Heller, Kurt A. u.a. (Ed.): International handbook of research on the development of giftedness and talent. Oxford.
de Bruyn, Gerd/Hölzinger, Johannes Peter (o.J.): Zum Thema »Öffentlicher Raum«. In: Dies. (Hg.): Der Öffentliche Raum. Ein Projekt des Deutschen Werkbund Hessen. o.O., S. 4-7.
Ditlevsen, W. (1912): Sicherung der Seemannslöhne und das Unterstützungswesen. In: Münchmeyer (Hg.) (1912): S. 335-350.
Dröge, Franz/Müller, Michael (2005): Die ausgestellte Stadt. Zur Differenz von Ort und Raum (= Bauwelt Fundamente 133). Basel/Boston/Berlin.
Drücke, Bernd (Hg.) (2006): ja! Anarchismus. Gelebte Utopie im 21. Jahrhundert. Interviews und Gespräche. Berlin.

Dürckheim, Graf Karlfried von (1932): Untersuchungen zum gelebten Raum. Neu herausgegeben von Jürgen Hasse (= Natur – Raum – Gesellschaft, Bd. 4). Frankfurt a.M. 2005.
Eizenhöfer, Rebecca/Link, Alexandra (2005): Sun City in Deutschland – ein seniorenspezifisches Wohnmodell mit Zukunft? (= Materialien zur Regionalentwicklung und Raumordnung, Bd. 14). Kaiserslautern.
EKD (2000): Evangelische Kirche in Deutschland (EKD) – Deutsche Seemannsmission – international 2000. Reader zur EKD-Synode 2000. (www.ekd.de/ausland_oekumene/oekumene_reader2000_24.html; Abruf vom 09.06.2008, S. 2 [von 5]).
Erdheim, Mario (1983): Wissenschaft und Unbewußtheit. In: Zeitschrift für Didaktik der Philosophie, H. 2, S. 67-70.
Erstes Wohnungsbaugesetz vom 24.04.1950 (BGBl. 1950, S. 83).
Eurotopia Einfach gut leben e.V. (Hg.) (2007): eurotopia. Gemeinschaften und Ökodörfer in Europa. Poppau.
Feuerstein, Christiane (2002): Vernetztes Wohnen – Wohnmodelle für ältere Menschen. In: Döllmann, Peter/Tempel, Robert (Hg.) (2002): Lebenslandschaften. Zukünftiges Wohnen im Schnittpunkt von privat und öffentlich. Frankfurt a.M., S. 154-163.
Flick, Uwe (2007): Qualitative Sozialforschung. Reinbek.
Florida, Richard (2002): The Rise of the Creative Class. New York.
Foucault, Michel (1966.1) Die Heterotopien. In: Ders. (2005): Die Heterotopien. Der utopische Körper. Zwei Radiovorträge mit einem Nachwort von Daniel Defert. Frankfurt a.M., S. 7-22.
Foucault, Michel (1966.2): Die Ordnung der Dinge. Frankfurt a.M. 1974.
Foucault, Michel (1967): Andere Räume. In: Barck, Karlheinz/Gente, Peter (Hg.): Aisthesis. Leipzig 1990, S. 34-46.
Foucault, Michel (1970) Die Ordnung des Diskurses. Mit einem Essay von Ralf Konersmann. Frankfurt a.M. 2003.
Foucault, Michel (1975): Überwachen und Strafen. Die Geburt des Gefängnisses. Frankfurt a.M. 1976.
Foucault, Michel (1976): Recht der Souveränität/Mechanismus der Disziplin. In: Ders. (1978): Dispositive der Macht. Über Sexualität, Wissen und Wahrheit. Berlin, S. 75-95.
Foucault, Michel (1977.1): Wahrheit und Macht. Interview mit Michel Foucault von Alessandro Fontana und Pasquale Pasquino. In: Ders. (1978): Dispositive der Macht. Über Sexualität, Wissen und Wahrheit. Berlin, S. 21-54.
Foucault, Michel (1977.2): Die Machtverhältnisse durchziehen das Körperinnere. (Ein Gespräch mit Lucette Finas). In: Ders. (1978): Dispositive der Macht. Über Sexualität, Wissen und Wahrheit. Berlin, S. 104-117.
Foucault, Michel (1981/82): Hermeneutik des Selbst. Frankfurt a.M. 2004.
Foucault, Michel (1993): Technologien des Selbst. In: Ders. u.a.: Technologien des Selbst. Frankfurt a.M., S. 24-62.

Freese, Reinhard (1991): Geschichte der deutschen Seemannsmission. Bielefeld.
Freie und Hansestadt Hamburg (Hg.) (2002.1): Obdachlose, auf der Straße lebende Menschen in Hamburg 2002 (verfasst von Torsten Schaak). Hamburg.
Freie und Hansestadt Hamburg (Hg.) (2002.2): Obdachlose in Hamburg. Ergebnisse der aktuellen empirischen Untersuchung. (http://fhh1.hamburg.de/fhh/aktuelle_meldungen/archiv_2002/august/pe_2002_08_26_bsf_01.htm; Abruf 15.03.2008)
Friedrichs, Jürgen/van Kempen, Ronald (2004): Armutsgebiete in europäischen Großstädten – eine vergleichende Analyse. In: Siebel (Hg.) (2004), S. 67-84.
Funke, Dieter (2006): Die dritte Haut. Psychoanalyse des Wohnens. Gießen.
Gebhardt, Hans/Glaser, Rüdiger/Radtke, Ulrich/Räuber, Paul (Hg.) (2007): Geographie. München.
Gerstenberger, Heide/Welke, Ulrich (2004): Arbeit auf See. Zur Ökonomie und Ethnologie der Globalisierung. Münster.
Gesetz über den Vollzug der Freiheitsstrafe und der freiheitsentziehenden Maßregeln, zuletzt geändert durch Artikel 10 des Gesetzes vom 19. Dezember 2007 (BGBl. I S. 3024).
Gesetz über die soziale Wohnraumförderung (Wohnraumforderungsgesetz – WoFG) vom 13.09.2001 (BGBl. I S. 2376).
Giddens, Anthony (1988): Die Konstitution der Gesellschaft. Frankfurt a.M. (Original: The Constitution of Society. Outline of the Theory of Strukturation. Oxford, Cambridge 1984).
Gorgé, Viktor (2008): Über zwei komplementäre Weisen der Welterfahrung. In: Goetz, Rainer/Graupner, Stefan (Hg.): Atmosphäre(n). Interdisziplinäre Annäherungen an einen unscharfen Begriff. München, S. 17-29.
Grimm, Jacob/Grimm, Wilhelm (1991): Deutsches Wörterbuch, Bd. 3, 10, 11, 29. München.
Guzzoni, Ute (1999): Wohnen und Wandern. Düsseldorf.
Guzzoni, Ute (2008): Unter anderem: die Dinge. Freiburg/München.
Hahn, Achim (2008): Architekturtheorie. Konstanz.
Hamburger Behörde für Hafenentwicklung und Stadtentwicklung (2008): Information »Lebende Brücke«. (www.belebte-bruecke.de/demos.php?page=detail&id_item=1630; Abruf: 07.04.2009)
Harms, F. M. (1912): Die Geschichte der deutschen Seemannsmission. In: Münchmeyer (Hg.) (1912), S. 90-209.
Harvey, David (1987): Flexible Akkumulation durch Urbanisierung: Überlegungen zum »Post-Modernismus« in den amerikanischen Städten. In: PROKLA, H 69, S. 109-131.
Hasse, Jürgen (2002): Changierende StadtLeiber – Für die strukturelle Erweiterung einer Kritik der Stadt – In: Wolkenkuckucksheim. Inter-

nationale Zeitschrift für Theorie und Wissenschaft der Architektur, 7. Jg., Heft 1/2002 (Urban Bodies). (www.theo.tu-cottbus.de/wolke/deu/Themen/021/Hasse/Hasse.htm)

Hasse, Jürgen (2004.1): Die Stadt ins rechte Licht setzen. Stadtillumination – ein ästhetisches Dispositiv? In: Berichte zur deutschen Landeskunde Bd. 78, H. 4, S. 413-439.

Hasse, Jürgen (2004.2): Kaufhausatmosphären. Zwischen Verführung und ästhetischer Erfahrung. In: Der Architekt. H. 5/6, S. 39-42.

Hasse, Jürgen (2005): Fundsachen der Sinne. Eine phänomenologische Revision alltäglichen Erlebens (= Neue Phänomenologie Band 4). Freiburg/München.

Hasse, Jürgen (2007.1): »Kunst des Städtebaus« zwischen Humanität und Romantizismus. Rezension zu: Semsroth, K. u.a. (Hg.) (2005): Kunst des Städtebaus. Neue Perspektiven auf Camillo Sitte. Böhlau-Verlag. In: DISP 270, H. 3, S. 94-95.

Hasse, Jürgen (2007.2): Übersehene Räume. Zur Kulturgeschichte und Heterotopologie des Parkhauses. Bielefeld.

Hasse, Jürgen (2008): Schöner wohnen? Zur Bedeutung von Ästhetisierungen im Stadtraum. In: Ders. (Hg.): Die Stadt als Wohnraum (= Neue Phänomenologie, Bd. 12). Freiburg/München, S. 109-132.

Haug, Wolfgang (2006): Den Schwarzen Faden weiterspinnen? Interview mit dem SF-Mitbegründer Wolfgang Haug. In: Drücke (Hg.) (2006), S. 104-113.

Häußermann, Hartmut/Siebel, Walter (1999): Neue Haushalte – Wohnformen zwischen Individualisierung und Vergemeinschaftung. In: Wüstenrot Stiftung (Hg.): Neue Wohnformen. Stuttgart u.a.

Heidegger, Martin (1927): Sein und Zeit. Tübingen 1993.

Heidegger, Martin (1951): Bauen Wohnen Denken. In: Führ, Eduard (Hg.) (2000): Bauen und Wohnen. Martin Heideggers Grundlegung einer Phänomenologie der Architektur. Münster u.a., S. 31-49.

Heidegger, Martin (1951/52): Was heißt denken? Tübingen 1997.

Heidegger, Martin (1954): Die Frage nach der Technik. In: Ders. (2002): Die Technik und die Kehre. Stuttgart.

Heidegger, Martin (1956): Der Feldweg. Frankfurt a.M.

Heller, Kurt A. (2001): Kreativität. Stichwort in: Wenninger, Gerd (Red.) (2001): Lexikon der Psychologie, Bd. 2. Berlin.

Höpflinger, Francois (2006): Traditionelles und neues Wohnen im Alter (= Age Report 2004). Zürich.

Hörz, Herbert (Hg.) (1978): Philosophie und Naturwissenschaften: Wörterbuch zu den philosophischen Fragen der Naturwissenschaften. Berlin.

Huber, Andreas/Hugentobler, Margit/Walthert-Galli, Regina (2008): Neue Wohnmodelle in der Praxis. In: Huber, Andreas (Hg.) (2008): Neues Wohnen in der zweiten Lebenshälfte. Basel/Boston/Berlin, S. 77-169.

Hümmerich, Walther (1987): Anfänge des kapuzinischen Klosterbaues. Untersuchungen zur Kapuzinerarchitektur in den rheinischen Ordensprovinzen. Mainz.
Jameson, Frederic (1986): Postmoderne – Eine amerikanische Internationale. In: Huyssen, Andreas/Scherpe, Klaus R. (Hg.): Postmoderne. Reinbek, S. 13- 44.
Janssen, Hubertus (2008): »Nicht David ist das Problem, sondern Goliath« Skandalöse Ausgrenzungen. Vorwort zu: Komitee 1998, S. 5-8.
Kalms, Jana (2007): Schöner Wohnen im Obdachlosen-Heim. zibb Rundfunk Berlin-Brandenburg. (www.rbb-online.de/_/zibb/beitrag_jsp/key=6447357.html; Abruf: 10.03.2008)
Kloster der Kapuziner (Hg.) (1955): Minderbrüder Kapuziner. Frankfurt a.M.
Koepf, Hans (1974): Bildwörterbuch der Architektur. Stuttgart.
Kohl, Karl-Heinz (2003): Die Macht der Dinge. Geschichte und Theorie sakraler Objekte. München.
Komitee für Grundrechte und Demokratie e.V. (Hg.) (1998): Auf zur grundrechtlichen Verteidigung der Wagenburgen. Köln.
Konferenz der deutschsprachigen Provinzialminister (KDP) (Hg.) (1992): Satzungen der Minderen Brüder Kapuziner. Regel und Testament des Heiligen Vaters Franziskus. Luzern.
Krause, Thomas (1999): Geschichte des Strafvollzugs. Von den Kerkern des Altertums bis zur Gegenwart. Darmstadt.
Kretschmer, Rudolf (1978): Marginale Kleinviertel im Saarland (= Veröffentlichungen des Instituts für Landeskunde des Saarlandes, Bd. 27). Saarbrücken.
Kruse, Lenelis (1974): Räumliche Umwelt. Berlin/New York.
Kulturamt der Stadt Tübingen (Hg.) (1995): Von Hindenburg zur Wagenburg. Ein Tübinger Militärgelände wird zivilisiert (Fotos und Text von Annemarie Hopp) (= Kleine Tübinger Schriften, H. 17). Tübingen.
Kunsthalle Bielefeld (Hg.) (1971): Revolutionsarchitektur. Boulée Ledoux Lequeu. Bielefeld.
Kurzbein, Uwe (1996): Schrittweise. Geschichte der Kommunebewegung aus persönlicher Sicht. In: Kollektiv KommuneBuch (Hg.) (1996): Das KommuneBuch. Alltag zwischen Widerstand, Anpassung und gelebter Utopie. Göttingen, S. 38-68.
Kurzbein, Uwe (2006): Jede Kommune ist anders. In: Drücke (Hg.) (2006), S. 247-257.
Kux, Gabriele (2002): Strukturelle Benachteiligungen inhaftierter Frauen in Deutschland – vom Unsinn des Gleichbehandlungsgrundsatzes (Vortrag Fachtagung der SkF »Frauen in Haft« am 12.03.2002 in Dortmund). (www.quovadisiii.uni-bremen.de/pdf/WS4/WS4KuxOF.pdf; Abruf: 13.11.2008)
Lampugnani, Vittorio Magnago (1992): Stadt und Wasser. In: Lampugnani, Vittorio Magnago/Fischer, Volker/Meseure, Anna (Hg.): Wohnen und

Arbeiten am Fluß. Perspektiven für den Frankfurter Osthafen. München, S. 11-21.
Lastenausgleichsgesetz (LAG) vom 14.08.1952, zuletzt geändert durch Art. 2 Abs. 6 des Ges. vom 16.05.2008 (BGBl. I 248).
Lindner, Rolf (2004): »Die Großstädte und das Geistesleben«. Hundert Jahre danach. In: Siebel, Walter (Hg.) (2004): Die europäische Stadt. Frankfurt a.M., S. 169-178.
Lorey, Isabell (1999): Macht und Diskurs bei Foucault. In: Bublitz, Hannelore u.a. (Hg.): Das Wuchern der Diskurse. Perspektiven der Diskursanalyse Foucaults. Frankfurt/New York, S. 87-96.
Lüning, Holger (2005): Das Eigenheim-Land. Der öffentlich geförderte Soziale Wohnungsbau in Niedersachsen während der 1950er Jahre. Hannover.
Marcuse, Peter (1998): Ethnische Enklaven und rassische Ghettos in der postfordistischen Stadt. In: Heitmeyer, Wilhelm/Dollase, Rainer/Backes, Otto (Hg.): Die Krise der Städte. Analysen zu den Folgen desintegrativer Stadtentwicklung für das ethnisch-kulturelle Zusammenleben. Frankfurt a.M., S. 176-193.
Markert, Claudia (2004): Visualisierte Geltungsgeschichte. Zum historischen Selbstverständnis der Franziskaner und Augustiner-Eremiten im Medium der Kunst. In: Butz, Reinhardt/Oberste, Jörg (Hg.) (2004): Studia monastica. Beiträge zum klösterlichen Leben im Mittelalter (= Vita Regularis, Abhandlungen 22). Münster, S. 235-259.
Matthäus, W. (1976): Kreativität. Stichwort in: Ritter, Joachim/Gründer, Karlfried (Hg.): Historisches Wörterbuch der Philosophie, Bd. 4. Basel, S. 1193-1204.
Mayring, Philipp (2008): Qualitative Inhaltsanalyse. Weinheim.
Meier-Seethaler, Carola (1997): Gefühl und Urteilskraft. Ein Plädoyer für die emotionale Vernunft. München.
Mester, Klaus-Hendrik (2007): Die Auswirkungen des demografischen Wandels auf das seniorengerechte Wohnen in Nordrhein-Westfalen (= Beiträge zum Siedlungs- und Wohnungswesen 226). Göttingen.
Müller, Lothar (1988): Die Großstadt als Ort der Moderne. Über Georg Simmel. In: Scherpe, Klaus R. (Hg.): Die Unwirklichkeit der Städte. Reinbek, S. 14-36.
Müller, Michael/Dröge, Franz (2005): Die ausgestellte Stadt. Zur Differenz von Ort und Raum (= Bauwelt Fundamente 133). Basel/Boston/Berlin.
Münchmeyer, Reinhard (1912.1): Die Organisation der Seemannsmission. In: Ders. (Hg.): Handbuch der deutschen evangelischen Seemannsmission. Stettin, S. 210-253.
Münchmeyer, Reinhard (1912.2): Die deutsche evangelische Seemannsmission. In: Ders. (Hg.): Handbuch der deutschen evangelischen Seemannsmission. Stettin, S. 85-89.

N.N. (2007): Kältehilfe für Obdachlose. In: www.Tagesspiegel.de. (www.tagesspiegel.de/berlin/Kaeltehilfe-Obdachlose-Wohnfahrtsverbaende; art270,2410874; Abruf: 10.03.2008)
N.N. (2008.1): Obdachlosenheim »menschenwürdig«? In: Augsburger Allgemeine. (www.augsburger-allgemeine.de/Home/Lokales/Illertissen/Uebersicht/Artikel,Obdachlosenheim-menschenunwuerdig_arid,1173858_regid,2_puid,2_pageid,4498.html; Abruf 15.03.2008)
N.N. (2008.2): Wieder freie Plätze im Eselswinkel. In: Badische Zeitung vom 01.03.2008.
Narr, Wolf-Dieter (1998.1): Nachwort: »Die Würde des Platzes!« oder: Wagenburgen, Ostfildern, Grundrechte und Demokratie. In: Komitee (1998), S. 43-49.
Narr, Wolf-Dieter (1998.2): Die Herrschaft der kommunalen Exekutive(n). Mit dem Mittel zweckentfremdeten Rechts und polizeilicher Gewalt gegen die mobilen Wagenburgen. In: Komitee (1998), S. 29-41.
Neuburger, Albert (1919): Die Technik des Altertums. Leipzig.
Passie, Torsten (1995): Phänomenologisch-anthropologische Psychiatrie und Psychologie. Schriften zur Wissenschaftsgeschichte, hg. von Armin Geus und Guido Pressler, Bd. XIII. Hürtgenwald.
Patzelt, Werner J. (2007): Stimmung, Atmosphäre, Milieu. Eine ethnomethodologische Analyse ihrer Konstruktion und Reproduktion. In: Debus, Stephan/Posner, Roland (Hg.) (2007): Atmosphären im Alltag. Über ihre Erzeugung und Wirkung. Bonn, S. 196-232.
Pfalzgraf, E. (1912): Das Geistes- und Gemütsleben des Seemannes. In: Münchmeyer (Hg.) (1912), S. 6-29.
Pilgram, P. (1912): Die Einrichtung und Verwaltung der Seemannsheime. In: Münchmeyer (Hg.) (1912), S. 318-326.
Plenum der Wagenplätze aus Rhein-Main/Hessen (1995): Das Leben wagen – wir leben im Wagen. Erklärung des Plenums der Wagenplätze aus Rhein-Main/Hessen vom November 1995. In: Komitee (1998), S. 50-53.
Polizeigesetz in der Fassung vom 13.1.1992, zuletzt geändert durch Verwaltungsstruktur-Reformgesetz vom 1.7.2004.
Reckwitz, Andreas (2008): Subjekt (= Themen der Soziologie). Bielefeld.
Reimann, Anna (2006): Die Stadt, die Nacht und der Schnaps. Spiegel Online 2006. (www.spiegel.de/politik/deutschland/0,1518,452548,00.html)
Röhrich, Lutz (2004): Lexikon der sprichwörtlichen Redensarten. Drei Bände, Band 2. Freiburg/Basel/Wien.
Ronneberger, Klaus (1997): Weltstadt und Quartier. In: Fuchs, Gerhard/Moltmann, Bernhard/Prigge, Walter/Rexroth, Dieter (Hg.): Frankfurter Aufklärung. Politische Kulturen einer Stadt. Frankfurt a.M., S. 99-107.
Sandkühler, Hans Jörg (Hg.) (1990): Europäische Enzyklopädie zu Philosophie und Wissenschaften, Bd. 2. Hamburg.

Schäfers, Bernhard (2006): Architektur-Soziologie. Grundlagen – Epochen – Themen. Wiesbaden.
Schenk, Liane (2004): Auf dem Weg zum ewigen Wanderer? Wohnungslose und ihre Institutionen. (An der FU [Fb Politik und Sozialwissenschaften] zugelassene Dissertation).
Schmidt, Heinrich (begr. von) (1991): Philosophisches Wörterbuch. Stuttgart.
Schmitz, Hermann (1977): System der Philosophie. Band 3: Der Raum; Teil 4: Das Göttliche und der Raum. Bonn 1995.
Schmitz, Hermann (1978): System der Philosophie. Band 3: Der Raum; Teil 5: Die Wahrnehmung. Bonn 1989.
Schmitz, Hermann (1994): Neue Grundlagen der Erkenntnistheorie. Bonn.
Schmitz, Hermann (1998): Der Leib, der Raum und die Gefühle. Edition tertium. Ostfildern.
Schmitz, Hermann (2003): Was ist Neue Phänomenologie? LYNKEUS. Studien zur Neuen Phänomenologie, Bd. 8. Rostock.
Schmitz, Hermann (2007.1): Gefühle als Atmosphären. In: Debus, Stephan/Posner, Roland (Hg.): Atmosphären im Alltag. Über ihre Erzeugung und Wirkung. Bonn, S. 260-280.
Schmitz, Hermann (2007.2): Freiheit (= Neue Phänomenologie Band 10). Freiburg/München.
Schmitz, Hermann (2008.1): Die Legitimierbarkeit von Macht. In: Wendel, Hans Jürgen/Kluck, Steffen (Hg.): Zur Legitimierbarkeit von Macht (= Neue Phänomenologie, Bd. 11). Freiburg/München, S. 5-19.
Schmitz, Hermann (2008.2): Heimisch sein. In: Hasse, Jürgen (Hg.): Die Stadt als Wohnraum (= Neue Phänomenologie Bd. 12). Freiburg/München, S. 25-39.
Schönherr, Hans-Martin (1988): Die Technik und die Schwäche. Ökologie nach Nietzsche, Heidegger und dem »schwachen« Denken (= Edition Passagen). Wien.
Schülein, Johann August (1980): Konstitution und Dynamik »offener« Primärgruppen. Zur Situation von Wohngemeinschaften. In: Neidhart, Friedhelm (Hg.): Gruppensoziologie. Opladen, S. 391-419.
Schuler-Wallner, Gisela/Greiff, Rainer (1986): Bestandsaufnahme des Modernisierungsbedarfs der Obdachlosenunterkünfte in Hessen, Bd. II: Die untersuchten Gebiete (hg. vom Institut Wohnen und Umwelt). Darmstadt.
Schultz, Hans-Eberhardt (1999): Die »Kommune 2«. Was bleibt von dem antiautoritären Projekt im Rahmen des West-Berliner SDS 30 Jahre nach seiner Auflösung. In: Kalaschnikow. Das politische Magazin, H. 1/1999. (Wieder abgedruckt: www.sterneck.net/utopia/kommune2/index.php)
Siebel, Walter (2004): Die europäische Stadt. In: Ders. (Hg.): Die europäische Stadt. Frankfurt a.M., S. 11-50.

Siebenpfeiffer, Hania (2008): Körper. In: Kammler, Clemens/Parr, Rolf/ Schneider, Ulrich Johannes (Hg.): Foucault Handbuch. Leben – Werk – Wirkung. Stuttgart/Weimar, S. 266-272.
Simmel, Georg (1903): Die Großstädte und das Geistesleben. In: Lichtblau, Klaus (Hg. 1998): Georg Simmel. Soziologische Ästhetik. Bodenheim, S. 119-133.
Soja, Edward W. (1995): Heterotopologies: A Remembrance of Other Spaces in the Citadel-LA. In: Watson, Sophie/Gibson, Katherine (Ed.) (1995): Postmodern Cities and Spaces. Oxford/Cambridge, S. 13-34.
Sonntag, Jörg (2004): Das Kloster als symbolische Ordnung – Reflexionen zur Komplexität eines Forschungsfeldes unter besonderer Berücksichtigung Clunys. In: Butz, Reinhardt/Oberste, Jörg (Hg.) (2004): Studia monastica. Beiträge zum klösterlichen Leben im Mittelalter (= Vita Regularis, Abhandlungen 22). Münster, S. 99-122.
Sozialgesetzbuch (= SGB XII. Buch – Sozialhilfe) zuletzt geändert durch Art. 5 G v. 23.12.2007 I 3254.
Statistische Bundesamt (Hg.) (2006): Datenreport 2006. Zahlen und Fakten über die Bundesrepublik Deutschland. Auszug aus Teil II. Berlin.
Statistisches Bundesamt (Hg.) (2008): Wirtschaft und Statistik – 12/2007. Wiesbaden.
Sukale, Michael (2007): Macht als Mittel und Zweck. In: Kluck, Steffen/ Wendel, Hans Jürgen (Hg.): Zur Legitimierbarkeit von Macht (=Neue Phänomenologie Bd.11). Freiburg/München, S. 21-33.
Sunrise Domizile (Hg.) (o.J.): Assisted Living. Pflege und Betreuung bei Sunrise: Die wichtigsten Fachinformationen. (Informationsbroschüre). o.O.
Thun, Willy (1912): Die amerikanische Seemannsmission. In: Münchmeyer (Hg.) (1912), S. 446-453.
Thun, Willy (1959): Werden und Wachsen der Deutschen Evangelischen Seemannsmission. Bremen/Hamburg.
Weber, Max (1922): Wirtschaft und Gesellschaft. Grundriss der verstehenden Soziologie. Neu Isenburg 2005.
Welsch, Wolfgang (1987): Unsere Postmoderne Moderne. Weinheim.
Welsch, Wolfgang (1993): Das Ästhetische. Eine Schlüsselkategorie unserer Zeit? In: Ders. (Hg.): Die Aktualität des Ästhetischen. München, S. 13-47.
Willke, Helmut (2003): Heterotopia. Studien zur Krisis der Ordnung moderner Gesellschaften. Frankfurt a.M.
Winkelmann, Arne/Förster, York (Hg.) (2007.1): Gewahrsam. Räume der Überwachung. Heidelberg.
Winkelmann, Arne/Förster, York (2007.2): Typologie der Überwachung. In: Dies. (Hg.): Gewahrsam. Räume der Überwachung. Heidelberg, S. 42-100.

Worringer, Wilhelm (1918): Abstraktion und Einfühlung. München.
Zweites Wohnungsbaugesetz vom 27. 06. 1956, zul. geändert durch Ges. v. 18.12.1995 (BGBl. I S. 1959/1966).

Kultur- und Medientheorie

CRISTIAN ALVARADO LEYTON,
PHILIPP ERCHINGER (HG.)
Identität und Unterschied
Zur Kulturtheorie von Differenz
und Transdifferenz

Oktober 2009, ca. 450 Seiten, kart., ca. 32,80 €,
ISBN 978-3-8376-1182-3

GUNTHER GEBHARD, OLIVER GEISLER,
STEFFEN SCHRÖTER (HG.)
Von Monstern und Menschen
Begegnungen der anderen Art in
kulturwissenschaftlicher Perspektive

Oktober 2009, ca. 250 Seiten, kart., ca. 26,80 €,
ISBN 978-3-8376-1235-6

BARBARA GRONAU, ALICE LAGAAY (HG.)
Ökonomien der Zurückhaltung
Kulturelles Handeln zwischen Askese
und Restriktion

Dezember 2009, ca. 350 Seiten, kart., zahlr. Abb.,
ca. 32,80 €,
ISBN 978-3-8376-1260-8

Leseproben, weitere Informationen und Bestellmöglichkeiten
finden Sie unter www.transcript-verlag.de

Kultur- und Medientheorie

THOMAS HECKEN
Pop
Geschichte eines Konzepts 1955-2009

August 2009, ca. 546 Seiten, kart., ca. 35,80 €,
ISBN 978-3-89942-982-4

CHRISTIAN KASSUNG (HG.)
Die Unordnung der Dinge
Eine Wissens- und Mediengeschichte
des Unfalls

Juni 2009, 476 Seiten, kart., zahlr. z.T. farb. Abb.,
29,80 €,
ISBN 978-3-89942-721-9

SUSANNE REGENER
Visuelle Gewalt
Menschenbilder aus der Psychiatrie
des 20. Jahrhunderts

September 2009, ca. 220 Seiten, kart., zahlr. Abb.,
ca. 25,80 €,
ISBN 978-3-89942-420-1

**Leseproben, weitere Informationen und Bestellmöglichkeiten
finden Sie unter www.transcript-verlag.de**

Kultur- und Medientheorie

MORITZ CSÁKY,
CHRISTOPH LEITGEB (HG.)
**Kommunikation –
Gedächtnis – Raum**
Kulturwissenschaften nach
dem »Spatial Turn«
Februar 2009, 176 Seiten, kart., 18,80 €,
ISBN 978-3-8376-1120-5

STEPHAN DITSCHKE,
KATERINA KROUCHEVA,
DANIEL STEIN (HG.)
Comics
Zur Geschichte und Theorie
eines populärkulturellen
Mediums
Juli 2009, ca. 300 Seiten, kart.,
zahlr. z.T. farb. Abb., ca. 29,80 €,
ISBN 978-3-8376-1119-9

ERIKA FISCHER-LICHTE,
KRISTIANE HASSELMANN,
ALMA-ELISA KITTNER (HG.)
Kampf der Künste!
Kultur im Zeichen von
Medienkonkurrenz und
Eventstrategien
Juli 2009, ca. 300 Seiten, kart.,
zahlr. Abb., ca. 28,80 €,
ISBN 978-3-89942-873-5

ANNETTE GEIGER,
GERALD SCHRÖDER,
ÄNNE SÖLL (HG.)
Coolness
Zur Ästhetik einer kulturellen
Strategie und Attitüde
Januar 2010, ca. 320 Seiten, kart.,
zahlr. Abb., ca. 29,80 €,
ISBN 978-3-8376-1158-8

INSA HÄRTEL
**Symbolische Ordnungen
umschreiben**
Autorität, Autorschaft und
Handlungsmacht
April 2009, 326 Seiten, kart., 32,80 €,
ISBN 978-3-8376-1042-0

KRISTIANE HASSELMANN
Die Rituale der Freimaurer
Zur Konstitution eines
bürgerlichen Habitus im England
des 18. Jahrhunderts
Januar 2009, 376 Seiten, kart.,
zahlr. z.T. farb. Abb., 29,80 €,
ISBN 978-3-89942-803-2

ALBERT KÜMMEL-SCHNUR,
CHRISTIAN KASSUNG (HG.)
Bildtelegraphie
Eine Mediengeschichte in
Patenten (1840-1930)
Februar 2010, ca. 250 Seiten, kart.,
zahlr. Abb., ca. 26,80 €,
ISBN 978-3-8376-1225-7

CHRISTOPH NEUBERT,
GABRIELE SCHABACHER (HG.)
**Verkehrsgeschichte und
Kulturwissenschaft**
Analysen an der Schnittstelle von
Technik, Kultur und Medien
Juli 2009, ca. 250 Seiten, kart.,
ca. 26,80 €,
ISBN 978-3-8376-1092-5

WLADIMIR VELMINSKI (HG.)
Sendungen
Mediale Konturen zwischen
Botschaft und Fernsicht
Juli 2009, ca. 212 Seiten, kart.,
zahlr. Abb., ca. 26,80 €,
ISBN 978-3-8376-1113-7

**Leseproben, weitere Informationen und Bestellmöglichkeiten
finden Sie unter www.transcript-verlag.de**

ZfK – Zeitschrift für Kulturwissenschaften

Karin Harrasser,
Helmut Lethen,
Elisabeth Timm (Hg.)

Sehnsucht nach Evidenz

Zeitschrift für Kulturwissenschaften,
Heft 1/2009

Mai 2009, 128 Seiten, kart., 8,50 €,
ISBN 978-3-8376-1039-0
ISSN 9783-9331

ZFK – Zeitschrift für Kulturwissenschaften

Der Befund zu aktuellen Konzepten kulturwissenschaftlicher Analyse und Synthese ist ambivalent: Neben innovativen und qualitativ hochwertigen Ansätzen besonders jüngerer Forscher und Forscherinnen steht eine Masse oberflächlicher Antragsprosa und zeitgeistiger Wissensproduktion – zugleich ist das Werk einer ganzen Generation interdisziplinärer Pioniere noch wenig erschlossen.

In dieser Situation soll die **Zeitschrift für Kulturwissenschaften** eine Plattform für Diskussion und Kontroverse über Kultur und die Kulturwissenschaften bieten. Die Gegenwart braucht mehr denn je reflektierte Kultur, historisch situiertes und sozial verantwortetes Wissen. Aus den Einzelwissenschaften heraus kann so mit klugen interdisziplinären Forschungsansätzen fruchtbar über die Rolle von Geschichte und Gedächtnis, von Erneuerung und Verstetigung, von Selbststeuerung und ökonomischer Umwälzung im Bereich der Kulturproduktion und der naturwissenschaftlichen Produktion von Wissen diskutiert werden.

Die **Zeitschrift für Kulturwissenschaften** lässt gerade auch jüngere Wissenschaftler und Wissenschaftlerinnen zu Wort kommen, die aktuelle fächerübergreifende Ansätze entwickeln.

Lust auf mehr?

Die **Zeitschrift für Kulturwissenschaften** erscheint zweimal jährlich in Themenheften. Bisher liegen die Ausgaben Fremde Dinge (1/2007), Filmwissenschaft als Kulturwissenschaft (2/2007), Kreativität. Eine Rückrufaktion (1/2008), Räume (2/2008) und Sehnsucht nach Evidenz (1/2009) vor.

Die **Zeitschrift für Kulturwissenschaften** kann auch im Abonnement für den Preis von 8,50 € je Ausgabe bezogen werden.
Bestellung per E-Mail unter: bestellung.zfk@transcript-verlag.de

www.transcript-verlag.de